HEYNE <

Doreen Andreas
unter Mitarbeit von
Birgit Adam

Musterbriefe
für die englische Geschäftskorrespondenz

- *Überzeugend formulieren*
- *Typische Fehler vermeiden*

WILHELM HEYNE VERLAG · MÜNCHEN

Umwelthinweis:
Dieses Buch wurde auf chlor- und säurefreiem Papier gedruckt.

Redaktion: Dunja Reulein

Originalausgabe 08/2006

http://www.heyne.de
Printed in Germany 2006
Konzeption und Realisation: ABC Medienagentur Miriam Schmidt, Augsburg
Umschlaggestaltung: Eisele Grafik-Design, München
Satz: Christine Roithner Verlagsservice, Breitenaich
Druck und Bindung: GGP Media GmbH, Pößneck

ISBN-10: 3-453-65003-4
ISBN-13: 978-3-453-65003-9

Inhalt

Vorwort

Aufgrund der Globalisierung der Märkte gewinnt eine erfolgreiche englischsprachige Korrespondenz immer mehr an Bedeutung. Im täglichen Geschäftsleben ist es mittlerweile mehr oder minder ein »Must« geworden, die englische Sprache mit all ihren Tücken in Wort und Schrift zu beherrschen! Sie hat sich unumstritten als führende Geschäftssprache durchgesetzt. Der internationale Markt wächst Tag für Tag zusammen, Europa ist inzwischen eine wirtschaftliche Einheit geworden und Firmen sind rund um den Globus tätig. Der Mensch, sei es im persönlichen Gespräch, im Brief oder per E-Mail, erfreut sich sowohl im privaten Bereich als auch im Geschäftsleben zunehmend einer Vielzahl an Kommunikationsmöglichkeiten! Englisch ist zweifelsohne das Tor in die Zukunft, jedoch scheint eine problemfreie Realisierung des Schriftverkehrs nicht immer ganz einfach. Denn schließlich geht es bei englischsprachiger Korrespondenz nicht nur darum, einen perfekten Brief zu schreiben und den Text Wort für Wort vom Deutschen ins Englische zu »transferieren«. Vielmehr ist es jedem ein persönliches Anliegen, in der Fremdsprache seine Geschäftsphilosophie genauso erfolgreich wie in der deutschen Sprache zu vermitteln. Mein Buch soll Ihnen ein zuverlässiger Partner in Ihrer Arbeit sein. Als praktischer Ratgeber bei der Überwindung von Sprachbarrieren und Vermeidung von Fehlern wird es Ihnen bei Ihrer englischen Geschäftskorrespondenz hilfreich zur Seite stehen.

Übersee, März 2006 *Doreen Andreas*

Kapitel 1

Der englische Geschäftsbrief

Sie möchten von Ihren ausländischen Geschäftspartnern nicht nur verstanden werden, sondern haben die Absicht, Anklang zu finden und eine gute und vertrauliche Zusammenarbeit aufzubauen! Damit Ihre schriftliche Kommunikation auf Dauer ein optimaler Erfolg wird, gibt Ihnen dieses Kapitel einige Hinweise für die korrekte, verständliche und freundliche Gestaltung Ihrer Briefe. Wie auf Seite 21 aufgezeigt, besteht der englische Geschäftsbrief aus folgenden Bausteinen: Absender, Bezugszeile, Datum, Empfänger, Anrede, Betreff, Brieftext, Grußformel und Unterschrift. Hinzukommen können je nach Bedarf: Anlage oder auch cc *(carbon copy)*.

a) Briefkopf

Bei Geschäftsbriefen ist der Briefkopf *(letterhead)* schon auf dem Briefpapier vorgedruckt. Wenn Sie diesen selbst gestalten wollen, geben Sie folgende Bestandteile an:

- Firmenname *(company name)*
- Firmenanschrift *(company address)*
- Telefon *(phone)*
- Telefax *(fax)*
- E-Mail

b) Bezugszeile

In der Bezugszeile *(reference line* oder *subject line)* werden besonders bei Ämtern oder Behörden und großen Firmen Ihr Geschäftszeichen und/oder die Ihres Sekretariats und die des Empfängers angegeben.

c) Datum

Das Datum *(date)* kann verschieden angezeigt werden, mögliche Schreibweisen sind:

- 12 May 2006
- 12th May 2006
- May 12, 2006
- May 12 2006
- May 12th 2006
- May 12th, 2006

In den USA gilt üblicherweise die Schreibfolge: *Monat–Tag–Jahr*, in Europa hingegen folgen wir der Norm: *Tag–Monat–Jahr*. Um möglichen Verwechslungen bezüglich Monat und Tag vorzubeugen, empfiehlt es sich, die Angabe *2006-5-12* zu vermeiden und den Monatsnamen auszuschreiben. Bei längeren Monatsnamen ist auch die Kurzform (z. B. Nov für November) möglich. So wird Ihr Partner in Amerika Ihren vorgeschlagenen Termin des 12. Mai 2006 wirklich als diesen und nicht missverständlich als den 5. Dezember 2006 vermerken! Die Monate heißen: January, February, March, April, May, June, July, August, September, October, November, December. Die Wochentage lauten Monday, Tuesday, Wednesday, Thursday, Friday, Saturday, Sunday. Es ist nicht mehr erforderlich, die Tage mit *1st, 2nd*, *3rd*, *4th* und so weiter zu bezeichnen, sondern die Schreibweise

»*12 May 2006*« ohne »th« ist vollkommen korrekt. Sie entscheiden selbst, ob Sie diese Form verwenden möchten oder nicht. Erlaubt ist auf jeden Fall beides!

d) Anschrift

Bei der Anschrift *(inside address)* gibt es einige Unterschiede zwischen Korrespondenz mit Großbritannien oder anderen europäischen/englischsprachigen Ländern und US-Korrespondenz. Bausteine der Anschrift in der GB-Korrespondenz sind:

- *Name*
- *Position*
- *Firma*
- *Postfach/P.O. Box*

oder

- *Hausnummer und Straße, Zusatz wie Apartment o. Ä.*
- *Stadt*
- *(evtl. Grafschaft)*
- *Postcode*
- *Land*

Bitte achten Sie darauf, den Namen Ihres Geschäftspartners genauso zu schreiben, wie er es auch tut (Umlaute etc.). Es ist angebracht, bei der Adresse auf Abkürzungen zu verzichten (ausgenommen Anrede und Titel).

Die Bezeichnung *Mrs* oder *Mr* wird in der Anschrift *ohne* Punkt geschrieben. Der Postcode besteht aus einer Zusammensetzung von zwei Gruppen (Buchstaben, Zahlen). Die erste Gruppe beinhaltet die Stadt oder die Umgebung, die zweite die genauere Anschrift. Handelt es sich beispielsweise in England um einen kleineren Ort, wird hier die Grafschaft mit angegeben (siehe auch Tabelle »English Counties« im Anhang des Buches).

Bausteine der Anschrift in der US-Korrespondenz sind:

- *Name*
- *Position/Abteilung*
- *Firma*
- *Postfach/P.O. Box*

  oder

- *Hausnummer und Straße, Zusatz wie Apartment o. Ä.*
- *Stadt, Kürzel des Bundesstaates und Zip-Code*
- *USA*

Im Gegensatz zum Britischen Englisch werden die Dame oder der Herr mit *Mrs.* oder *Mr. mit* Punkt angesprochen. Beim ZIP-Code ist zu beachten, dass hier hinter der Stadt ein Komma, dahinter das aus zwei Buchstaben bestehende Kürzel des US-Bundesstaates angegeben wird, beispielsweise New York, NY 10345 (siehe auch Tabelle »US-States« im Anhang des Buches).

Wenn Sie nicht wissen, ob eine Frau verheiratet ist, so greifen Sie auf die Anrede »Ms« im Britischen bzw. »Ms.« im Amerikanischen Englisch zurück. Diese Anrede stammt ursprünglich aus den USA, setzt sich jedoch auch in Großbritannien immer mehr durch. Die Anrede »Miss« gilt dagegen wie unser »Fräulein« zunehmend als veraltet.

Ist der Brief vertraulich, so steht über der Adresse »CONFIDENTIAL«.

e) Anrede

Bei der Anrede *(salutation)* gibt es keine adäquate Entsprechung der deutschen Anrede »Sehr geehrte Damen und Herren«.
Hier haben Sie die Auswahl zwischen:

- *Dear Sir or Madam,*
- *Dear Sir / Madam,*
- *To whom it may concern* (nur im Amerikanischen Englisch)
- *Dear Sirs,*
- *Dear Sir,*
- *Dear Madam,*

oder auch:

- *Dear Madam, dear Sir,*

Die gebräuchlichsten Anredeformen sind:

- *Dear Mr ...* oder *Dear Mrs* bzw. *Dear Mr. ...* oder *Dear Mrs. ... bei amerikanischer Korrespondenz.*

Sie können aber auch schreiben:

- *Dear Laura Whiteman,*

wenn Sie sich nicht sicher sind, ob Sie die Dame mit Vornamen oder Nachnamen anreden möchten. Bitte vermeiden Sie jedoch folgende Anrede:

- *Dear Mrs Laura Whiteman,*

sondern benutzen Sie dann besser den Gruß: *Dear Mrs Whiteman, ...*

Unter Geschäftspartnern ist es üblich, dass man sich bereits nach der ersten Begegnung beim Vornamen nennt. Dies bedeutet aber nicht automatisch, dass man deshalb herzlicher miteinander umgeht! Spricht man Ehepaare mit gleichem Nachnamen an, beispielsweise *Paul and Elisabeth Brightman*, heißt es:

- *Dear Mr and Mrs Brightman, …*

Sind die beiden verheiratet, aber *Elisabeth* heißt nicht *Brightman*, sondern *Simson*, weil sie bei der Hochzeit mit Herrn *Brightman* ihren Namen beibehielt, schreibt man:

- *Dear Mrs Simson and Mr Brightman, …*

Hat Frau *Simson* sich bei der Hochzeit mit Herrn *Brightman* für keinen der Nachnamen entschieden und trägt sie einen Doppelnamen, so heißt es:

- *Dear Mrs Simson-Brightman and Mr Brightman, …*

Im Englischen werden im Gegensatz zum Deutschen in der Anrede keine Titel vor dem Namen angesammelt. Die Person wird nur mit *einem* Titel angesprochen; beispielsweise wird Prof. Dr. G. W. Newman (im Deutschen) im Englischen als Prof. G. W. Newman tituliert, aber niemals mit Prof. *und* Dr. angesprochen. Bei Prof. Newman würden Sie also *Dear Professor Newman,* schreiben.

Richtet sich Ihr Brief an jemanden mit Adelstitel, beachten Sie bitte Folgendes: Es wird kein Name, kein Zusatz und auch kein »Dear« verwendet. Ist der Adressat ein Lord, so schreiben Sie: *Sir, …*

Handelt es sich um eine Lady, so schreiben Sie: *Madam, …*

Schreiben Sie vielleicht an einen Botschafter, den englischen Premierminister oder an den Präsidenten der Vereinigten Staaten von Amerika, so benutzen Sie: *Excellency,* (kein »Dear«, kein Name)

oder:

- *Dear Mr Ambassador/Dear Madam Ambassador,*
- *Dear Mr Minister,*
- *Dear Mr. President,*
- *Dear Senator Whitmann,*
- *Dear Judge O'Neill, ...*

Schreiben Sie Ihrem Kunden, nennen wir ihn Herrn Dr. Thomas Hoffman, und seiner Gattin, Frau Dr. Natalie Hoffman, so heißt es: *Dr. Thomas Hoffman and Dr. Natalie Hoffman,* oder *Drs. Thomas and Natalie Hoffman, ...*

f) Betreff

Der Betreff *(subject line)* wird im Gegensatz zum Deutschen unter die Anrede gesetzt. Auf den Zusatz SUBJECT oder RE: wird verzichtet.

g) Brieftext

Der Brieftext *(body of the letter)* hat drei wichtige Bestandteile, auch wenn es »nur« ein kurzer, aber trotzdem korrekter Geschäftsbrief sein soll. Kleiner, aber wichtiger Tipp: Das erste Wort im Text wird, egal, ob in der Anrede ein Komma folgt oder nicht, stets großgeschrieben, das Wort »you« hingegen wird immer kleingeschrieben.

Der Brieftext besteht aus:

- Einleitungssatz *(opening sentence)*
- Haupttext *(text)*
- Schlusssatz *(closing sentence)*

h) Schlussformel

Bei der Schlussformel *(complimentary close)* gibt es einige Unterschiede zwischen dem Britischen und dem Amerikanischen Englisch. Ähnlich wie bei der Anrede »Sehr geehrte Damen und Herren« existiert bei der Schlussformel »Mit freundlichen Grüßen« allerdings keine einheitliche Formulierung, die man für alle Situationen gleichzeitig einsetzen könnte. Bitte beachten Sie, dass am Ende der Schlussformel nur dann ein Komma gesetzt wird, wenn Sie es in der Anrede auch getan haben. Die Gestaltung Ihrer Schlussformel hängt ebenso davon ab, wie Sie Ihren Partner in der Anrede angesprochen haben: Haben Sie eine Person mit *Dear Sir,* oder *Dear Madam,* angesprochen, so verwenden Sie im Britischen Englisch die Schlussformel *Yours faithfully,* (entspricht dem deutschen »Hochachtungsvoll, Ihr/e …«).
Bei einer namentlichen Anrede, z. B. *Dear Mr Hofman*, verwenden Sie *Yours sincerely*, (entspricht dem deutschen »Mit freundlichen Grüßen«).
Bei einer Anrede mit dem Vornamen, z. B. *Dear Thomas*, können Sie die Schlussformeln *Kind regards, Regards,* oder *Best wishes*, verwenden, wenn Sie Ihren Geschäftspartner gut kennen und sich mit Vornamen ansprechen.

Im Amerikanischen Englisch findet man häufig die Schlussformel *Sincerely, Sincerely yours,* oder *Yours truly,* egal, wie man die Person vorher angesprochen hat.

In der diplomatischen Korrespondenz werden selbstverständlich noch förmlichere Floskeln verwendet, als dies in höflichen Grüßen der Fall ist.
Sehr respektvoll: *Respectfully,* oder *Yours respectfully,*
Formell und freundlich: *Truly yours* oder *With best wishes*,
Freundlich, auch bei kurzen Briefen: *Kind regards*, oder
Yours sincerely, …

i) Unterschrift und Name

Nach der Unterschrift *(signature)* folgt der Name *(name)* des Unterzeichners und gegebenenfalls auch seine Position in der Firma.

j) Anlagen

Legen Sie Ihrem Brief eine Anlage *(enclosure)* bei, so zeigen Sie dies hier an: es gibt dafür verschiedene Möglichkeiten:
Encl., Encs, Enc. Encs.

k) Carbon copy

cc: bedeutet *carbon copy*. Eine Kopie des Schreibens wird an einen Zweiten gesendet. Will der Verfasser des Briefes den Empfänger nicht darüber informieren, dass ein Dritter eine Kopie erhält, schreibt er »bcc« *(blind carbon copy)*. Selbstverständlich vermerkt er dies nicht auf dem Brief, sondern nur auf der Kopie.

Diese Hinweise sollen Ihnen ein kleiner »Wegbegleiter« in Ihrer Kommunikation, sei es extern, innerbetrieblich oder bei internationalen Bewerbungen, sein. In den folgenden Kapiteln finden Sie eine Vielzahl von Musterbriefen für Ihre englische Korrespondenz. Diese sollen keine zwingende Vorgabe darstellen, sondern sind lediglich Vorschläge für Briefe zu speziellen Themen, von A wie Anfrage bis Z wie Zwischenbescheid!

Muster eines englischen Geschäftsbriefs

EUROPEAN BUSINESS ACADEMY
Am Havelblick 26
14467 Potsdam

Tel +49 (331) 59 00 47
Fax +49 (331) 59 00 38
E-Mail: info@eba.com **a)**
www.eba.int

Your ref: LW/sb
Our ref: DA/mn **b)**

13th June 2006 **c)**

Mrs Laura Hepburn
23 Coventry Road
London
SW1M 3B7
Great Britain **d)**

Dear Mrs Hepburn, **e)**

Our programme **f)**

Thank you for your enquiry in which you ask for further information about our next symposium on International commercial law.

Please find enclosed a detailed brochure of our programme including particulars of our next symposium. Mr. Richard Beck (Phone: +49 0331-59 00 43, E-Mail: Richard.Beck@eba.com) will be pleased to supply you with any further details.
Please also visit our website if you need more information about the programme.

We look forward to hearing from you soon. **g)**

Yours sincerely, **h)**

Doreen Andreas **i)**

Enc
Brochure **j)**

cc: Richard Beck, Public Relations **k)**

Kapitel 2

Tipps, Tricks und Stolperfallen

Auf Höflichkeit achten!

Grundsätzlich wird im englischen Sprachgebrauch – egal, ob mündlich oder schriftlich – viel Wert auf Höflichkeit gelegt. Auch in der schriftlichen Korrespondenz sollten Sie sich also stets bedanken, für Fehler entschuldigen und Bitten höflich vorbringen, zum Beispiel mit einer Formulierung wie *We would be grateful, if…* Merken Sie sich auch das Wörtchen *may*. Es ist wesentlich höflicher als *can* oder *could* und macht insbesondere in Anfragen einen guten Eindruck: *May I call you tomorrow to discuss this topic?* Auch unangenehme Aufforderungen werden dadurch entschärft: *May we draw your attention to the fact that our invoice No. 1234 is still unpaid?* Das Wort *should* drückt ebenfalls Höflichkeit aus und kann anstelle von *if* verwendet werden, zum Beispiel *Should you be able to …* statt *If you are able to …* Auch ein sehr direktes *must* kann es ersetzen: *Payment should be made by 1 May 2006* statt *Payment must be made…*

Auf Kurzformen verzichten

Vermeiden Sie in der schriftlichen Korrespondenz Kurzformen wie *I'll, you're, they've, isn't* oder *can't*, denn diese gehören zur Umgangssprache. Schreiben Sie stattdessen lieber *I will, you are, they have, is not* oder *cannot* (zusammengeschrieben). Am Telefon dürfen Sie diese Kurzformen jedoch gerne verwenden – auch im Geschäftsleben.

Lieber passiv statt aktiv

Vor allem in der Geschäftskorrespondenz sind Passivkonstruktionen beliebt, da sie formeller wirken. Schreiben Sie zum Beispiel lieber *A mistake has been made* statt *Somebody has made a mistake*, *Your order is being processed* statt *We are processing your order* oder *Delivery will be made* statt *We will deliver …*

Since oder *for*?

Im Englischen gibt es zwei Wörter für »seit«: *Since* wird verwendet, wenn ein konkreter Zeitpunkt angegeben ist, zum Beispiel *I've known him since 2004. For* dagegen kommt zum Einsatz, wenn Sie von einem Zeitraum sprechen: *I've known him for three years.*

Each oder *every*?

Each und *every* bedeuten beide »jeder, jede, jedes«, doch gibt es auch hier einen Unterschied. *Each* wird verwendet, wenn es sich um jeden Einzelnen einer bestimmten Menge handelt, zum Beispiel *Each item of your delivery was damaged. Every* dagegen bedeutet jeder im allgemeinen Sinn, zum Beispiel: *Every breath you take.*

Much oder *many*?

Much und *many* bedeuten beide »viel«. Allerdings wird *much* in Verbindung mit unzählbaren Dingen verwendet, *many* dagegen mit zählbaren. Auch werden beide in der Regel nur in Fragen und verneinten Sätzen verwendet, in positiven Sätzen können Sie für zählbare und unzählbare Dinge *a lot of* nehmen. Verwirrt? Dann schafft dieses Beispiel hoffentlich Klarheit: *Did you have much snow last winter? And did many people go skiing? – Yes, we had a lot of snow, but not very many people went skiing.*

Der *Manager*

Ein *manager* ist im Englischen nicht nur ein Manager im Sinne von Geschäftsführer oder Führungskraft, sondern auch ein leitender Angestellter oder Abteilungsleiter. So kann der Personalleiter ein *Human Resources Manager* sein, ein Filialleiter ist ein *Branch Manager.*

Vorsicht vor falschen Freunden!

Unter den so genannten *false friends* versteht man englische Wörter, die einem deutschen Wort ähneln, aber etwas ganz anderes bedeuten. Ein berühmtes Beispiel ist der Witz, in dem ein Gast den Kellner fragt: »*Can I become a steak, please?*« *Become* heißt bekanntlich »werden«, und das wünscht sich der Gast ganz sicherlich nicht. Weitere heimtückische *false friends* sind:

- *actual:* tatsächlich; aktuell ist *current.*
- *concurrence:* Übereinstimmung; Konkurrenz heißt *competition.*

- *engaged:* verlobt; engagiert heißt *committed* oder *involved.*
- *eventually:* endlich; eventuell wird mit *possible* oder *perhaps* wiedergegeben.
- *handy:* Das Adjektiv *handy* bedeutet handlich oder praktisch; das Mobiltelefon dagegen heißt in Großbritannien *mobile (phone)*, in den USA *cell(ular) phone*.
- *to oversee:* überwachen, beaufsichtigen; übersehen wird mit *to fail to see* oder *to not see* übersetzt.
- *serious:* ernst; seriös ist *reliable* oder *reputable.*
- *sympathy:* Mitgefühl, Anteilnahme; entsprechend bedeutet *sympathetic* verständnisvoll oder mitfühlend. Dass man jemanden sympathisch findet, wird mit dem Verb *to like somebody* umschrieben.
- *to mean:* bedeuten; meinen heißt *to think.* Ebenso heißt *meaning* Bedeutung, Meinung dagegen *opinion*.

Kapitel 3

Betriebsexterne Kommunikation

Sie sind auf der Suche nach einem zuverlässigen und kompetenten Partner oder Lieferanten im Ausland? Ihnen ist eine bestimmte Firma empfohlen worden und nun möchten Sie zu diesem Unternehmen Kontakt aufnehmen? In diesem Kapitel werden die »klassischen« Themen wie Anfrage, Angebot und Rechnung sowie Reklamation und Zahlungsaufschub behandelt. Auch unangenehme Themen wie Zahlungsverzug oder Mahnungen werden nicht vernachlässigt. Weiterhin finden Sie hier Beispiele zur Hotelkorrespondenz, der Geschäftsaufgabe oder -eröffnung, Kondolenz sowie Änderung des Firmennamens oder der -anschrift.
Ihre Briefe sind das Aushängeschild Ihres Unternehmens. Verwenden Sie stets einen kurzen und knappen Stil, wahren Sie aber trotzdem einen höflichen und freundlichen Ton! So werden Sie bei Ihrem Partner Anklang finden und eine verlässliche Geschäftsbeziehung aufbauen können.
Wie auch im Deutschen sind lange Schachtelsätze »out«. Ein zu komplizierter Satzbau kann den Leser Ihres Briefes verärgern und das einwandfreie Verständnis Ihres Anliegens erschweren.

Kataloganforderung

LANGUALIS
Berliner Straße 49
80975 München

Tel: +49 (89) 3 81 79 00
Fax: +49 (89) 3 81 89 31
E-Mail: info@langualis.com
www.langualis.com

Unser Zeichen: Sch/tr

18. Juni 2006

OfficeTexx Ltd.
25 Thomson Avenue
London
MX2B 3R8
Großbritannien

Anfrage Katalog

Sehr geehrte Damen und Herren,

wir sind ein expandierendes Spracheninstitut mit Hauptsitz in München. Wir planen in nächster Zukunft für unsere Büro- und Seminarräume an mehreren europäischen Standorten eine einheitliche neue Ausstattung.

Ihr Programm bei der Fachmesse 2005 in Düsseldorf hat uns überzeugt. Deshalb bitten wir Sie, uns Ihren aktuellen Produktkatalog zu übersenden.

Gerne hören wir wieder von Ihnen.

Mit freundlichen Grüßen

Sabine Schirmer
Leiterin Einkauf

Request for catalogue

LANGUALIS
Berliner Straße 49
80975 München

Tel: +49 (89) 3 81 79 00
Fax: +49 (89) 3 81 89 31
E-Mail: info@langualis.com
www.langualis.com

Our ref: Sch/tr

18 June 2006

OfficeTexx Ltd.
25 Thomson Avenue
London
MX2B 3R8
Great Britain

Dear Madam, dear Sir,

Your Catalogue

We are an expanding language institute with our headquarters in Munich and we are planning to standardize the equipment of our offices and seminar rooms in several European locations.

Having spoken to you during the Düsseldorf Trade Fair in 2005, we were very impressed with your range of products. Therefore, we would like to ask you to send us your current catalogue.

We look forward to hearing from you.

Yours sincerely,

Sabine Schirmer
Purchasing Director

Kataloganforderung – Antwort

OFFICETEXX LTD.
25 Thomson Avenue
London MX2B 3R8, Great Britain

Phone: +44 (20) 74 93 65 29
Fax: +44 (20) 74 85 52 19
E-Mail: info@office-texx.com
www.office-texx.com

Ihr Zeichen: Sch/tr
Unser Zeichen: KW/mn

24. Juni 2006

Sabine Schirmer
Leiterin Einkauf
LANGUALIS
Berliner Straße 49
80975 München
Deutschland

Ihre Anfrage

Sehr geehrte Frau Schirmer,

herzlichen Dank für Ihr Schreiben vom 18. Juni 2006 und Ihr Interesse an unseren Erzeugnissen.

In der Anlage erhalten Sie unseren detaillierten Prospekt mit genauen Preisen und Bedingungen.

Wir würden uns freuen, von Ihnen zu hören.

Mit freundlichen Grüßen

Kate Williams
Leiterin Verkauf

Anlage
Produktkatalog

Reply to request for catalogue

OFFICETEXX LTD.
25 Thomson Avenue
London MX2B 3R8, Great Britain

Phone: +44 (20) 74 93 65 29
Fax: +44 (20) 74 85 52 19
E-Mail: info@office-texx.com
www.office-texx.com

Your ref: Sch/tr
Our ref: KW/mn

24 June 2006

Mrs Sabine Schirmer
Purchasing Director
LANGUALIS
Berliner Straße 49
80975 Munich
Germany

Dear Mrs Schirmer,

Our Catalogue

Thank you for your letter of 18 June 2006 and for your interest in our products.

Enclosed is a copy of our detailed catalogue including prices and terms.

We look forward to hearing from you.

Yours sincerely,

Kate Williams
Sales Director

Enc
Product Catalogue

Katalog – Eingangsbestätigung

LANGUALIS
Berliner Straße 49
80975 München

Tel: +49 (89) 3 81 79 00
Fax: +49 (89) 3 81 89 31
E-Mail: info@langualis.com
www.langualis.com

Ihr Zeichen: KW/mn
Unser Zeichen: Sch/tr

28. Juni 2006

Kate Williams
Leiterin Verkauf
OfficeTexx Ltd.
25 Thomson Avenue
London
MX2B 3R8
Großbritannien

Produktkatalog

Sehr geehrte Frau Williams,

wir danken Ihnen für die Zusendung des Produktkataloges.

Die im Prospekt aufgeführten Produkte entsprechen voll und ganz unseren Erwartungen. Die von uns vorgesehene Bestellung wird derzeit in den jeweiligen Abteilungen besprochen. Wir bitten Sie daher noch um ein wenig Geduld.

Wir werden uns so schnell wie möglich mit Ihnen in Verbindung setzen.

Mit freundlichen Grüßen

Sabine Schirmer
Leiterin Einkauf

Confirmation of receipt

LANGUALIS
Berliner Straße 49
80975 München

Tel: +49 (89) 3 81 79 00
Fax: +49 (89) 3 81 89 31
E-Mail: info@langualis.com
www.langualis.com

Your ref: KW/mn
Our ref: Sch/tr

28 June 2006

Mrs Kate Williams
Sales Director
OfficeTexx Ltd.
25 Thomson Avenue
London
MX2B 3R8
Great Britain

Dear Mrs Williams,

Your catalogue

Thank you for sending us your product catalogue.

The products listed in the catalogue completely meet our expectations. Please allow us a few days to discuss our intended order in the respective departments.

You will hear from us as soon as possible.

Yours sincerely,

Sabine Schirmer
Purchasing Director

Auftragserteilung

LANGUALIS
Berliner Straße 49
80975 München

Tel: +49 (89) 3 81 79 00
Fax: +49 (89) 3 81 89 31
E-Mail: info@langualis.com
www.langualis.com

Ihr Zeichen: KW/mn
Unser Zeichen: Sch/tr

4. Juli 2006

Kate Williams
Leiterin Verkauf
OfficeTexx Ltd.
25 Thomson Avenue
London
MX2B 3R8
Großbritannien

Unsere Bestellung

Sehr geehrte Frau Williams,

wir sind der Meinung, dass einige Ihrer hochwertigen Produkte zu uns passen und bestellen hiermit folgende Positionen:

1. 50 TrainerCaddys:	419,00 € pro Stück,	Art.-Nr. 378.672
2. 50 Rednerpulte:	214,00 € pro Stück,	Art.-Nr. 372.105
3. 200 Tisch-Flipcharts:	99,00 € pro Stück,	Art.-Nr. 642.300
4. 50 GraphicWalls:	799,00 € pro Stück,	Art.-Nr. 642.319

Wir gehen bei den aufgeführten Artikeln von einer Gewährleistung eines Einführungsrabatts von 15 Prozent aus. Wir vertrauen darauf, dass diese Bestellung sorgfältig ausgeführt wird und die Qualität Ihrer Produkte unseren Erwartungen entspricht.

Bitte bestätigen Sie diesen Auftrag möglichst umgehend.

Mit freundlichen Grüßen

Sabine Schirmer
Leiterin Einkauf

Order

LANGUALIS
Berliner Straße 49
80975 München

Tel: +49 (89) 3 81 79 00
Fax: +49 (89) 3 81 89 31
E-Mail: info@langualis.com
www.langualis.com

Your ref: KW/mn
Our ref: Sch/tr

4 July 2006

Mrs Kate Williams
Sales Director
OfficeTexx Ltd.
25 Thomson Avenue
London
MX2B 3R8
Great Britain

Dear Mrs Williams,

<u>Our Order</u>

As some of your high-quality products fit our style perfectly, we would like to place the following order:

1. 50 TrainerCaddys:	419,00 € per unit,	article No. 378.672
2. 50 Lecterns:	214,00 € per unit,	article No. 372.105
3. 200 Table-Flipcharts:	99,00 € per unit,	article No. 642.300
4. 50 GraphicWalls:	799,00 € per unit,	article No. 642.319

We understand that you grant an introductory discount of 15 per cent on these prices. We are relying on you to execute this order correctly and to ensure that the quality of your products will meet our expectations.

Please acknowledge this order by return of post.

Yours faithfully,

Sabine Schirmer
Purchasing Director

Auftragsbestätigung

OFFICETEXX LTD.
25 Thomson Avenue
London MX2B 3R8, Great Britain

Phone: +44 (20) 74 93 65 29
Fax: +44 (20) 74 85 52 19
E-Mail: info@office-texx.com
www.office-texx.com

Ihr Zeichen: Sch/tr
Unser Zeichen: KW/mn

8. Juli 2006

Sabine Schirmer
Leiterin Einkauf
LANGUALIS
Berliner Straße 49
80975 München
Deutschland

Ihre Bestellung

Sehr geehrte Frau Schirmer,

wir danken Ihnen für Ihre Bestellung vom 4. Juli 2006, die wir hiermit gerne bestätigen.

Die Lieferung aller Positionen wird Ihren Anweisungen gemäß innerhalb von 2 Wochen nach Eingang Ihrer Bestellung erfolgen. Gerne gewähren wir Ihnen einen Einführungsrabatt von 15 Prozent.

An dieser Stelle versichern wir Ihnen, den Auftrag zu Ihrer vollen Zufriedenheit auszuführen.

Mit freundlichen Grüßen

Kate Williams
Leiterin Verkauf

Confirmation of order

OFFICETEXX LTD.
25 Thomson Avenue
London MX2B 3R8, Great Britain

Phone: +44 (20) 74 93 65 29
Fax: +44 (20) 74 85 52 19
E-Mail: info@office-texx.com
www.office-texx.com

Your ref: Sch/tr
Our ref: KW/mn

8 July 2006

Mrs Sabine Schirmer
Purchasing Director
LANGUALIS
Berliner Straße 49
80975 Munich
Germany

Dear Mrs Schirmer,

Your Order

Thank you for your order of 4 July 2006.

Delivery of all required products will be made in accordance with your instructions within two weeks after receipt of your order. We are pleased to inform you that we will grant you an introductory discount of 15 per cent.

We would like to assure you that we will carry out your order to your complete satisfaction.

Yours sincerely,

Kate Williams
Sales Director

Auftragsablehnung

OFFICETEXX LTD.
25 Thomson Avenue
London MX2B 3R8, Great Britain

Phone: +44 (20) 74 93 65 29
Fax: +44 (20) 74 85 52 19
E-Mail: info@office-texx.com
www.office-texx.com

Ihr Zeichen: Sch/tr
Unser Zeichen: KW/mn

8. Juli 2006

Sabine Schirmer
Leiterin Einkauf
LANGUALIS
Berliner Straße 49
80975 München
Deutschland

Ihre Bestellung

Sehr geehrte Frau Schirmer,

wir danken Ihnen für Ihr Schreiben vom 4. Juli 2006.

Wir sind jedoch augenblicklich nicht in der Lage, Ihre Bestellung auszuführen. Unsere Lagersituation und technische Schwierigkeiten hindern uns momentan daran, voll lieferfähig zu sein. In ca. 4 Wochen ist unsere gesamte Produktion mit allen im Katalog aufgeführten Erzeugnissen wieder verfügbar.

Bitte teilen Sie uns mit, ob wir Ihre Bestellung für den nächsten Monat vormerken dürfen. Wir versichern Ihnen, Ihren Auftrag Mitte August 2006 zu Ihrer vollen Zufriedenheit auszuführen.

Mit freundlichen Grüßen

Kate Williams
Leiterin Verkauf

Rejection of order

OFFICETEXX LTD.
25 Thomson Avenue
London MX2B 3R8, Great Britain

Phone: +44 (20) 74 93 65 29
Fax: +44 (20) 74 85 52 19
E-Mail: info@office-texx.com
www.office-texx.com

Your ref: Sch/tr
Our ref: KW/mn

8 July 2006

Mrs Sabine Schirmer
Purchasing Director
LANGUALIS
Berliner Straße 49
80975 Munich
Germany

Dear Mrs Schirmer,

Your Order

Thank you for your order of 4 July 2006.

Unfortunately, we cannot carry out your order at the moment. Due to our current stock situation as well as technical difficulties we are unable to deliver your goods immediately. Our entire range of products will be available again in approximately four weeks.

Please let us know if we should keep your order for next month. We assure you that we can carry out your order to your complete satisfaction in mid-August 2006.

Yours sincerely,

Kate Williams
Sales Director

Auftragsannahme mit Einschränkungen

OFFICETEXX LTD.
25 Thomson Avenue
London MX2B 3R8, Great Britain

Phone: +44 (20) 74 93 65 29
Fax: +44 (20) 74 85 52 19
E-Mail: info@office-texx.com
www.office-texx.com

Ihr Zeichen: Sch/tr
Unser Zeichen: KW/mn

8. Juli 2006

Sabine Schirmer
Leiterin Einkauf
LANGUALIS
Berliner Straße 49
80975 München
Deutschland

Ihre Bestellung

Sehr geehrte Frau Schirmer,

wir danken Ihnen für Ihre Bestellung vom 4. Juli 2006, die wir hiermit gerne bestätigen.

Zu unserem Bedauern müssen wir Ihnen mitteilen, dass Position 3 Ihrer Bestellung erst ab dem 15. August 2006 lieferbar ist. Bitte lassen Sie uns wissen, wie wir Ihnen in dieser Angelegenheit behilflich sein können.
Die Lieferung aller anderen Positionen erfolgt gemäß Ihren Anweisungen innerhalb von zwei Wochen nach Eingang Ihrer Bestellung.
Gerne gewähren wir Ihnen einen Einführungsrabatt von 15 Prozent.

Wir bedauern diese Verzögerung außerordentlich und möchten uns für die entstandenen Unannehmlichkeiten entschuldigen.

Mit freundlichen Grüßen

Kate Williams
Leiterin Verkauf

Limited confirmation of order

OfficeTexx Ltd.
25 Thomson Avenue
London MX2B 3R8, Great Britain

Phone: +44 (20) 74 93 65 29
Fax: +44 (20) 74 85 52 19
E-Mail: info@office-texx.com
www.office-texx.com

Your ref: Sch/tr
Our ref: KW/mn

8 July 2006

Mrs Sabine Schirmer
Purchasing Director
LANGUALIS
Berliner Straße 49
80975 Munich
Germany

Dear Mrs Schirmer,

Your Order

Thank you for your order of 4 July 2006.

We regret to inform you that number 3 of your order can only be delivered from 15th August 2006 onwards. Please let us know how we can be of service in this matter. Delivery of all other goods will be made in accordance with your instructions within two weeks after receipt of your order. We are pleased to inform you that we will grant you an introductory discount of 15 per cent.

We deeply regret the delay and would like to apologise for any inconvenience caused.

Yours sincerely,

Kate Williams
Sales Director

Versandanzeige

OFFICETEXX LTD.
25 Thomson Avenue
London MX2B 3R8, Great Britain

Phone: +44 (20) 74 93 65 29
Fax: +44 (20) 74 85 52 19
E-Mail: info@office-texx.com
www.office-texx.com

Ihr Zeichen: Sch/tr
Unser Zeichen: KW/mn

25. Juli 2006

Sabine Schirmer
Leiterin Einkauf
LANGUALIS
Berliner Straße 49
80975 München
Deutschland

Ihr Auftrag Nr. 680805

Sehr geehrte Frau Schirmer,

wir danken noch einmal für Ihre Bestellung vom 4. Juli 2006 und teilen Ihnen mit, dass wir die Waren heute zu den mit Ihnen vereinbarten Orten versandt haben.

Der Transport erfolgt durch die Firma LOG@FAIR, bei eventuell auftretenden Rückfragen unter Tel.: +49-40-59 00 47, Am Steg 9, 20436 Hamburg, erreichbar.

Wir würden uns freuen, wenn Sie mit unserem Service zufrieden sind, und hoffen, dass Sie mit Ihrer neuen Büroausstattung gute Erfolge erzielen werden.

Mit freundlichen Grüßen

Kate Williams
Leiterin Verkauf

Advice of dispatch

OfficeTexx Ltd.
25 Thomson Avenue
London MX2B 3R8, Great Britain

Tel: +44 (20) 74 93 65 29
Fax: +44 (20) 74 85 52 19
E-Mail: info@office-texx.com
www.office-texx.com

Your ref: Sch/tr
Our ref: KW/mn

25 July 2006

Mrs Sabine Schirmer
Purchasing Director
LANGUALIS
Berliner Straße 49
80975 Munich
Germany

Dear Mrs Schirmer,

Your order No. 680805

Thank you for your order of 4 July 2006.

We are pleased to inform you that the goods have been dispatched today in accordance with your instructions.

The carrier is LOG@FAIR, Am Steg 9, 20436 Hamburg.
If necessary, you can contact the company by phone on:
+49-40-59 00 47.

We hope that you will be satisfied with our service and that your new office equipment will serve you well.

Yours sincerely,

Kate Williams
Sales Director

Lieferschein

OfficeTexx Ltd.
25 Thomson Avenue
London MX2B 3R8, Great Britain

Phone: +44 (20) 74 93 65 29
Fax: +44 (20) 74 85 52 19
E-Mail: info@office-texx.com
www.office-texx.com

Ihr Zeichen: Sch/tr
Unser Zeichen: KW/mn

25. Juli 2006

Sabine Schirmer
Leiterin Einkauf
LANGUALIS
Berliner Straße 49
80975 München
Deutschland

Ihr Auftrag Nr. 680805

Sehr geehrte Frau Schirmer,

gemäß Ihrer Bestellung vom 4. Juli 2006 erhalten Sie heute:

50	TrainerCaddys	Art.-Nr. 378.672
50	Rednerpulte	Art.-Nr. 372.105
200	Tisch-Flipcharts	Art.-Nr. 642.300
50	GraphicWalls	Art.-Nr. 642.319

Mit freundlichen Grüßen

Kate Williams
Leiterin Verkauf

Delivery note

OFFICETEXX LTD.
25 Thomson Avenue
London MX2B 3R8, Great Britain

Phone: +44 (20) 74 93 65 29
Fax: +44 (20) 74 85 52 19
E-Mail: info@office-texx.com
www.office-texx.com

Your ref: Sch/tr
Our ref: KW/mn

25 July 2006

Mrs Sabine Schirmer
Purchasing Director
LANGUALIS
Berliner Straße 49
80975 Munich
Germany

Dear Mrs Schirmer,

Your order No. 680805

In accordance with your order of 4 July 2006 please find enclosed:

50	TrainerCaddys	article No. 378.672
50	Lecterns	article No. 372.105
200	Table-Flipcharts	article No. 642.300
50	GraphicWalls	article No. 642.319

Yours sincerely,

Kate Williams
Sales Director

Rechnungsstellung

OfficeTexx Ltd.
25 Thomson Avenue
London MX2B 3R8, Great Britain

Phone: +44 (20) 74 93 65 29
Fax: +44 (20) 74 85 52 19
E-Mail: info@office-texx.com
www.office-texx.com

Ihr Zeichen: Sch/tr
Unser Zeichen: KW/mn

27. Juli 2006

Sabine Schirmer
Leiterin Einkauf
LANGUALIS
Berliner Straße 49
80975 München
Deutschland

Ihr Auftrag Nr. 680805

Sehr geehrte Frau Schirmer,

in der Anlage senden wir Ihnen unsere Rechnung Nr. 2006379 über die am 25. Juli 2006 gelieferten Waren.

Bitte überweisen Sie den Rechnungsbetrag bis zum 1. September 2006 auf das in der Rechnung angegebene Konto. Gestatten Sie uns, Sie nochmals auf unsere Zahlungsbedingungen hinzuweisen.

Mit freundlichen Grüßen

Kate Williams
Leiterin Verkauf

Anlage
Rechnung

Invoicing

OfficeTexx Ltd.
25 Thomson Avenue
London MX2B 3R8, Great Britain

Phone: +44 (20) 74 93 65 29
Fax: +44 (20) 74 85 52 19
E-Mail: info@office-texx.com
www.office-texx.com

Your ref: Sch/tr
Our ref: KW/mn

27 July 2006

Mrs Sabine Schirmer
Purchasing Director
LANGUALIS
Berliner Straße 49
80975 Munich
Germany

Dear Mrs Schirmer,

Your order No. 680805

Please find enclosed our invoice No. 2006379 for the goods dispatched to you on 25 July 2006.

Please transfer the total amount to the account stated on our invoice by 1 September 2006. Once again, we would like to draw your attention to our terms of payment.

Yours sincerely,

Kate Williams
Sales Director

Enc
Invoice

Warenempfangsbestätigung

LANGUALIS
Berliner Straße 49
80975 München

Tel: +49 (89) 3 81 79 00
Fax: +49 (89) 3 81 89 31
E-Mail: info@langualis.com
www.langualis.com

Ihr Zeichen: KW/mn
Unser Zeichen: Sch/tr

26. Juli 2006

Kate Williams
Leiterin Verkauf
OfficeTexx Ltd.
25 Thomson Avenue
London
MX2B 3R8
Großbritannien

Warenempfangsbestätigung

Sehr geehrte Frau Williams,

dankend bestätigen wir Ihnen hiermit den Eingang Ihrer Lieferung vom 25. Juli 2006.

Die von uns am 4. Juli 2006 bestellten Waren sind fristgerecht an allen Standorten eingetroffen. Ihre Sendung kam überall in unbeschädigtem Zustand an.

Mit freundlichen Grüßen

Sabine Schirmer
Leiterin Einkauf

Confirmation of receipt of goods

LANGUALIS
Berliner Straße 49
80975 München

Tel: +49 (89) 3 81 79 00
Fax: +49 (89) 3 81 89 31
E-Mail: info@langualis.com
www.langualis.com

Your ref: KW/mn
Our ref: Sch/tr

26 July 2006

Mrs Kate Williams
Sales Director
OfficeTexx Ltd.
25 Thomson Avenue
London
MX2B 3R8
Great Britain

Dear Mrs Williams,

Confirmation of receipt of goods

We are pleased to confirm that we have taken delivery of your consignment dated 25 July 2006.

All goods ordered on 4 July 2006 arrived at their destinations on time and reached us in perfect condition.

Yours sincerely,

Sabine Schirmer
Purchasing Director

Lieferverzug

LANGUALIS
Berliner Straße 49
80975 München

Tel: +49 (89) 3 81 79 00
Fax: +49 (89) 3 81 89 31
E-Mail: info@langualis.com
www.langualis.com

Ihr Zeichen: KW/mn
Unser Zeichen: Sch/tr

31. Juli 2006

Kate Williams
Leiterin Verkauf
OfficeTexx Ltd.
25 Thomson Avenue
London
MX2B 3R8
Großbritannien

Lieferverzug

Sehr geehrte Frau Williams,

Sie haben unsere Bestellung mit Ihrem Schreiben vom 8. Juli 2006 mit dem Liefertermin 25. Juli 2006 bestätigt.

Leider müssen wir feststellen, dass die bestellte Ware auch 5 Tage nach diesem Termin bei uns noch nicht eingetroffen ist.

Wir erwarten die Lieferung der Ware bis zum 5. August 2006.
Sollte auch dieser Termin von Ihnen nicht eingehalten werden, sehen wir uns gezwungen, unseren Auftrag zu stornieren.

Mit freundlichen Grüßen

Sabine Schirmer
Leiterin Einkauf

Delay in delivery

LANGUALIS
Berliner Straße 49
80975 München

Tel: +49 (89) 3 81 79 00
Fax: +49 (89) 3 81 89 31
E-Mail: info@langualis.com
www.langualis.com

Your ref: KW/mn
Our ref: Sch/tr

31 July 2006

Mrs Kate Williams
Sales Director
OfficeTexx Ltd.
25 Thomson Avenue
London
MX2B 3R8
Great Britain

Dear Mrs Williams,

Delay in delivery

In your letter of 8 July you confirmed our order with a delivery date of 25 July 2006.

However, we regret to inform you that our order is now five days overdue.

If the goods are not delivered by 5 August 2006, we shall feel compelled to cancel our order.

Yours sincerely,

Sabine Schirmer
Purchasing Director

Lieferverzug – Antwort

OfficeTexx Ltd.
25 Thomson Avenue
London MX2B 3R8, Great Britain

Phone: +44 (20) 74 93 65 29
Fax: +44 (20) 74 85 52 19
E-Mail:info@office-texx.com
www.office-texx.com

Ihr Zeichen: Sch/tr
Unser Zeichen: KW/mn

2. August 2006

Sabine Schirmer
Leiterin Einkauf
LANGUALIS
Berliner Straße 49
80975 München
Deutschland

Lieferverzug

Sehr geehrte Frau Schirmer,

wir haben Ihren Brief vom 31. Juli 2006 erhalten, in dem Sie uns mitteilten, dass unsere Lieferung noch nicht bei Ihnen eingetroffen ist.

Die Verzögerung entstand durch einen Arbeitskampf in unserem Werk in Watford. Sobald der Streik beendet ist, wird die Lieferung erfolgen.

Wir bedauern diesen Lieferverzug außerordentlich und entschuldigen uns vielmals für die entstandenen Unannehmlichkeiten.

Mit freundlichen Grüßen

Kate Williams
Leiterin Verkauf

Reply to delay in delivery

OfficeTexx Ltd.
25 Thomson Avenue
London MX2B 3R8, Great Britain

Phone: +44 (20) 74 93 65 29
Fax: +44 (20) 74 85 52 19
E-Mail: info@office-texx.com
www.office-texx.com

Your ref: Sch/tr
Our ref: KW/mn

2 August 2006

Mrs Sabine Schirmer
Purchasing Director
LANGUALIS
Berliner Straße 49
80975 Munich
Germany

Dear Mrs Schirmer,

Delay in delivery

We have received your letter of 31 July 2006 informing us that our consignment has not been delivered to you yet.

This delay was due to industrial action at our factory in Watford. Delivery will take place as soon as the strike is over.

We deeply regret this delay and would like to apologise for any inconvenience it will cause.

Yours sincerely,

Kate Williams
Sales Director

Reklamation

Langualis
Berliner Straße 49
80975 München

Tel: +49 (89) 3 81 79 00
Fax: +49 (89) 3 81 89 31
E-Mail: info@langualis.com
www.langualis.com

Ihr Zeichen: KW/mn
Unser Zeichen: Sch/tr

27. Juli 2006

Kate Williams
Leiterin Verkauf
OfficeTexx Ltd.
25 Thomson Avenue
London
MX2B 3R8
Großbritannien

Reklamation

Sehr geehrte Frau Williams,

Ihre Lieferung ist fristgerecht am 25. Juli 2006 bei uns eingegangen.

Bei Überprüfung der Sendung mussten wir leider feststellen, dass zwei Kartons starke Transportschäden aufweisen und somit einige Artikel nicht genutzt werden können.

Wir bitten um Klärung der Angelegenheit und erwarten von Ihnen eine Stellungnahme, ob und zu welchem Zeitpunkt eine Ersatzlieferung geleistet werden kann. Die beschädigte Ware lassen wir Ihnen morgen zukommen.

Mit freundlichen Grüßen

Sabine Schirmer
Leiterin Einkauf

Complaint

LANGUALIS
Berliner Straße 49
80975 München

Tel: +49 (89) 3 81 79 00
Fax: +49 (89) 3 81 89 31
E-Mail: info@langualis.com
www.langualis.com

Your ref: KW/mn
Our ref: Sch/tr

27 July 2006

Mrs Kate Williams
Sales Director
OfficeTexx Ltd.
25 Thomson Avenue
London
MX2B 3R8
Great Britain

Dear Mrs Williams,

Complaint

We are pleased to confirm that we have taken delivery of your consignment dated 25 July 2006.

However, we regret to inform you that two cardboard boxes were severely damaged on arrival. Due to this damage some articles cannot be used.

We would ask you to deal with this matter and to let us know if and when you will replace the damaged goods. The damaged goods will be returned to you tomorrow.

Yours sincerely,

Sabine Schirmer
Purchasing Director

Reklamation – Positive Antwort

OFFICETEXX LTD.
25 Thomson Avenue
London MX2B 3R8, Great Britain

Phone: +44 (20) 74 93 65 29
Fax: +44 (20) 74 85 52 19
E-Mail: info@office-texx.com
www.office-texx.com

Ihr Zeichen: Sch/tr
Unser Zeichen: KW/mn

31. Juli 2006

Sabine Schirmer
Leiterin Einkauf
LANGUALIS
Berliner Straße 49
80975 München
Deutschland

Ihr Auftrag Nr. 680805

Sehr geehrte Frau Schirmer,

wir beziehen uns auf Ihr Schreiben vom 27. Juli 2006, in dem Sie uns mitteilen, dass zwei Kartons der Lieferung vom 25. Juli 2006 in beschädigtem Zustand bei Ihnen eingetroffen sind.

Wir werden eine sofortige Ersatzlieferung vornehmen.

Wir sind überzeugt, dass diese Angelegenheit für uns alle zufriedenstellend geklärt und unsere Geschäftsbeziehung hierdurch nicht gefährdet wird.

Mit freundlichen Grüßen

Kate Williams
Leiterin Verkauf

Complaint – Positive reply

OFFICETEXX LTD.
25 Thomson Avenue
London MX2B 3R8, Great Britain

Phone: +44 (20) 74 93 65 29
Fax: +44 (20) 74 85 52 19
E-Mail: info@office-texx.com
www.office-texx.com

Your ref: Sch/tr
Our ref: KW/mn

31 July 2006

Mrs Sabine Schirmer
Purchasing Director
LANGUALIS
Berliner Straße 49
80975 Munich
Germany

Dear Mrs Schirmer,

Your order No. 680805

We refer to your letter of 27 July 2006 in which you informed us that two boxes of our consignment of 25 July 2006 were damaged on arrival.

These items will be replaced immediately.

We trust that this matter will be solved to our mutual satisfaction and that our business relationship will not be jeopardized by this incident.

Yours sincerely,

Kate Williams
Sales Director

Reklamation – Negative Antwort

OFFICETEXX LTD.
25 Thomson Avenue
London MX2B 3R8, Great Britain

Phone: +44 (20) 74 93 65 29
Fax: +44 (20) 74 85 52 19
E-Mail: info@office-texx.com
www.office-texx.com

Ihr Zeichen: Sch/tr
Unser Zeichen: KW/mn

31. Juli 2006

Sabine Schirmer
Leiterin Einkauf
LANGUALIS
Berliner Straße 49
80975 München
Deutschland

Ihr Auftrag Nr. 680805

Sehr geehrte Frau Schirmer,

wir beziehen uns auf Ihr Schreiben vom 27. Juli 2006, in dem Sie uns mitteilen, dass zwei Kartons in beschädigtem Zustand bei Ihnen eingetroffen sind.

Ihre Beschwerde müssen wir jedoch zurückweisen, da eine Nachfrage bei der Speditionsfirma LOG@FAIR ergeben hat, dass die Lieferung in einwandfreiem Zustand an Sie übergeben wurde. Wir bitten Sie um nochmalige Überprüfung der festgestellten Mängel.

Wir sind überzeugt, dass diese Angelegenheit für uns alle zufriedenstellend geklärt wird und dass unsere Geschäftsbeziehung hierdurch nicht gefährdet wird.

Mit freundlichen Grüßen

Kate Williams
Leiterin Verkauf

Complaint – Negative reply

OFFICETEXX LTD.
25 Thomson Avenue
London MX2B 3R8, Great Britain

Phone: +44 (20) 74 93 65 29
Fax: +44 (20) 74 85 52 19
E-Mail: info@office-texx.com
www.office-texx.com

Your ref: Sch/tr
Our ref: KW/mn

31 Juli 2006

Mrs Sabine Schirmer
Purchasing Director
LANGUALIS
Berliner Straße 49
80975 Munich
Germany

Dear Mrs Schirmer,

Your order No. 680805

We refer to your letter of 27 July 2006 in which you informed us that two boxes of our consignment of 25 July 2006 were damaged on arrival.

However, we are unable to accept your complaint as the carrier LOG@FAIR has assured us that the goods were delivered to you in good order. Therefore, we would ask you to inspect the damage again.

We trust that this matter will be solved to our mutual satisfaction and that our business relationship will not be jeopardized by this incident.

Yours sincerely,

Kate Williams
Sales Director

Zahlungsaufschub – Bitte um

LANGUALIS
Berliner Straße 49
80975 München

Tel: +49 (89) 3 81 79 00
Fax: +49 (89) 3 81 89 31
E-Mail: info@langualis.com
www.langualis.com

Ihr Zeichen: KW/mn
Unser Zeichen: Sch/tr

15. August 2006

Kate Williams
Leiterin Verkauf
OfficeTexx Ltd.
25 Thomson Avenue
London
MX2B 3R8
Großbritannien

Zahlungsaufschub

Sehr geehrte Frau Williams,

Ihre Lieferung ist fristgerecht am 25. Juli 2006 bei uns eingegangen.

Aufgrund eines unerwarteten Konkurses eines unserer Kunden haben wir jedoch leider einen vorübergehenden Liquiditätsengpass. Wir sehen uns erst zum 1. Oktober in der Lage, die Rechnung zu begleichen.

Wir wären Ihnen für Ihr Entgegenkommen dankbar und versichern Ihnen, dass wir unseren Zahlungsverpflichtungen in den nächsten 6 Wochen nachkommen werden.

Mit freundlichen Grüßen

Sabine Schirmer
Leiterin Einkauf

Request for extension of payment time

LANGUALIS
Berliner Straße 49
80975 München

Tel: +49 (89) 3 81 79 00
Fax: +49 (89) 3 81 89 31
E-Mail: info@langualis.com
www.langualis.com

Your ref: KW/mn
Our ref: Sch/tr

15 August 2006

Mrs Kate Williams
Sales Director
OfficeTexx Ltd.
25 Thomson Avenue
London
MX2B 3R8
Great Britain

Dear Mrs Williams,

Extension of payment time

We are pleased to confirm that we have taken delivery of your consignment dated 25 July 2006.

However, we regret to inform you that due to the unexpected bankruptcy of one of our business partners we are experiencing some cash flow problems. Therefore, we would be grateful if you could grant us an extension of payment time until 1 October 2006.

We would be greatly obliged to you for accomodating us in this matter. Please rest assured that you will receive our remittance within 6 weeks.

Yours sincerely,

Sabine Schirmer
Purchasing Director

Zahlungsaufschub – Bewilligung

OFFICETEXX LTD.
25 Thomson Avenue
London MX2B 3R8, Great Britain

Phone: +44 (20) 74 93 65 29
Fax: +44 (20) 74 85 52 19
E-Mail: info@office-texx.com
www.office-texx.com

Ihr Zeichen: Sch/tr
Unser Zeichen: KW/mn

20. August 2006

Sabine Schirmer
Leiterin Einkauf
LANGUALIS
Berliner Straße 49
80975 München
Deutschland

Zahlungsaufschub

Sehr geehrte Frau Schirmer,

wir bestätigen den Eingang Ihres Schreibens vom 15. August 2006, in dem Sie uns um Zahlungsaufschub bitten.

Nach Überprüfung der Angelegenheit können wir Ihnen eine Fristverlängerung bis zum 1. Oktober 2006 einräumen.

Wir hoffen auf weiterhin gute Zusammenarbeit und verbleiben

mit freundlichen Grüßen

Kate Williams
Leiterin Verkauf

Granting an extension of payment time

OFFICETEXX LTD.
25 Thomson Avenue
London MX2B 3R8, Great Britain

Phone: +44 (20) 74 93 65 29
Fax: +44 (20) 74 85 52 19
E-Mail: info@office-texx.com
www.office-texx.com

Your ref: Sch/tr
Our ref: KW/mn

20 August 2006

Mrs Sabine Schirmer
Purchasing Director
LANGUALIS
Berliner Straße 49
80975 Munich
Germany

Dear Mrs Schirmer,

Extension of payment time

Thank you for your letter of 15 August 2006 in which you asked for an extension of payment time.

After thorough consideration we are pleased to inform you that we are able to grant you an extension of payment time until 1 October 2006.

We look forward to continuing our co-operation with you.

Yours sincerely,

Kate Williams
Sales Director

Zahlungsaufschub – Ablehnung

OfficeTexx Ltd.
25 Thomson Avenue
London MX2B 3R8, Great Britain

Phone: +44 (20) 74 93 65 29
Fax: +44 (20) 74 85 52 19
E-Mail: info@office-texx.com
www.office-texx.com

Ihr Zeichen: Sch/tr
Unser Zeichen: KW/mn

20. August 2006

Sabine Schirmer
Leiterin Einkauf
LANGUALIS
Berliner Straße 49
80975 München
Deutschland

Zahlungsaufschub

Sehr geehrte Frau Schirmer,

wir bestätigen den Eingang Ihres Schreibens vom 15. August 2006, in dem Sie uns um Zahlungsaufschub bis 1. Oktober 2006 bitten.

Nach Überprüfung der Angelegenheit müssen wir Ihnen mitteilen, dass es uns nicht möglich ist, Ihnen eine Fristverlängerung bis zum 1. Oktober 2006 einzuräumen. Wir möchten Sie bitten, den vollständigen Rechnungsbetrag bis zum 1. September 2006 zu überweisen.

Bitte haben Sie Verständnis, dass wir Ihnen in dieser Angelegenheit nicht entgegenkommen können. Wir hoffen auf weiterhin gute Zusammenarbeit und verbleiben

mit freundlichen Grüßen

Kate Williams
Leiterin Verkauf

Refusal of extension of payment time

OFFICETEXX LTD.
25 Thomson Avenue
London MX2B 3R8, Great Britain

Phone: +44 (20) 74 93 65 29
Fax: +44 (20) 74 85 52 19
E-Mail: info@office-texx.com
www.office-texx.com

Your ref: Sch/tr
Our ref: KW/mn

20 August 2006

Mrs Sabine Schirmer
Purchasing Director
LANGUALIS
Berliner Straße 49
80975 Munich
Germany

Dear Mrs Schirmer,

Extension of payment time

Thank you for your letter of 15 August 2006 in which you requested an extension of payment time until 1 October 2006.

After thorough consideration we regret to inform you that we are unable to grant you the extension of payment time you requested. We kindly ask you to send us your remittance by 1 September 2006.

Please understand that we cannot accommodate you in this matter. We look forward to continuing our co-operation with you.

Yours sincerely,

Kate Williams
Sales Director

Stornierung

LANGUALIS
Berliner Straße 49
80975 München

Tel: +49 (89) 3 81 79 00
Fax: +49 (89) 3 81 89 31
E-Mail: info@langualis.com
www.langualis.com

Ihr Zeichen: KW/mn
Unser Zeichen: Sch/tr

6. Juli 2006

Kate Williams
Leiterin Verkauf
OfficeTexx Ltd.
25 Thomson Avenue
London
MX2B 3R8
Großbritannien

Stornierung

Sehr geehrte Frau Williams,

am 4. Juli 2006 haben wir in Ihrem Hause eine Bestellung mit 4 Positionen getätigt.

Aufgrund eines Computerfehlers handelt es sich bei Position 1 (50 Trainer Caddys) um eine Fehlbestellung. Hiermit stornieren wir die Bestellung dieser Position, die Lieferung der anderen Produkte soll erhalten bleiben. Anliegend erhalten Sie eine korrigierte Kopie unserer Bestellung vom 4. Juli 2006.

Wir bedauern diesen Vorgang, hoffen jedoch auf weiterhin gute Zusammenarbeit.

Mit freundlichen Grüßen

Sabine Schirmer
Leiterin Einkauf

Anlage
Bestellung

Cancellation

LANGUALIS
Berliner Straße 49
80975 München

Tel: +49 (89) 3 81 79 00
Fax: +49 (89) 3 81 89 31
E-Mail: info@langualis.com
www.langualis.com

Your ref: KW/mn
Our ref: Sch/tr

6 July 2006

Mrs Kate Williams
Sales Director
OfficeTexx Ltd.
25 Thomson Avenue
London
MX2B 3R8
Great Britain

Dear Mrs Williams,

<u>Cancellation</u>

On 4 July 2006 we placed an order for four items from your catalogue.

However, we regret to inform you that due to a computer error No. 1 of our order (50 Trainer Caddys) is incorrect. Therefore, we would like to cancel this number. The remainder of our order is not affected. Please find enclosed a corrected version of our order of 4 July 2006.

We sincerely regret the cancellation and hope that our good professional relationship will not be jeopardized by this incident.

Yours sincerely,

Sabine Schirmer
Purchasing Director

<u>Enc</u>
Order

Zahlungsverzug – Erste Mahnung

OFFICETEXX LTD.
25 Thomson Avenue
London MX2B 3R8, Great Britain

Phone: +44 (20) 74 93 65 29
Fax: +44 (20) 74 85 52 19
E-Mail: info@office-texx.com
www.office-texx.com

Ihr Zeichen: Sch/tr
Unser Zeichen: KW/mn

15. September 2006

Sabine Schirmer
Leiterin Einkauf
LANGUALIS
Berliner Straße 49
80975 München
Deutschland

Mahnung

Sehr geehrte Frau Schirmer,

anscheinend ist es Ihrer Aufmerksamkeit entgangen, dass Ihre Rechnung vom 27. Juli 2006 bereits fällig war.

Wir möchten Sie bitten, den ausstehenden Betrag bis spätestens 30. September 2006 zu überweisen. Sollten Sie den Zahlungsrückstand bereits ausgeglichen haben, betrachten Sie dieses Schreiben bitte als gegenstandslos.

Mit freundlichen Grüßen

Kate Williams
Leiterin Verkauf

Delay in payment – First reminder

OFFICETEXX LTD.
25 Thomson Avenue
London MX2B 3R8, Great Britain

Phone: +44 (20) 74 93 65 29
Fax: +44 (20) 74 85 52 19
E-Mail: info@office-texx.com
www.office-texx.com

Your ref: Sch/tr
Our ref: KW/mn

15 September 2006

Mrs Sabine Schirmer
Purchasing Director
LANGUALIS
Berliner Straße 49
80975 Munich
Germany

Dear Mrs Schirmer,

Reminder

We would like to draw your attention to our invoice of 27 July 2006, which has not been paid yet.

We would be grateful if you could forward your remittance by 30 September 2006. If payment has already been effected, please ignore this reminder.

Yours sincerely,

Kate Williams
Sales Director

Zahlungsverzug – Zweite Mahnung

OFFICETEXX LTD.
25 Thomson Avenue
London MX2B 3R8, Great Britain

Phone: +44 (20) 74 93 65 29
Fax: +44 (20) 74 85 52 19
E-Mail: info@office-texx.com
www.office-texx.com

Ihr Zeichen: Sch/tr
Unser Zeichen: KW/mn

30. September 2006

Sabine Schirmer
Leiterin Einkauf
LANGUALIS
Berliner Straße 49
80975 München
Deutschland

Zweite Mahnung

Sehr geehrte Frau Schirmer,

unsere Rechnung vom 27. Juli 2006 wurde bisher nicht bezahlt. Auch auf unsere erste Mahnung haben Sie nicht reagiert.

Wir bitten Sie nunmehr um sofortige Überweisung des offen stehenden Betrages. Sofern dringende Gründe vorliegen sollten, die Zahlung nicht zu veranlassen, bitten wir Sie um Bescheid.

Mit freundlichen Grüßen

Kate Williams
Leiterin Verkauf

Delay in payment – Second reminder

OFFICETEXX LTD.
25 Thomson Avenue
London MX2B 3R8, Great Britain

Phone: +44 (20) 74 93 65 29
Fax: +44 (20) 74 85 52 19
E-Mail: info@office-texx.com
www.office-texx.com

Your ref: Sch/tr
Our ref: KW/mn

30 September 2006

Mrs Sabine Schirmer
Purchasing Director
LANGUALIS
Berliner Straße 49
80975 Munich
Germany

Dear Mrs Schirmer,

Second Reminder

We wish to remind you that our invoice of 27 July 2006 is still unpaid. Furthermore, we have received no response to our first reminder.

Therefore, we must request payment of the amount due without further delay. If there are any reasons for withholding payment, please let us know.

Yours sincerely,

Kate Williams
Sales Director

Zahlungsverzug – Dritte Mahnung

OFFICETEXX LTD.
25 Thomson Avenue
London MX2B 3R8, Great Britain

Phone: +44 (20) 74 93 65 29
Fax: +44 (20) 74 85 52 19
E-Mail: info@office-texx.com
www.office-texx.com

Ihr Zeichen: Sch/tr
Unser Zeichen: KW/mn

15. Oktober 2006

Sabine Schirmer
Leiterin Einkauf
LANGUALIS
Berliner Straße 49
80975 München
Deutschland

Dritte Mahnung

Sehr geehrte Frau Schirmer,

Sie haben auf unsere beiden Mahnungen vom 15. September 2006 und 30. September 2006 nicht reagiert.

Wir möchten Sie bitten, innerhalb einer Woche Ihren Zahlungsverpflichtungen zu unserer Rechnung vom 27. Juli 2006 nachzukommen.

Dies ist unsere letzte Zahlungsaufforderung. Sollte Ihre Zahlung nicht bis 25. Oktober 2006 bei uns eintreffen, werden wir die Angelegenheit unseren Rechtsanwälten übergeben.

Mit freundlichen Grüßen

Kate Williams
Leiterin Verkauf

Delay in payment – Third reminder

OFFICETEXX LTD.
25 Thomson Avenue
London MX2B 3R8, Great Britain

Phone: +44 (20) 74 93 65 29
Fax: +44 (20) 74 85 52 19
E-Mail: info@office-texx.com
www.office-texx.com

Your ref: Sch/tr
Our ref: KW/mn

15 October 2006

Mrs Sabine Schirmer
Purchasing Director
LANGUALIS
Berliner Straße 49
80975 Munich
Germany

Dear Mrs Schirmer,

Third Reminder

Despite two reminders sent to you on 15 September 2006 and 30 September 2006 the amount of our invoice of 27 July 2006 is still outstanding.

We must now insist that payment will be made within the next seven days.

This is our last reminder. Unless we have received your remittance by 25 October 2006, we shall have to hand the matter over to our solicitors.

Yours sincerely,

Kate Williams
Sales Director

Hotelprospekt – Anfrage

LANGUALIS
Berliner Straße 49
80975 München

Tel: +49 (89) 3 81 79 00
Fax: +49 (89) 3 81 89 31
E-Mail: info@langualis.com
www.langualis.com

6. Juli 2006

PARKHOTEL ST. GEORGE
Verkaufsabteilung
73 Kensington Road
London
MX4D 6T2
Großbritannien

Hausprospekt

Sehr geehrte Damen und Herren,

Ihre ansprechende Website hat uns auf Ihr Hotel aufmerksam gemacht.

Um einen weiteren Eindruck von Ihrem Haus zu erhalten, würde ich Sie gerne bitten, mir Unterlagen über Ihr Haus und eine aktuelle Preisliste zuzusenden.

Bei Rückfragen können Sie sich jederzeit gern an mich wenden (Tel.: +49 089-3 81 79 00, E-Mail: andreas@langualis.com).

Mit freundlichen Grüßen

Doreen Andreas
Geschäftsleitung

Correspondence with hotels – Request for brochure

LANGUALIS
Berliner Straße 49
80975 München

Tel: +49 (89) 3 81 79 00
Fax: +49 (89) 3 81 89 31
E-Mail: info@langualis.com
www.langualis.com

6 July 2006

PARKHOTEL ST. GEORGE
Sales Department
73 Kensington Road
London
MX4D 6T2
Great Britain

Dear Sir or Madam,

Request for brochure

Your informative website has drawn our attention to your hotel.

To get a better impression of the hotel we would ask you to kindly send us your brochure including your current price-list.

If you have any further queries, please do not hesitate to contact me (Phone: +49 089-3 81 79 00, E-Mail: andreas@langualis.com).

Yours faithfully,

Doreen Andreas
Management

Hotelprospekt – Antwort des Hotels

PARKHOTEL ST. GEORGE
73 Kensington Road
London MX4D 6T2
Great Britain

Phone: +44 (20) 74 39 56 92
Fax: +44 (20) 74 03 27 72
E-Mail: info@ph-st.george.co.uk
www.saintgeorge.co.uk

10. Juli 2006

Doreen Andreas
Geschäftsleitung
LANGUALIS
Berliner Straße 49
80975 München
Deutschland

Hausprospekt

Sehr geehrte Frau Andreas,

herzlichen Dank für Ihre Anfrage vom 6. Juli 2006 und das damit verbundene Interesse an unserem Hause.

Gerne übersenden wir Ihnen unseren Hausprospekt mit Preisliste und aktuellen Arrangements. Unsere Gastfreundschaft sollten Sie jedoch selbst erleben!

Bei Fragen oder Wünschen stehen wir Ihnen jederzeit gerne zur Verfügung. Wir würden uns freuen, Sie in nächster Zeit in unserem Hause begrüßen zu dürfen.

Mit freundlichen Grüßen

Robert Stanton
Sales Director

Anlage
Hausprospekt

Request for brochure – Reply of the hotel

PARKHOTEL ST. GEORGE
73 Kensington Road
London MX4D 6T2
Great Britain

Phone: +44 (20) 74 39 56 92
Fax: +44 (20) 74 03 27 72
E-Mail: info@ph-st.george.co.uk
www.saintgeorge.co.uk

10 July 2006

Mrs Doreen Andreas
Management
LANGUALIS
Berliner Straße 49
80975 Munich
Germany

Dear Mrs Andreas,

Our brochure

Thank you very much for your letter of 6 July 2006 and your interest in our hotel.

Please find enclosed our new brochure including prices and current special offers. Our hospitality, however, is something you will want to experience yourself!

If you require any further information or have any special requests, please do not hesitate to contact us. We look forward to your stay with us.

Yours sincerely,

Robert Stanton
Sales Director

Enc
Brochure

Hotelbuchung – Anfrage

LANGUALIS
Berliner Straße 49
80975 München

Tel: +49 (89) 3 81 79 00
Fax: +49 (89) 3 81 89 31
E-Mail: info@langualis.com
www.langualis.com

14. Juli 2006

Robert Stanton
Verkaufsabteilung
PARKHOTEL ST. GEORGE
73 Kensington Road
London
MX4D 6T2
Großbritannien

Buchungsanfrage

Sehr geehrter Herr Stanton,

herzlichen Dank für die Zusendung Ihres Hausprospektes, der uns sehr angesprochen hat. Ich möchte Sie bitten, folgende Buchung vorzunehmen:

Name des Gastes: Prof. Eberhard Tschanz
Ankunft: Montag, 7. August 2006
Abreise: Samstag, 19. August 2006
Zimmer: 1 Einzelzimmer, Bad/Dusche, Nichtraucher, Halbpension
Ankunft: London-Heathrow, 14.35 Uhr, Flug Nr. LH 707, Abholung ist erwünscht
Rechnung: bitte zu meinen Händen

Bei Rückfragen können Sie sich jederzeit gern an mich wenden (Tel.: +49 089-3 81 79 00, E-Mail: andreas@langualis.com).

Um eine Reservierungsbestätigung wird gebeten.

Mit freundlichen Grüßen

Doreen Andreas
Geschäftsleitung

Hotel booking – Booking request

LANGUALIS
Berliner Straße 49
80975 München

Tel: +49 (89) 3 81 79 00
Fax: +49 (89) 3 81 89 31
E-Mail: info@langualis.com
www.langualis.com

14 July 2006

Mr Robert Stanton
Sales Department
PARKHOTEL ST. GEORGE
73 Kensington Road
London
MX4D 6T2
Great Britain

Dear Mr Stanton,

Hotel booking 7–19 August 2006

Thank you for your informative brochure, which has given us a good impression of your hotel. With reference to your current price-list I would like to make the following booking:

Name of guest: Prof. Eberhard Tschanz
Arrival: Monday, 7 August 2006
Departure: Saturday, 19 August 2006
Room: one single room, bath/shower, non-smoking, half board
Arrival: London-Heathrow, 2.35 pm, Flight No. LH 707, transfer is required
Invoice: Please send the bill to my office

Please do not hesitate to contact me, if you have any further queries (Phone: +49 089-3 81 79 00, E-Mail: andreas@langualis.com).

I would be grateful if you could confirm this reservation.

Yours sincerely,

Doreen Andreas
Management

Reservierung – Bestätigung

PARKHOTEL ST. GEORGE
73 Kensington Road
London MX4D 6T2
Great Britain

Phone: +44 (20) 74 39 56 92
Fax: +44 (20) 74 03 27 72
E-Mail: info@ph-st.george.co.uk
www.saintgeorge.co.uk

18. Juli 2006

Doreen Andreas
Geschäftsleitung
LANGUALIS
Berliner Straße 49
80975 München
Deutschland

Buchung 7.–19. August 2006, Prof. E. Tschanz

Sehr geehrte Frau Andreas,

gerne bestätigen wir Ihre Buchung vom 14. Juli 2006 und freuen uns, Herrn Prof. Tschanz bald in unserem Hause begrüßen zu dürfen.

Unser Anspruch ist es, unseren Gästen stets einen perfekten Aufenthalt bei uns, mitten im Herzen Londons, zu ermöglichen.

Bei Fragen oder Wünschen stehen wir Ihnen jederzeit gerne zur Verfügung.

Mit freundlichen Grüßen

Robert Stanton
Sales Director

Booking confirmation

PARKHOTEL ST. GEORGE
73 Kensington Road
London MX4D 6T2
Great Britain

Phone: +44 (20) 74 39 56 92
Fax: +44 (20) 74 03 27 72
E-Mail: info@ph-st.george.co.uk
www.saintgeorge.co.uk

18 July 2006

Mrs Doreen Andreas
Management
LANGUALIS
Berliner Straße 49
80975 Munich
Germany

Dear Mrs Andreas,

Booking 7–19 August 2006 for Professor E. Tschanz

I am writing to confirm your reservation of 14 July 2006. We look forward to Mr Tschanz's stay with us.

It is our aim to make our guests feel at home in our hotel, right in the heart of London.

If you require any further information or have any special requests, please do not hesitate to contact us.

Yours sincerely,

Robert Stanton
Sales Director

Konferenzbuchung

LANGUALIS
Berliner Straße 49
80975 München

Tel: +49 (89) 3 81 79 00
Fax: +49 (89) 3 81 89 31
E-Mail: info@langualis.com
www.langualis.com

14. September 2006

Robert Stanton
Verlaufsabteilung
PARKHOTEL ST. GEORGE
73 Kensington Road
London
MX4D 6T2
Großbritannien

Seminaranfrage

Sehr geehrter Herr Stanton,

wir sind ein expandierendes Spracheninstitut mit Hauptsitz in München und planen in der Zeit vom 23. bis 27. Oktober 2006 ein internationales Seminar in London. Wir sind der Meinung, dass Ihr exzellenter Seminar-Service zu unserer Firma passt. Unten stehend erhalten Sie unsere Wünsche zur Durchführung der viertägigen Veranstaltung. Bitte unterbreiten Sie uns ein Angebot.

Anzahl der Personen: 40 (Teilnehmerliste folgt in Kürze)
Ankunft: Montag, 23. Oktober 2006 London-Heathrow, 9.35 Uhr, Flug Nr. LH 707, Abholung ist erwünscht.
Abreise: Samstag, 27. Oktober 2006
Zimmer: 40 Einzelzimmer, Bad/Dusche, Nichtraucher, Halbpension

Die Einzelheiten zur Ausstattung der Seminarräume teile ich Ihnen mit separater Post mit.

Bitte schicken Sie das Angebot zu meinen Händen. Bei Rückfragen können Sie sich jederzeit gern an mich wenden (Tel.: +49 089-3 81 79 00, E-Mail: andreas@langualis.com).

Mit freundlichen Grüßen

Doreen Andreas
Geschäftsleitung

Request for conference booking

LANGUALIS
Berliner Straße 49
80975 München

Tel: +49 (89) 3 81 79 00
Fax: +49 (89) 3 81 89 31
E-Mail: info@langualis.com
www.langualis.com

14 September 2006

Mr Robert Stanton
Sales Department
PARKHOTEL ST. GEORGE
73 Kensington Road
London
MX4D 6T2
Great Britain

Dear Mr Stanton,

<u>Request for conference booking from 23 to 27 October 2006</u>

We are an expanding language institute with our headquarters in Munich and we are planning an international conference in London from 23 to 27 October 2006. Your excellent conference facilities seem to fit our needs perfectly. Please find enclosed our requests for a four-day conference in your hotel. We would be grateful if you could make us an offer.

Number of participants: 40 (a list of participants will follow)
Arrival: Monday, 23 October 2006, London Heathrow, 9.35 am, flight No. LH 707, transfer is required
Departure: Friday 27 October 2006
Rooms: 40 single rooms, bath/shower, non-smoking, half board

You will receive our requirements for the seminar facilities by separate post.

Please send your offer to my office and do not hesitate to contact me, if you have any further queries (Phone: +49 089-3 81 79 00, E-Mail: andreas@langualis.com).

Yours faithfully,

Doreen Andreas
Management

Konferenzbuchung – Antwort des Hotels

PARKHOTEL ST. GEORGE
73 Kensington Road
London MX4D 6T2
Great Britain

Phone: +44 (20) 74 39 56 92
Fax: +44 (20) 74 03 27 72
E-Mail: info@ph-st.george.co.uk
www.saintgeorge.co.uk

18. September 2006

Doreen Andreas
Geschäftsleitung
LANGUALIS
Berliner Straße 49
80975 München
Deutschland

Seminar-Angebot

Sehr geehrte Frau Andreas,

herzlichen Dank für Ihre Anfrage vom 14. September 2006.

Wir freuen uns über Ihre Absicht, Ihr Seminar in unserem Hause durchzuführen und senden Ihnen gerne in der Anlage unser Angebot. Wir würden uns sehr freuen, Sie bald in unserem Hause begrüßen zu dürfen und versichern Ihnen, dass Ihr Seminar zu Ihrer vollsten Zufriedenheit durchgeführt wird.

Unser Anspruch ist es, unseren Gästen stets ein perfektes Wohn- und Arbeitsgefühl, mitten im Herzen Londons, zu vermitteln. Bei Fragen oder Wünschen stehen wir Ihnen jederzeit gerne zur Verfügung.

Mit freundlichen Grüßen

Robert Stanton
Sales Director

Anlage
Angebot

Conference booking – Reply of the hotel

PARKHOTEL ST. GEORGE
73 Kensington Road
London MX4D 6T2
Great Britain

Phone: +44 (20) 74 39 56 92
Fax: +44 (20) 74 03 27 72
E-Mail: info@ph-st.george.co.uk
www.saintgeorge.co.uk

18 September 2006

Mrs Doreen Andreas
Management
LANGUALIS
Berliner Straße 49
80975 Munich
Germany

Dear Mrs Andreas,

Our offer

Thank you for your conference booking request of 14 September 2006.

We are pleased that you are interested in holding your conference in our hotel. Please find enclosed our offer. We look forward to welcoming you in our hotel and assure you that the conference will be organised to your complete satisfaction.

It is our aim to make our guests feel at home, right in the heart of London. If you require any further information or have any special requests, please do not hesitate to contact us.

Yours sincerely,

Robert Stanton
Sales Director

Enc
Our offer

Firmenjubiläum – Glückwunsch

LANGUALIS
Berliner Straße 49
80975 München

Tel: +49 (89) 3 81 79 00
Fax: +49 (89) 3 81 89 31
E-Mail: info@langualis.com
www.langualis.com

13. Juni 2006

Maria Carlton
Geschäftsleitung
BOOK & PRESS
Beethovenstraße 78
80502 München

Sehr geehrte Frau Carlton,

seit der Gründung Ihres Unternehmens vor zehn Jahren vertrauen wir auf Ihr Haus und sind mit Ihrem Service mehr als zufrieden. Zu Ihrem bevorstehenden Jubiläum möchte ich Ihnen meine herzlichsten Glückwünsche übermitteln.

Die Anfänge Ihres Unternehmens, von einem kleinen Buchgeschäft in der Hohenzollernstraße bis zum heutigen Großunternehmen, durfte ich persönlich miterleben. Zu Recht können Sie auf Ihre erfolgreiche Tätigkeit stolz sein und mit Optimismus in die Zukunft blicken.

Für die gute Zusammenarbeit und die stets sehr freundliche Unterstützung durch alle Mitarbeiter Ihres Hauses bedanke ich mich an dieser Stelle recht herzlich. Ich wünsche Ihnen, Ihrer Familie und Ihrem gesamten Team im Namen meiner Mitarbeiter weiterhin viel Erfolg, beste Gesundheit und vor allem Schaffenskraft. Ich freue mich auf eine weitere gute Zusammenarbeit und verbleibe

mit freundlichen Grüßen

Doreen Andreas
Geschäftsleitung

Congratulations on company anniversary

LANGUALIS
Berliner Straße 49
80975 München

Tel: +49 (89) 3 81 79 00
Fax: +49 (89) 3 81 89 31
E-Mail: info@langualis.com
www.langualis.com

13 June 2006

Mrs Maria Carlton
Management
BOOK & PRESS
Beethovenstraße 78
80502 München

Dear Mrs Carlton,

Since you set up your business ten years ago we have trusted in your company and are pleased to tell you that we are more than satisfied with your service. Please accept my warmest congratulations on your company's forthcoming anniversary.

I am pleased that I was able to witness the very first beginnings of your company and its development from a small bookshop in Hohenzollernstraße to the company it is today. You have every reason to be proud of your success and to look into the future optimistically.

I would like to take this opportunity to thank you and your staff for your good cooperation and support throughout the years. On behalf of my company I wish you, your family and your whole team further success, and hope that you may enjoy the best of health and vitality. I look forward to continuing our good professional relationship.

Yours sincerely,

Doreen Andreas
Management

Geschäftseröffnung und Änderung Firmenname

BOOK & PRESS
Beethovenstraße 78
80502 München

Tel: +49 (89) 3 75 49 27
Fax: +49 (89) 3 75 49 01
E-Mail: info@book-press.com
www.book-press.int

13. Juni 2006

Doreen Andreas
Geschäftsleitung
LANGUALIS
Berliner Straße 49
80975 München

Sehr geehrte Frau Andreas,

mit Freude und Stolz möchte ich Ihnen heute mitteilen, dass wir zum 1. September 2006 ein neues Geschäft in München, Friedrichstraße 66–68, eröffnen werden. Neben unserem bewährten umfangreichen Buchprogramm erwartet Sie dort auch ein wunderschönes Internet-Café mit vielen kleinen Überraschungen!

Wir würden uns sehr freuen, Sie als einen unserer treuen Kunden und verlässlichen Partner auch an diesem Standort begrüßen zu dürfen. Telefonisch sind meine Mitarbeiter unter 089-3 75 49 28 erreichbar.

Gleichzeitig möchte ich heute die Gelegenheit nutzen, um Ihnen die Änderung unseres Firmennamens bekannt zu geben. Ab dem 1. September 2006 sind wir unter der Bezeichnung »READ@BOOK« tätig. Wir haben uns entschlossen, den Service für unsere Kunden zu erweitern. Nun sind wir neben einem erfolgreichen Buchgeschäft nicht nur mit Reiseliteratur, sondern auch mit einem Reiseveranstaltungsservice und vielen attraktiven Angeboten aktiv.

Ich freue mich auf eine weitere gute Zusammenarbeit und verbleibe

mit freundlichen Grüßen

Maria Carlton
Geschäftsleitung

Opening a new business and change of company's name

Book & Press
Beethovenstraße 78
80502 München

Tel: +49 (89) 3 75 49 27
Fax: +49 (89) 3 75 49 01
E-Mail: info@book-press.com
www.book-press.int

13 June 2006

Mrs Doreen Andreas
Management
LANGUALIS
Berliner Straße 49
80975 Munich

Dear Mrs Andreas,

I am pleased and proud to announce that we shall be opening a new branch of our bookstore in Friedrichstraße 66–68, Munich, on 1 September 2006. Apart from our well-known extensive range of books you will also find a wonderful internet-café as well as many small surprises at our new branch!

It would give us great pleasure to welcome you as our loyal and reliable partner in our new premises. The staff can be contacted by phone on 089-3 75 49 28.

At the same time, I would like to inform you that our company name will change. From 1 September 2006 we will be trading as »READ@BOOK«. Additionally we have decided to expand the service to our customers. Now we not only offer a successful range of books and travel literature, but also high-quality travel services with many attractive deals.

I look forward to continuing our good professional relationship.

Yours sincerely,

Maria Carlton
Management

Geschäftsaufgabe

BOOK & PRESS
Beethovenstraße 78
80502 München

Tel: +49 (89) 3 75 49 27
Fax: +49 (89) 3 75 49 01
E-Mail: info@book-press.com
www.book-press.int

17. August 2006

Doreen Andreas
Geschäftsleitung
LANGUALIS
Berliner Straße 49
80975 München

Sehr geehrte Frau Andreas,

mit Schmerz und Trauer habe ich heute die Aufgabe, Ihnen mitzuteilen, dass BOOK & PRESS zum 1. Januar 2007 in München seine Pforten schließen wird.

Nach unerwarteter und kurzer Krankheit ist mein Ehemann vor zwei Wochen verstorben. Die gesamten zehn Jahre, die wir gemeinsam in München verbrachten und während derer wir ein erfolgreiches Unternehmen aufgebaut haben, waren die besten Jahre meines Lebens!

Nach langen Überlegungen entschloss ich mich zu einer Rückkehr in die Vereinigten Staaten in meine Heimatstadt New York, wo meine gesamte Familie lebt.

Ich werde Sie in nächster Zeit über eine bevorstehende Firmenübernahme durch einen meiner Partner unterrichten. In diesem Sinne wird in München das Geschäft im Andenken an meinen Ehemann weitergeführt.

Mit stillem Gruß

Ihre

Maria Carlton

Closing down a business

BOOK & PRESS
Beethovenstraße 78
80502 München

Tel: +49 (89) 3 75 49 27
Fax: +49 (89) 3 75 49 01
E-Mail: info@book-press.com
www.book-press.int

17 August 2006

Mrs Doreen Andreas
Management
LANGUALIS
Berliner Straße 49
80975 Munich

Dear Mrs Andreas,

It is my sad duty to inform you that BOOK & PRESS will close down its business in Munich by 1 January 2007.

After an unexpected and short illness my husband passed away two weeks ago. The ten years during which we lived and worked together in Munich and set up our successful business was the best time of my life.

After careful consideration, I have decided to return to the United States and live in New York City, close to my familiy.

I will inform you soon about an imminent company takeover by one of my partners, who will continue the business in the spirit of my husband.

Yours sincerely,

Maria Carlton

Kondolenz

LANGUALIS
Berliner Straße 49
80975 München

Tel: +49 (89) 3 81 79 00
Fax: +49 (89) 3 81 89 31
E-Mail: info@langualis.com
www.langualis.com

20. August 2006

Maria Carlton
Geschäftsleitung
BOOK & PRESS
Beethovenstraße 78
80502 München

Sehr geehrte Frau Carlton,

die Nachricht vom plötzlichen Ableben Ihres Mannes hat mich zutiefst erschüttert.

Ich erlaube mir, Ihnen im Namen meiner Familie und meiner Kollegen mein tief empfundenes Beileid auszudrücken. Bitte lassen Sie mich wissen, wie ich Ihnen zu dieser schweren Stunde hilfreich zur Seite stehen kann.

Mit freundlichen Grüßen

Ihre

Doreen Andreas

Condolence

LANGUALIS
Berliner Straße 49
80975 München

Tel: +49 (89) 3 81 79 00
Fax: +49 (89) 3 81 89 31
E-Mail: info@langualis.com
www.langualis.com

20 August 2006

Mrs Maria Carlton
Management
BOOK & PRESS
Beethovenstraße 78
80502 Munich

Dear Mrs Carlton,

I was deeply distressed to hear of the sudden death of your husband.

On behalf of my family and all my colleagues I would like to convey my sincere sympathies to you. If there is anything I can do to help you at this difficult time, please do not hesitate to let me know.

Yours sincerely,

Doreen Andreas

Anfrage Webdesign

LANGUALIS
Berliner Straße 49
80975 München

Tel: +49 (89) 3 81 79 00
Fax: +49 (89) 3 81 89 31
E-Mail: info@langualis.com
www.langualis.com

18. Juni 2006

James Clooney
Creative@More
78 Kingston Road
London
FRX3 3R8
Großbritannien

Anfrage Website

Sehr geehrter Herr Clooney,

wir sind ein expandierendes Spracheninstitut mit Hauptsitz in München und Niederlassungen an mehreren europäischen Standorten. Für den Winter 2006 planen wir eine vollständige Neugestaltung unseres Webauftritts »www.langualis.com«.

Ihr vielfältiges Programm bei der MediaTech 2006 in Nürnberg hat uns überzeugt. Deshalb würde ich Sie gerne bitten, sich mit mir in Verbindung zu setzen, um über eine eventuelle Zusammenarbeit zu sprechen. Es wäre mir eine Freude, Sie zu einem persönlichen Gespräch in München begrüßen zu dürfen.

Mit freundlichen Grüßen

Doreen Andreas
Direktorin

Request for webdesign

Langualis
Berliner Straße 49
80975 München

Tel: +49 (89) 3 81 79 00
Fax: +49 (89) 3 81 89 31
E-Mail: info@langualis.com
www.langualis.com

18 June 2006

Mr James Clooney
Creative@More
78 Kingston Road
London
FRX3 3R8
Great Britain

Dear Mr Clooney,

Request for webdesign

We are an expanding language institute with our headquarters in Munich and branches at various European locations. This winter we are planning a relaunch and redesign of our website »www.langualis.com«.

We were very impressed with the wide range of services you presented at the MediaTech Fair 2006 in Nuremberg. Therefore, I would like to ask you to contact me to discuss a possible cooperation. I would be pleased to welcome you in Munich for a personal conversation.

Yours sincerely,

Doreen Andreas
Director

Anfrage Webdesign – Antwort

CREATIVE@MORE
78 Kingston Road
London FRX3 3R8, Great Britain

Phone: +44 (20) 74 93 65 92
Fax: +44 (20) 74 85 52 20
E-Mail: info@creative-more.com
www.creative-more.com

24. Juni 2006

Doreen Andreas
Direktorin
LANGUALIS
Berliner Straße 49
80975 München
Deutschland

Ihre Anfrage

Sehr geehrte Frau Andreas,

herzlichen Dank für Ihr Schreiben vom 18. Juni 2006 und Ihr Interesse an unserer Arbeit.

Auch ich erinnere mich gerne an unser Gespräch auf der Nürnberger MediaTech 2006 und würde mich über eine Zusammenarbeit mit Ihnen sehr freuen.

In der Anlage erhalten Sie unseren detaillierten Prospekt mit genauen Preisen und Bedingungen. Gerne werde ich Sie in den nächsten Tagen anrufen, um mit Ihnen einen Gesprächstermin, ob in London oder in München, zu vereinbaren.

Mit freundlichen Grüßen

James Clooney
Direktor

Anlage
Produktkatalog

Reply to request for webdesign

CREATIVE@MORE
78 Kingston Road
London FRX3 3 R8, Great Britain

Phone: +44 (20) 74 93 65 92
Fax: +44 (20) 74 85 52 20
E-Mail: info@creative-more.com
www.creative-more.com

24 June 2006

Mrs Doreen Andreas
Director
LANGUALIS
Berliner Straße 49
80975 Munich
Germany

Dear Mrs Andreas,

Your enquiry

Thank you for your enquiry of 18 June 2006 and for your interest in our services.

I very much enjoyed our pleasant conversation during the Nuremberg MediaTech Fair 2006 and would be pleased to be of service to you.

Enclosed is a copy of our detailed catalogue including prices and terms. May I call you next week to make an appointment with you in either London or Munich?

Yours sincerely,

James Clooney
Director

Enc
Product Catalogue

Kapitel 4

Betriebsinterne Kommunikation

Zu einer ausgewogenen Unternehmenskultur gehört zweifelsohne eine gute betriebsinterne Kommunikation.
Sie trägt zu einem positiven Arbeitsklima bei, in dem sich Mitarbeiter gerne dafür einsetzen, die Unternehmensziele zu erreichen. Zur betriebsinternen Kommunikation gehören nicht immer nur Schreiben zu positiven Ereignissen, wie zum Beispiel Glückwünsche zu Jubiläen, Eheschließung oder der Geburt eines Kindes oder Einladungen zu Betriebsausflügen, sondern auch weniger angenehme Angelegenheiten wie Kündigungen oder Abmahnungen. All diese Themen werden in diesem Kapitel behandelt.
Einen wichtigen Teil der betriebsinternen Kommunikation bilden Rundschreiben, Telefonnotizen und Protokolle. Diese sind besonders aus größeren Firmen nicht wegzudenken, schließlich dienen sie dazu, die Mitarbeiter über aktuelle Ereignisse zu informieren oder Geschäftsgespräche oder Meetings ordentlich zu dokumentieren.
Die Palette der »In-House-Kommunikation« hat sich während der letzten Jahre nicht grundlegend geändert, jedoch haben sich – der E-Mail sei Dank – der Papieraufwand verringert und die Beantwortungszeit verkürzt. Das Thema der »Elektronischen Post« wird in Kapitel 7 noch näher beleuchtet.

Abmahnung

LANGUALIS
Berliner Straße 49
80975 München

Tel: +49 (89) 3 81 79 00
Fax: +49 (89) 3 81 89 31
E-Mail: info@langualis.com
www.langualis.com

20. August 2006

Martin Hanks

Abmahnung

Sehr geehrter Herr Hanks,

zu unserem Bedauern müssen wir feststellen, dass Sie an folgenden Tagen die vertraglich festgelegten Arbeitszeiten nicht einhielten:

Am 17. Juli 2006 sind Sie nicht an Ihrem Arbeitsplatz erschienen.
Am 21. Juli 2006 haben Sie Ihre Mittagspause außerhalb der festgelegten Zeit in Anspruch genommen.
Am 7. August 2006 sind Sie erst um 11.00 Uhr an Ihrem Arbeitsplatz erschienen und haben diesen bereits um 15.00 Uhr wieder verlassen.

Für diese Fehlzeiten, die durch das elektronische Zeiterfassungssystem belegt sind, liegen uns keine Gründe vor. Wir bitten Sie eindringlich, in Zukunft Ihren arbeitsvertraglichen Pflichten nachzukommen. Wir weisen Sie nochmals auf die korrekte Einhaltung der Kernarbeitszeit hin. Sollten Sie weiterhin gegen die festgelegten Arbeitszeitbestimmungen verstoßen, sehen wir uns gezwungen, das Arbeitsverhältnis mit Ihnen zu beenden.

Eine Kopie dieser Abmahnung werden wir zu Ihren Personalunterlagen nehmen. Eine weitere Ausfertigung erhält der Betriebsrat zur Kenntnisnahme.

Mit freundlichen Grüßen

Doreen Andreas
Personalleitung

Warning

LANGUALIS
Berliner Straße 49
80975 München

Tel: +49 (89) 3 81 79 00
Fax: +49 (89) 3 81 89 31
E-Mail: info@langualis.com
www.langualis.com

20 August 2006

Mr Martin Hanks

Warning

Dear Mr Hanks,

With regret we have found that you have not kept to the working hours stipulated in your contract on the following days:

On 17 July 2006 you did not come to work at all.
On 21 July 2006 you took your lunch break outside the stipulated hours.
On 7 August 2006 you did not arrive at work until 11 am and left again at 3 pm.

These absences are substantiated by our electronic time clock and have so far remained unexplained. We strongly remind you of your contractual duties and point out to you that you are obliged to keep to the core work time. Otherwise we shall feel compelled to terminate our employment with you.

A copy of this warning will be placed in your personal file. A further copy will be sent to the works council for attention.

Yours sincerely,

Doreen Andreas
Head of personnel department

Ernennung

LANGUALIS
Berliner Straße 49
80975 München

Tel: +49 (89) 3 81 79 00
Fax: +49 (89) 3 81 89 31
E-Mail: info@langualis.com
www.langualis.com

20. August 2006

Ernennung

Sehr geehrte Damen und Herren,

es ist mir eine Freude, Ihnen heute mitzuteilen, dass unsere langjährige und verdiente Mitarbeiterin, Frau Margret Ashley, mit Wirkung vom 1. Oktober 2006 die Leitung unserer Büros in Prag, Warschau und Moskau übernehmen wird.

Ich würde es sehr begrüßen, wenn Sie Frau Ashley mit all Ihrem Know-how unterstützen und somit zu einer erfolgreichen Entwicklung unseres Unternehmens auf dem osteuropäischen Markt beitragen würden.

Mit freundlichen Grüßen

Ihre

Doreen Andreas

Appointment

LANGUALIS
Berliner Straße 49
80975 München

Tel: +49 (89) 3 81 79 00
Fax: +49 (89) 3 81 89 31
E-Mail: info@langualis.com
www.langualis.com

20 August 2006

Dear Sir or Madam,

Appointment

I am pleased to inform you today that our long-serving and outstanding colleague, Mrs Margret Ashley, has been appointed head of our new offices in Prague, Warsaw and Moscow with effect from 1 October 2006.

I would be grateful if you would support Mrs Ashley with all your knowledge and thus contribute to the successful development of our company in the East European market.

Yours sincerely,

Doreen Andreas

Glückwunsch – Dienstjubiläum

LANGUALIS
Berliner Straße 49
80975 München

Tel: +49 (89) 3 81 79 00
Fax: +49 (89) 3 81 89 31
E-Mail: info@langualis.com
www.langualis.com

20. August 2006

Sehr geehrte Frau Ashley,

es ist mir eine Freude, Ihnen heute zu Ihrem 20-jährigen Dienstjubiläum im Namen der Geschäftsleitung meine herzlichsten Glückwünsche auszusprechen.

In all Ihren Jahren in unserem Hause haben Sie durch Ihre engagierte Tätigkeit erheblich zum Erfolg unseres Unternehmens beigetragen. Ich wünsche Ihnen weiterhin viel Erfolg sowie beste Gesundheit und Schaffenskraft.

An dieser Stelle erlaube ich mir, Ihnen zu Ihrem heutigen Ehrentag ein kleines Geschenk zu übersenden. In der Hoffnung auf eine weitere gute Zusammenarbeit verbleibe ich

mit herzlichen Grüßen

Ihre

Doreen Andreas

Congratulations on anniversary of employment

LANGUALIS
Berliner Straße 49
80975 München

Tel: +49 (89) 3 81 79 00
Fax: +49 (89) 3 81 89 31
E-Mail: info@langualis.com
www.langualis.com

20 August 2006

Dear Mrs Ashley,

On behalf of the management board of our company I am delighted to congratulate you on your achievements and your personal commitment during the past 20 years.

Throughout these years you have made a remarkable contribution to the great success of our company. I would like to wish you further success and I hope that you may enjoy the best of health and vitality!

I am pleased to take this opportunity to send you a small present and look forward to continuing our long-term co-operation.

Yours sincerely,

Doreen Andreas

Glückwunsch – Geburtstag

LANGUALIS
Berliner Straße 49
80975 München

Tel: +49 (89) 3 81 79 00
Fax: +49 (89) 3 81 89 31
E-Mail: info@langualis.com
www.langualis.com

20. August 2006

Alles Gute zum Geburtstag

Sehr geehrte Frau Ashley,

*»Vergangenheit ist Geschichte. Zukunft ist Geheimnis.
Aber jeder Augenblick ist ein Geschenk!«*

Es ist mir eine Freude, Ihnen mit diesen Worten zu Ihrem Geburtstag im Namen der Geschäftsleitung meine herzlichsten Glückwünsche auszusprechen.

Ich wünsche Ihnen weiterhin viel Erfolg sowie beste Gesundheit und Schaffenskraft.

An dieser Stelle erlaube ich mir, Ihnen zu Ihrem heutigen Ehrentag ein kleines Geschenk zu übersenden. In der Hoffnung auf eine weitere gute Zusammenarbeit verbleibe ich

mit herzlichen Grüßen

Ihre

Doreen Andreas

Birthday congratulations

LANGUALIS
Berliner Straße 49
80975 München

Tel: +49 (89) 3 81 79 00
Fax: +49 (89) 3 81 89 31
E-Mail: info@langualis.com
www.langualis.com

20 August 2006

Dear Mrs Ashley,

*»The past is history. The future is a mystery.
But the present is a gift!«*

On behalf of the management board of our company I am delighted to congratulate you on your birthday today.

I would like to wish you further success and I hope that you may enjoy the best of health and vitality.

I am pleased to take this opportunity to send you a small present and look forward to continuing our long-term co-operation.

Yours sincerely,

Doreen Andreas

Glückwunsch – Hochzeit

LANGUALIS
Berliner Straße 49
80975 München

Tel: +49 (89) 3 81 79 00
Fax: +49 (89) 3 81 89 31
E-Mail: info@langualis.com
www.langualis.com

20. August 2006

Sehr geehrte Frau Ashley,

»Die Ehe ist die wichtigste Entdeckungsreise, die der Mensch unternehmen kann!«

Es ist mir eine Freude, Ihnen mit diesen Worten im Namen der Geschäftsleitung meine herzlichsten Glückwünsche zu Ihrer Hochzeit auszusprechen.

Ich wünsche Ihnen und Ihrem Ehepartner auf Ihrem gemeinsamen Lebensweg Erfolg, Gesundheit und Schaffenskraft und vor allem Zufriedenheit!

An dieser Stelle erlaube ich mir, Ihnen ein kleines Geschenk unseres Hauses zu übersenden, um Ihnen den Start Ihrer »Reise« ein wenig zu erleichtern.

Wir freuen uns auf eine weitere gute Zusammenarbeit.

Mit herzlichen Grüßen

Ihre

Doreen Andreas

Wedding congratulations

LANGUALIS
Berliner Straße 49
80975 München

Tel: +49 (89) 3 81 79 00
Fax: +49 (89) 3 81 89 31
E-Mail: info@langualis.com
www.langualis.com

20 August 2006

Dear Mrs Ashley,

»Marriage is the most important voyage of discovery that people can embark upon.«

On behalf of the management board of our company I am delighted to congratulate you on your wedding.

I would like to wish you and your husband further success, the best of health and vitality and, most of all, happiness in this new chapter in your lives.

I am pleased to take this opportunity to send you a small present to help you start your »voyage of discovery«.

We look forward to continuing our long-term co-operation.

Yours sincerely,

Doreen Andreas

Glückwunsch – Geburt eines Kindes

Langualis
Berliner Straße 49
80975 München

Tel: +49 (89) 3 81 79 00
Fax: +49 (89) 3 81 89 31
E-Mail: info@langualis.com
www.langualis.com

20. August 2006

Sehr geehrte Frau Ashley,

»Für Wunder brauchen wir Augen, die sehen, und ein Herz, das versteht, für ein Wunder zu danken!«

Es ist mir eine Freude, Ihnen mit diesen Worten im Namen der Geschäftsleitung meine herzlichsten Glückwünsche zur Geburt Ihrer Tochter Laura auszusprechen.

Ich wünsche Ihnen weiterhin viel Erfolg sowie beste Gesundheit und viele schöne Stunden mit Ihrem Nachwuchs.

An dieser Stelle erlaube ich mir, Ihnen ein kleines Geschenk unseres Hauses zu übersenden, um Ihnen den Start Ihres neuen Lebens finanziell ein wenig zu erleichtern.

Wir freuen uns auf eine weitere gute Zusammenarbeit.

Mit herzlichen Grüßen

Ihre

Doreen Andreas

Congratulations on the birth of a child

LANGUALIS
Berliner Straße 49
80975 München

Tel: +49 (89) 3 81 79 00
Fax: +49 (89) 3 81 89 31
E-Mail: info@langualis.com
www.langualis.com

20 August 2006

Dear Mrs Ashley,

»For miracles we need eyes which can see and a heart which understands how to thank for a miracle!«

On behalf of the management board I am delighted to send my warmest congratulations on the birth of your daughter Laura.

I would like to wish you and your family further success, the best of health and vitality and a happy time with your offspring!

I am pleased to take this opportunity to send you a small present to help you financially at the start of your new life.

We look forward to continuing our long-term co-operation.

Yours sincerely,

Doreen Andreas

Kündigung durch den Arbeitgeber

LANGUALIS
Berliner Straße 49
80975 München

Tel: +49 (89) 3 81 79 00
Fax: +49 (89) 3 81 89 31
E-Mail: info@langualis.com
www.langualis.com

20. August 2006

Patricia Scott
Kastanienallee 32
80356 München

Kündigung

Sehr geehrte Frau Scott,

hiermit kündigen wir aus betriebsbedingten Gründen das zwischen uns bestehende Arbeitsverhältnis unter Einhaltung der vertraglichen Frist zum 1. Dezember 2006.

Der Betriebsrat ist vor Ausspruch dieser Kündigung angehört worden. Er hat der Kündigung zugestimmt.

Für Ihre berufliche Zukunft wünschen wir Ihnen alles Gute.

Mit freundlichen Grüßen

Doreen Andreas
Personalleiterin

Redundancy notice

LANGUALIS
Berliner Straße 49
80975 München

Tel: +49 (89) 3 81 79 00
Fax: +49 (89) 3 81 89 31
E-Mail: info@langualis.com
www.langualis.com

20 August 2006

Mrs Patricia Scott
Kastanienallee 32
80356 München

Dear Mrs Scott,

Redundancy notice

We regret to inform you that we wish to terminate our employment with you for operational reasons with effect from 1 December 2006 observing the term of notice.

The works council was heard before the pronouncement of this notice and agreed to it.

We wish you all the best for your future career.

Yours sincerely,

Doreen Andreas
Head of personnel department

Kündigung durch den Arbeitnehmer

PATRICIA SCOTT
Kastanienallee 32
80356 München

20. August 2006

Doreen Andreas
Personalabteilung
LANGUALIS
Berliner Straße 49
80975 München

Kündigung

Sehr geehrte Frau Andreas,

hiermit kündige ich das mit Ihnen bestehende Arbeitsverhältnis ordentlich zum 31. Dezember 2006.

Mit freundlichen Grüßen

Patricia Scott

Notice of resignation

PATRICIA SCOTT
Kastanienallee 32
80356 München

20 August 2006

Mrs Doreen Andreas
Personnel Department
LANGUALIS
Berliner Straße 49
80975 Munich

Dear Mrs Andreas,

Notice of resignation

I hereby terminate my employment relationship with you with effect from 1 January 2006 observing the period of notice.

Yours sincerely,

Patricia Scott

Rundschreiben – Betriebsausflug

LANGUALIS
Berliner Straße 49
80975 München

Tel: +49 (89) 3 81 79 00
Fax: +49 (89) 3 81 89 31
E-Mail: info@langualis.com
www.langualis.com

20. Juni 2006

Betriebsausflug

Liebe Kollegen,

trotz schwieriger und angespannter wirtschaftlicher Lage in Deutschland ist es uns in den letzten Jahren gelungen, uns auf dem europäischen Markt zu etablieren. Aufgrund einer ständig steigenden Nachfrage und unseres guten Konzepts haben wir allein im letzten Jahr vier neue Büros an verschiedenen europäischen Standorten eröffnet und können mit Optimismus in die Zukunft blicken!

Diesen tollen Erfolg konnten wir aber nur durch Ihre gute tägliche Arbeit erreichen. Denn Sie sind es, die das Unternehmen ausmachen! Dafür möchte ich mich bei Ihnen herzlich bedanken und lade Sie zu einem gemeinsamen Ausflug an den Chiemsee und zu einem kulturellen Highlight in der Mozartstadt Salzburg ein. Unsere Fahrt wird am

Freitag, 28. Juli 2006

stattfinden. Genauere Einzelheiten gebe ich Ihnen gerne bei nächster Gelegenheit bekannt. Sie dürfen also gespannt sein, zu viel möchte ich nicht verraten! Eines ist jetzt schon gewiss: Es wird für uns alle ein schöner und erholsamer Tag!

Mit freundlichen Grüßen

Ihre

Doreen Andreas

Circular – Staff outing

LANGUALIS
Berliner Straße 49
80975 München

Tel: +49 (89) 3 81 79 00
Fax: +49 (89) 3 81 89 31
E-Mail: info@langualis.com
www.langualis.com

20 June 2006

Dear colleagues,

Staff outing

Despite the difficult economic situation in Germany we have managed to become firmly established on the European market. Due to a growing demand for language services as well as our good concept we were able to open four new offices in various European cities last year. I can assure you that we have every reason to be optimistic about our future!

This success has only been possible because of your good and reliable daily work. In the end it is you who are the company. Therefore, I would like to thank you for your contribution to our success and invite you on a trip to Lake Chiemsee followed by a cultural highlight in the Mozart City of Salzburg. Our staff outing will be on

Friday, 28 July 2006.

More details will be given to you soon. All I can tell you for now is that you have every reason to be excited and that we can all look forward to a pleasant and relaxing day out!

Yours sincerely,

Doreen Andreas

Telefonnotiz

Wenn Sie während eines Telefonats oder direkt nach Beenden eines Gesprächs eine kleine Notiz anlegen, können Sie so die wesentlichen Informationen dokumentieren oder auch relevante Informationen an Kollegen weitergeben. Telefonnotizen dienen Ihnen als kleine, aber wichtige Gedächtnisstütze.
Halten Sie sie stets kurz, präzise und übersichtlich.
Vielleicht haben Sie in Ihrer Firma ja einen festgelegten Vordruck, in dem folgende Fragen aufgeführt sind – wenn nicht, dient Ihnen folgende Auflistung als Vorlage für einen Formularentwurf:

Anruf von: ....

Firma: ....

Datum/Uhrzeit: ....

Rückruf-Nummer: ....

Thema: ....

Weiterleitung an: ....

Unterschrift: ....

Telephone note

By taking notes during or immediately after a telephone conversation you can record the essential information. In addition, you can pass on the information to your colleagues. These notes are small but important reminders in your daily work. Keep them short, precise and clear.
In some companies there is a form for telephone notes. If this is not the case at your place of work, you can create your own form, including the following points:

Caller: ....

Company: ....

Date/Time: ....

Return call number: ....

Subject: ....

For the attention of: ....

Signature: ....

Protokoll

....
Betriebsrat

Protokoll Betriebsratssitzung

Datum: Beginn: 13.30 Uhr Ende: 17.00 Uhr
Ort:
Teilnehmer:
Verteiler:
Protokoll:

TAGESORDNUNG

TOP 1:
TOP 2:
TOP 3:

Der Betriebsrat vertagt sich auf ....

München, ... Doreen Andreas

Minutes

....
Works Council

Minutes of Works Council Meeting

Date: Beginning: 1.30 pm End: 5 pm
Place:
Participants:
Copies to:
Minutes:

AGENDA

Item 1:
Item 2:
Item 3:

The Works Council is adjourned until ...

Munich, ... Doreen Andreas

Kapitel 5

Internationale Bewerbungen

Internationale Bewerbungen spielen in Deutschland, besonders bei jüngeren Leuten, eine immer größere Rolle. Hierfür gibt es verschiedene Gründe: Vielleicht ist es die Abenteuerlust, ein paar Jahre auf einer Farm in Neuseeland zu arbeiten, die Anforderung, eine gewisse Berufspraxis im Ausland nachzuweisen oder man möchte dem im Ausland lebenden Partner einfach ein Stück näher sein. Und letztendlich sind viele Menschen, die in Deutschland keine berufliche Perspektive finden, gezwungen, sich Arbeit im Ausland zu suchen.

Über wichtige Details der Bewerbungen auf internationalem Parkett wurden bereits Dutzende von Büchern geschrieben. An dieser Stelle sollen neben einem Standard-Bewerbungsschreiben einige Musterbriefe aufgezeigt werden, die für Personalabteilungen interessant sind, wenn sich ein ausländischer Bürger in Deutschland um einen Job bewirbt. Dazu gehören zum Beispiel: Bewerbungssschreiben, Eingangsbescheid, Einladungsschreiben (zum ersten und zum zweiten Vorstellungsgespräch), Zwischenbescheid, Absage oder Zusage.

Bewerbungsschreiben

SARAH PARKER
48 Hopkins Street
London MRX3 3R8, Great Britain

Phone: +44 (20) 74 93 65 95
Fax: +44 (20) 74 85 52 21
E-Mail: info@sarah-parker.com
www.sarah-parker.com

3. September 2006

Doreen Andreas
Personalleiterin
LANGUALIS
Berliner Straße 49
80975 München
Deutschland

Bewerbung

Sehr geehrte Frau Andreas,

Ihre Stellennanzeige in der »Times« vom 30. August 2006 hat sofort mein Interesse geweckt. Da ich eine neue Herausforderung suche, bewerbe ich mich in Ihrem Hause um die Position als Abteilungsleiterin »Internationale Beziehungen«.

Wie Sie meinem Lebenslauf und den beigefügten Unterlagen entnehmen können, bin ich seit Anfang 2002 als Leiterin der Abteilung »Public Relations« im Verlag JOHNSON in London tätig.

Über eine positive Reaktion auf meine Bewerbung und eine Einladung zu einem persönlichen Gespräch in München würde ich mich sehr freuen.

Mit freundlichen Grüßen

Sarah Parker

Anlage
Lebenslauf
Zeugnisse und Referenzen

Job application

SARAH PARKER
48 Hopkins Street
London MRX3 3R8, Great Britain

Phone: +44 (20) 74 93 65 95
Fax: +44 (20) 74 85 52 21
E-Mail: info@sarah-parker.com
www.sarah-parker.com

3 September 2006

Ms Doreen Andreas
Head of personnel department
LANGUALIS
Berliner Straße 49
80975 Munich
Germany

Dear Ms Andreas,

Job Application

I am writing in reply to your advertisement in »The Times« of 30 August 2006. As I am looking for a new challenge, I would like to apply for the position of »International Relations Manager«.

As you can see from my CV, I have been working as the head of the public relations department at JOHNSON Publishing House in London since 2002.

I would be delighted about a positive reply to this application and would greatly appreciate the opportunity of an interview in Munich.

Yours sincerely,

Sarah Parker

Encl.
Curriculum vitae
Certificates and References

Eingangsbescheid

LANGUALIS
Berliner Straße 49
80975 München

Tel: +49 (89) 3 81 79 00
Fax: +49 (89) 3 81 89 31
E-Mail: info@langualis.com
www.langualis.com

8. September 2006

Sarah Parker
48 Hopkins Street
London
MRX3 3R8
Großbritannien

Ihre Bewerbung

Sehr geehrte Frau Parker,

wir bedanken uns für die Zusendung Ihrer Bewerbungsunterlagen vom 3. September 2006.

Wie Sie sich sicherlich vorstellen können, geht auf die Ausschreibung dieser Stelle eine Vielzahl von Bewerbungen ein. Da wir alle Unterlagen sorgfältig prüfen, bitten wir Sie noch um zwei Wochen Geduld. Wir werden uns dann umgehend mit Ihnen in Verbindung setzen.

Sollten Sie in der Zwischenzeit Fragen an uns haben, können Sie sich jederzeit gerne an uns wenden.

Mit freundlichen Grüßen

Doreen Andreas
Personalleiterin

Confirmation of receipt

LANGUALIS
Berliner Straße 49
80975 München

Tel: +49 (89) 3 81 79 00
Fax: +49 (89) 3 81 89 31
E-Mail: info@langualis.com
www.langualis.com

8 September 2006

Mrs Sarah Parker
48 Hopkins Street
London
MRX3 3R8
Great Britain

Dear Mrs Parker,

Your application

Thank you for your job application of 3 September 2006.

As you can probably imagine, we have received a large number of replies to our advertisement and we would like to consider all applications very carefully. Please allow us two weeks to do so. We will then contact you immediately.

If you have any further queries, please do not hesitate to contact us.

Yours sincerely,

Doreen Andreas
Head of personnel department

Vorstellungsgespräch – Einladung zum ersten

LANGUALIS
Berliner Straße 49
80975 München

Tel: +49 (89) 3 81 79 00
Fax: +49 (89) 3 81 89 31
E-Mail: info@langualis.com
www.langualis.com

25. September 2006

Sarah Parker
48 Hopkins Street
London
MRX3 3R8
Großbritannien

Ihre Bewerbung

Sehr geehrte Frau Parker,

wir bedanken uns nochmals für die Zusendung Ihrer Bewerbungsunterlagen vom 3. September 2006.

Ihre Bewerbungsunterlagen haben bei uns einen so guten Eindruck hinterlassen, dass wir Sie gerne kennen lernen möchten. Als Termin schlagen wir den 10. Oktober 2006, 10.00 Uhr, in unserem Hause vor. Wir möchten Sie mit unserem Unternehmen bekannt machen und mehr über Ihren beruflichen Hintergrund erfahren. Die Kosten für Anreise und Unterkunft werden wir Ihnen erstatten.

Bitte bestätigen Sie uns diesen Termin umgehend. Wir freuen uns, Sie bald in unserem Hause persönlich begrüßen zu dürfen!

Mit freundlichen Grüßen

Doreen Andreas
Personalleiterin

Invitation to a first interview

LANGUALIS
Berliner Straße 49
80975 München

Tel: +49 (89) 3 81 79 00
Fax: +49 (89) 3 81 89 31
E-Mail: info@langualis.com
www.langualis.com

25 September 2006

Mrs Sarah Parker
48 Hopkins Street
London
MRX3 3R8
Great Britain

Dear Mrs Parker,

Your application

Thank you again for your application of 3 September 2006.

We were very impressed by your application and would like to meet you in person. Therefore, we would be grateful if you would come to our office in Munich for an interview on 10 October 2006 at 10 am. On this occasion we would like to show you our company and to find out more about your professional experience. Travel and accomodation expenses will be borne by the company.

Kindly confirm this date as soon as possible. We look forward to welcoming you in Munich soon.

Yours sincerely,

Doreen Andreas
Head of personnel department

Vorstellungsgespräch – Einladung zum zweiten

LANGUALIS
Berliner Straße 49
80975 München

Tel: +49 (89) 3 81 79 00
Fax: +49 (89) 3 81 89 31
E-Mail: info@langualis.com
www.langualis.com

13. Oktober 2006

Sarah Parker
48 Hopkins Street
London
MRX3 3R8
Großbritannien

Ihre Bewerbung

Sehr geehrte Frau Parker,

wir bedanken uns nochmals für das sehr angenehme Treffen vom 10. Oktober 2006 in unserem Hause.

Ihre Persönlichkeit hat uns überzeugt. Gerne würden wie Sie noch besser kennen lernen und Sie nochmals zu einem Gespräch nach München einladen. Als Termin schlagen wir den 23. Oktober 2006, 10.00 Uhr, vor. Gerne würden wir Sie bitten, eine kleine Präsentation (20 Minuten) über Ihr Konzept vorzubereiten.

Wir freuen uns auf Sie und verbleiben

mit freundlichen Grüßen

Doreen Andreas
Personalleiterin

Invitation to a second interview

Langualis
Berliner Straße 49
80975 München

Tel: +49 (89) 3 81 79 00
Fax: +49 (89) 3 81 89 31
E-Mail: info@langualis.com
www.langualis.com

13 October 2006

Mrs Sarah Parker
48 Hopkins Street
London
MRX3 3R8
Great Britain

Dear Mrs Parker,

Your application

Thank you once again for the pleasant and informative meeting in our office on 10 October 2006.

We were very impressed by your personality and character and would like to learn more about you. Therefore, we would like to invite you to a second interview in our office in Munich on 23 October 2006 at 10 am. We would be grateful if you could prepare a presentation of approximately 20 minutes to introduce your interesting concept to us.

We look forward to meeting you again.

Yours sincerely,

Doreen Andreas
Head of personnel department

Bewerbungsabsage ohne Vorstellungsgespräch

LANGUALIS
Berliner Straße 49
80975 München

Tel: +49 (89) 3 81 79 00
Fax: +49 (89) 3 81 89 31
E-Mail: info@langualis.com
www.langualis.com

29. September 2006

Sarah Parker
48 Hopkins Street
London
MRX3 3R8
Großbritannien

Ihre Bewerbung

Sehr geehrte Frau Parker,

wir bedanken uns für Ihre Bewerbung vom 3. September 2006 und Ihr Interesse an einer Mitarbeit in unserem Hause.

Wir haben Ihre Bewerbungsunterlagen sorgfältig geprüft und bedauern, Ihnen heute mitteilen zu müssen, dass wir Sie im Kandidatenkreis der engeren Wahl nicht berücksichtigen konnten. In der Anlage senden wir Ihnen Ihre Unterlagen zurück.

Für Ihren weiteren beruflichen und privaten Lebensweg wünschen wir Ihnen alles Gute.

Mit freundlichen Grüßen

Doreen Andreas
Personalleiterin

Rejection without an interview

LANGUALIS
Berliner Straße 49
80975 München

Tel: +49 (89) 3 81 79 00
Fax: +49 (89) 3 81 89 31
E-Mail: info@langualis.com
www.langualis.com

29 September 2006

Mrs Sarah Parker
48 Hopkins Street
London
MRX3 3R8
Great Britain

Dear Mrs Parker,

Your application

Thank you for your application of 3 September 2006 and for your interest in our company.

Having looked through your application papers carefully, we regret to inform you that we have not been able to consider your application for the post in question. We are returning your documents with this letter.

With best wishes for the future.

Yours sincerely,

Doreen Andreas
Head of personnel department

Bewerbungsabsage nach einem Vorstellungsgespräch

LANGUALIS
Berliner Straße 49
80975 München

Tel: +49 (89) 3 81 79 00
Fax: +49 (89) 3 81 89 31
E-Mail: info@langualis.com
www.langualis.com

29. September 2006

Sarah Parker
48 Hopkins Street
London
MRX3 3R8
Großbritannien

Ihre Bewerbung

Sehr geehrte Frau Parker,

wir bedanken uns nochmals für Ihre Bewerbung vom 3. September 2006 und Ihr Interesse an einer Mitarbeit in unserem Hause.

Auch danken wir Ihnen für das sehr angenehme Gespräch. Wir halten Sie für sehr qualifiziert, haben uns jedoch in der Zwischenzeit für einen anderen Kandidaten entschieden. Wir bedauern es, Ihnen heute absagen zu müssen. In der Anlage senden wir Ihnen Ihre Unterlagen zurück.

Für Ihren weiteren beruflichen und privaten Lebensweg wünschen wir Ihnen alles Gute.

Mit freundlichen Grüßen

Doreen Andreas
Personalleiterin

Rejection after an interview

LANGUALIS
Berliner Straße 49
80975 München

Tel: +49 (89) 3 81 79 00
Fax: +49 (89) 3 81 89 31
E-Mail: info@langualis.com
www.langualis.com

29 September 2006

Mrs Sarah Parker
48 Hopkins Street
London
MRX3 3R8
Great Britain

Dear Mrs Parker,

Your application

Thank you once again for your application of 3 September 2006 and for your interest in our company.

We also thank your for the pleasant and informative meeting in our office. Although we appreciate your high qualifications, we regret to inform you that we have decided to take on another candidate. We are returning your documents with this letter.

With best wishes for the future.

Yours sincerely,

Doreen Andreas
Head of personnel department

Vorstellungsgespräch – Zwischenbescheid

LANGUALIS
Berliner Straße 49
80975 München

Tel: +49 (89) 3 81 79 00
Fax: +49 (89) 3 81 89 31
E-Mail: info@langualis.com
www.langualis.com

13. Oktober 2006

Sarah Parker
48 Hopkins Street
London
MRX3 3R8
Großbritannien

Ihre Bewerbung

Sehr geehrte Frau Parker,

wir bedanken uns nochmals für das sehr angenehme Gespräch vom 10. Oktober 2006 in unserem Hause.

Ihre Persönlichkeit und Ihre Qualifikationen haben uns überzeugt. Wie Sie sich sicher vorstellen können, nimmt ein Bewerbungsverfahren viel Zeit in Anspruch. Bitte haben Sie noch ein wenig Geduld.

Wir werden uns gerne wieder mit Ihnen in Verbindung setzen. Sollten Sie in der Zwischenzeit Fragen an uns haben, können Sie sich jederzeit an uns wenden.

Mit freundlichen Grüßen

Doreen Andreas
Personalleiterin

Provisional notification after first interview

LANGUALIS
Berliner Straße 49
80975 München

Tel: +49 (89) 3 81 79 00
Fax: +49 (89) 3 81 89 31
E-Mail: info@langualis.com
www.langualis.com

13 October 2006

Mrs Sarah Parker
48 Hopkins Street
London
MRX3 3R8
Great Britain

Dear Mrs Parker,

Your application

Thank you for the pleasant and informative interview in our office on 10 October 2006.

We were very impressed by your personality and your qualifications. As you can probably imagine, choosing a suitable candidate takes time. Therefore, we would ask you for your patience.

We look forward to contacting you again. If you have any further queries, please do not hesitate to contact us.

Yours sincerely,

Doreen Andreas
Head of personnel department

Einstellung

LANGUALIS
Berliner Straße 49
80975 München

Tel: +49 (89) 3 81 79 00
Fax: +49 (89) 3 81 89 31
E-Mail: info@langualis.com
www.langualis.com

25. Oktober 2006

Sarah Parker
48 Hopkins Street
London
MRX3 3R8
Großbritannien

Ihr Arbeitsvertrag

Sehr geehrte Frau Parker,

wir bedanken uns nochmals für Ihre Bewerbung und die äußerst angenehmen Gespräche und möchten Ihnen heute mitteilen, dass wir uns entschieden haben, Ihnen die Stelle als Abteilungsleiterin »Internationale Beziehungen« in unserem Hause ab dem 1. Januar 2007 anzubieten.

In der Anlage erhalten Sie Ihren Arbeitsvertrag in zweifacher Ausführung. Bitte senden Sie uns ein Exemplar unterschrieben zurück, die andere Ausfertigung ist für Ihre Unterlagen bestimmt.

Bei Fragen können Sie sich selbstverständlich jederzeit an uns wenden. Wir freuen uns auf Sie und verbleiben

mit freundlichen Grüßen

Doreen Andreas
Personalleiterin

Anlage
Arbeitsvertrag

Employment

LANGUALIS
Berliner Straße 49
80975 München

Tel: +49 (89) 3 81 79 00
Fax: +49 (89) 3 81 89 31
E-Mail: info@langualis.com
www.langualis.com

25 October 2006

Mrs Sarah Parker
48 Hopkins Street
London
MRX3 3R8
Great Britain

Dear Mrs Parker,

Employment contract

Thank you once again for your application and the pleasant and informative interviews. We are pleased to inform you that you have been accepted for the position of »International Relations Manager« with effect from 1 January 2007.

Please find enclosed two copies of your employment contract. We kindly ask you to sign them and return one copy to us. The other one is your personal copy.

If you have any further queries, please do not hesitate to contact us. We look forward to working with you.

Yours sincerely,

Doreen Andreas
Head of personnel department

Encl.
Employment contract

Kapitel 6

Bankkorrespondenz

Schon allein die vielseitigen Ausführungen zur geschäftlichen Bankkorrespondenz könnten mit Leichtigkeit ein ganzes Buch füllen. Da dieses aber kein bankenspezifisches Werk werden soll, beschränkt sich dieses Kapitel lediglich auf die wichtigsten Musterbriefe.

Ihre Korrespondenz mit Banken, Finanzdienstleistern und Versicherungen nimmt in Ihrer buchhalterischen Arbeit einen wichtigen Platz ein. Daher sollten Sie sich in solchen Angelegenheiten immer von einem Spezialisten, der sich auf dem Finanzmarkt bestens auskennt, beraten lassen! Die Anzahl an bankrechtlichen Begriffen nimmt stetig zu und ein Laie kann mit dem atemberaubenden Tempo, mit dem sich die nationalen und internationalen Finanzmärkte verändern, kaum mithalten.

An dieser Stelle finden Sie Beispiele für Musterbriefe von Anfragen einer Privatperson. Dies betrifft die Themen Kontoeröffnung, Kontoauszug, Kreditanfrage und Überziehungskredit.

Am Ende des Buches finden Sie ein Wörterbuch Deutsch-Englisch, in dem auch eine Vielzahl an bankspezifischen Begriffen zu finden ist, die Ihre tägliche Arbeit unterstützen sollen.

Kontoeröffnung – Anfrage

SARAH PARKER
Kronprinzenstraße 26
80251 München

4. Juli 2006

B&C CASHBANK
Bismarckstraße 35
80604 München

Kontoeröffnung

Sehr geehrte Damen und Herren,

seit dem 1. Januar 2007 bin ich als Abteilungsleiterin in der Firma LINGUALIS, Berliner Straße 49, tätig.

Ich möchte in Ihrem Hause ein Girokonto eröffnen und würde daher gerne einen Termin mit Ihnen ausmachen, um alle Einzelheiten persönlich besprechen zu können.

Bei Rückfragen können Sie mich telefonisch unter 089-59 00 45 oder über E-Mail: parker@langualis.com erreichen.

Ich freue mich von Ihnen zu hören.

Mit freundlichen Grüßen

Sarah Parker

Opening an account

SARAH PARKER
Kronprinzenstraße 26
80251 München

4 July 2006

B&C CASHBANK
Bismarckstraße 35
80604 München

Dear Sir or Madam,

New account

I am working as departmental manager at LINGUALIS, Berliner Straße 49.

I would like to open a current account with your bank and would therefore like to make an appointment to discuss the details.

If you have any questions, please do not hesitate to contact me (Phone: 089-59 00 45 or via E-Mail: parker@langualis.com).

I look forward to hearing from you soon.

Yours sincerely,

Sarah Parker

Kontoeröffnung – Antwort

B&C CASHBANK
Bismarckstraße 35
80604 München

Tel: +49 (89) 3 81 79 22
Fax: +49 (89) 3 81 89 59
E-Mail: info@b-c.cashbank.com
www.b-c.cashbank.com

6. Juli 2006

Sarah Parker
Kronprinzenstraße 26
80251 München

Kontoeröffnung

Sehr geehrte Frau Parker,

gerne bestätigen wir den Eingang Ihres Schreibens vom 4. Juli 2007.

Wir würden uns freuen, Sie am 11. Juli 2007 um 15.30 Uhr in unserem Haus begrüßen zu dürfen. Falls es Ihnen nicht möglich sein sollte, diesen Termin wahrzunehmen, können Sie sich jederzeit gerne an uns wenden.

Mit freundlichen Grüßen

Franz Fischer
Kundenberatung

Opening an account – Reply

B&C CASHBANK
Bismarckstraße 35
80604 München

Tel: +49 (89) 3 81 79 22
Fax: +49 (89) 3 81 89 59
E-Mail: info@b-c.cashbank.com
www.b-c.cashbank.com

6 July 2006

Sarah Parker
Kronprinzenstraße 26
80251 München

Dear Mrs Parker,

<u>Opening an account</u>

Thank you for your letter of 4 July 2007.

We would be pleased to welcome you on 11 July 2007 at 3.30 pm. If you are unavailable at this time, please do not hesitate to contact us.

Yours sincerely,

Franz Fischer
Customer advisory service

Kreditanfrage

SARAH PARKER
Kronprinzenstraße 26
80251 München

10. September 2006

B&C CASHBANK
Bismarckstraße 35
80604 München

Kreditanfrage

Sehr geehrter Herr Fischer,

hiermit möchte ich bei Ihnen anfragen, ob Sie mir in nächster Zukunft einen Kredit von 40.000,00 EUR einräumen können.

Ich beabsichtige, mir einen Wagen und eine neue Einrichtung für meine Eigentumswohnung zu kaufen. Ich würde mich freuen, wenn ich Sie in den nächsten Tagen persönlich sprechen könnte.

Bei Rückfragen können Sie mich telefonisch unter 089-59 00 45 oder über E-Mail: parker@langualis.com erreichen.

Ich freue mich von Ihnen zu hören.

Mit freundlichen Grüßen

Sarah Parker

Request for bank loan

SARAH PARKER
Kronprinzenstraße 26
80251 München

10 September 2006

B&C CASHBANK
Bismarckstraße 35
80604 München

Dear Mr Fischer,

Bank loan

I would like to ask you whether your bank would be prepared to grant me a bank loan of 40.000,00 EUR, as I am planning to buy a new car and furniture for my flat.

I would be grateful if we could make an appointment to discuss the details. If you have any questions, please do not hesitate to contact me (Phone: 089-59 00 45 or via E-Mail: parker@langualis.com).

I look forward to hearing from you soon.

Yours sincerely,

Sarah Parker

Überziehungskredit – Anfrage

SARAH PARKER
Kronprinzenstraße 26
80251 München

1. September 2006

B&C CASHBANK
Bismarckstraße 35
80604 München

Überziehungskredit

Sehr geehrter Herr Fischer,

hiermit möchte ich bei Ihnen anfragen, ob Sie mir kurzfristig einen Überziehungskredit von 10.000,00 EUR einräumen können.

Ich beabsichtige, eine neue Einrichtung für meine Eigentumswohnung zu kaufen. Ich würde mich freuen, wenn ich Sie in den nächsten Tagen persönlich sprechen könnte. Bei Rückfragen können Sie mich telefonisch unter 089-59 00 45 oder über E-Mail: parker@langualis.com erreichen.

Ich freue mich von Ihnen zu hören.

Mit freundlichen Grüßen

Sarah Parker

Overdraft facility

SARAH PARKER
Kronprinzenstraße 26
80251 München

1 September 2006

B&C CASHBANK
Bismarckstraße 35
80604 München

Dear Mr Fischer,

Overdraft facility

I would like to ask you whether your bank would be prepared to grant me an overdraft of 10.000,00 EUR as I am planning to buy new furniture for my flat.

I would be grateful if we could make an appointment to discuss the details. If you have any questions, please do not hesitate to contact me (Phone: 089-59 00 45 or via E-Mail: parker@langualis.com).

I look forward to hearing from you soon.

Yours sincerely,

Sarah Parker

Kontoauszug

Sarah Parker
Kronprinzenstraße 26
80251 München

1. September 2006

B&C CASHBANK
Bismarckstraße 35
80604 München

Kontoauszug

Sehr geehrter Herr Fischer,

hiermit möchte ich bei Ihnen anfragen, ob Sie mir meine Kontoauszüge monatlich auf dem Postweg zukommen lassen können.

Bei Rückfragen können Sie mich telefonisch unter 089-59 00 45 oder über E-Mail: parker@langualis.com erreichen.

Ich bedanke mich für Ihre Bemühungen und verbleibe

mit freundlichen Grüßen

Sarah Parker

Bank statement

SARAH PARKER
Kronprinzenstraße 26
80251 München

1 September 2006

B&C CASHBANK
Bismarckstraße 35
80604 München

Dear Mr Fischer,

Bank statement

I would like to ask you whether it would be possible to receive my monthly bank statement by post.

If you have any questions, please do not hesitate to contact me (Phone: 089-59 00 45 or via E-Mail: parker@langualis.com).

Thanking you in advance.

Yours sincerely,

Sarah Parker

Kapitel 7

E-Mail und Telefax

E-Mail

Was vor vielen Jahren noch als Neuentdeckung in der Welt der Telekommunikation galt, ist heute aus dem Geschäftsleben nicht mehr wegzudenken: die E-Mail. Täglich werden weltweit Millionen von »elektronischen Briefen« versendet und es ist die normalste und schnellste Form der Datenversendung geworden.
Keine Angst, dies soll kein geschichtlicher Abriss über die Entwicklung des Internet und der E-Mail-Anwendung werden! Hier sollen Ihnen nur einige brauchbare Tipps und Informationen gegeben werden, damit Sie mit Ihrer E-Mail-Kommunikation im Englischen genauso erfolgreich sind und den gleichen Anklang bei Ihren Geschäftspartnern finden, wie Sie es mit Ihren »herkömmlichen Briefen« auch tun.

Eine E-Mail besteht immer aus zwei Teilen: dem »Header« (Sender- und Empfängerzeile) und dem »Message Body« (eigentlicher Inhalt der Nachricht). Im Header sind folgende Elemente enthalten:

AN: Empfängeradresse
CC: Carbon Copy, Adresse für Kopie
BCC: Blind Carbon Copy, Adresse für nicht sichtbare Kopien
BETREFF: Betreffzeile

Jede E-Mail-Adresse muss immer eindeutig sein. So hat man eine Systematik entwickelt, die wie eine »normale Postadresse« funktioniert. Eine E-Mail-Adresse besteht immer aus zwei Teilen, dem *Local Part* (vor @) und dem *Domain part* (nach @). Jeder Domain-Name besteht aus einer bestimmten Folge von Namen, die durch Punkte voneinander getrennt sind. Der letzte Name dieser Folge trägt die Bezeichnung: TOP LEVEL DOMAIN (TLD). Hier unterscheidet man zwischen Allgemeinen TLDs und Länderspezifischen TLDs. Damit Sie wissen, aus welchem Land Sie gerade Post erhalten haben, finden Sie auf Seite 155 eine kleine Zusammenstellung der wichtigsten länderspezifischen TLDs. Weiterhin finden Sie auf Seite 155 eine Übersicht über die bekanntesten Allgemeinen TLDs.

Es gibt bei der E-Mail-Kommunikation im Englischen eigentlich keine speziellen Besonderheiten, die man nicht auch im Deutschen beachten müsste. Jedoch kann es Ihnen passsieren, dass Sie bei der Übertragung von Umlauten (ä, ö, ü) oder beim »ß« Schwierigkeiten bekommen. Wenn Sie wirklich sicher sein wollen, dass Ihr Geschäftspartner keinen Buchstaben-Salat erhält, empfiehlt es sich, die Umlaute durch ein ae, oe, ue zu ersetzen und ein »ss« zu schreiben.
Immer größerer Beliebtheit erfreuen sich auch in der geschäftlichen E-Mail-Korrespondenz die zahlreichen Emoticons und Akronyme. Wenn Sie Ihren Ansprechpartner sehr gut kennen, dann ist die Verwendung auch in einer geschäftlichen Mail zu besonderen Gelegenheiten durchaus möglich. Bei konventionellem Schriftverkehr oder gerade in der Phase der Geschäftsanbahnung sind diese »Sonderzeichen« jedoch im Wirtschaftsleben immer noch tabu.

Länderspezifische TOP LEVEL DOMAINS

TLD	Land	TLD	Land
at	Österreich	it	Italien
au	Australien	jp	Japan
be	Belgien	kr	Korea
br	Brasilien	lu	Luxemburg
ca	Kanada	mx	Mexiko
ch	Schweiz	nl	Niederlande
cn	China	no	Norwegen
cz	Tschechien	nz	Neuseeland
de	Deutschland	pl	Polen
dk	Dänemark	pt	Portugal
es	Spanien	ro	Rumänien
fi	Finnland	se	Schweden
fr	Frankreich	sk	Slowakei
gr	Griechenland	sl	Slowenien
hu	Ungarn	tr	Türkei
ie	Irland	us	USA
il	Israel	uk	Großbritannien
in	Indien		

Allgemeine TOP LEVEL DOMAINS

Allgem. TLD	Anwendung
.biz	Business (für Handelsfirmen weltweit)
.com	Commercial (für jedermann, ca. 45 Mio. Registrierungen)
.de	Deutschland (ca. 9,5 Mio. Registrierungen)
.edu	Educational (für Bildungseinrichtungen)
.eu	Neue Europa-Domain (ca. 2 Mio. Registrierungen)
.info	Weltweite Information (ca. 2,5 Mio. Registrierungen)
.int	Internationale Regierungsorganisationen
.net	Weltweite Netzverwaltung (ca. 6,6 Mio. Registrierungen)
.org	Weltweite Organisationen (ca. 4 Mio. Registrierungen)
.travel	Weltweiter Tourismus

Telefax

Die E-Mail verdrängt im Geschäftsalltag immer mehr das klassische Telefax. Durch die moderne, schnelle und vor allem äußerst kostengünstige Datenübermittlung ist ein E-Mail-Attachment ja auch viel bequemer als das Senden eines Telefaxes. Aber nichtsdestotrotz ist das Medium aus dem Geschäftsleben nicht wegzudenken.
Das Telefax ähnelt in seinem Aufbau dem »normalen« Geschäftsbrief, die Regeln für Aufbau und Form sind hier, ob im Deutschen oder im Englischen, jedoch nicht so streng. Auch das klassische Faxgerät wird durch das PC-Faxmodem ersetzt, so dass Ihr Telefax vom Aufwand her fast dem Brief ähnelt. Was die Gestaltung des Faxdeckblatts betrifft, so wird Ihnen von Ihrer Software eine Auswahl an Vorlagen geboten, die sich ohne großen Aufwand auf Ihre speziellen Bedürfnisse abstimmen lassen.
Müssen Sie ein Formular selbst entwerfen, reicht es vollkommen aus, wenn Sie die vollständigen Faxnummern (des Adressaten und auch Ihre) mit angeben, die vollständige Anschrift des Empfängers ist nicht erforderlich. Es ist ratsam, die Seitenzahl mit anzugeben, damit der Empfänger wirklich sicher sein kann, die vollständige Sendung erhalten zu haben.

Wörterbuch Deutsch-Englisch

A

Abbuchung	direct debit
Abbuchungsauftrag	debit order; credit transfer instruction
Abbuchungsermächtigung	direct debit order
Abbuchungsverfahren	direct debiting service
Abfindung	redundancy payment; severance pay
Abfindungsanspruch	redundancy claim
Abfindungsforderung	claim for compensation
Abfindungsvereinbarung	settlement agreement
Abkommen	agreement
Ablehnung	refusal
Ablehnungsbescheid	notice of rejection
Abmachung	agreement
Abmahnschreiben	warning notice; formal letter of caution
Abmahnung	warning
Abmahnungsfrist	period of warning
Abnahmemenge	ordered quantity
Abnahmeverpflichtung	purchase commitment
Abonnement	subscription
Abonnent	subscriber
Absage	refusal
Absatz	sales; turnover
Absatzanalyse	sales analysis

Absatzbericht	sales report
Absatzchancen	sales potential
Absatzeinbruch	slump in sales
Absatzfähigkeit	marketability
Absatzflaute	period of slack sales
Absatzförderung	sales promotion
Absatzforschung	market research
Absatzgebiet	sales territory; area
Absatzmarkt	market
Absatzmöglichkeit	sales potential
Absatzrückgang	drop in sales; decrease in sales
Absatzschwierigkeiten	marketing difficulties
Abschlussexamen	final examination
Abschlusszeugnis	final certificate
Abschrift	copy
Absicherung	protection
Absicht	intent
Absichtserklärung	letter of intent; declaration of intent
Absprache	agreement
Abstimmung	co-ordination; vote
Abteilung	department
Abweichung	difference
Abwendung	warding off
Abwerbung	contracting away; headhunting
Abwertung	currency devaluation
Adressat	addressee
Adressatenkreis	target group
Adresse	address
Adressliste	mailing list
Agentur	agency
Akte	file
Akteneinsicht	inspection of files or records
Aktenlage	status of the case
Aktenzeichen	reference

Alleinvertrieb	exclusive marketing
Alter	age
Alternative	alternative
Amtsantritt	assumption of office
Amtsbefugnis	authority
Amtsgericht	district court
Änderung	change
Androhung	threat
Anerkennung	recognition
Anfechtung	contestation; appeal
Anforderung	request
Anfrage	enquiry
Angebot	offer; bid; proposal
Angebotsabgabe	tendering
Angebotsanforderung	request for tenders
Angebotsannahme	acceptance of offer
Angebotsbedingung	terms of an offer
Angebotsbefristung	termination of an offer
Angebotsbindung	offer binding
Angebotsfrist	time limit for offers
Angebotspreis	tender price
Angebotsvielfalt	wide range of offers
Angebotswettbewerb	supplier competition
Angelegenheit	matter
Angestellter	employee
Angleichung	alignment
Ankündigung	announcement
Anmerkung	note
Annahme	acceptance
Annahmeerklärung	letter of acceptance
Annahmepflicht	obligation to accept
Annahmeverweigerung	refusal of acceptance
Annonce	advertisement
Annullierung	annulment

Anregung	suggestion
Anschaffung	purchase
Anschrift	address
Ansporn	motivation
Ansprechpartner	partner
Anspruch	claim
Anstellung	employment
Anstellungsvertrag	employment contract
Anstellungszeit	period of employment
Antrag	application
Antragseingang	receipt of application
Antragsformular	application form
Antragsteller	applicant
Antragstellung	application
Antwortschreiben	answer; reply
Anwendung	use
Anzeige	advert
Anzeigenblatt	advertiser
Anzeigenkampagne	advertising campaign
Anzeigenleiter	advertising manager
Anzeigenpreise	advertising rates
Anzeigenwerbung	press advertising
Arbeitgeber	employer
Arbeitnehmer	employee
Arbeitsamt	job centre
Arbeitserlaubnis	work permit
Arbeitslosigkeit	unemployment
Arbeitsprobe	sample of work
Arbeitsverhältnis	employer-employee relationship; working-relationship
Arbeitsvertrag	contract of employment
Arbeitszeit	working hours
Arbeitszeugnis	reference
Aufenthaltserlaubnis	residence permit

Auftrag	order
Auftraggeber	client; customer
Auftragnehmer	contractor; supplier
Auftragsablehnung	refusal of an order
Auftragsabwicklung	order processing
Auftragsannahme	acceptance of an order
Auftragsbestätigung	confirmation of an order
Auftragsbuch	order book
Auftragserledigung	dealing with; executing order
Auftragserteilung	placing an order
Auftragslage	order situation
Auftragsnummer	order number
Auftragsrückgang	drop in orders
Auftragsvergabe	placing an order
Auftragswiderruf	cancellation of an order
Aufwand	expenditure; cost
Aufwandsentschädigung	expense allowance
Aufwandsrückerstattung	refund of expenses
Ausfuhr	export
Ausfuhrartikel	export item
Ausfuhrbestimmung	export regulation
Ausfuhrerklärung	export declaration
Ausfuhrgenehmigung	export authorization
Ausfuhrlizenz	export licence
Ausfuhrzoll	export duty
Auslandsabsatz	export sales
Auslandsabteilung	foreign operations department
Auslandsauftrag	foreign order
Auslandseinsatz	international assignment
Auslandsfiliale	foreign branch
Auslandsgeschäft	international business
Auslandsgespräch	international call
Auslandsinvestition	foreign investment
Auslandskonkurrenz	foreign competitors

Auslandskontakte	contacts abroad
Auslandskorrespondenz	foreign correspondence
Auslandsmarkt	foreign/overseas market
Auslandsmesse	foreign/overseas trade fair
Auslandsnachfrage	foreign/overseas demand
Auslieferung	delivery
Ausnahme	exception
Ausschreibung	invitation to bid; tender
Außenhandel	foreign trade
Außenhandelsabteilung	foreign trade department
Außenhandelsbilanz	balance of trade
Außenhandelsdefizit	trade deficit
Außenhandelspolitik	foreign trade policy
Außenhandelstätigkeit	foreign trade activity
Außenhandelsunternehmen	foreign trade firm
Ausstellung	exhibition
Ausstellungsdatum	date of issue
Ausstellungsfläche	exhibition space
Ausstellungsgelände	exhibition site; area
Ausstellungsgut	exhibits
Ausstellungskatalog	exhibition catalogue
Ausstellungsmodell	display model
Ausstellungsraum	show room
Ausstellungsstand	exhibition stand
Auswahlverfahren	selection process

B

Bankangestellter	bank clerk
Bankanleihe	bank bond
Bankanweisung	banker's order
Bankauskunft	bank reference
Bankauszug	bank statement

Bankautomat	cash dispenser; ATM = automated teller machine
Bankdarlehen	bank loan
Bankdirektor	bank manager
Bankenkrise	banking crisis
Bankfach	banking
Bankfiliale	branch
Bankgebühren	bank charges
Bankgeschäfte	banking transactions
Bankguthaben	bank balance
Bankkonto	bank account
Bankkredit	bank loan
Bankleitzahl	bank sorting code
Banknote	bank note
Banköffnungszeiten	banking hours
Bankreserven	bank reserves
Bankscheck	bank cheque
Bankschließfach	safe-deposit box
Banküberweisung	bank transfer
Bankverbindung	banking arrangements; bank affiliation
Bankvollmacht	bank mandate
Bankwesen	banking
Barangebot	cash offer
Barbestand	cash balance
Bargeld	cash
Bargeschäft	cash deal
Barkauf	cash purchase
Barpreis	cash price
Barreserven	cash reserves
Barvorschuss	cash advance
Barwert	cash value
Barzahlung	cash payment
Barzahlungsangebot	cash offer

Barzahlungsbedingungen	cash terms
Barzahlungsrabatt	cash discount
Beanstandung	complaint
Bearbeitung	dealing with; handling
Bearbeitungsgebühr	service/handling charge
Bedauern	regret
Bedienungsanleitung	operating instructions
Bedingungen	conditions
Beeinträchtigung	reduction in/of; infringement of
Befähigung	qualification
Befähigungsnachweis	proof of ability; evidence of formal qualifications
Beglaubigung	authentication
Begleitschreiben	covering letter
Behinderung	disability
Behörde	authority/office
Beileid	condolence
Beileidsbrief	letter of condolence
Beileidskarte	condolence card
Bekanntgabe	announcement
Belegschaft	staff
Bemühung	effort
Benachrichtigung	notification
Benutzerhandbuch	user manual
Beratung	consultation
Beratungsunternehmen	consultancy
Berechnung	calculation
Bereitstellung	provision
Berichtigung	correction
Beruf	profession
Berufsausbildung	vocational/professional training
Berufsaussichten	career prospects
Berufsberatung	vocational guidance; job guidance
Berufsbezeichnung	job title

Berufserfahrung	work experience
Berufsklassifikation	job classification
Berufskrankheit	occupational disease
Berufsverband	trade association
Beschädigung	damage
Beschäftigung	employment
Bescheid	answer; notification
Bescheinigung	certificate; confirmation
Beschluss	decision
Beschränkung	restriction
Beschreibung	description
Beschwerde	complaint
Besprechung	conference; meeting
Besprechungszimmer	conference room
Bestand	stock
Bestandsabbau	destocking
Bestandsabschreibung	inventory writeoff
Bestandsauffüllung	restocking
Bestandsaufnahme	stock-taking
Bestandsbewertung	stock valuation
Bestandskontrolle	stock control
Bestandsliste	stocklist
Bestandsprüfung	inventory audit
Bestätigung	confirmation
Bestätigungsschreiben	letter of confirmation
Besteller	customer
Bestellnummer	order number
Bestellschein	order form
Bestellung	order
Betrag	amount
Betreff	reference
Betrieb	company
Betriebsangehöriger	employee
Betriebsangelegenheit	operational matter

Betriebsansiedlung	company location
Betriebsarzt	company doctor
Betriebsaufgabe	closing-down of a business
Betriebsaufwand	operating expenses
Betriebsausflug	staff outing
Betriebsausgaben	operating expenditure
Betriebseinstellung	closure
Betriebsergebnis	operating result
Betriebserlaubnis	operating licence
Betriebserweiterung	plant extension
Betriebsfähigkeit	operating condition
Betriebsferien	plant holidays
Betriebsfläche	plant area
Betriebsgebäude	company building
Betriebsgeheimnis	trade secret
Betriebsgelände	company grounds
Betriebsgenehmigung	operating licence
Betriebsgewinn	operating profit
Betriebsgröße	plant size
Betriebsgrundstück	business property
Betriebskapital	working capital
Betriebsklima	working atmosphere; atmosphere at work
Betriebskosten	operating costs
Betriebsleiter	manager
Betriebsleitung	management
Betriebsordnung	internal company regulations
Betriebsorganisation	plant organization
Betriebsplanung	operational planning
Betriebsprüfer	internal auditor
Betriebsprüfung	audit
Betriebsrente	business pension
Betriebsrisiko	business risk
Betriebsstörung	breakdown

Betriebsrat	works council; committee
Betriebsteil	operating unit
Betriebsverlegung	relocation of a plant
Bevölkerung	population
Bevölkerungsentwicklung	population trends
Bevölkerungsstatistik	population statistics
Bevölkerungswachstum	population growth
Bevollmächtigter	authorized representative
Bevollmächtigung	authorization
Bewerbung	application
Bewerbungsausschuss	application board
Bewerbungsbogen	application form
Bewerbungsgespräch	interview
Bewerbungsschreiben	letter of application
Bewerbungsunterlagen	application documents
Bewerbungsverfahren	application procedure
Bewertung	evaluation
Bewertungsfachmann	appraiser
Bewertungsfrage	evaluative question
Bewertungsgrößen	factors of evaluation
Bewertungsgrundlage	basis of valuation
Bewertungsgrundsatz	standard of value
Bewilligung	approval
Bewilligungsbescheid	notification of approval
Bewilligungskriterium	approval criterion
Bewirtschaftung	running
Bewirtungskosten	entertainment expenses
Bezahlung	payment
Bitte	request
Bonität	financial standing; credit worthiness
Bonitätsbestätigung	confirmation of credit standing
Bonitätsbeurteilung	credit rating
Bonitätsbewertung	assessment of credit
Börse	stock market

Börsenbeobachter	market economist
Börsenbericht	stock market report
Börsengeschäft	stock market transaction
Börsenhandel	stock exchange dealings/trading
Börsenklima	stock market situation
Börsenmakler	broker
Börsenparkett	trading floor
Börsenzulassung	stock exchange listing
Branche	field
Branchenadressbuch	trade directory
Branchenerfahrung	experience in the trade
Branchenführer	market leader
Brief	letter
Briefgebühr	letter rate
Briefwechsel	correspondence
Broschüre	brochure
Bruttoeinkommen	gross income
Bruttoeinnahmen	gross receipts
Bruttoertrag	gross yield
Bruttogehalt	gross salary
Bruttogewicht	gross weight
Bruttogewinn	gross profit; margin
Bruttogewinnspanne	gross margin
Bruttoverdienst	gross income
Buchführung	bookkeeping
Buchhaltung	accounts department
Buchprüfung	audit
Buchung	booking; reservation
Buchungsbestätigung	confirmation of a booking
Buchungsfehler	booking error
Buchungsmethoden	accounting methods
Buchungsverfahren	accounting procedures
Bürgschaft	guaranty; surety
Bußgeld	fine; penalty

C

Charakteristikum	feature
Checkliste	checklist
Chefredakteur	editor-in-chief
Chefredaktion	chief editorship; main editorial office
Codierung	coding
Computer	computer
Computerauflistung	computer listing
Computerausdruck	computer printout
Computerchip	computer chip
Computerdatei	computer file
Computerdefekt	computer defect
Computerfachmann	computer specialist
Computerfehler	computer error
Computergeschäft	computer shop
Computerlauf	computer run
Computermesse	computer fair
Computernetzwerk	computer network
Computerpreise	computer prices
Computerprogramm	computer program
Computerprogrammierer	computer programmer
Computerprogrammierung	computer programming
Computersprache	computer language
Computertechniker	computer technician
Computerterminal	computer terminal
Computervirus	computer virus
Computerzeitschrift	computer magazine

D

Dankschreiben	letter of thanks
Darlegung	explanation

Darlehen	loan
Darlehensantrag	application for a loan
Darlehensbetrag	loan amount
Darlehensgeber	lender
Darlehensnehmer	borrower
Darlehenssumme	amount of loan
Darlehensvertrag	loan agreement
Darlehenszinsen	interest on loans
Datenbank	databank
Datenbestand	data base
Datenschutz	data protection
Datenschutzgesetz	Data Protection Act
Datierung	dating
Datum	date
Dienstleistung	service
Dienstleistungsunternehmen	service company
Diplomarbeit	diploma thesis
Diskretion	discretion; confidentiality
Doktorarbeit	doctoral thesis
Dokumente	documents
Dolmetscher	interpreter
Doppelzimmer	double room
Druckerei	printshop; printer's
Druckerzeugnis	printing product
Druckfehler	misprint
Drucksache	printed matter
Durchfuhr	transit
Durchfuhrerlaubnis	transit permit
Durchfuhrhandel	transit trade
Durchfuhrland	transit country
Durchfuhrverbot	transit embargo

E

EDV	EDP
Effektivbestand	actual balance
Effektivertrag	actual yield
Effektivgeschäft	spot transaction
Effektivität	effectiveness
Effektivlohn	net wage
Effizienz	efficiency
Eigentum	ownership
Eigentümer	owner
Eigentumsanspruch	ownership claim
Eigentumsnachweis	proof of ownership
Eigentumsübertragung	transfer of ownership
Eigenschaften	qualities
Eignung	suitability
Eilbestellung	express order
Eilsendung	express delivery
Einfuhr	import
Einfuhrbeschränkung	import restriction
Einfuhrbestimmungen	import regulations
Einfuhrgenehmigung	import licence
Einfuhrgüter	import goods
Einfuhrlizenz	import licence
Einfuhrstopp	embargo
Einfuhrumsatzsteuer	import sales tax
Einführungspreis	introductory price
Einfuhrzoll	import duty
Einheitspreis	unit price
Einkauf	purchasing
Einkäufer	purchaser
Einkaufsbedingungen	conditions of purchase
Einkaufsgutschein	shopping voucher
Einkaufsleiter	chief buyer

Einkünfte	income
Einladung	invitation
Einnahmeausfall	loss of income
Einnahmebuch	receipt book
Einnahmen	income
Einnahmequelle	source of income
Einschreibebrief	registered letter
Einspruch	objection
Einspruchsfrist	period for filing an objection
Einstellungsbedingungen	terms of employment
Einstellungsgespräch	interview
Einstellungsprämie	golden hello
Einstufung	classification
Eintragung	entry/registration
Eintrittstermin	start
Einvernehmen	agreement
Einzahlung	payment
Einzahlungsbeleg	credit slip
Einzahlungsfrist	deadline for payment
Einzelhandel	retail trade
Einzelhandelspreis	retail price
Einzelhändler	retailer
Einzelheit	detail
Einzelunternehmen	one-man business; sole proprietorship
Einzelzimmer	single room
Einzugsverfahren	direct debiting
Empfänger	recipient
Empfangsberechtigter	authorized recipient
Empfangsbestätigung	confirmation of receipt
Empfehlung	reference
Empfehlungsschreiben	letter of reference
Entschädigung	compensation
Entscheidungsanalyse	decision analysis
Entscheidungsbefugnis	decision-making powers

Entscheidungsbereitschaft	willingness to take decision
Entscheidungsdaten	decision data
Entscheidungseinheit	decision unit
Entscheidungsfindung	decision-making
Entscheidungsgehalt	deciding salary
Entscheidungsgrundlage	decisional base
Entscheidungsinstanz	authority
Entscheidungskriterium	deciding factor
Entscheidungsmodell	decision model
Entscheidungspaket	decision package
Entscheidungssproblem	decision problem
Entscheidungsprogramm	decision program
Entscheidungsprozess	decision-making process
Entscheidungsraum	decision space
Entscheidungsregel	decision rule
Entscheidungswege	lines of decision
Entschuldigung	apology
Entwicklung	development
Erfahrung	experience
Erfindung	invention
Erfindungspatent	patent for an invention
Erfolg	success
Erfolglosigkeit	lack of success
Erfolgsaussichten	prospects for success
Erfolgsbilanz	record of success
Erfolgsdenken	positive thinking
Erfolgsgeheimnis	secret of success
Erfolgsgeschichte	success story
Erfolgshonorar	payment by results
Erfolgsmeldung	news of success
Erfolgsrezept	recipe for success
Erfordernis	requirement
Erfüllungsort	place of fulfillment
Erklärung	explanation

Erkundigung	enquiry
Erlaubnis	permission
Erläuterung	explanation
Ermächtigung	authorization
Ermahnung	warning
Ermäßigung	reduction
Ermessen	discretion
Ermittlung	investigation
Ermutigung	encouragement
Ernennung	appointment
Eröffnung	opening
Eröffnungsangebot	opening offer
Eröffnungsbestand	opening stock
Eröffnungsbilanz	opening balance
Eröffnungsgebot	opening bid
Eröffnungssitzung	opening session
Erörterung	discussion
Erprobung	testing
Errechnung	calculation
Ersatz	compensation
Ersatzbeschaffung	replacement
Ersatzlieferung	substitute delivery
Ersatzlieferungsanspruch	claim to substitute delivery
Ersatzzustellung	substituted service
Erschaffung	creation
Erscheinungsdatum	date of publication
Erscheinungsjahr	year of publication
Erscheinungsweise	frequency of publication
Erstattung	reimbursement
Erstattungsanspruch	claim for reimbursement
Erstattungsbetrag	refund
Erstausgabe	first edition
Ertrag	profit; earnings
Ertragsaussichten	prospects for profit

Ertragslage	profit situation
Ertragsminderung	decrease in profits; reduction of earnings
Erwägung	consideration
Erwartung	expectation
Erwartungshorizont	level of expectations
Erwiderung	reply
Etikett	label
Existenzgründer	founder of a new business
Existenzgründung	setting up a new business
Exklusivität	exclusiveness
Expansion	expansion
Experte	expert
Expertengruppe	panel of experts
Expertengutachten	expert's report
Export	export
Exportabfertigung	export clearance
Exportabteilung	export department
Exportanreiz	export incentive
Exportartikel	exported article
Exportauftrag	export order
Exportausführung	export model
Exportbestimmungen	export regulations
Exporteur	exporter; export firm
Exportfirma	export trader
Exportförderung	export promotion
Exportgenehmigung	export licence
Exportgeschäft	export business
Exporthandel	export trade
Exportindustrie	export industry
Exportkaufmann	exporter
Exportpreis	export price
Exportpreisliste	export price list
Exportschlager	export hit

Exportverbot	export ban
Exportvertrag	export contract
Exportware	exports
Expressgut	express goods
Expressgutdienst	express freight service
Expressgutverkehr	express delivery service

F

Fabrikanlage	plant
Fabrikation	production
Fabrikerzeugnis	manufactured article
Fabrikpreis	factory price; price ex works
Fabrikverkauf	factory outlet
Fabrikwaren	manufactured goods
Fachabteilung	specialist department
Facharbeiter	skilled worker
Fachkenntnisse	special skills; expertise
Fachmesse	trade fair
Fachpresse	trade press
Fachverband	trade association
Fachwissen	knowledge specialized
Fachzeitschrift	trade journal
Fähigkeiten	skills
Falschlieferung	delivery of wrong goods
Fälschung	counterfeiting
Familienbeihilfe	family allowance
Familienbetrieb	family business
Familienstand	marital status
Familienunternehmen	family-owned company/business
Fehlfabrikat	defective product
Fehlfunktion	defective function
Fehlinformation	incorrect information

Fehlkalkulation	miscalculation
Fehlverhalten	inappropriate behaviour
Feiertag	holiday
Fertigstellung	completion
Fertigung	manufacture
Fertigungsabteilung	production department
Fertigungsindustrie	manufacturing industry
Fertigungskosten	manufacturing costs
Fertigungsunternehmen	manufacturing firm
Fertigungsverfahren	manufacturing process
Filiale	branch
Filialeröffnung	opening of a new branch
Finanzabteilung	finance department
Finanzamt	tax office
Finanzbehörde	tax authority
Finanzbericht	financial report
Finanzen	finances
Finanzexperte	financial expert
Finanzgruppe	financial syndicate
Finanzierung	financing
Finanzinstitut	finance company
Finanzjahr	financial year
Finanzlage	financial situation
Finanzmarkt	financial market
Finanzmittel	financial resources
Finanzplan	finance plan
Finanzplanung	financial planning
Finanzpolitik	financial policy
Finanzprüfung	financial review
Firma	company
Firmenanmeldung	company registration
Firmenanschrift	company's address
Firmengründung	formation of a company
Firmengruppe	group of companies

Firmenimage	corporate image
Firmeninformation	company information
Firmenjubiläum	company anniversary
Firmenname	company name
Firmenpleite	business failure
Firmensitz	company headquarters
Firmenübernahme	company takeover
Firmenwagen	company car
Firmenzeichen	logo
Firmenzugehörigkeit	length of employment
Folgeauftrag	future order
Förderung	promotion
Forderungsabtretung	assignment of a claim
Formular	form
Forschung	research
Forschungsabteilung	research department
Forschungsanstalt	research organization
Forschungsgruppe	research unit
Forschungsinstitut	research institute
Fortsetzung	continuation
Fracht	freight
Frachtbeförderung	carriage of goods; freightage
Frachtbrief	freight bill; consignment note
Frachtempfänger	consignee
Frachtgut	freight
Frachtkosten	freight charges
Frachtliste	cargo list
Frachtverkehr	goods traffic
Fragebogen	questionnaire
Fragebogenaktion	poll
Franchisegeber	franchisor
Franchisegebühr	franchise fee
Franchisegeschäft	franchising
Franchisekonzept	franchising concept

Franchisenehmer	franchisee
Franchiseprodukt	franchised product
Franchisevertrag	franchise agreement
Freizeitaktivitäten	leisure activities
Fremdsprachen	foreign languages
Fremdwährung	foreign currency
Frist	time
Fristablauf	deadline
Fristeinhaltung	meeting the deadline
Fristsetzung	setting a date
Fristversäumung	default in respect of time
Fristwahrung	compliance with the deadline
Führerschein	driving licence
Führerscheinentzug	driving ban
Führung	management
Führungsaufgabe	executive duty
Führungsebene	managerial level
Führungsfunktion	management function
Führungsgremium	management board
Führungsgruppe	management team
Führungsmethoden	management techniques
Führungsnachwuchs	junior management

G

Garantie	guarantee
Garantieerklärung	warranty
Garantiefrist	warranty period
Garantiehaftung	guarantee liability
Garantieverletzung	breach of warranty
Garantieverpflichtung	guarantee obligation
Garantievertrag	guarantee contract
Gebrauch	use

Gebrauchsanleitung	directions for use
Gebrauchsanweisung	operating instructions
Gebrauchsartikel	article for daily use; basic consumer goods
Gebrauchsgegenstand	basic commodity
Gebrauchswert	utility value
Gebühr	charge
Gebührenermäßigung	reduction of charges; tariff
Gebührenordnung	scale of charges
Gebührenvereinbarung	fee arrangement
Geburtsdatum	date of birth
Geburtsort	place of birth
Gegenforderung	counterclaim
Gehalt	salary
Gehaltsabrechnung	pay slip; salary statement
Gehaltsanspruch	salary claim
Geldangelegenheit	financial matter
Geldanweisung	remittance
Geldautomat	cashpoint
Geldbedarf	cash requirements
Geldmenge	amount of money
Geldumtausch	exchange of money
Genehmigung	permission; authorization
Genehmigungsantrag	application for a permit
Genehmigungserfordernisse	licensing requirements
Genehmigungsstelle	licensing authority
Genehmigungsverfahren	licensing procedure
Gericht	court
Gerichtsbescheid	court notification
Gerichtsbeschluss	court decision
Gerichtsentscheidung	judicial decision
Gerichtshof	court
Gerichtskosten	court fees
Gerichtsort	town with a court

Gerichtsstand	court of jurisdiction
Gerichtstermin	date of hearing; trial
Gerichtsurteil	judgement
Gerichtsverfahren	legal proceedings
Gerichtsverhandlung	trial; hearing
Gerichtsvollzieher	bailiff
Gesamtauftragswert	total order value
Gesamtausgaben	total expenditure
Gesamtbetrag	total amount
Gesamteinkommen	total income
Gesamteinnahmen	total revenue
Gesamtergebnis	overall result
Gesamtkosten	total costs
Gesamtplan	overall plan
Gesamtpreis	all-in-price; total price
Gesamtsumme	grand total
Gesamtvermögen	total assets
Geschäftsabschluss	conclusion of a deal
Geschäftsaktivitäten	business activities
Geschäftsaufgabe	closure of a business
Geschäftsausweitung	business expansion
Geschäftsbank	commercial bank
Geschäftsbedingungen	general terms and conditions
Geschäftsbericht	company report
Geschäftsbewegungen	sales activities
Geschäftsbezeichnung	firm name
Geschäftsbeziehung	business connection
Geschäftsbrief	business letter
Geschäftsbücher	account books
Geschäftsentwicklung	business development
Geschäftseröffnung	opening of a shop or a new business
Geschäftsessen	business lunch/dinner
Geschäftsfeld	business area
Geschäftsfrau	businesswoman

Geschäftsführer	manager
Geschäftsführung	management
Geschäftsgebaren	business practices
Geschäftsgrundlage	basis of a legal transaction
Geschäftsgrundstücke	business property
Geschäftsgründung	setting up a business
Geschäftsguthaben	capital share
Geschäftsidee	business concept
Geschäftsjahr	financial year
Geschäftsjubiläum	company anniversary
Geschäftskapital	working capital
Geschäftskarte	business card
Geschäftskorrespondenz	business correspondence
Geschäftskosten	expenses
Geschäftsleben	business life
Geschäftsmann	businessman
Geschäftsordnung	rules of internal procedure
Geschäftspapiere	business papers
Geschäftspartner	business partner
Geschäftsplan	general operational plan
Geschäftspolitik	business policy
Geschäftsreise	business trip
Geschäftssitz	place of business
Geschäftstätigkeit	business activity
Geschäftsunfähigkeit	incompetence
Geschäftsunterbrechung	interruption of business
Geschäftsunterlagen	business documents
Geschäftsvermögen	business assets
Geschäftsvertrag	operating agreement
Geschäftsvolumen	business volume
Geschäftszeichen	reference number
Geschäftszeit	opening hours
Gespräch	conversation
Gesprächsbereitschaft	readiness to talk

Gesprächstermin	conversation date
Gesprächsthema	topic of conversation
Gesuch	application
Gewährleistung	guarantee
Gewährleistungsanspruch	warranty claim
Gewährleistungsfrist	warranty period
Gewährleistungszusage	warranty assurance
Gewerbe	trade
Gewerbeanmeldung	registration of a trade
Gewerbeaufsichtsamt	trade supervisory office; industrial inspection board
Gewerbeaufsichtsbehörde	trade supervisory authority
Gewerbeausübung	pursuit of a trade
Gewerbeberechtigung	business licence
Gewerbeertrag	trading profit
Gewerbegebiet	industrial estate
Gewerbelizenz	trading licence
Gewerbenutzung	commercial use
Gewerbepark	industrial park
Gewerberecht	commercial law
Gewerbeschein	business/trading licence
Gewerbetreibender	trader; business man
Gewerbezweig	branch of business
Gewerkschaft	union
Gewerkschaftler	trade unionist
Gewinnanteil	profit share; dividend
Gewinnbeteiligung	profitsharing
Gewinndruck	profit squeeze
Gewinnentwicklung	earnings performance
Gewinnmaximierung	maximization of profit
Gewinnprognose	profit forecast
Gewinnrealisierung	profittaking
Gewinnschwelle	break-even point
Gewinnspanne	profit margin

Giroauftrag	credit transfer order
Girokonto	current account
Giroverkehr	bank giro credit system
Gläubiger	creditor
Gleitzeit	flexitime
Glückwünsche	letter of congratulation
Großauftrag	bulk order
Größenabweichung	difference in size
Größenangabe	size
Großhandel	wholesale trade
Großhandelspreis	wholesale price
Großhandelsrabatt	wholesale discount
Großhändler	wholesaler
Großraumbüro	open-plan office
Gültigkeit	validity
Gutachten	report
Gutachter	expert
Gütezeichen	label of quality
Guthaben	credit balance
Gutschein	voucher
Gutschrift	credit note

H

Haftung	liability
Haftungsanspruch	liability claim
Haftungsbeschränkung	limitation of liability
Haftungsbestimmungen	liability provisions
Haftungsübernahme	assumption of liability
Halbjahr	half-year
Halbjahresbericht	half-yearly report
Halbjahresumsatz	first-half turnover
Halbpension	half-board

Halbtagsbeschäftigung	part-time job
Handbuch	handbook
Handel	trade
Handelsabkommen	trade agreement
Handelsaufschwung	boom in trade
Handelsauskünfte	trade references
Handelsbedingungen	trading conditions
Handelsbeschränkung	trade restriction
Handelsbilanz	balance of trade
Handelsgesellschaft	commercial company
Handelskammer	Chamber of Commerce
Handelspraktiken	trade practices
Handelsregister	commercial register
Handelsspanne	gross profit margin; trade margin
Handelsunternehmen	commercial enterprise
Handlungsabsicht	intention
Handlungsanweisung	instruction
Handlungsbedarf	need for action
Handlungsbefugnis	authority
Handlungsfähigkeit	ability to act
Handlungsfreiheit	freedom of action
Handlungsmöglichkeit	possibility for action
Handlungsspielraum	scope of action
Handlungsvollmacht	power of attorney
Hauptabsatzgebiet	prime market area
Hauptabsatzmarkt	main market
Hauptabteilung	main department
Hauptanbieter	main bidder
Hauptauftragnehmer	prime contractor
Hauptbereich	key area
Hauptbüro	head office
Haupterzeugnis	main product
Hauptgeschäftsbereich	core business
Hauptgeschäftsführer	chief manager

Hauptgeschäftsstelle	main office
Hauptgeschäftszeit	peak business hours
Hauptlieferant	main supplier
Hauptmarkt	primary market
Hauptmerkmal	key feature
Hauptniederlassung	principal establishment
Hauptprodukt	core product
Hauptziel	key goal
Hauspost	internal post
Herausforderung	challenge
Herausgeber	publisher
Herstellung	production
Herstellungsaufwand	production costs
Herstellungsfehler	production defect
Herstellungsmuster	production model
Herstellungsprozess	manufacturing process
Hindernis	obstacle
Hintergrund	background
Hochkonjunktur	economic boom
Hochsaison	the busiest time; high season
Homepage	website
Honorar	fee
Honorarabrede	fee arrangement
Honorarvertrag	fee contract
Honorarvolumen	volume of fees
Hotelführer	hotel guide
Hotelgewerbe	hotel business
Hotelkette	hotel chain
Hotelrechnung	hotel bill
Hotelrezeption	hotel reception
Hotelzimmer	hotel room
Hypothek	mortgage

I

Immobilie	real estate; property
Immobiliengesellschaft	real estate company
Immobilienmakler	estate agent, real estate broker
Immobilienmarkt	property market
Immobilienverwaltung	property management
Import	import
Importartikel	imported product
Importbeschränkung	import restriction
Importeur	importer
Importgenehmigung	import permit
Importgut	import
Importhandel	import trade
Importlizenz	import licence
Importvertrag	import contract
Industrie	industry
Industriegebiet	industrial area
Industriemesse	industrial fair
Industriepark	industrial estate
Industriestandort	industrial site
Industriezentrum	industrial centre
Industriezweig	branch of industry
Informationsaustausch	exchange of information
Informationsbüro	information bureau; office
Informationsdefizit	lack of information
Informationsfluss	flow of information
Informationsgewinnung	gathering information
Informationsmaterial	informative material
Informationsquelle	source of information
Informationsverarbeitung	information processing
Infrastruktur	infrastructure
Inhaber	owner
Inkasso	collection

Inkassoanspruch	right to collect
Inkassoauftrag	collection order
Inkassobeauftragter	collector
Inkassobevollmächtigter	collection agent
Inkassobüro	collection agency
Inkassoforderungen	uncollected items
Inkassovollmacht	collecting power
Inkaufnahme	acceptance
Inlandspreise	domestic prices
Innovation	innovation
Innung	guild
Inserat	advertisement
Inserent	advertiser
Insolvenz	insolvency
Insolvenzrecht	insolvency law
Insolvenzrisiko	risk of insolvency
Insolvenzverfahren	insolvency proceedings
Instandhaltung	maintenance
Instandhaltungsauftrag	maintenance contract
Instandhaltungskosten	maintenance costs
Instandsetzung	repair; overhaul
Instandsetzungsarbeiten	repairs
Instandsetzungskosten	cost of repairs
Instandsetzungsvertrag	repair contract
Institut	institute
Interesse	interest
Interessenkonflikt	conflict of interests
Interessenwahrung	safeguarding of interests
Inventar	inventory
Inventur	stocktaking
Inventurbogen	stock sheet
Investition	investment
Investitionsanreiz	investment incentive
Investitionsbereitschaft	willingness to invest

Investitionsfreudigkeit	inclination to invest
Investitionsgüter	capital investment; goods
Investitionshemmnisse	barriers to investment
Investitionskapital	investment capital
Investitionsklima	climate for investment
Investitionskontrolle	capital spending control
Investitionskredit	investment credit
Investitionsmöglichkeiten	investment opportunities
Investitionsschub	investment surge
Investitionsplan	investment plan
Investitionsvorhaben	investment programme
Investor	investor

J

Jahresabonnement	annual subscription
Jahresabrechnung	annual settlement
Jahresabschluss	annual accounts
Jahresabschlussprüfung	annual audit
Jahresbedarf	annual requirements
Jahresbeitrag	annual membership fee
Jahresbericht	annual report
Jahresbilanz	annual balance sheet
Jahresbonus	annual quantity discount
Jahresbudget	annual budget
Jahreseinkommen	annual income
Jahresende	end of the year
Jahresfrist	one-year period
Jahresgebühr	annual fee
Jahresgewinn	net profit for the year
Jahreshauptversammlung	annual general meeting (AGM)
Jahreshonorar	annual fee
Jahresinventur	annual inventory

Jahresproduktion	annual production
Jahresrate	annual rate
Jahresübersicht	annual review
Jahresumsatz	annual turnover
Jahresversammlung	annual general meeting
Jahresvertrag	one-year contract
Jahreszeit	season
Jahreszeitraum	whole year

K

Kalkulation	calculation
Kalkulationsgrundlage	calculation basis
Kalkulationsrichtlinie	calculation standard
Kampagne	campaign
Kandidat	candidate
Kapazität	capacity
Kapazitätsabbau	reduction in capacity
Kapazitätsausbau	capacity extension
Kapazitätsauslastung	capacity utilization
Kapazitätserweiterung	increase in capacity
Karriere	career
Kartell	cartel
Kartellamt	antitrust commission
Katalog	catalogue
Katalogisierung	cataloguing
Katalogpreis	list price
Kauf	purchasing
Kaufabschluss	purchase
Kaufabsicht	intention to buy
Kaufangebot	offer to buy
Kaufanreiz	sales appeal
Käufer	purchaser

Käufermarkt	buyer's market
Käuferverhalten	purchasing; buying behaviour
Kaufinteresse	buying interest
Kaufkraft	purchasing power
Kaufoption	purchase option
Kaufpreis	purchase price
Kaufvertrag	sale contract
Kaution	bail
Kautionsstellung	provision of bail
Kautionswechsel	guarantee bill
Kenntnisse	knowledge
Kernarbeitszeit	core work time
Kleinanleger	small investor
Kleinanzeige	classified advertisement
Kleinbetrieb	small business
Klientel	clientele
Knappheit	shortage
Kommissionsauftrag	consignment
Kommissionsgeschäft	commission business
Kommissionsprovision	consignment commission
Kommissionsvertrag	consignment contract; agreement
Kommissionsware	goods on commission
Kommunikationsnetz	communications network
Kommunikationsstörung	communications breakdown
Kommunikationsstruktur	communication-structure
Kommunikationssystem	communications system
Kommunikationsweg	communication channel
Kompetenz	authority
Kompetenzabgrenzung	delineation of powers
Kompetenzbereich	area of authority
Kompetenzzentrum	competence center
Kompetenzspielraum	room for competence
Kompromiss	compromise
Konditionen	terms

Kondolenzbrief	letter of condolence
Konferenz	conference
Konferenzort	conference location
Konferenzraum	conference room
Konferenzsaal	conference hall
Konferenzschaltung	conference circuit
Konferenzteilnehmer	conference participant
Konferenzzimmer	conference room
Konfession	denomination
Konjunktur	economic situation; economy
Konjunkturabschwächung	economic slowdown
Konjunkturabschwung	economic downturn
Konjunkturaufschwung	economic boom
Konjunktureinbruch	economic slump
Konjunkturtief	trough
Konkurrent	competitor
Konkurrenzangebot	rival bid
Konkurrenzartikel	competitive article
Konkurrenzfähigkeit	competitiveness
Konkurrenzprodukt	competing product
Konkurrenzunternehmen	competitor
Konkurs	bankruptcy
Konkursablauf	bankruptcy proceedings
Konkursabwendung	avoidance of bankruptcy
Konkursabwickler	liquidator
Konkursandrohung	bankruptcy notice
Konkursanmeldung	declaration of bankruptcy
Konkursantrag	petition in bankruptcy
Konkursbeschluss	receiving order
Konkurserklärung	declaration of bankruptcy
Konkurseröffnungsbeschluss	receiving order
Konsequenz	consequence
Konsolidierung	consolidation
Konsum	consumption

Konsumeinheit	spending unit
Konsument	consumer
Konsumentenanalyse	consumer analysis
Konsumentengewohnheiten	consumer habits
Konsumententreue	consumer loyality
Konsumentenverhalten	consumer behaviour
Konsumentenwerbung	consumer advertising
Konsumforschung	consumer research
Konsumgewohnheiten	consumption habits
Konsumklima	consumer climate
Kontaktadresse	contact address
Kontaktperson	contact person
Kontingent	quota
Kontinuität	continuity
Kontoauszug	bank statement
Kontobewegung	account transaction
Kontoeröffnung	opening an account
Kontoführung	running an account
Kontoführungsgebühr	bank charge; account charge
Kontoinhaber	account holder
Kontokorrentkonto	cash account
Kontokorrentkredit	advance on current account
Kontonummer	account number
Kontopfändung	garnishment of an account
Kontoschließung	closing an account
Kontostand	account balance
Kontoüberziehung	overdrawn account
Kontovollmacht	power to draw on an account
Konzession	concession
Kopie	copy
Korrespondenz	correspondence
Kosten	costs
Kostenplanung	cost-planning
Kostensenkung	cost-cutting

Kostensteigerung	cost increase
Kostenüberschreitung	cost overrun
Kostenunterschreitung	cost underrun
Kostenvoranschlag	estimate
Kreditantrag	application for credit
Kreditaufnahme	borrowing
Kreditauskunft	status report; credit information
Kreditbank	credit bank
Kreditbedarf	demand for credit; borrowing requirements
Kreditbedingungen	credit terms
Kreditberater	loan officer
Kreditbetrag	amount credited
Kreditbetrug	credit fraud
Kreditbewilligung	credit allocation
Kreditgeber	creditor
Kreditgeschäft	credit business
Kreditgesuch	application for credit
Kreditgrenze	credit limit
Kreditkarte	credit card
Kreditkarteninhaber	credit card holder
Kreditkauf	credit purchase
Kreditkündigung	notice of withdrawal of credit
Kreditlaufzeit	duration of the loan
Kreditnehmer	borrower
Kreditsperre	credit freeze
Kreditunterlagen	credit instruments
Kreditverlängerung	extension of credit
Kunde	customer/client
Kundenanfrage	customer inquiry
Kundenansturm	rush of customers
Kundenberater	consultant
Kundenbetreuer	account executive
Kundendienst	customer service

Kundenkarte	store card
Kundenkonto	account
Kundenkredit	consumer credit
Kundenkreis	customers
Kundennummer	client reference number
Kundenstamm	regular clientele
Kundentreue	customer loyalty
Kündigung	termination; dismissal; notice
Kündigungsfrist	period of notice
Kündigungsgrund	reason for giving notice
Kündigungstermin	termination date
Kundschaft	customers
Kurier	courier
Kurzarbeit	short-time work
Kürzung	reduction

L

Ladenkette	chain of shops
Ladenöffnungszeiten	opening hours
Ladenpreis	retail price
Ladenschild	shop sign
Ladenschluss	closing time
Lagerbestand	stock
Lagerhaus	warehouse
Lagerkapazität	warehouse capacity
Lagerkosten	storage charges
Lagerraum	storeroom
Lagerung	warehousing
Lagerungsfirma	storage company
Lastschrift	debit entry
Lastschriftverfahren	direct debiting
Laufbahn	career

Leasing	leasing
Leasingdauer	leasing period
Leasingfahrzeug	leased vehicle
Leasingfirma	leasing company
Leasinggeber	lessor
Leasingkunde	lessee
Leasingvertrag	lease agreement
Lebensbedürfnisse	the necessities of life
Lebenserwartung	life expectancy
Lebenshaltungskosten	cost of living
Lebenslauf	Curriculum vitae
Lebensstandard	standard of living
Lebensstil	life style
Leihgebühr	hire charge
Leihgeschäft	lending business
Leihhaus	pawn shop
Leihwagen	rental car
Leihwagenfirma	car rental company
Leihwagengeschäft	car rental business
Leistungsangabe	performance figure
Leistungsanreiz	incentive inducement
Leistungsanstieg	rise in performance
Leistungsbeurteilung	performance appraisal
Leistungsbewertung	performance assessment
Leistungsdaten	performance figures
Leistungsdruck	pressure
Leistungsergebnis	operating result
Leistungsfähigkeit	operative capability
Leistungsgrad	performance level
Leistungsgrenze	limit of performance
Leistungsmotivation	achievement motivation
Leistungsniveau	performance level
Leistungspotenzial	potential performance
Leistungsprinzip	achievement principle

Leistungsprofil	potential profile
Leistungsstand	level of performance
Leistungsstandards	performance standards
Leistungssteigerung	increase in efficiency
Leistungsverbesserung	improved performance
Leistungswettbewerb	competition in efficiency
Leitungsbefugnis	power of direction
Leitungsebene	level of management
Leitungsfunktion	executive function
Leitungsstruktur	management structure
Lieferanfrage	request for delivery
Lieferangebot	supplier's offer
Lieferant	supplier
Lieferauftrag	purchase order
Lieferbedingungen	delivery terms
Lieferdatum	delivery date
Lieferfrist	delivery time
Liefermenge	quantity delivered
Lieferpreis	delivery price
Lieferschein	delivery note
Liefertermin	delivery date
Lieferung	delivery
Lieferungsbeschränkung	restrictions in delivery
Lieferungsverpflichtung	delivery obligation
Liefervertrag	supply contract
Lieferverzug	delay in delivery
Liquidität	liquidity
Liquiditätsengpass	cash flow problem
Liquiditätshilfe	liquidity assistance
Liquiditätskrise	liquidity crisis
Liquiditätsplanung	liquidity planning
Listenpreis	list price
Lizenz	licence
Lizenzeinnahmen	royalties

Lizenzerteilung	licensing
Lizenzgeber	licenser
Lizenzgebühr	licence fee
Lizenznehmer	licensee
Lizenzrechte	licence rights
Lizenzvereinbarung	licence agreement
Lizenzvergabe	licensing
Lizenzvertrag	licensing agreement
Lizenzzahlung	royalty payment
Lohn	wage
Lohnabbau	wage cut
Lohnabrechnung	pay slip
Lohnabzug	salary deduction
Lohnsteuer	income tax
Lohnsteuertabelle	income tax table

M

Mahngebühr	dunning charge
Mahnung	reminder
Mahnverfahren	summary proceedings
Makler	broker
Malheur	mishap
Mangel	defect
Mängelrüge	complaint
Markenartikel	branded articles
Markeneinführung	brand launch
Markeneintragung	trademark registration
Markenfirma	established firm
Markenführer	brand leader
Markenname	brand name
Markenphilosophie	brand philosophy
Markenpiraterie	brand piracy

Markentreue	brand loyalty
Markenware	branded goods
Markenzeichen	trademark
Marketingabteilung	marketing department
Marketingfachmann	marketing expert
Marketingfirma	marketing company
Marketingkampagne	marketing campaign
Marketingleiter	marketing director
Markt	market
Marktabsprache	marketing agreement
Marktanalyse	market analysis
Marktangebot	market supply
Marktanteil	market share
Marktaufteilung	sharing a market
Marktausweitung	expanding market
Marktbedarf	market requirements
Marktbedingungen	trading conditions
Marktbeeinflussung	influencing the market
Marktbeherrschung	market domination
Marktbeobachter	market analyst
Marktchance	market opportunity
Markteinführung	introduction on the market
Marktentwicklung	market trend
Markterfolg	success on the market
Markterschließung	opening new markets
Marktforschung	market research
Marktführer	market leader
Marktführerschaft	market leadership
Marktlage	market situation
Marktpreis	market price
Marktsituation	market situation
Marktstudie	market survey
Markttendenzen	market trends
Marktuntersuchung	market research

Marktwert	market value
Marktwirtschaft	market economy
Marktzugang	market access
Marktzutritt	entry into the market
Massenarbeitslosigkeit	mass unemployment
Massenartikel	mass-produced item
Massenbedarf	mass market demand
Massenentlassung	mass redundancy
Massenfabrikation	mass production
Massenmarkt	mass market
Massenmedien	mass media
Massenproduktion	mass production
Massentourismus	mass tourism
Massenversammlung	mass meeting
Maßnahme	measure
Maßnahmenkatalog	catalogue of measures
Materialaufwand	cost of materials
Materialbedarf	material requirements
Materialbeschaffung	procurement of materials
Materialbestand	stock in hand
Materialfehler	material defect
Materialkosten	cost of materials
Materialtransport	materials handling
Materialverbrauch	consumption of materials
Materialwert	value of materials
Materialwirtschaft	stock control
Mehrwertsteuer	value-added tax
Meinungsforschung	opinion research
Meinungsumfrage	opinion poll
Menge	quantity
Mengenabweichung	difference in quantity
Mengenangabe	quantities
Mengenrabatt	quantity discount
Menüpreis	menu price

Menüvorschlag	suggested menus
Messe	fair
Messegelände	exhibition centre
Messehalle	exhibition hall
Messekatalog	exhibition catalogue
Messestand	exhibition stand
Mietausfall	loss of rent
Mietauto	rental car
Mietdauer	rental period
Miete	rent
Mieteinnahme	rental income
Mieter	tenant
Mieterhöhung	rent increase
Mietkaution	deposit
Mietrückstand	rent arrears
Mietverhältnis	tenancy
Mindestabnahmemenge	minimum purchasing quantity
Mindestabsatz	minimum sales
Mindestanforderung	minimum requirement
Mindestbeitrag	minimum contribution
Mindestbestellung	minumum order
Mindestbetrag	minimum amount
Mindesteinkommen	minimum income
Mindesteinlage	minimum deposit
Mindestforderung	minimum demand
Mindestgebot	lowest bid
Mindestgebühr	minimum fee
Mindestgehalt	minimum salary; wage
Mindestgewicht	minimum weight
Mindestmenge	minimum quantity
Mindestpreis	minimum price
Mindestsatz	minimum rate
Mindeststandard	minimum standard
Mindestwert	minimum value

Missbilligung	disapproval
Missgeschick	mishap
Missverständnis	misunderstanding
Mitarbeiter	member of staff
Mitglied	member
Mittagessen	lunch
Mitwirkung	collaboration
Modernisierung	modernization
Monatseinkommen	monthly income
Monatsende	month end
Monatserster	first of the month
Monatsfrist	term of one month
Monatsgehalt	monthly salary
Monatslohn	monthly wage
Monatsmitte	middle of the month
Monatsrate	monthly instalment
Monatszeitschrift	monthly magazine
Montage	assembly
Muster	sample
Musterbestellung	sample order
Musterkollektion	sample collection
Mustersendung	sample package
Mustervertrag	standard contract

N

Nachbestellung	repeat orders
Nachfolger	successor
Nachfrage	demand
Nachfrist	extended deadline
Nachfristsetzung	granting an additional respite
Nachlässigkeit	negligence
Nachlieferfrist	extension of delivery deadline

Nachnahme	cash-on-delivery
Nachrichtenagentur	news agency
Nachrichtendienst	news service
Nachrichtensperre	news embargo
Nachrichtentechnik	telecommunications
Nachweis	proof
Nachzahlung	additional payment
Nebenabrede	supplementary agreement
Nebenamt	additional job
Nebenausgaben	extras
Nebenberuf	second job
Nebeneinnahmen	extra income
Nebenleistung	supplementary payment
Nettobetrag	net amount
Nettobilanz	net balance
Nettoeinkaufspreis	cost price
Nettoeinkommen	net income
Nettoertrag	net yield
Nettogehalt	net salary
Nettogewicht	net weight
Nettogewinn	net profit
Nettopreis	net price
Nettoumsatz	net sales
Nettoverlust	net loss
Nettowert	net value
Neuauflage	reissue
Neustrukturierung	restructuring
Nichtanerkennung	repudiation
Nichteinhaltung	noncompliance
Nichterfüllung	nonfulfilment
Nichterscheinen	non-appearance
Nichtigerklärung	declaration of nullity
Nichtlieferung	non-delivery
Niederlassung	branch

Niedrigpreis	low price
Niveau	level/quality
Notar	notary
Notifikation	notification

O

Obergrenze	ceiling
Offenlegung	disclosure
Öffentlichkeitsarbeit	public relations
Offerte	offer
Öffnungszeit	opening time
Optimierung	optimization
Organisation	organization
Organisationsabteilung	organization department
Organisationsanalyse	organizational analysis
Organisationseinheit	unit of organization
Organisationsentwicklung	organization development
Organisationsformen	forms of organization
Organisationskosten	organization expenses
Organisationskultur	corporate culture
Organisationsmodell	organization model
Organisationsstruktur	organizational structure
Organisationsziele	organizational goals
Original	original
Originalausfertigung	original document
Originaldaten	raw data
Originaldokument	source document
Originalrechnung	original invoice
Originalverpackung	original package

P

Partnerschaft	partnership
Patentamt	patent office
Patentanmeldung	patent application
Patentanwalt	patent agent; attorney
Patentgebühr	royalty
Patentinhaber	patentee
Patenturkunde	patent
Patentverletzung	patent infringement
Pauschalangebot	package offer
Pauschalarrangement	package deal
Pauschalbeitrag	lump-sum contribution
Pauschalbetrag	lump sum
Pauschale	flat charge
Pauschalhonorar	flat fee
Pauschalpreis	all-in price
Pauschalreise	package tour
Pauschalreisender	package tourist
Planperiode	planning period
Planrevision	revision of plan
Plantiefe	level of detail
Planüberwachung	budget control
Planumsatz	budgeted sales
Planung	planning
Planungsabteilung	planning department
Planungsabweichung	planning variance
Planungsansatz	planning approach
Planungsausschuss	planning committee
Planungsdaten	planning data
Planungsebene	planning level
Planungsgrundlage	planning base
Planungshorizont	horizon planning
Planungskonzept	planning concept

Planungsperiode	planning period
Planungsphase	planning stage
Planungsprozess	planning process
Planungsrisiko	planning risk
Planungssystem	planning system
Planungstechnologie	planning technology
Planungsvolumen	planning potential
Planungszeitraum	planning horizon
Planzahl	targeted goal
Planziel	planned target
Postanweisung	postal order
Postfach	Post Office Box (PO Box)
Postleitzahl	postcode/zipcode
Postzustellung	postal delivery
Präsentation	presentation
Preis	price
Preisabsprache	price-fixing agreement
Preisabweichung	difference in price
Preisangabe	price quotations
Preisangebot	quotation
Preisanstieg	price increase
Preisaufschlag	additional charge
Preisbildung	price formation
Preisbindung	price fixing
Preiseinbruch	collapse of prices
Preisentwicklung	price trend
Preisermäßigung	price reduction
Preisermittlung	price calculation
Preisfestsetzung	price fixing
Preisfreiheit	free pricing
Preisgarantie	price guarantee
Preisgestaltung	price setting
Preiskalkulation	calculation of prices
Preislage	price range

Preis-Leistungs-Verhältnis	price-performance ratio
Preisliste	price list
Preislistenanforderung	request for price lists
Preisnachlass	discount
Preissenkung	price reduction
Preisspanne	price margin
Preisunterschied	price difference
Preiszuschlag	additional charges
Presse	press
Presseagentur	press agency
Presseamt	press office
Pressebericht	press report
Presseberichterstattung	press coverage
Presseerklärung	statement to the press
Pressekommentar	press commentary
Pressekonferenz	press conference
Pressemitteilung	press release
Pressereferent	press officer
Pressestelle	press office
Pressewesen	press
Pressezentrum	press centre
Prestige	prestige
Prestigegewinn	gain in prestige
Prestigeobjekt	object of prestige
Prestigeverlust	loss of prestige
Prinzip	principle
Priorität	priority
Privatadresse	home address
Privatangelegenheit	private matter
Privathochschule	private university
Privatisierung	privatization
Probe	sample
Probeauftrag	trial order
Probeexemplar	specimen

Probelieferung	trial shipment
Probezeit	probationary period
Produkt	product
Produktanalyse	product analysis
Produktentwicklung	product development
Produktgestaltung	product design
Produktion	production
Produktivität	productivity
Produktivitätszuwachs	increase in productivity
Produktlinie	product line
Produktmanagement	product management
Produktpalette	product range
Produktwerbung	product advertising
Produzent	producer
Programm	programme
Projektanalyse	project analysis
Projektbereich	scope of a project
Projektfinanzierung	project financing
Projektgruppe	project team
Projektierung	planning
Projektkooperation	contractual joint venture
Projektkosten	project cost
Projektlagebericht	project status report
Projektleiter	project manager
Projektleitung	project management
Projektmanagement	project management
Projektorganisation	project organization
Projektplanung	project scheduling
Projektstudie	feasibility study
Prokura	procuration; general commercial power of attorney
Prokurist	authorized signatory
Prospekt	brochure
Prospektanforderung	request for a brochure

Protestkundgebung	protest rally
Protestschreiben	letter of protest
Proteststreik	protest strike
Protestversammlung	protest meeting
Protokoll	record; minutes
Provision	commission
Provisionsbasis	commission basis
Provisionseinnahmen	commissions received
Provisionsgeschäft	commission business
Provisionssatz	commission rate
Prozent	percent
Prozentsatz	percentage
Prüfer	auditor
Prüfung	audit
Publikation	publication

Q

Qualifikation	qualification
Qualifikationsnachweis	verification of qualifications
Qualifikationsprofil	qualification profile
Qualität	quality
Qualitätsabweichung	difference in quality
Qualitätsanforderung	quality requirement
Qualitätsanspruch	standard of quality
Qualitätsarbeit	quality work
Qualitätserzeugnis	quality product
Qualitätskontrolle	quality control
Qualitätslenkung	quality control
Qualitätsmanagement	quality management
Qualitätsmangel	quality failure
Qualitätsmaßstab	quality standard
Qualitätsmerkmal	sign of quality

Qualitätsminderung	impairment of quality
Qualitätsprüfung	quality inspection
Qualitätsrisiko	quality risk
Qualitätsrüge	quality complaint
Qualitätssicherung	quality assurance
Qualitätssteigerung	quality improvement
Qualitätstechnik	quality engineering
Qualitätsunterschied	difference in quality
Qualitätsverbesserung	quality improvement
Qualitätsvorschrift	quality specification
Qualitätsvorsprung	qualitative edge
Qualitätsware	high-quality goods
Qualitätszertifikat/-zeugnis	certificate of quality
Quantität	quantity
Quartal	quarter
Quartalsende	end of quarter
Quartalsverrechnung	quarterly account
Quittung	receipt

R

Rabatt	discount
Rat	advice
Rate	instalment
Ratenkauf	hire purchase
Ratenzahlung	payment in instalments
Rationalisierung	rationalization
Räumungsverkauf	clearance sale
Reaktion	reaction
Recherchen	investigation
Rechnung	bill
Rechnungsabschluss	balance of accounts
Rechnungsabteilung	accounting department

Rechnungsbetrag	invoice
Rechnungsjahr	financial year
Rechnungslegung	accounting
Rechnungsnummer	invoice number
Rechnungsprüfer	auditor
Rechnungsprüfung	audit
Rechnungsstellung	invoicing
Rechnungswesen	accountancy
Rechtfertigung	justification
Rechtmäßigkeit	legitimacy
Rechtsabteilung	legal department
Rechtsangelegenheit	legal matter
Rechtsanspruch	legal right
Rechtsanwalt	lawyer
Rechtsanwaltsgebühren	lawyer's fees
Rechtsanwaltskammer	chamber of lawyers
Rechtsauffassung	conception of legality
Rechtsauskunft	legal advice
Rechtsausschuss	judicial committee
Rechtsbegriff	legal concept
Rechtsbehelf	legal remedy
Rechtsbeistand/-berater	legal adviser
Rechtsfrage	legal question
Rechtsgrundlage	legal basis
Rechtsgültigkeit	validity in law
Rechtslage	legal position
Rechtsmittel	means of legal redress
Rechtsstreit	litigation
Rechtsungültigkeit	invalidity
Rechtswidrigkeit	unlawfulness
Redaktion	editorial department
Reduzierung	reduction
Referenzanforderung	request for reference
Referenzen	references

Referenzliste	cross reference listing
Regelung	arrangement
Region	region
Regionalfernsehen	regional television
Regionalfunk	local radio
Regionalplanung	regional planning
Regress	recourse
Regressanspruch	right of recourse
Regressforderung	claim for compensation
Reiseagentur	travel agency
Reisekosten	travelling expenses
Reisemagazin	travel magazine
Reiseveranstalter	tour operator
Reklamation	complaint
Reklamationsfrist	time for complaint
Reklamationsvorgang	complaint's procedure
Rekord	record
Rekordjahr	record year
Rekordzeit	record time
Reparatur	repair
Reparaturkosten	repair costs
Reparaturwerkstatt	repair workshop
Reservierung	reservation
Resonanz	response
Respekt	respect
Resultat	result
Rezeption	reception
Richter	judge
Richtlinie	guideline
Risiko	risk
Rohstoff	raw material
Rückantwort	reply
Rückmeldung	reaction/response
Rücktritt	withdrawal

Rückzahlung	repayment
Rufnummer	phone number
Rundschreiben	circular

S

Sachverhalt	facts of the case
Sachverständiger	expert
Saisonarbeiter	seasonal worker
Saisonbeginn	start of the season
Saisonbeschäftigung	seasonal work
Saisonende	end of season
Saisoneröffnung	opening of the season
Saisonfaktoren	seasonal factors
Saisonzuschlag	seasonal supplement
Saldo	balance
Saldoanspruch	claim to the balance
Schaden	damage
Schadenersatz	compensation damages
Schadenfeststellung	assessment of damages
Schadenhöhe	extent of damage
Schadensabteilung	claims department
Schadensbegrenzung	damage limitation
Schadensfall	in the event of a claim
Schadensregulierung	claims settlement
Schaffung	creation
Scheck	cheque
Schiedsgericht	arbitration tribunal
Schiedsstelle	arbitration board
Schlichtung	mediation
Schlussverkauf	sales
Schnäppchen	bargain
Schuldabtretung	transfer of a debt

Schuldbefreiung	discharge of debt
Schuldbuch	debt register
Schuldbuchforderung	debt register claim
Schuldeintreibung	recovery of debts
Schulden	debts
Schuldenabtragung	paying off debts
Schuldenaufnahme	contraction of debts
Schuldenbegleichung	settlement of a debt
Schuldenerlass	remission of debts
Schuldenexplosion	exploding debts
Schuldenkrise	debt crisis
Schuldenlast	debts
Schuldenmasse	aggregate liabilities
Schuldennachweis	proof of debt
Schuldensaldo	debt balance
Schuldenstand	level of debt
Schuldentilgung	clearing of a debt
Schuldner	debtor
Schuldnerberater	debt counsellor
Schuldschein	promissory note
Schwierigkeiten	difficulties
Sekretariat	secretary's office
Selbständigkeit	self-employment
Selbstkosten	prime costs
Selbstkostenpreis	cost price
Seminar	seminar
Seminarraum	seminar room
Sitzung	meeting
Sitzungsprotokoll	minutes of proceedings
Sitzungssaal	conference hall
Skonto	discount
Soll und Haben	debit and credit
Sonderanfertigung	special model
Sonderangebot	special offer

Sonderausgabe	special edition
Sonderausstattung	special equipment
Sonderausstellung	special exhibition
Sonderbedingungen	special terms
Sonderbeilage	special supplement
Sondergenehmigung	special authorization
Sonderleistung	extra performance
Sondernachlass	special discount
Sonderpreis	special price
Sonderprogramm	special programme
Sonderrabatt	special discount
Sonderregelung	special agreement
Sonderstellung	special position
Sonderveranstaltung	special event
Sonderverkauf	special sale
Sondervollmacht	special authorization
Sonderwunsch	special request
Sonderzuwendung	special grant
Speditionsauftrag	forwarding order
Speditionsunternehmen	carriers
Speditionsvertrag	forwarding contract
Spesen	expenses
Spesenabrechnung	expense report
Spesenkonto	expense account
Spezialrate	special instalment
Stadtverwaltung	city council
Standort	location
Standortanalyse	location analysis
Standortfaktor	locational factor
Standortwahl	choice of location
Standpunkt	point of view
Status	status
Stellenabbau	downsizing
Stellenangebote	job vacancies

Stellenanzeige	job advertisement
Stellenbeschreibung	job specification
Stellenbewerber	job applicant
Stellenbewerbung	job application
Stellenkürzungen	job reductions
Stellvertreter	deputy
Steueranmeldung	tax return
Steueranspruch	tax claim
Steueraufkommen	tax revenue
Steueraufwendungen	tax expenditure
Steuerausfall	shortfall in tax revenue
Steuerausgleich	revenue sharing
Steuerbefreiung	tax exemption
Steuerbegünstigung	tax privilege
Steuerbehörde	tax authorities
Steuerbescheid	tax notice
Steuerbetrag	tax amount
Steuererhöhung	tax increase
Steuererklärung	tax return
Steuerermäßigung	tax reduction
Steuernachzahlung	payment of tax arrears
Steuernummer	tax number
Steuerpolitik	fiscal policy
Steuerprüfer	tax inspector
Steuerprüfung	tax inspection
Steuerreform	tax reform
Steuerrückerstattung	tax refund
Steuersatz	tax rate
Stornierung	cancellation
Streik	strike
Streikabstimmung	strike vote
Streikaufruf	strike call
Streikbeschluss	decision to strike
Streikbrecher	strike breaker

Streikende	strikers
Streikgeld	strike pay
Streikkasse	strike fund
Streikposten	picket
Streikrecht	right to strike
Stückpreis	unit price
Stückzahl	number of pieces
Stundung	respite; deferral of repayment

T

Tagesordnungspunkt	item on the agenda
Tagung	conference
Tagungsteilnehmer	conference participants
Telefonbuch	telephone directory
Telefonat	telephone call
Telefongebühren	telephone charges
Telefonkonferenz	telephone conference
Telefonmarketing	telephone marketing
Telefonnummer	telephone number
Telefonrechnung	telephone bill
Telefonverkauf	teleselling; telesales
Telefonwerbung	bell-sell; telesales
Telefonverzeichnis	telephone list
Transport	transportation
Transportanweisung	transport instructions
Transportart	means of transport
Transportbedingungen	terms of transportation
Transportbehälter	container
Transportbeschränkung	transport constraint
Transporteinheit	unit of transport
Transporteinrichtungen	transport facilities
Transportfunktion	transport function

Transportgut	cargo
Transportkette	transport chain
Transportkosten	freight costs
Transportmittel	means of transportation
Transportpapiere	shipping papers
Transportrisiko	transport risk
Transportschaden	transport damage
Transportverlust	loss in transport
Transportvertrag	contract of carriage
Transportvorschriften	shipping instructions
Transportweg	transport route

U

Übernahmekonsortium	takeover consortium
Übernahmeobjekt	takeover target
Übernahmezeitraum	takeover period
Übersendung	sending
Übersetzer	translator
Übersetzung	translation
Überweisung	transfer
Überweisungsauftrag	transfer order
Überweisungsverfahren	transfer process
Umsatz	turnover
Umsatzanalyse	sales analysis
Umsatzbericht	sales report
Umsatzbeteiligung	commission
Umsatzkurve	sales curve
Umsatzprognose	turnover forecast
Umsatzrückgang	drop in turnover
Umsatzstatistik	sales analysis
Umsatzsteigerung	increase in turnover
Umsatzsteuer	sales tax

Umsatzsteuererklärung	sales tax return
Umsatzvolumen	sales volume
Umsatzzahlen	turnover figures
Umsatzziel	turnover target figure
Umtausch	exchange
Umwelt	environment
Umweltschutz	environmental protection
Unternehmen	company
Unternehmensberater	management consultant
Unternehmensberatung	management consultancy
Unternehmensführung	management
Unternehmensgründung	business start-up
Unternehmensgruppe	group consortium
Unternehmensleitung	management
Unternehmenspolitik	business policy
Unternehmenssanierung	company reconstruction
Unternehmensübernahme	company take-over
Unternehmensziel	company objective
Unternehmer	entrepreneur
Unterschrift	signature
Urlaubsanspruch	holiday entitlement
Urlaubsgeld	holiday pay
Urlaubszeit	holiday season

V

Verbraucher	consumer
Vereinbarung	arrangement
Vergütung	remuneration
Verkauf	sale
Verkaufsabschluss	sales contract
Verkaufsabteilung	sales department
Verkaufsaktion	sales campaign

Verkaufsangebot	sales offer
Verkaufsbedingungen	terms of sale
Verkaufsgespräch	sales talk
Verkaufsmethoden	sales techniques
Verkaufsmöglichkeiten	sales opportunities
Verkaufsoption	put option
Verkaufsort	point of sale
Verkaufspersonal	sales staff
Verkaufspreis	selling price
Verkaufsprognose	projected sales
Verkaufsprospekte	sales literature
Verkaufsquoten	sales quotas
Verkaufsteam	sales team
Verkaufsstrategie	sales strategy
Verkaufstechniken	sales techniques
Verkaufswirkung	sales response
Verkaufszahlen	sales figures
Verkaufsziel	sales target
Vermählung	marriage
Verpackung	packing; packaging
Verpackungskosten	packaging charges
Verpackungsmaterial	packaging material
Verpackungsschaden	packaging damage
Verrechnungsscheck	crossed cheque
Versand	dispatch
Versandabteilung	dispatch department
Versandanweisungen	shipping instructions
Versandanzeige	advice note
Versandhandel	mail-order selling
Versandhaus	mail-order business
Versandhauskatalog	mail-order catalogue
Versandkosten	shipping charges
Versandpapiere	shipping documents
Versandschein	dispatch note

Verschuldung	indebtedness
Verschuldungsgrad	debt-ratio
Versicherung	insurance
Versicherungspolice	insurance policy
Versicherungsschutz	insurance cover
Versicherungssumme	sum insured
Verständnis	understanding
Vertrag	contract; agreement
Vertragsabschluss	conclusion of a contract
Vertragsänderung	modification of a contract
Vertragsangebot	contractual offer
Vertragsannahme	acceptance of a contract
Vertragsannullierung	cancellation of contract
Vertragsanspruch	contractual claim
Vertragsaufhebung	rescission of contract
Vertragsbedingungen	terms of contract
Vertragsbeendigung	termination of contract
Vertragslaufzeit	contract period
Vertragspartner	contracting party
Vertragsunterzeichnung	signing of the contract
Vertrauen	confidence
Vertrauensbasis	basis of trust
Vertrieb	sales; distribution
Vertriebsabteilung	marketing department
Vertriebsbeauftragter	marketing representative
Vertriebsberater	marketing consultant
Vertriebsbereich	sales sector
Vertriebsbüro	selling agency
Vertriebsfunktion	marketing function
Vertriebsgebiet	sales territory
Vertriebsgesellschaft	marketing company
Vertriebslager	sales depot
Vertriebsleiter	sales manager
Vertriebsleitung	sales management

Vertriebspolitik	marketing policy
Vertriebsnetz	marketing network
Vertriebsspanne	sales margin
Vertriebsweg	distributive channel
Vollpension	full board
Vollstrecker	bailiff
Vollstreckung	enforcement
Voraussetzung	condition
Vorbehalt	reservation
Vordruck	form
Vorgesetzter	superior
Vorkehrungen	precautions
Vorschlag	suggestion
Vorschrift	instruction
Vorschuss	advance
Vorstand	executive board
Vorstandsebene	board level
Vorstandsetage	boardroom
Vorstandsgremium	management committee
Vorstandsmitglied	member of the board
Vorstellungsgespräch	interview
Vorstellungstermin	date of interview

W

Waren	goods
Warenangebot	range of goods
Warenausfuhr	export of goods
Warenbeschreibung	description of goods
Warenbestand	stock
Warenbestellung	order for goods
Wareneinfuhr	import of goods
Warenexport	export of goods

Warenlager	goods depot
Warenlieferung	delivery of goods
Warenmuster	sample of goods
Warenprobe	sample
Warensendung	consignment
Warentest	test of goods
Warenumsatz	turnover of goods
Werbeabteilung	advertising department
Werbeagentur	advertising agency
Werbeaktion	advertising promotion
Werbeanzeige	advertisement
Werbebeilage	advertising supplement
Werbebranche	advertising
Werbeetat	advertising budget
Werbefachleute	advertising people
Werbegeschenk	promotional gift
Werbekampagne	advertising campaign
Werbekosten	advertising costs
Werbeleiter	advertising manager
Werbemaßnahmen	advertising campaign
Werbematerial	advertising material
Werbemittel	advertising media
Werbemöglichkeit	advertising possibility
Werbeprospekt	advertising brochure
Werbeslogan	advertising slogan
Werbetext	advertising copy
Werbetexter	advertising copywriter
Werbeträger	advertising media
Werbewirkung	advertising effect
Werbezweck	advertising purpose
Werbung	advertising
Werktag	working day
Wettbewerb	competition
Wettbewerber	competitor

Wettbewerbsfähigkeit	competitiveness
Wettbewerbsfreiheit	free competition
Wettbewerbsvorteil	competitive advantage
Widerruf	cancellation
Wiedergutmachung	compensation
Wirtschaft	economy
Wirtschaftlichkeit	profitability
Wirtschaftsaufschwung	upturn in the economy
Wirtschaftsbericht	economic report
Wirtschaftsentwicklung	economic trend
Wirtschaftslage	economic situation
Wirtschaftsplanung	economic planning
Wirtschaftsprognose	economic forecast
Wirtschaftsprogramm	economic plans
Wirtschaftswachstum	economic growth
Wirtschaftszweig	branch of industry

Z

Zahlung	payment
Zahlungsabwicklung	settlement
Zahlungsankündigung	payment notice
Zahlungsanspruch	claim for payment
Zahlungsanweisung	order to pay
Zahlungsart	mode of payment
Zahlungsaufforderung	request for payment
Zahlungsaufschub	extension of payment
Zahlungsauftrag	payment order
Zahlungsbedingungen	terms of payment
Zahlungsbeleg	receipt for payment
Zahlungsbereitschaft	ability to pay
Zahlungseingang	receipt of payment
Zahlungseinstellung	stoppage of payment

Zahlungserinnerung	reminder
Zahlungsfähigkeit	solvency
Zahlungsfrist	deadline for payment
Zahlungsmoral	paying record
Zahlungsort	place of payment
Zahlungspflicht	duty to pay
Zahlungsschwierigkeiten	financial difficulties
Zahlungssperre	payment stop
Zahlungstermin	payment date
Zahlungsunfähigkeit	inability to pay; insolvency
Zahlungsverkehr	payment transactions
Zahlungsverpflichtung	financial commitment
Zahlungsverweigerung	refusal to pay
Zahlungsverzug	default/delay in payment
Zahlungsweise	mode of payment
Zahlungsziel	credit period
Zeichnungsberechtigter	authorized signatory
Zeitarbeitskräfte	temporary staff
Zeitverlust	loss of time
Zeugnis	certification
Zielgruppe	target group
Zurechtweisung	reprimanding
Zusage	assurance
Zusammenarbeit	cooperation
Zustellung	delivery

Anhang

Englisch, die am weitesten verbreitete Sprache der Welt, wird laut Statistik von ca. 340 Millionen Menschen als Muttersprache gesprochen. Hinzu kommen bis zu einer Milliarde Zweitsprachler. Englisch ist Amtssprache in den Vereinigten Staaten, in Großbritannien, Australien, Kanada, Südafrika und 98 weiteren Ländern und wird in sehr vielen Ländern als erste Fremdsprache in der Schule gelehrt. Sie ist die Verkehrssprache von internationalen Organisationen, beispielsweise der Europäischen Union und den Vereinigten Nationen. Tag für Tag gewinnt die englische Sprache im internationalen Geschäftsleben immer mehr an Bedeutung.

Hier finden Sie eine Aufstellung der englischen Bezeichnungen für verschiedene Bundesländer, Kantone, Grafschaften, Bundesstaaten, Territorien und Provinzen der folgenden Länder:

- Bundesrepublik Deutschland
- Österreich
- Schweiz
- Großbritannien
- Vereinigte Staaten von Amerika
- Kanada
- Australien
- China

16 Federal States of Germany

Federal State	Capital
Baden-Württemberg	Stuttgart
Free State of Bavaria	Munich
Berlin	Berlin
Brandenburg	Potsdam
Free Hanseatic City of Bremen	Bremen
Free and Hanseatic City of Hamburg	Hamburg
Hesse	Wiesbaden
Mecklenburg-West Pomerania	Schwerin
Lower Saxony	Hanover
North Rhine-Westphalia	Düsseldorf
Rhineland-Palatinate	Mainz
Saarland	Saarbrücken
Free State of Saxony	Dresden
Saxony-Anhalt	Magdeburg
Schleswig-Holstein	Kiel
Free State of Thuringia	Erfurt

9 Federal States of Austria

Federal State	Capital
Burgenland	Eisenstadt
Carinthia	Klagenfurt
Lower Austria	St. Pölten
Upper Austria	Linz
Salzburg	Salzburg
Styria	Graz
Tyrol	Innsbruck
Vorarlberg	Bregenz
Vienna	Vienna

26 Cantons of Switzerland

Canton	Capital
Aargau	Aarau
Appenzell Ausserrhoden	Herisau
Appenzell Innerrhoden	Appenzell
Basel-City	Basel
Basel-Country	Liestal
Bern	Bern
Fribourg	Fribourg
Geneva	Geneva
Glarus	Glarus
Graubünden	Chur
Jura	Delémont
Lucerne	Lucerne
Neuchâtel	Neuchâtel
Niwalden	Stans
Obwalden	Sarnen
Schaffhausen	Schaffhausen
Schwyz	Schwyz
Solothurn	Solothurn
St. Gallen	St. Gallen
Thurgau	Frauenfeld
Ticino	Bellinzona
Uri	Altdorf
Valais	Sion
Vaud	Lausanne
Zug	Zug
Zurich	Zurich

23 English Counties

County	Abbreviation
Bedfordshire	Beds
Berkshire	Berks
Buckinghamshire	Bucks
Cambridgeshire	Cambs
Gloucestershire	Glos
Hampshire	Hants
Hertfordshire	Herts
Lancashire	Lancs
Leicestershire	Leics
Lincolnshire	Lincs
Mid Glamorgan	M Glam
Middlesex	Middx
Northamptonshire	Northants
Northumberland	Northd
Nottinghamshire	Notts
Oxfordshire	Oxon
Shropshire	Shrops
South Glamorgan	S Glam
Staffordshire	Staffs
West Glamorgan	W Glam
Wiltshire	Wilts
Worcestershire	Worcs
Yorkshire	Yorks

50 US-States

State	Capital	Abbreviation
Alabama	Montgomery	AL
Alaska	Juneau	AK
Arizona	Phoenix	AZ
Arkansas	Little Rock	AR
California	Sacramento	CA
Colorado	Denver	CO
Connecticut	Hartford	CT
Delaware	Dover	DE
Florida	Tallahassee	FL
Georgia	Atlanta	GA
Hawaii	Honolulu	HI
Idaho	Boise	ID
Illinois	Springfield	IL
Indiana	Indianapolis	IN
Iowa	Des Moines	IA
Kansas	Topeka	KS
Kentucky	Frankfort	KY
Louisiana	Baton Rouge	LA
Maine	Augusta	ME
Maryland	Annapolis	MD
Massachusetts	Boston	MA
Michigan	Lansing	MI
Minnesota	Saint Paul	MN
Mississippi	Jackson	MS
Missouri	Jefferson City	MO
Montana	Helena	MT
Nebraska	Lincoln	NE
Nevada	Carson City	NV
New Hampshire	Concord	NH
New Jersey	Trenton	NJ
New Mexico	Santa Fe	NM

State	Capital	Abbreviation
New York	Albany	NY
North Carolina	Raleigh	NC
North Dakota	Bismarck	ND
Ohio	Columbus	OH
Oklahoma	Oklahoma City	OK
Oregon	Salem	OR
Pennsylvania	Harrisburg	PA
Rhode Island	Providence	RI
South Carolina	Columbia	SC
South Dakota	Pierre	SD
Tennessee	Nashville	TN
Texas	Austin	TX
Utah	Salt Lake City	UT
Vermont	Montpelier	VT
Virginia	Richmond	VA
Washington	Olympia	WA
West Virginia	Charleston	WV
Wisconsin	Madison	WI
Wyoming	Cheyenne	WY

10 Provinces and 3 Territories of Canada

Province	Capital
Alberta	Edmonton
British Columbia	Victoria
Manitoba	Winnipeg
New Brunswick	Fredericton
Newfoundland and Labrador	St. John's
Nova Scotia	Halifax
Ontario	Toronto
Prince Edward Island	Charlottetown
Quebec	Quebec City
Saskatchewan	Regina
Territory	**Capital**
Northwest Territories	Yellowknife
Nunavut	Iqaluit
Yukon	Whitehorse

6 States, 3 Mainland Territories and 7 External Territories of Australia

States	Capital
New South Wales (NSW)	Sydney
Victoria (VIC)	Melbourne
Queensland (QLD)	Brisbane
South Australia (SA)	Adelaide
Western Australia (WA)	Perth
Tasmania (TAS)	Hobart

Mainland Territories	**Capital**
Australian Capital Territory (ACT)	Canberra
Northern Territory (NT)	Darwin
Jervis Bay Territory	
External Territories	
Ashmore and Cartier Islands	
Norfolk Island	
Christmas Island	
Cocos and Keeling Islands	
Coral Sea Islands Territory	
Heard and McDonald Islands	
Australian Antarctic Territory	

22 Provinces of China

Province	**Capital**
Anhui	Hefei
Fujian	Fuzhou
Gansu	Lanzhou
Guangdong	Guangzhou
Guizhou	Guiyang
Hainan	Haikou
Hebei	Shijiazhuang
Heilongjiang	Harbin
Henan	Zhengzhou
Hubei	Wuhan
Hunan	Channgsha
Jiangsu	Nanjing
Jiangxi	Nanchang
Jilin	Changchun
Liaoning	Shenyang

Province	Capital
Quinghai	Xining
Shaanxi	Xi'an
Shandong	Jinan
Shanxi	Taiyuan
Sichuan	Chengdu
Yuannan	Kunming
Zhejiang	Hangzhou

Register

Index

Les Énigmes mathématiques du 3e millénaire

Keith Devlin

Les Énigmes mathématiques du 3e millénaire

Les 7 grands problèmes non résolus à ce jour

Traduit par
Céline Laroche

Ouvrage traduit avec le concours
du Centre national du Livre

POCHE
Éditions
Le Pommier

Titre original : *The Millenium Problems : The Seven Greatest Unsolved Mathematical Puzzles of our Time*
publié à New York en 2002 par Basic Books

ISBN 978-2-7465-0343-4
239, rue Saint-Jacques 75005 Paris
www.editions-lepommier.fr

Sommaire

Préface

En mai 2000, lors d'une rencontre fort médiatisée à Paris, le Clay Mathematics Institute (ou CMI) annonça que chaque solution à l'un des sept problèmes mathématiques non encore résolus serait récompensée par un prix de un million de dollars. Ces sept problèmes ont été jugés par un comité international de mathématiciens comme étant les sept problèmes les plus difficiles et les plus importants des mathématiques contemporaines. La nouvelle fit sensation, et l'intérêt des médias fut important durant plusieurs semaines. Étant mathématicien, auteur de livres et d'articles destinés au grand public, et intervenant régulièrement à la radio, je fus sollicité par de nombreux journalistes et producteurs d'émissions radiophoniques pour fournir commentaires et explications. Je fus également contacté par plusieurs éditeurs intéressés par la perspective de publier un livre sur le sujet, dont Bill Frucht, des éditions Basic Books. Bill étant devenu un ami (et quelqu'un que j'admire profondément pour ses talents exceptionnels en tant qu'éditeur) grâce à notre collaboration sur mon dernier livre de vulgarisation, *The Math Gene*, j'ai saisi sans hésitation l'opportunité de travailler à nouveau avec lui, et me suis attelé aussitôt aux recherches considérables que nécessitait l'écriture d'un tel ouvrage.

Peu de temps après, Arthur Jaffe, président du Clay Institute, me demanda d'écrire, en collaboration avec le vulgarisateur en mathématiques Ian Stewart, une introduction générale à chacun des « sept problèmes du millénaire », pour le livre officiel que le Clay Institute et l'American Mathematical Society avaient prévu de publier. Après m'être assuré que les deux ouvrages ne seraient pas en compétition, je donnai mon accord. Le livre officiel du CMI était avant tout constitué de descriptions détaillées des sept problèmes, chacune étant rédigée par un spécialiste du domaine. Avec un million de dollars à la clé pour la résolution de chacun des sept problèmes, l'ouvrage du CMI se devait légalement de les énoncer avec suffisamment de précision pour pouvoir juger ensuite si oui ou non les solutions proposées satisfaisaient aux critères imposés. Ces problèmes sont sans commune mesure avec le fait de calculer l'inverse d'une longue somme ou de résoudre une équation du second degré : dans certains cas, il faut fournir des efforts considérables ne serait-ce que pour comprendre chacun des termes qui apparaissent dans l'énoncé du problème. Il nous fut demandé, à Ian et à moi-même, de rédiger une brève introduction sur chacun d'eux, dans le but de rendre l'ouvrage plus accessible aux mathématiciens et plus utile aux journalistes ou aux non-initiés qui voudraient consulter le livre officiel des problèmes du millénaire.

L'ouvrage que vous tenez entre les mains est d'une tout autre nature. Dans l'ensemble, mon but n'est pas de donner une description détaillée des sept problèmes, car il est tout bonnement impossible de décrire la majorité d'entre eux avec précision et en termes compréhensibles par tous — ou même par des personnes ayant des connaissances mathématiques de niveau universitaire (voilà qui situe d'emblée la nature de ces problèmes). En fait, je cherche plutôt à fournir les bases sous-jacentes à chacun d'eux, à décrire d'où il provient, à expliquer ce qui le rend si difficile et à donner une idée de la raison pour laquelle il revêt une telle importance aux yeux des mathématiciens.

Le livre officiel du CMI débute donc là où le mien s'achève. Quiconque voudrait, après la lecture de mon livre, tenter de résoudre l'un des problèmes du Clay, devrait en premier lieu consulter sa description officielle. Et sans la comprendre, il est impossible de résoudre le problème (la compétition pour les prix du millénaire est un peu comme la Ligue des champions : ce n'est pas une compétition pour amateurs). Ces pages ne sont pas destinées à ceux qui voudraient s'attaquer à l'un ou l'autre des sept problèmes, mais à tous les lecteurs (mathématiciens ou non-mathématiciens) curieux d'en savoir un peu plus sur la situation actuelle à la pointe de la discipline scientifique la plus ancienne. Après trois millénaires de développement, quelles sont aujourd'hui les limites de nos acquis en mathématiques ?

Pour lire ces pages, il ne faut guère plus de bagages qu'une bonne connaissance des mathématiques enseignées au lycée. Mais ce n'est pas tout : il faut également être suffisamment motivé par le désir d'en savoir plus dans ce domaine. Et c'est peut-être cela le plus important. Je savais dès le premier jour que, même en faisant tout mon possible, je ne parviendrais pas à faire de ce livre un ouvrage de lecture facile. Les problèmes du millénaire sont les problèmes mathématiques non encore résolus les plus difficiles et les plus importants au niveau international ! Ils ont résisté pendant des années à moult tentatives de résolution de la part des plus grands esprits mathématiques. Le simple fait de fournir à un non-initié une idée de ce dont il s'agit demande déjà beaucoup de travail. Mais je pense toutefois que le jeu en vaut la chandelle : les œuvres de génie de notre civilisation ne méritent-elles pas que l'on s'y intéresse ?

Par chance, il existe une aide supplémentaire pour ceux qui tenteront d'aborder les problèmes du millénaire : parmi tout ce que le CMI a entrepris pour promouvoir la compétition, Arthur Jaffe, le producteur de télévision David Stern et moi-même avons élaboré un petit film d'une vingtaine de minutes présentant une introduction aux sept problèmes comparable à celle de ma contribution en collaboration avec Ian Stewart à l'ouvrage du CMI. Ce film est visible sur Internet, sur le site du Clay Institute, à l'adresse www.claymath.org (s'y trouvent également des descriptions techniques des sept problèmes, rédigées par des spécialistes).

J'ai évidemment beaucoup bénéficié, pour écrire ces pages, de ma contribution au livre et au film du CMI. Je tiens à remercier Arthur Jaffe et David Ellwood, du Clay Institute, pour les conversations enrichissantes que nous avons eues ensemble. Ma collaboration avec Ian Stewart sur les passages introductifs de l'ouvrage officiel a eu, elle aussi, une grande influence sur ces pages. Mais, en fin de compte, je suis seul responsable du livre que vous avez entre les mains, et les réclamations concernant des erreurs ou des oublis sont à m'adresser personnellement.

Permettez-moi encore d'exprimer toute ma gratitude à Bill Frucht, tout d'abord pour m'avoir aidé à mettre en œuvre ce projet, puis pour s'être battu avec moi afin de rendre ce livre aussi clair et intéressant que possible, malgré la nature impénétrable du sujet. Mes remerciements vont également à mes agents, Diana Finch, à New York, et Bill Hamilton, à Londres, pour leur persévérance à convaincre des éditeurs dans le monde entier qu'il existe un public réellement passionné par les activités de cette communauté si discrète (dans l'ensemble) et si modeste dont j'ai le grand plaisir de faire partie, celle des chercheurs en quête de la seule vérité éternelle et sûre à 100 % : les mathématiciens.

Keith Devlin
Palo Alto, Californie, États-Unis
Mars 2002

Le défi est lancé

« La curiosité est inhérente à l'esprit humain. Malheureusement, les religions ne suffisent plus aujourd'hui à fournir les réponses satisfaisantes et cela se traduit par un besoin de certitudes et de vérités. Voilà ce qui rend les mathématiques si attirantes, ce qui fait que des chercheurs y consacrent leur vie. C'est le désir de vérités et de réponses sur la beauté et l'élégance des mathématiques qui anime les mathématiciens. »

LANDON CLAY,
donateur des « problèmes du millénaire »

Le 24 mai 2000, dans un amphithéâtre du Collège de France, deux mathématiciens mondialement connus, Michael Atiyah (de Grande-Bretagne) et John Tate (des États-Unis) annoncèrent que la (ou les) première personne qui résoudrait l'un ou l'autre des sept problèmes mathématiques encore non résolus comptant parmi les plus difficiles recevrait une récompense d'un million de dollars. Ces problèmes, dirent-ils, seraient désormais appelés les « problèmes du millénaire ».

La coquette somme de sept millions de dollars (un million pour chacun des problèmes, sans limitation de temps pour leur résolution) est mise à disposition par un riche investisseur passionné de mathématiques, l'Américain Landon Clay. Un an plus tôt, il avait créé le CMI (Clay Mathematics Institute), organisation à but non lucratif basée à Cambridge, sa ville natale de l'État du Massachusetts, dans le but de promouvoir et soutenir la recherche en mathématiques. Le CMI a organisé la rencontre parisienne et se propose d'arbitrer la compétition pour les prix du millénaire.

Les sept problèmes ont été sélectionnés après plusieurs mois de travail par un petit groupe de mathématiciens de renom international choisis par le comité scientifique du CMI et dirigés par le directeur fondateur du CMI, Arthur Jaffe. Celui-ci fut président de l'American Mathematical Society, et occupe aujourd'hui la chaire de mathématiques Landon Clay à l'université de Harvard. Le comité de sélection a retenu ces sept problèmes car il les considère comme les problèmes non résolus les plus importants des mathématiques contemporaines. La plupart des mathématiciens pourraient concourir. Ces problèmes, au cœur des principaux domaines des mathématiques, ont tous résisté aux tentatives des meilleurs mathématiciens de la planète.

L'un des experts ayant participé à cette sélection, Sir Andrew Wiles, avait trouvé la solution du dernier théorème de Fermat… six ans auparavant (et c'est la seule raison pour laquelle cette énigme vieille de plus de trois siècles ne figure pas sur la liste du millénaire). Les autres spécialistes, outre Jaffe, étaient Atiyah et Tate, qui donnèrent la conférence à

Paris, ainsi que le Français Alain Connes et l'Américain Edward Witten.

Aussi étrange que cela puisse paraître, Landon Clay n'est pas mathématicien. À l'université d'Harvard, il suivit un cursus d'anglais. Et pourtant, il a fondé une chaire de mathématiques dans son *alma mater*, puis le Clay Institute (dont les fonds s'élèvent aujourd'hui à quatre-vingt-dix millions de dollars), et maintenant les prix du millénaire. Ces initiatives, dit-il, répondent en partie à ce qu'il considère comme un financement public trop faible pour un sujet d'une telle importance. Clay a su attirer l'attention des médias du monde entier sur les problèmes du millénaire (et sur les mathématiques en général) en offrant une récompense élevée et en invitant la presse internationale à la conférence où fut annoncée la compétition. Mais pourquoi avoir choisi Paris ?

La réponse se trouve dans un événement historique : exactement cent ans plus tôt, en 1900, Paris avait connu un événement analogue à l'occasion du deuxième Congrès international des mathématiciens. Le 8 août, David Hilbert, l'un des plus grands mathématiciens de l'époque, avait été invité à faire un discours au cours duquel il établit un programme pour les mathématiques du XXe siècle : il dressa une liste des vingt-trois problèmes mathématiques non résolus qu'il considérait comme les plus importants. Les « problèmes de Hilbert », comme on les appela par la suite, furent dès lors les balises qui guidèrent les mathématiciens dans leurs recherches.

Quelques-uns des problèmes de Hilbert se sont révélés beaucoup plus faciles à résoudre que prévu, et certains le furent rapidement. D'autres étaient trop peu précis pour admettre une réponse bien définie. Mais la plupart se sont révélés des problèmes mathématiques réellement difficiles. La résolution d'un seul de ces « véritables » problèmes de Hilbert assurait à son auteur une notoriété immédiate au sein de la communauté mathématique, d'une importance comparable à celle d'un prix Nobel, mais avec l'avantage que le mathématicien en question (il se trouve qu'il n'y eut que des hommes) n'avait nullement besoin d'attendre des années avant de pouvoir profiter des bénéfices de son succès. L'approbation était acquise dès l'instant où la communauté mathématique tombait d'accord sur la validité de la solution proposée.

En l'an 2000, la plupart des problèmes de Hilbert avaient été résolus et le temps était venu pour les mathématiciens de refaire leur inventaire. Quels sont, à la fin du deuxième millénaire, les « problèmes en or » — les problèmes non résolus dont tout le monde s'accorde à dire qu'ils représentent l'Everest des mathématiques ?

La rencontre de Paris était en partie une tentative pour recréer l'histoire. Comme le signala Wiles en proposant la liste des problèmes du millénaire, le CMI ne vise pas exactement le même but que Hilbert. Toujours selon Wiles : « Hilbert voulait guider les mathématiciens à l'aide de ses problèmes. Nous tentons de recenser les plus grands problèmes non résolus. Il existe d'autres grands problèmes mathématiques qui ont leur importance, mais pour lesquels il est très difficile d'isoler une question qui résume la démarche. » En d'autres termes, les problèmes du millénaire ne donneront pas beaucoup d'indications sur les orientations futures des mathématiques. Mais ils fournissent néanmoins un excellent instantané des frontières actuelles des connaissances.

Les problèmes

Quels sont ces problèmes du millénaire ? L'état actuel des mathématiques est tel qu'aucun d'entre eux ne peut être présenté correctement sans faire appel à des connaissances considérables. C'est pourquoi vous avez choisi de lire ce livre plutôt qu'un article. Mais je peux au moins donner leur nom et présenter les grandes lignes de chacun d'entre eux.

L'hypothèse de Riemann

C'est le seul des problèmes figurant sur la liste de Hilbert qui reste non résolu (avec le douzième problème de Hilbert, portant sur la théorie du corps des classes). Les mathématiciens du monde entier s'accordent sur le fait que cette difficile question concernant les solutions possibles à une équation particulière représente le problème non résolu le plus important de toutes les mathématiques.

C'est le mathématicien allemand Bernhard Riemann qui le formula en 1859, alors qu'il tentait de répondre à l'une des questions mathématiques les plus anciennes, à savoir : « Quelle est, si tant est qu'il en existe une, l'organisation des nombres premiers dans l'ensemble des entiers naturels ? » Vers 300 avant J.-C., Euclide, le célèbre mathématicien grec, avait prouvé que la liste des nombres premiers ne s'arrête jamais ; autrement dit, il existe une infinité de nombres premiers. En outre, en les observant, on a remarqué que ces nombres semblent de moins en moins abondants à mesure que l'on explore les entiers les plus grands. Mais peut-on en dire un peu plus ? La réponse est oui, comme nous le verrons au chapitre 1. Une démonstration de l'hypothèse de Riemann serait une contribution importante à notre connaissance des nombres premiers et de leur répartition parmi les entiers naturels. L'enjeu est autrement plus large que la simple satisfaction de la curiosité des mathématiciens : outre les conséquences pour des domaines des mathématiques allant bien au-delà de la distribution des nombres premiers, les répercussions atteindraient jusqu'à la physique et la théorie de la communication.

La théorie de Yang-Mills et la hiérarchie de masse

L'impulsion issue de diverses branches scientifiques, en particulier de la physique, conduit souvent à de nouveaux développements en mathématiques, et réciproquement. Par exemple, l'invention du calcul différentiel par les mathématiciens Isaac Newton et Gottfried Leibniz a accompagné les besoins de la physique du XVIIe siècle. Le calcul différentiel a révolutionné la science, en offrant aux scientifiques une manière mathématiquement précise de décrire le mouvement continu. Mais si les méthodes de Newton et Leibniz fonctionnaient, il fallut néanmoins plus de deux cent cinquante ans pour établir de manière rigoureuse les mathématiques sous-jacentes au calcul différentiel. On connaît aujourd'hui une situation analogue avec certaines des théories physiques des cinquante dernières années, et le deuxième problème du millénaire lance aux mathématiciens le défi de rattraper les physiciens.

Les équations de Yang-Mills proviennent de la physique quantique. Formulées voici près de cinquante ans par les physiciens Chen-Ning Yang et Robert Mills, ces équations étaient censées décrire toutes les forces fondamentales de la nature, à l'exception de la gravitation. Et elles font parfaitement l'affaire. Les prédictions qui en découlent décrivent les particules que l'on a observées dans les laboratoires de par le monde. Mais si la théorie de Yang-Mills fonctionne en pratique, elle n'a pas encore été promue au titre de théorie *mathématique*. Le deuxième problème du millénaire consiste, en partie, à rechercher ces développements mathématiques manquants à partir d'axiomes. La description mathématique de la théorie devra satisfaire un certain nombre de conditions observées en laboratoire. En particulier, elle devra établir (mathématiquement parlant) la « hiérarchie de masse », une propriété des solutions présumées aux équations de Yang-Mills. Cette hypothèse, admise par la majorité des physiciens, explique par exemple pourquoi les électrons sont pourvus d'une masse. La preuve de l'hypothèse de hiérarchie de masse représenterait un bon test de la validité du développement mathématique de la théorie de Yang-Mills. Elle aiderait aussi les physiciens. Eux non plus ne savent pas expliquer pourquoi les électrons sont dotés d'une masse ; c'est ce qu'ils observent, tout simplement.

Le problème P = NP

C'est le seul problème du millénaire qui concerne les ordinateurs. Beaucoup pourront s'en étonner. « Après tout, pourraient-ils dire, ne fait-on pas l'essentiel des maths sur ordinateur de nos jours ? » En fait, non. Certes, la plupart des calculs numériques se font sur ordinateur, mais ils ne représentent qu'une toute petite partie des mathématiques et, qui plus est, pas très représentative.

Bien que les ordinateurs soient nés des mathématiques (les derniers apports des mathématiques furent achevés dans les années 1930, quelques années avant la construction du premier ordinateur), le monde de l'informatique n'a, jusqu'à présent, donné le jour qu'à deux problèmes mathématiques qui méritent de figurer parmi les plus importants. Ces deux problèmes concernent l'informatique en tant que processus conceptuel plutôt qu'en tant que moyen utile pour mener à bien des calculs ; mais ils ont malgré cela des conséquences importantes en pratique. Hilbert avait inclus l'un d'eux (concernant la preuve que certaines équations ne peuvent être résolues par ordinateur) en dixième position dans sa liste de 1900. Il fut résolu en 1970.

Le second problème est plus récent. Il s'agit d'une question portant sur l'efficacité avec laquelle les ordinateurs peuvent résoudre des problèmes. Les informaticiens divisent les tâches calculatoires en deux catégories : les tâches de type P peuvent être exécutées par un ordinateur ; les tâches de type E nécessiteraient des millions d'années de calcul. Malheureusement, la plupart des tâches informatiques utiles à l'industrie et au commerce appartiennent à une troisième catégorie, appelée NP, qui semble intermédiaire entre P et E. Mais l'est-elle vraiment ? Les problèmes NP pourraient-ils n'être que des problèmes P déguisés ? La plupart des experts pensent que P et NP ne sont pas identiques (autrement dit que les problèmes NP ne sont pas des problèmes P). Mais, après trente années de recherche intensive, personne n'a pu vérifier si, oui ou non, NP et P sont identiques. Une réponse affirmative aurait des répercussions de première importance sur l'industrie, le commerce et la communication électronique, y compris l'Internet.

Les équations de Navier-Stokes

Elles décrivent le mouvement des liquides et des gaz (comme l'écoulement de l'eau autour de la coque d'un bateau ou de l'air sur l'aile d'un avion). Il s'agit d'équations que les mathématiciens appellent « équations aux dérivées partielles ». À l'université, les étudiants en sciences et en ingénierie apprennent à résoudre ce type d'équations, et les équations de Navier-Stokes ressemblent de très près à celles que l'on donne à titre d'exercices dans les manuels de calcul différentiel. Mais les apparences peuvent être trompeuses : à ce jour, personne n'a la moindre idée de la manière dont on pourrait résoudre les équations de Navier-Stokes — ni même s'il existe une solution.

Ce fait n'a pas empêché les ingénieurs en aéronautique de concevoir de bons navires ou de meilleurs avions. Bien que l'on ne dispose d'aucune formule générale qui fournirait la solution à ces équations (contrairement, par exemple, à la formule qui donne la solution générale des équations quadratiques), les ingénieurs chargés de la conception de bateaux ou d'avions ultraperformants ont recours aux ordinateurs pour résoudre des cas particuliers de ces équations de manière approchée. À l'instar du problème de Yang-Mills, le problème de Navier-Stokes est une situation dans laquelle les mathématiciens cherchent à rattraper ce que d'autres, en l'occurrence les ingénieurs, ont déjà réussi à faire.

Cette histoire de « retard à rattraper » pourrait donner l'impression que certains problèmes n'ont d'importance que pour l'ego des mathématiciens qui n'apprécieraient pas d'être à la traîne. Mais ce serait mal comprendre la manière dont les connaissances scientifiques se construisent. Du fait du caractère abstrait des mathématiques, la connaissance mathématique d'un phénomène donné représente généralement le plus haut degré de compréhension que l'on puisse en avoir, et le plus fondamental. Et plus fondamentale sera notre connaissance d'un sujet donné, plus grands seront les bénéfices que nous pourrons en retirer. Tout comme la preuve de la conjecture de hiérarchie de masse représenterait une avancée majeure en physique, la solution aux équations de Navier-Stokes conduirait presque certainement à des progrès en aéronautique et en ingénierie nautique.

La conjecture de Poincaré

Ce problème, soulevé pour la première fois par le mathématicien Henri Poincaré voici près d'un siècle, commence par une question apparemment simple : « Comment distinguer une pomme d'un beignet en forme de couronne ? » Certes, je vous l'accorde, celle-ci n'a rien d'une question susceptible de produire un problème de mathématiques primé à hauteur de un million de dollars. Ce qui la rend difficile, c'est que Poincaré cherchait une réponse *mathématique*, que l'on pourrait utiliser dans des situations plus générales. Cela exclut aussitôt les solutions les plus évidentes, comme celle de goûter une bouchée de chacun des deux. Voilà comment Poincaré a répondu à cette question : si l'on dispose, en l'étirant, un élastique imaginaire autour de la circonférence d'une pomme, on peut le rétrécir jusqu'à le réduire à un point en le déplaçant doucement, sans le déchirer et sans qu'il quitte la surface de ladite pomme. À l'inverse, imaginons que le même élastique ait été disposé, d'une manière ou d'une autre, en bague autour d'un beignet. Il n'y a alors aucun moyen de le réduire à un point sans le couper… ou couper le beignet. Aussi étonnant que cela puisse paraître, lorsqu'on demande si cette même idée de l'élastique rétréci permet de distinguer les analogues quadridimensionnels de la pomme et du beignet (et c'est cela que cherchait Poincaré), personne ne sait répondre. La conjecture de Poincaré stipule que l'élastique permet effectivement d'identifier les pommes quadridimensionnelles.

Ce problème est au cœur de l'une des branches les plus séduisantes des mathématiques d'aujourd'hui : la topologie. Outre son caractère fascinant et parfois étrange (par exemple, la topologie explique le point de vue, profond et fondamental, selon lequel le beignet est identique à une tasse à café), la topologie a des applications dans de nombreux domaines des mathématiques, et les progrès en topologie ont des conséquences pour la fabrication de puces et autres appareils électroniques utilisés pour les transports, les recherches sur le cerveau humain et même l'industrie du cinéma.

La conjecture de Birch et Swinnerton-Dyer

Avec ce problème, nous revenons à la même branche des mathématiques qu'avec l'hypothèse de Riemann. Depuis la Grèce antique, les mathématiciens font des efforts soutenus pour décrire toutes les solutions entières x, y, z à des équations algébriques du type :

$$x^2 + y^2 = z^2.$$

Pour cette équation particulière, Euclide a donné une solution complète, c'est-à-dire qu'il a trouvé une formule qui permet d'obtenir toutes les solutions. En 1994, Andrew Wiles a prouvé que, pour tout exposant n supérieur à 2, l'équation

$$x^n + y^n = z^n$$

n'a aucune solution entière non nulle (c'est le résultat connu sous le nom de « dernier théorème de Fermat »). Pour cette équation comme pour d'autres, il est extrêmement difficile de voir s'il existe des solutions ou de les trouver. La conjecture de Birch et Swinnerton-Dyer fournit quelques informations sur les solutions possibles à certains de ces cas difficiles.

Comme dans le cas de l'hypothèse de Riemann, qui est reliée à cette conjecture, une solution à ce problème complétera notre connaissance générale des nombres premiers. Quant à savoir si elle aura des conséquences comparables, hormis en mathématiques, c'est moins clair : la preuve de la conjecture de Birch et Swinnerton-Dyer pourrait n'avoir d'importance qu'aux yeux des mathématiciens.

D'un autre côté, il serait insensé de condamner ce problème à l'oubli — celui-ci ou n'importe quel autre problème mathématique — sous prétexte qu'il n'a « aucun intérêt pratique ». Il faut reconnaître que les mathématiciens qui travaillent sur des problèmes abstraits de « mathématiques pures » sont souvent plus motivés par la curiosité que par les conséquences pratiques de leur découvertes. Et pourtant les découvertes en mathématiques pures ont toujours eu des applications pratiques importantes.

En outre, les méthodes que les mathématiciens élaborent pour résoudre un problème donné conduisent souvent à des applications utiles dans le cadre d'autres problèmes. Ce fut clairement le cas avec la démonstration qu'a donnée Andrew Wiles du dernier théorème de Fermat. De même, la démonstration de la conjecture de Birch et Swinnerton-Dyer fera certainement intervenir des idées inédites qui trouveront peut-être, par la suite, d'autres applications.

La conjecture de Hodge

Cette conjecture est un autre chaînon manquant de la topologie. Au sens le plus général, la question posée est celle de savoir comment construire des objets mathématiques compliqués à partir d'autres plus simples. De tous les problèmes du millénaire, peut-être est-ce celui-ci que les non-initiés auront le plus de difficultés à saisir. Ce n'est pas tant que les intuitions mises en jeu soient plus compliquées que pour les six autres, ni même que le problème lui-même soit considéré comme plus difficile. En fait, la conjecture de Hodge, extrêmement technique, concerne les méthodes qu'utilisent les mathématiciens pour classer certains types d'objets abstraits. Enfouie au cœur du sujet, à un niveau d'abstraction terriblement élevé, on ne peut l'atteindre que par le biais de niveaux successifs d'abstractions croissantes. C'est pour cette raison que j'ai placé ce problème en dernier.

Les premiers pas vers cette conjecture datent de la première moitié du XXe siècle, à un moment où les mathématiciens découvraient de puissants moyens d'analyse des formes compliquées. L'idée fondamentale était de savoir dans quelle mesure on pouvait décrire la forme d'un objet donné en assemblant des briques géométriques élémentaires de dimension croissante. Cette technique se révéla si utile qu'elle fut généralisée de différentes manières pour conduire finalement aux outils qui permirent aux mathématiciens de cataloguer tous les types d'objets. Malheureusement, cette généralisation occultait les origines géométriques de la procédure, et les mathématiciens durent ajouter des éléments qui n'avaient plus aucune interprétation géométrique. La conjecture de Hodge stipule que, pour une classe importante de tels objets (appelés « variétés algébriques projectives »), les éléments que l'on appelle « cycles de Hodge » demeurent malgré tout des combinaisons d'éléments géométriques (les « cycles algébriques »).

Voilà donc ce que sont les problèmes du millénaire : les sept problèmes mathématiques non résolus proposés à l'aube du troisième millénaire comme les plus difficiles et les plus importants. Si vous n'avez pu tirer aucune conclusion les concernant à partir de la description que j'en donne dans ces pages, c'est probablement qu'ils semblent affreusement difficiles.

Pourquoi les problèmes sont-ils si difficiles à comprendre ?

Imaginons un instant que Landon Clay ait choisit d'organiser sa compétition en primant non pas des problèmes mathématiques mais des problèmes issus d'autres domaines scientifiques comme la physique, la chimie ou la biologie. Il n'aurait alors pas été nécessaire d'écrire tout un livre pour expliquer à un public de non-initiés les sept principaux problèmes de l'une de ces disciplines ; un article de quelques pages dans *Pour la science* aurait probablement fait l'affaire. En effet, chaque année, lors de l'attribution des prix Nobel, journaux et magazines parviennent généralement à expliquer en quelques paragraphes les grandes lignes des recherches récompensées.

En général, on ne peut pas en faire autant pour les mathématiques. Elles sont différentes... mais en quoi ?

On peut trouver une partie de la réponse dans une remarque faite pour la première fois (il me semble) par le mathématicien américain Ronald Graham qui, durant l'essentiel de sa carrière, fut le directeur du service de recherches mathématiques des laboratoires AT&T Bell. D'après Graham, le mathématicien est le seul scientifique qui soit en droit de dire : « Je m'allonge sur le canapé, je ferme les yeux et je travaille. »

Les mathématiques sont essentiellement cérébrales : le travail à proprement parler ne se fait pas dans un laboratoire, un bureau ou une usine, mais dans la tête. Bien sûr, cette dernière est inséparable du corps, lequel peut se trouver dans un bureau (ou sur un canapé), mais les mathématiques, quant à elles, se font dans le cerveau, *sans recours nécessaire à quoi que ce soit provenant du monde physique*. Cela ne veut pas dire que les autres scientifiques ne font pas travailler leur matière grise ! Mais en physique, en chimie ou en biologie l'objet des réflexions du chercheur est généralement un phénomène concret. Certes, ni vous ni moi ne pouvons nous glisser dans la tête d'un scientifique pour connaître ses pensées, mais nous vivons dans le même monde et c'est ce qui permet au scientifique de nous expliquer ses recherches. Prenons l'exemple de physiciens étudiant les quarks ou de biologistes s'attaquant à l'ADN : bien que nous n'ayons aucune expérience quotidienne de ces objets, et même si notre esprit n'a reçu aucun entraînement scientifique, il nous est possible de nous en faire une idée. Bien que ces représentations aient toutes les chances d'être fausses (et, fondamentalement parlant, elles *sont* fausses), les amas de boules de billard de toutes les couleurs censées habituellement figurer les quarks ou l'hélice bigarrée de l'ADN font parfaitement l'affaire en tant qu'images mentales nous permettant de visualiser les progrès scientifiques.

Les mathématiques n'offrent rien qui puisse ainsi les raccrocher à la réalité. Même s'il est parfois possible de faire quelques dessins, l'illustration a, plus souvent qu'à son tour, autant de chances de compliquer la compréhension que de la simplifier, obligeant son auteur à dire en mots ce qui ne figure pas dans le dessin ou induit en erreur. Mais comment le lecteur, s'il n'est pas mathématicien, peut-il comprendre ces mots lorsque ceux-ci n'ont aucun lien avec son expérience de tous les jours ?

Même pour les mathématiciens amateurs, l'affaire se complique lorsque le sujet devient de plus en plus abstrait et que les objets qu'étudient les mathématiciens sont de plus en plus éloignés des considérations quotidiennes. En effet, pour certains des problèmes contemporains comme la conjecture de Hodge, par exemple, il est possible qu'on ait déjà atteint la limite au-delà de laquelle le non-expert ne peut plus suivre. Ce n'est pas tant que l'esprit humain ait besoin de temps pour pouvoir saisir de nouveaux degrés d'abstraction — cela a toujours été le cas. Mais c'est qu'en l'occurrence le rythme et le niveau d'abstraction sont devenus tels que seuls les experts peuvent rester dans la course.

Voici plus de deux mille cinq cents ans, un jeune disciple de Pythagore démontra que la racine carrée de 2 n'est pas un nombre rationnel, c'est-à-dire qu'on ne peut pas l'exprimer comme une fraction. Cela signifiait que ce que l'on croyait à l'époque être *les* nombres (les entiers et leurs fractions) ne permettaient pas de mesurer la longueur de l'hypoténuse d'un triangle rectangle dont la base et la hauteur valaient 1 (et dont l'hypoténuse, en vertu du théorème de Pythagore, devait valoir $\sqrt{2}$). Cette découverte fut un tel choc pour les pythagoriciens que leurs progrès en mathématiques en furent interrompus. Finalement, les mathématiciens trouvèrent le moyen de résoudre le dilemme en modifiant leur conception des nombres pour inclure ce que l'on appelle aujourd'hui les « nombres réels ».

Pour les Grecs, les nombres servirent tout d'abord à compter (les « nombres naturels »), puis, afin de pouvoir mesurer des distances, ils furent étendus pour donner un système plus riche (les « nombres rationnels ») : il fut admis que le résultat de la division d'un nombre naturel par un autre était lui-même un nombre. La découverte du fait que les nombres rationnels n'étaient en fait pas appropriés pour mesurer les longueurs conduisit les mathématiciens ultérieurs à abandonner cette vision des choses et par la suite à ne plus considérer les nombres que comme des points sur une ligne ! Cela représenta un changement important, et il fallut deux mille ans pour en mettre en place tous les détails. Ce n'est que vers la fin du XIXe siècle que les mathématiciens élaborèrent finalement une théorie rigoureuse des nombres réels. Aujourd'hui encore, malgré la représentation simple des nombres réels comme les points d'un axe, à l'université, les étudiants en mathématiques ont des difficultés à saisir le développement formel (et très abstrait) des nombres réels.

Les nombres inférieurs à 0 ont aussi constitué un défi. De nos jours, on envisage les nombres négatifs simplement comme les points de la droite numérique situés à gauche de 0, mais les mathématiciens s'opposèrent à leur introduction jusqu'au milieu du XIXe siècle. De même, la plupart des gens ont bien du mal à concevoir les nombres complexes (qui font intervenir la racine carrée de valeurs négatives, comme $i = \sqrt{-1}$), et pourtant il existe une représentation graphique intuitive de ces nombres comme les points d'un plan bidimensionnel.

De nos jours, bien des gens, même parmi les non-mathématiciens, utilisent avec aisance les nombres négatifs, les nombres réels et les nombres complexes. Pourtant, ces nombres sont des concepts hautement abstraits, sans rapport avec le comptage, processus pour lequel les nombres sont apparus voici quelque dix mille ans. Cela étant, dans notre vie quotidienne, nous ne rencontrons quasiment jamais de nombre réel irrationnel ou de nombre faisant intervenir la racine carrée de -1.

De même, en géométrie, au XVIIIe siècle, la découverte de l'existence d'autres géométries que celle qu'avait décrite Euclide dans ses *Éléments* a causé d'énormes problèmes conceptuels, chez les experts comme chez les non-mathématiciens. Ce n'est qu'au XIXe siècle que l'idée des « géométries non euclidiennes » finit par se voir largement plébiscitée. Et l'on put les accepter malgré le fait que le monde que nous expérimentons quotidiennement soit entièrement euclidien.

À chaque bond conceptuel, les mathématiciens eux-mêmes ont besoin de temps pour se faire aux idées nouvelles et pour les accepter comme faisant partie du décor dans lequel ils mènent leurs recherches. Encore récemment, le rythme des progrès mathématiques permettait généralement au profane, pour peu qu'il soit curieux, de se tenir au courant de chaque nouvelle avancée avant l'arrivée de la suivante. Mais cela est devenu de plus en plus difficile. À tel point que, pour saisir l'hypothèse de Riemann, par exemple (le premier problème sur la liste du millénaire), il faut avoir bien compris et manier aisément non seulement les nombres complexes et leur arithmétique, mais aussi le calcul différentiel et ce que signifie additionner une infinité de nombres (complexes) ou multiplier une infinité de facteurs (complexes).

Or ce type de connaissances est réservé presque exclusivement à ceux qui ont étudié les mathématiques au niveau universitaire. Eux seuls sont en mesure de concevoir l'hypothèse de Riemann comme une simple assertion pas si différente de la vision que le commun des mortels peut avoir du théorème de Pythagore. Mon intention, en écrivant ce livre, n'est pas seulement d'expliquer ce que stipule l'hypothèse de Riemann, mais surtout de fournir également toutes les données préliminaires nécessaires pour la comprendre.

Dans la plupart des cas, ces données ne peuvent être expliquées en termes de phénomènes quotidiens à la manière dont le physicien Brian Greene[1] est parvenu à le faire pour la théorie de l'univers la plus récente et la plus profonde, à la pointe de la recherche (la théorie des supercordes), en utilisant l'image simple de minuscules petites « cordes » en vibration. La plupart des concepts mathématiques s'appuient non pas sur des phénomènes tirés du quotidien, mais sur d'autres concepts mathématiques. Cela signifie que la seule voie pour les comprendre, même de manière superficielle, est de suivre toute la chaîne d'abstractions qui conduit jusqu'à eux.

Il est néanmoins important de nous souvenir que le mathématicien appartient à la même espèce que nous (sur ce point, vous pouvez me croire !). Les problèmes du millénaire sont tous, par définition, accessibles à l'esprit humain. Ce n'est pas tant que les concepts mis en jeu et les schémas manipulés soient difficiles en eux-mêmes,

---

[1] Auteur de l'excellent ouvrage de vulgarisation *L'Univers élégant*, Robert Laffont, Paris, 2000.

mais surtout qu'ils nous sont extrêmement peu familiers — comme aurait pu l'être l'idée des nombres complexes ou celle des géométries non euclidiennes aux yeux des Grecs anciens. Aujourd'hui, nous nous sommes familiarisés avec ces idées, aussi voyons-nous aisément comment elles proviennent tout naturellement de concepts que les Grecs considéraient comme des mathématiques ordinaires. Après tout, peut-être la meilleure façon de lire ce livre est-elle d'envisager les sept problèmes comme des mathématiques ordinaires du XXIe siècle.

Qui veut gagner un million ?

La perspective de remporter un prix de un million de dollars aura-t-elle vraiment un effet sur l'issue des problèmes du millénaire ? Si la question est de savoir si quelqu'un résoudra l'un des problèmes dans le but de remporter le prix, alors la réponse est non. Il ne s'agit pas d'une compétition d'amateurs, pas plus que la Ligue des champions ne concerne les footballeurs du dimanche. Pour avoir une chance de résoudre l'un de ces problèmes, les candidats devront certainement avoir un doctorat en mathématiques, être suffisamment bons pour avoir obtenu un poste dans l'une des meilleures universités du monde et être prêts à passer des années à étudier en profondeur le(s) domaine(s) concerné(s). Tout cela en sacrifiant toute autre activité. Quiconque s'appuierait sur la perspective de remporter un million de dollars pour se motiver serait tout bonnement incapable du dévouement nécessaire à la recherche en mathématiques.

Cela dit, ces sept récompenses pourraient tout à fait encourager la recherche, mais d'une autre manière. En attirant les feux de la rampe sur ces problèmes particuliers, les prix pourraient inciter de jeunes mathématiciens à s'engager dans cette voie. Et l'on peut imaginer que l'un d'eux finisse par résoudre l'une de ces énigmes. Mais il retirera sans doute beaucoup plus de satisfaction à trouver la solution qu'à remporter la somme promise. En ce sens, les mathématiciens ressemblent aux athlètes olympiques, pour qui les médailles d'or ont beaucoup plus de valeur que les contrats publicitaires qu'elles rapportent.

Enfin, les mathématiciens continuent d'étudier ces problèmes pour la même raison que celle que donna le célèbre alpiniste britannique George Mallory en réponse à la question d'un journaliste :

« Pourquoi voulez-vous escalader l'Everest ?

– Parce qu'il est là. »

On peut interpréter cette réponse comme une lapalissade, mais aussi comme une réponse lourde de sens. Si le journaliste n'avait aucune idée de la raison pour laquelle qui que ce soit voudrait risquer sa vie à gravir une montagne, alors Mallory lui a donné la réponse absurde qu'il méritait. D'un autre côté, il n'est pas nécessaire d'avoir une connaissance extraordinaire de la nature humaine pour comprendre que les mots de Mallory ne font que refléter une part essentielle de l'âme humaine : le désir irrépressible d'être le premier à franchir une étape, de courir plus vite, de sauter plus loin ou de monter plus haut que tous les autres auparavant (ou, ces occasions ne se présentant que rarement, au moins de dépasser ses propres limites).

Voilà pourquoi les problèmes du millénaire sont l'Everest des mathématiciens : interrogez n'importe lequel d'entre eux qui aurait consacré des années de sa vie professionnelle à tenter de résoudre l'un ou l'autre de ces problèmes, la réponse qu'il vous donnera ne sera pas très différente de « parce qu'il est là ».

Évidemment, bien que nous sachions tous, je présume, ce qu'implique de se donner un but à atteindre, peu d'entre nous portent l'expérience à un niveau aussi extrême que celui des grands alpinistes. Mais on comprend sûrement facilement pourquoi ceux qui en ont les capacités font ce choix. J'ai rencontré plusieurs personnes qui ont fait l'ascension de l'Everest, et je connaissais quelqu'un qui est mort sur un de ses versants ; ce que j'ai vu chez ces gens, c'est simplement une passion beaucoup plus forte pour l'escalade que celle qui m'animait quand, plus jeune, je passais mes fins de semaine à grimper. Ce n'est ni un penchant masochiste ni une sombre attirance pour la mort qui les conduit à endurer des conditions extrêmement difficiles et à risquer leur vie dans l'ascension des montagnes les plus hautes — et qui m'a conduit, dans ma jeunesse, à escalader des pentes techniquement difficiles —, mais au contraire une extraordinaire passion pour la vie.

C'est la même chose en mathématiques : les meilleurs mathématiciens du monde, ceux qui pourraient avoir une chance de résoudre l'un des problèmes du millénaire, portent simplement le sujet à un niveau d'engagement et de passion beaucoup plus élevé que ceux d'entre nous qui apaisent leur satiété intellectuelle en s'attaquant à des problèmes mathématiques plus modestes. Pour tous les amoureux des mathématiques, de l'expert mondialement reconnu à l'amateur qui passe ses fins de semaine à réfléchir à des problèmes dans cette discipline, il n'est pas nécessaire d'avoir une bonne raison pour tenter de résoudre un problème difficile, si ce n'est qu'« il est là ».

Faire de la recherche en mathématiques, c'est un peu comme se frayer un chemin jusqu'aux sommets les plus hauts. Tout commence dans la vallée, où la végétation est si dense que l'on a du mal à trouver son chemin ou même à choisir la bonne direction (cela vous rappellera peut-être vos cours de maths au lycée). Mais à force de trébucher et de faire de nouvelles tentatives, au bout d'un certain temps, on finit par distinguer, entre les feuilles des arbres les plus hauts, les sommets enneigés qui pointent vers le ciel. Et c'est littéralement sublime. Malheureusement, dans les cours de maths, la plupart des étudiants n'arrivent pas jusque-là. Les quelques rares qui y parviennent ne peuvent généralement s'empêcher de gravir la montagne : ils deviennent alors mathématiciens. Mais même lorsqu'on sait où se trouve le sommet, il est difficile de se frayer un chemin jusqu'au pied de la montagne. On tourne aux mauvais endroits, on doit revenir plusieurs fois sur ses pas, si bien que l'on se décourage souvent parce que l'on ne progresse pas suffisamment. Mais à force de persévérance, et si l'on n'hésite pas à demander son chemin, on peut finalement parvenir à contempler le sommet depuis sa base.

Alors commence l'ascension. À mesure que l'on avance, la végétation se raréfie, et la montée n'en est que plus facile (tous les mathématiciens professionnels le savent : les mathématiques avancées se révèlent souvent plus faciles que certains domaines des mathématiques qui sont qualifiés d'« élémentaires »). Mais en même temps, l'air aussi se raréfie (les mathématiques deviennent plus abstraites), ce qui rend l'ascension plus difficile. En outre, plus on monte, moins on a de chances de croiser un guide susceptible d'indiquer le bon chemin. Au bout du compte, on se retrouve seul. Et la moindre faute peut provoquer une chute fatale (une simple erreur de signe dans une équation peut anéantir des mois de recherches à venir).

Mais si l'on parvient jusqu'au sommet, cet accomplissement procure une satisfaction extraordinaire. Toute la difficulté de l'ascension est oubliée au moment même où l'ivresse du succès nous envahit. Et le panorama qui s'offre alors est à couper le souffle. Du haut de la montagne, on peut regarder vers le bas et retracer le chemin que l'on a suivi, avec ses réussites et ses faux pas. On peut aussi se faire une idée précise du terrain en aval. Aussi, une fois redescendu dans la vallée à la recherche d'un nouveau sommet à escalader, les choses seront probablement plus faciles : on partira pour une nouvelle ascension fort de la compréhension globale que l'on ne peut acquérir qu'en ayant gravi une montagne et contemplé le point de vue depuis le sommet.

Les sept problèmes du millénaire sont l'Everest actuel des mathématiciens. On peut difficilement deviner avec précision ce que l'on pourra voir depuis l'un de ces sept sommets. Mais il ne fait aucun doute que, si l'un ou l'autre de ces problèmes est résolu, cela nous permettra de voir si loin qu'à coup sûr notre perception du monde en sera changée. Et c'est cela la véritable récompense, bien davantage que le prix de un million de dollars.

1

La musique des nombres premiers

L'hypothèse de Riemann

Questionnez n'importe quel mathématicien professionnel, il vous répondra certainement que « la » principale énigme mathématique est celle de l'hypothèse de Riemann. Vieille de cent quarante ans, elle s'intéresse à une certaine équation ; elle pose la question de savoir si toutes ses solutions (il en existe une infinité) ont une forme déterminée. La réponse devrait donc être oui ou non. Bien que la forme de l'équation soit assez compliquée, ce problème a des connexions fondamentales avec plusieurs domaines des mathématiques. Si une réponse *affirmative* est trouvée (et la plupart des mathématiciens pense que c'est ce que l'on trouvera, probablement avant la fin de notre siècle), cela aura des conséquences importantes, non seulement pour notre compréhension des nombres, mais aussi pour bien des aspects des mathématiques, de la physique et même de la vie courante. Cette énigme est la seule de la liste établie par Hilbert en 1900 qui figure encore dans notre liste cent ans plus tard. Voilà de quoi la rendre plus fascinante encore…

Bien que le problème se pose au cœur même des mathématiques modernes les plus abstraites, tout a commencé avec une question presque aussi ancienne que les mathématiques elles-mêmes : la structure de l'ensemble des nombres premiers.

Le concept de nombre premier (un nombre divisible uniquement par 1 et par lui-même) remonte aux mathématiciens de la Grèce antique, auxquels nous devons l'essentiel de notre culture mathématique occidentale. Dans ses *Éléments*, treize volumes écrits autour de 300 avant J.-C., Euclide a consacré plusieurs pages aux nombres premiers. En particulier, il a montré que tout nombre entier admet au moins un diviseur premier. Beaucoup plus tard, au XIIIe siècle, Al Farisi a montré que tout nombre supérieur à 1 (c'est-à-dire tout entier positif plus grand que 1), s'il n'est pas un nombre premier, peut se décomposer en un produit de nombres premiers et que cette décomposition est unique, à l'ordre d'écriture près des facteurs premiers. Par exemple :

$$21 = 3 \times 7,$$

$$260 = 2 \times 2 \times 5 \times 13.$$

Les membres de droite de ces égalités sont les « décompositions en facteurs premiers » respectivement des nombres 21 et 260. Ainsi, on peut énoncer le résultat d'Euclide en disant que tout nombre supérieur à 1 soit est un nombre premier, soit possède une décomposition unique en nombres premiers (à l'ordre des facteurs près).

Ce résultat, que l'on appelle « théorème fondamental de l'arithmétique », nous indique que les nombres premiers peuvent être comparés aux atomes des chimistes : ce sont les briques élémentaires à partir desquelles tous les autres nombres peuvent être construits. À l'instar de la structure moléculaire (unique) d'une substance, qui en dit long sur ses propriétés, la décomposition en produit de facteurs premiers donne beaucoup d'indications sur les propriétés mathématiques du nombre considéré.

Mais en quoi consiste cette fameuse hypothèse de Riemann ? Il nous faut en apprendre un peu plus avant de pouvoir répondre à cette question, et la meilleure façon de commencer est de nous intéresser à l'homme qui a posé l'énigme en 1859 : Georg Friedrich Bernhard Riemann, auquel notre conception actuelle des mathématiques doit beaucoup.

Lorsqu'une fleur éclot, elle le fait sans bruit

Les mathématiciens apprennent à accepter le fait que leur domaine est presque certainement le plus mal compris — en particulier pour les mathématiques *pures*, que l'on étudie pour elles-mêmes, sans les mettre en relation avec un autre domaine comme la physique ou l'ingénierie, contrairement à ce que l'on appelle « mathématiques appliquées ». Cette difficulté se retrouve à plusieurs niveaux.

En premier lieu, beaucoup de gens n'ont pas conscience que la plupart des commodités dont nous jouissons aujourd'hui dépendent des mathématiques de manière fondamentale. Lorsqu'on voyage en voiture, en train ou en avion, on pénètre un royaume où les mathématiques sont reines. Que l'on réponde au téléphone, que l'on regarde un film à la télévision ou au cinéma, que l'on écoute un

CD, que l'on se connecte à Internet ou que l'on réchauffe un plat au micro-ondes, on utilise des produits dérivés des mathématiques. Lorsqu'on se fait soigner à l'hôpital, que l'on souscrit une assurance-vie ou que l'on écoute les prévisions météo, on dépend encore des mathématiques.

Un autre aspect de cette méconnaissance est que la plupart des gens pensent que les mathématiques ne sont faites que de chiffres et d'arithmétique alors qu'ils n'en représentent en fait qu'une faible part. Les initiés qualifient les mathématiques de « science des structures ». Parmi les spécialités les plus connues des mathématiques contemporaines, on compte : la théorie des nombres (l'étude de la structure des ensembles de nombres), la géométrie (l'étude des formes), la trigonométrie (qui s'intéresse à la mesure des formes), l'algèbre (qui étudie comment divers éléments s'organisent en ensembles), le calcul différentiel (l'étude du mouvement continu et de ses variations), la topologie (l'étude des notions de proximité et de positions relatives), la théorie des probabilités (modèles de répétition d'événements aléatoires), la statistique (organisation des données du monde réel) et la logique (les structures de raisonnement abstrait).

Cette méconnaissance n'est pas difficile à comprendre : la plus grande part des mathématiques qui sous-tendent les sciences et les technologies actuelles datent de moins de trois ou quatre siècles, et une bonne part a moins de cent ans. Or le programme classique du lycée expose des mathématiques vieilles pour l'essentiel d'au moins cinq siècles et même bien souvent de plus de deux millénaires. C'est un peu comme si nos cours de littérature présentaient

Homère et Dante sans jamais mentionner Shakespeare, Stendhal ou Proust.

Un autre préjugé commun consiste à penser que les mathématiques se résument à faire des calculs compliqués ou à manipuler des expressions symboliques extravagantes pour résoudre divers problèmes. Mais cette fois, contrairement à ce qui précède, un scientifique ou un ingénieur (ou quiconque a pu étudier les mathématiques au niveau universitaire) peut s'y tromper : seuls les chercheurs en mathématiques pures échappent à cette conception erronée. La raison en est que, jusqu'aux années 1850, les mathématiciens eux-mêmes concevaient la discipline de la sorte. Ils avaient déjà depuis longtemps étendu le royaume des objets qu'ils étudiaient bien au-delà de celui des seuls nombres et de leurs symboles algébriques, mais ils continuaient néanmoins à concevoir les mathématiques essentiellement comme du calcul.

Une révolution eut lieu, au milieu du XIXe siècle. L'un de ses épicentres fut la petite ville universitaire de Göttingen, en Allemagne, où se trouvaient les mathématiciens initiateurs du mouvement : Peter Gustav Lejeune-Dirichlet, Richard Dedekind et Bernhard Riemann. Dans leur nouvelle conception, le premier objectif n'était pas de mener un calcul ou de trouver un résultat, mais de formuler et de comprendre des concepts abstraits et les relations qui les unissent — un déplacement, de taille, entre *faire* et *comprendre*. En une génération, cette révolution transforma complètement la manière de penser les mathématiques pures. Et pourtant, ce fut une révolution très calme, qui ne fut reconnue qu'à son terme. Peut-être ses initiateurs n'avaient-ils pas même conscience de l'importance du changement qu'ils provoqueraient. Cette émergence si étonnamment douce des mathématiques modernes rappelle les mots de l'écrivain allemand Wilhelm Raabe qui, trente ans plus tard, écrivit : « Lorsqu'une fleur éclot, elle le fait sans bruit[1]. »

Une fois passé l'effet de mode, la révolution de 1850 parvint finalement jusqu'aux programmes des écoles, sous la forme du mouvement des années 1960 baptisé « maths modernes ». Malheureusement, il y eut beaucoup de déperdition sur le chemin qui séparait les écoles des meilleurs laboratoires de recherche en mathématiques. Pour les mathématiciens de l'époque, que ce soit avant ou après 1850, calcul et compréhension avaient toujours été importants. La révolution de 1850 n'a fait que déplacer l'accent sur celui des deux termes qui définissait le mieux la discipline et qui devait être le plus fondamental. Malheureusement, le message qui atteignit les enseignants des années 1960 se résumait bien souvent à : « Oublions le calcul ; concentrons-nous sur les concepts. » En écho à cette stratégie ridicule et, surtout, vouée à l'échec, le chansonnier Tom Lehrer ironisait, dans sa chanson *New Math* : « Seule la méthode est importante, peu importe si vous n'obtenez pas le bon résultat » — Lehrer était lui-même mathématicien, aussi connaissait-il les intentions des instigateurs du mouvement. Quelques sombres années plus tard, les « maths modernes » (déjà âgées de plus de cent ans) disparurent des programmes.

[1] Wilhelm Raabe, *Alte Nester*, publié à Braunschweig en 1880.

Bernhard Riemann

Rien ne semblait destiner Bernhard Riemann à être l'instigateur d'une révolution. Né en septembre 1826 dans la petite ville de Breslenz, à l'époque dans le royaume de Hanovre, il était le deuxième d'une fratrie de six enfants. Timide, silencieux, maladif, il vécut en solitaire. Son collègue Richard Dedekind, l'une des rares personnes à parvenir à pénétrer sa carapace, écrivit une biographie de Riemann dix ans après sa mort. D'après lui, au-delà de sa santé fragile, Riemann souffrait aussi d'hypocondrie.

Le père de Riemann, un pasteur luthérien, espérait que son fils choisirait d'étudier la théologie, mais Bernhard fit rapidement montre d'autres talents (et de quelques lacunes). Il suivit d'abord des cours à Hanovre, mais il avait le mal du pays et se rapprocha donc de chez lui en allant à l'école de Lüneburg. Il n'avait rien d'un élève modèle. Il ne put jamais se résoudre à apprendre le latin et ses rédactions en allemand n'étaient pas très bonnes. Toute sa vie durant, il eut des difficultés à écrire. En outre, il ne parvenait à retenir que ce qui l'intéressait.

Or c'était le cas des mathématiques. Dès le début, il fut clair pour tout le monde qu'il excellait dans cette discipline. D'autre part, son obsessionnel désir de perfection le conduisait fréquemment à rendre ses devoirs en retard et, au grand dam de ses professeurs, il préférait travailler par lui-même plutôt que d'étudier ses livres. Toutefois, conscients de son extraordinaire potentiel, ces mêmes professeurs dérogèrent souvent aux règles de l'école pour lui permettre de progresser dans le système et d'obtenir ses diplômes.

Le proviseur du lycée de Riemann à Lünebourg, un homme du nom de Schmalfuss, raconta qu'il avait encouragé l'intérêt de Riemann pour les mathématiques en lui prêtant des livres de haut niveau. Il lui confia même son exemplaire de l'ouvrage d'Adrien Marie Legendre, *La Théorie des nombres* (un livre de neuf cents pages). Riemann le lui aurait rendu moins d'une semaine plus tard en disant : « C'est un livre merveilleux, je le connais par cœur. »

En entrant à l'université (d'abord à Göttingen, puis à Berlin), Bernhard abandonna la voie que son père désirait lui voir suivre, celle de la théologie, pour choisir les mathématiques. Il obtint son doctorat à l'université de Berlin en 1851. Entre-temps, il avait oublié son but initial, qui était de devenir professeur de mathématiques au lycée, et s'était engagé dans une carrière universitaire de chercheur. Il devint maître de conférences à Göttingen en 1857, puis professeur en 1859.

Il était si timide qu'il ne connaissait pas grand monde en dehors de sa famille et de ses collègues les plus proches, mais cela lui permit néanmoins de rencontrer une jeune femme nommée Élise Koch, une amie de ses sœurs. Ils tombèrent amoureux et se marièrent en juin 1862. L'automne de cette même année, Riemann attrapa une pleurésie qui lui laissa une lésion au poumon. À la suite de quoi, le couple passa l'essentiel de sa vie sous un climat plus doux, en Italie. C'est là que naquit leur seul enfant, une fille nommée Ida. Riemann mourut en juillet 1866 à Selasca, sur les rives du lac Majeur.

Malgré la présence du fameux mathématicien Karl Friedrich Gauss à l'université de Göttingen, celle-ci, à l'époque des études de Riemann, n'avait pas un niveau exceptionnel et il semblerait que Gauss lui-même, dont la carrière approchait de la fin, n'ait eu que peu d'influence sur Riemann. En 1847, à la fin de sa première année à Göttingen, Riemann changea d'université pour se rendre à celle de Berlin où il reçut l'enseignement de nombreux mathématiciens de renom international, parmi lesquels Jakob Steiner, Carl Jacobi, Gotthold Eisenstein et Peter Gustav Lejeune-Dirichlet. Ce dernier, en particulier, eut une influence énorme sur les travaux de Riemann. Le mathématicien Felix Klein écrivit :

> « Riemann était lié à Dirichlet par une sympathie intense fondée sur un mode de pensée commun. Dirichlet aimait clarifier les choses lui-même en les présentant sous une forme intuitive ; parallèlement, il faisait des analyses très fines des questions fondamentales tout en évitant autant que possible les calculs compliqués. Sa façon de faire plaisait à Riemann qui l'adopta[2]. »

Durant toute sa carrière, Riemann travailla avant tout de manière intuitive, sans réels penchants pour les démonstrations rigoureuses pourtant indispensables pour entériner ses résultats. Certes, cette habitude faisait enrager les mathématiciens de l'ancienne école qui attachaient énormément d'importance aux calculs, mais elle contribua en fait pour beaucoup au succès de Riemann. Pour bon nombre de mathématiciens, la « méthode intuitive » relève un peu du quitte ou double ; mais l'intuition mathématique

---

[2]Felix Klein, *Development of Mathematics in the 19th Century*, Math-Sci Press, Brookline, Masachusetts, 1979 (trad. de l'allemand *Vorlesungen über die Entwicklung der Mathematik im 19. Jahrhundert*).

de Riemann était incroyable et ses résultats se révélaient généralement exacts.

En 1849, Riemann revint à Göttingen pour passer son doctorat sous la direction de Gauss, du moins officiellement. Après sa soutenance de thèse (le 16 décembre 1851), Gauss décrivit, dans son rapport officiel, les travaux de Riemann comme faisant montre d'une « originalité extraordinairement fertile ».

À l'époque où Riemann terminait sa thèse, la révolution mathématique était presque à son apogée. L'approche conceptuelle inaugurée par Dirichlet commençait à remplacer l'ancienne vision calcul/algorithme. « Penser en concepts » (*Denken in Begriffen*), tel était le *credo* de cette nouvelle génération de mathématiciens. Ils n'envisageaient plus les objets mathématiques comme donnés en premier lieu par des formules, mais au contraire comme dotés de propriétés conceptuelles. Une démonstration ne s'exprimait plus en termes d'applications de règles de transformations, mais de raisonnements sus les concepts eux-mêmes.

Parmi les nouveaux concepts qu'englobait cette révolution, on trouve par exemple les « fonctions », bien connues des étudiants d'aujourd'hui. Avant Dirichlet, aux yeux des mathématiciens, une formule telle que

$$y = x^2 + 3x - 5$$

était simplement une règle permettant de produire un nouveau nombre y à partir de n'importe quel nombre x. Ainsi par exemple, si $x = 4$, on obtient le nombre $4^2 + (3 \times 4) - 5 = 23$. Dirichlet proposait d'oublier la formule pour se concentrer plutôt sur ce qu'est une fonction, c'est-à-dire, selon lui, une règle qui permet de produire des nombres à partir d'autres nombres, cette règle n'étant pas nécessairement donnée par une formule algébrique. En fait, rien ne justifie que l'on se restreigne aux seuls nombres : une fonction peut être n'importe quelle règle qui, à partir de certains objets, en produise d'autres. Si l'on en croit ce nouveau concept, la règle qui associe sa capitale à chaque pays est une fonction tout à fait recevable (bien qu'elle ne soit pas une fonction mathématique).

Les mathématiciens ont donc entrepris d'étudier les propriétés de fonctions *abstraites*, non pas définies par une formule, mais par leur comportement. Par exemple, la fonction étudiée a-t-elle la propriété de donner à deux valeurs de départ différentes des résultats toujours différents (on parle alors d'une fonction « injective »)? C'est le cas de la fonction des capitales (des pays différents ont des capitales différentes), mais pas de la fonction numérique $y = x^2$ (puisque, par exemple, $x = 2$ et $x = -2$ donnent tous deux le même résultat $y = 4$).

Cette approche fut particulièrement utile pour le développement du calcul différentiel, puisque certains mathématiciens étudièrent les propriétés de continuité et de différentiabilité des fonctions en tant que concepts abstraits[3]. Partant des travaux d'Augustin Cauchy, Karl Weierstrass proposa ses fameuses définitions en epsilon-delta de la continuité et de la dérivabilité (il s'agit des développements « en epsilon » qui, de nos jours, demandent tant d'efforts à chaque nouvelle génération d'étu-

[3]Voir plus loin dans ce chapitre une explication de la notion de différentiation.

diants). La contribution de Weierstrass indiquait une nouvelle volonté de la part des mathématiciens, celle de s'atteler au concept d'infini. Dans un cours que suivait Dedekind, Riemann disait qu'ils avaient « atteint un moment décisif dans la compréhension du concept d'infini ».

À l'attention des lecteurs possédant déjà une bonne culture mathématique, mentionnons également qu'en 1829 Dirichlet définit une classe de fonctions par une propriété abstraite et montra que toute fonction de cette classe a la propriété d'être décomposable en séries de Fourier. Dans la même veine, dans les années 1850, Riemann donna une définition d'une fonction complexe basée sur ses *propriétés de différentiabilité* plutôt que sur une formule, qu'il considérait comme secondaire. Quant à Richard Dedekind, collègue de Riemann à Göttingen, il se pencha sur les concepts d'anneau, de corps et d'idéal — chacun étant défini comme une collection d'objets munis de certaines opérations. Avec ses classes de résidus, Gauss fut un précurseur de cette approche, maintenant devenue un classique, où l'on définit une structure mathématique comme un ensemble doté de certaines opérations dont les comportements sont définis par des axiomes.

Comme la plupart des révolutions, celle-ci a des origines bien plus anciennes que l'entrée en scène de ses protagonistes. Les Grecs s'intéressaient déjà aux mathématiques dans leur aspect conceptuel et non du seul point de vue des calculs. Au XVIIe siècle, Gottfried Leibniz (l'un des deux inventeurs du calcul différentiel avec Isaac Newton) étudia en profondeur ces deux approches. Mais pour l'essentiel, jusqu'à l'arrivée de Riemann et de ses collègues, les mathématiques se résumaient essentiellement en une collection de procédures (appelées « algorithmes ») permettant de résoudre les problèmes.

Le problème mathématique dont la réponse est aujourd'hui la plus recherchée appartient à la branche des mathématiques que l'on appelle « théorie analytique des nombres ». Dans ce vaste domaine, introduit par Dirichlet comme un sous-ensemble de la nouvelle approche des mathématiques, on utilise les méthodes du calcul différentiel pour obtenir des résultats concernant les nombres entiers positifs. Aussi étrange que cela puisse paraître, l'article de 1859 intitulé *Sur le décompte des nombres premiers inférieurs à une certaine valeur*, dans lequel Riemann expose le problème pour la première fois, fut la seule de ses publications à traiter de théorie des nombres. Certains prétendent que, peu de temps après son élection à l'Académie de Berlin, Riemann l'aurait écrit en l'honneur de Gauss (expert incontesté de ce domaine). L'article est assez incomplet et ressemble plus à une suite de notes griffonnées à la hâte qu'à une publication en bonne et due forme. Riemann y présente diverses idées et méthodes qui pourraient aider à comprendre la distribution des nombres premiers. L'hypothèse qui portera plus tard son nom semble avoir été introduite comme une pensée venue après coup, une remarque subsidiaire sur les éventuelles solutions à une équation que Riemann n'avait pas su résoudre. Dans une lettre qu'il adressa plus tard à son collègue Karl Weierstrass, Riemann reconnut le caractère provisoire de son article en écrivant :

> « Bien sûr, il serait appréciable d'obtenir une preuve rigoureuse de cela [l'hypothèse de

Riemann] ; en attendant, après quelques essais infructueux que j'ai tentés pour la forme, j'ai temporairement laissé cette démonstration de côté, puisqu'elle semblait inutile à la prochaine étape de mes recherches. »

Ainsi débuta cette véritable saga.

Combien existe-t-il de nombres premiers ?

Parmi les petits entiers, les nombres premiers sont assez abondants. Par exemple, les nombres premiers entre 2 et 20 sont 2, 3, 5, 7, 11, 13, 17, 19, soit un total de huit nombres sur dix-neuf. Les entiers restants, 4, 6, 8, 9, 10, 12, 14, 15, 16, 18 et 20, sont tous des nombres « composés », c'est-à-dire qu'ils ne sont pas premiers puisque tous divisibles par un nombre plus petit qu'eux (et différent de 1).

Toutefois, lorsqu'on se tourne vers des entiers de plus en plus grands, les nombres premiers semblent se raréfier : il y a 4 nombres premiers inférieurs à 10, 25 inférieurs à 100 et 168 en-dessous de 1 000. On peut exprimer ces données sous forme de taux moyen des nombres premiers : 4/10 (soit 0,4) en-dessous de 10, 25/100 (soit 0,25) en-dessous de 100 et 168/1 000 (soit 0,168) en-dessous de 1 000. On peut interpréter ces chiffres comme des « densités ». Pour calculer la densité D_N des nombres premiers inférieurs à un nombre N, il suffit de prendre le nombre $P(N)$ de nombres premiers inférieurs à N et de le diviser par N. Autrement dit,

$$D_N = \frac{P(N)}{N}.$$

Les densités des nombres premiers entre 1 et 10, 1 et 100, 1 et 1 000, 1 et 10 000, 1 et 100 000 et enfin 1 et 1 000 000 sont les suivantes :

N	:	10	100	1 000	10 000	100 000	1 000 000
D_N	:	0,4	0,25	0,168	0,123	0,096	0,078

Plus on va loin, plus la densité diminue. Ce phénomène se poursuit-il ou vient-il un moment où il s'inverse et où l'on trouve beaucoup de nombres premiers ? Ou bien existe-t-il un point au-delà duquel on ne trouve plus aucun nombre premier ? Les nombres premiers se répartissent-ils parmi les entiers selon un schéma particulier ? Ces questions, et d'autres du même genre, fascinaient les Grecs anciens et ont préoccupé bon nombre de mathématiciens depuis lors.

Euclide a répondu à l'une d'entre elles en prouvant que les nombres premiers apparaissent indéfiniment : il en existe une infinité. Sa preuve, courte et ingénieuse, est aujourd'hui souvent donnée en exemple dans les cours de mathématiques à l'université pour illustrer le raisonnement mathématique abstrait (cette démonstration se trouve à la fin de ce chapitre, dans l'Appendice 1). D'autres questions sur l'agencement des nombres premiers se sont avérées plus difficiles à résoudre. Deux d'entre elles ont fait couler beaucoup d'encre, mais n'ont toujours pas été résolues : il s'agit de la conjecture des nombres premiers jumeaux et de la conjecture de Goldbach.

La première pose la question de savoir s'il existe une quantité infinie de nombres premiers jumeaux, c'est-à-dire de nombres premiers séparés de seulement deux unités, comme 11 et 13, ou 17 et 19. Des recherches sur ordinateur ont permis de produire un grand nombre de telles paires, la plus grande connue à ce jour étant

$$4648619711505 \times 2^{60\,000} \pm 1.$$

Ces deux nombres premiers s'écrivent chacun avec 18 075 chiffres ; ils furent découverts dans le courant de l'année 2000.

Christian Goldbach était un mathématicien amateur. Sa conjecture, qui date de 1742, énonce que tout nombre pair supérieur à 2 est la somme de deux nombres premiers. Par exemple :

$$\begin{aligned} 4 &= 2 + 2, \\ 6 &= 3 + 3, \\ 8 &= 3 + 5, \\ 10 &= 5 + 5, \\ 12 &= 5 + 7. \end{aligned}$$

Les recherches numériques effectuées sur ordinateur ont vérifié la conjecture de Goldbach pour tous les nombres pairs allant jusqu'à quatre cent mille milliards (4×10^{14}, atteint dans l'année 2000) ; mais cette conjecture n'a pas encore été formellement démontrée. Les travaux qui s'en rapprochent le plus sont ceux du mathématicien chinois Jeng-Run Chen, qui a démontré en 1966 qu'à partir d'un certain nombre N, chaque entier pair supérieur à 2 est soit une somme de deux nombres premiers, soit la somme d'un premier et d'un produit de deux premiers — chose curieuse, la démonstration de Chen ne précise pas la valeur de N et indique seulement qu'un tel nombre existe.

C'est Karl Friedrich Gauss, le directeur de thèse de Riemann, qui fit l'une des observations les plus fondamentales concernant l'agencement des nombres premiers. Né en 1777, Gauss fut un véritable enfant prodige. À seulement trois ans, il était capable de calculer les salaires des employés de l'entreprise de construction de son père. À l'école primaire, il avait sidéré son instituteur en additionnant les cent premiers entiers en quelques minutes seulement. L'enseignant avait donné ce problème à résoudre à ses élèves en espérant que cela les occuperait pendant un long moment, mais Gauss trouva un raccourci très intelligent. Écrivons la somme deux fois, proposa-t-il, une fois dans l'ordre croissant, l'autre dans l'ordre décroissant, la première sous la seconde :

$$\begin{array}{c}1 + 2 + 3 + 4 + 5 + \cdots + 96 + 97 + 98 + 99 + 100 \\ 100 + 99 + 98 + 97 + 96 + \cdots + 5 + 4 + 3 + 2 + 1\end{array}$$

La somme de chaque paire verticale vaut 101, et il y a en tout 100 paires verticales. La somme des nombres de ces deux lignes vaut donc $100 \times 101 = 10\,100$. Or cette somme est égale au double de la somme des nombres de chaque ligne (puisque les deux lignes contiennent exactement les mêmes nombres). Ainsi, la somme de tous les nombres de l'une ou l'autre ligne sera la moitié de 10 100, c'est-à-dire 5 050. Et c'est bien la réponse à la question de l'instituteur.

En 1791, alors qu'il n'avait que quatorze ans, Gauss remarqua que la densité des nombres premiers, $D_N = P(N)/N$, est à peu près égale à $1/\ln N$ où $\ln N$ est le logarithme népérien[4] de N. Aussi loin que Gauss put le vérifier, il s'aperçut que cette approximation était d'autant plus fiable que N était grand. Il en déduisit qu'il ne s'agissait pas d'une coïncidence, et émit l'hypothèse qu'en choisissant N suffisamment grand, on pouvait rendre la densité D_N aussi proche que possible de $1/\ln N$. Gauss ne parvint jamais à prouver sa conjecture. La preuve en fut donnée en 1896 (grâce à une lourde artillerie mathématique) par le Français Jacques Hadamard et, de manière indépendante, par le Belge Charles de La Vallée-Poussin. Ce résultat est connu aujourd'hui sous le nom de « théorème des nombres premiers ».

Deux aspects au moins de ce résultat méritent qu'on s'y arrête. Premièrement, il démontre que, malgré son apparente irrégularité, l'apparition des nombres premiers possède une organisation systématique. Cette organisation n'est pas manifeste lorsqu'on ne regarde qu'un intervalle fini arbitraire de nombres entiers : aussi loin qu'on puisse les examiner, on pourra toujours trouver des amas de plusieurs nombres premiers assez rapprochés ou au contraire des intervalles très longs sans un seul nombre premier. Et pourtant, en prenant assez de recul pour observer toute l'étendue des nombres entiers, on s'aperçoit qu'il existe un agencement très bien défini : plus N est grand, plus la densité D_N s'approche de $1/\ln N$.

[4]Quiconque a suivi des cours de mathématiques en première année d'université connaît le logarithme népérien. Malheureusement pour les autres, en donner ici une explication nécessiterait une digression trop longue ; vous pourrez néanmoins en apprendre un peu plus si vous lisez la suite, et trouverez le graphe de cette fonction en figure 1.2.

Le second aspect du théorème des nombres premiers est beaucoup plus fondamental : il concerne la structure de l'ensemble des nombres premiers. Les nombres entiers sont des grandeurs discrètes[5] inventées (d'aucuns préféreront dire « découvertes ») par nos ancêtres voici huit mille ans et utilisées pour le commerce. La fonction logarithme népérien, quant à elle, fut inventée il y a deux cents ans par des mathématiciens confirmés. Elle n'est pas discrète ; au contraire, sa définition dépend d'une analyse détaillée de procédés infinis et appartient à une discipline que l'on appelle « calcul infinitésimal » ou « analyse mathématique ». L'une des diverses définitions (toutes équivalentes) de la fonction $\ln x$ est celle de l'inverse de la fonction exponentielle e^x.

Si l'on cherche à représenter graphiquement l'occurrence des nombres premiers, la première méthode qui vient à l'esprit consiste à indiquer chaque nombre premier par un point sur l'axe des x, comme sur la figure 1.1.

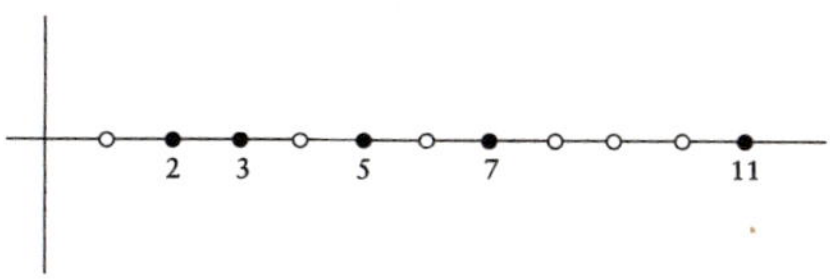

Figure 1.1 – Représentation graphique des nombres premiers.

D'autre part, le graphe de la fonction $\ln x$ est une courbe lisse, continue, représentée sur la figure 1.2. La question est alors de comprendre quel peut être le lien entre les points

[5]En mathématiques, l'adjectif « discret » s'oppose à « continu ». Par exemple, l'ensemble des nombres entiers est discret, alors que l'ensemble des points d'une droite est continu.

distincts et espacés de manière irrégulière sur l'axe des x de la figure 1.1 et la courbe continue de la figure 1.2. Comment la fonction $\ln x$ peut-elle nous apprendre quoi que ce soit sur l'agencement des nombres premiers ?

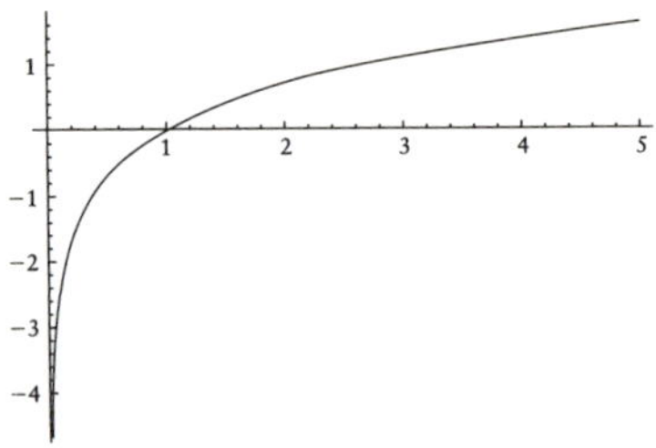

Figure 1.2 – La fonction logarithme népérien $\ln x$.

La topographie des nombres

Pour la plupart des gens, faire des mathématiques consiste à apprendre un ensemble de règles et de techniques permettant de résoudre divers problèmes. Face à un mathématicien qui dirait : « C'est très simple, il suffit de faire ceci et cela et on trouve la réponse que voici », le profane s'imagine qu'il faut une tournure d'esprit très particulière pour faire des maths. Mais ce n'est pas le cas[6]. Ce

[6]L'essentiel de mon livre *The Math Gene* démontre qu'il n'existe pas de « cerveau matheux » mais que, bien au contraire, le raisonnement mathématique est en fait assez peu naturel. Le « truc » pour faire des maths est d'envisager les problèmes mathématiques de telle sorte qu'un cerveau humain ordinaire puisse les comprendre, en faisant appel à des aptitudes acquises pour mener à bien des choses fort différentes et pour la plupart tout à fait ordinaires.

qui permet au mathématicien de voir comment faire, c'est d'identifier une structure sous-jacente au problème posé. Une fois cette structure mise en évidence, il est souvent facile de savoir comment poursuivre.

Imaginons, en guise d'analogie, que nous soyons désespérément perdus au cœur d'une forêt inconnue. Comment nous en sortir ? En ne regardant que notre environnement immédiat, nous ne pourrons nous fier qu'au hasard. Mais en grimpant jusqu'au sommet d'un des arbres les plus hauts pour avoir une vision globale du terrain, en situant ainsi notre coin de forêt dans l'organisation générale de la région, nous pourrons plus facilement décider quel chemin emprunter.

C'est la même chose en mathématiques. Le savoir mathématique n'est pas une collection désordonnée de faits épars. Chaque branche forme un tout et la plupart des branches sont reliées les unes aux autres. On peut proposer l'image d'un paysage vallonné, couvert de forêts et plongé dans la brume. Si l'on cherche à y trouver son chemin par tâtonnements, au hasard, on a peu de chances d'arriver à bon port. Il est utile de connaître au mieux la topographie de la région afin de pouvoir décider de la meilleure route à suivre pour arriver à destination, en évitant rivières ou montagnes infranchissables et falaises dangereuses. Comment parvenir à ce savoir global ? En commençant par explorer le voisinage, en cherchant les collines ou les arbres à escalader pour avoir un panorama sous les yeux. Avec un peu de chance, on pourra distinguer des montagnes, y grimper et découvrir une vue dégagée sur plusieurs kilomètres et dans toutes les directions. Plus la montagne sera haute et meilleure sera la vue, bien sûr ; mais l'ascension en sera d'autant plus difficile. Les quelques chercheurs qui semblent savoir « du premier coup » comment résoudre les problèmes en mathématiques ont simplement passé suffisamment de temps à explorer le paysage pour avoir acquis une bonne connaissance du terrain.

Les mathématiciens font également usage de cette analogie géographique de manière plus directe : ils résolvent tout un pan des mathématiques abstraites en se le représentant géographiquement. Par exemple, la figure 1.3, obtenue par ordinateur, est une image du « paysage » correspondant à la formule mathématique $z = \sin xy$. Cette formule est purement abstraite et il faut, pour la comprendre, beaucoup de travail et d'entraînement, tandis que sa représentation graphique permet de voir beaucoup de choses en un clin d'œil.

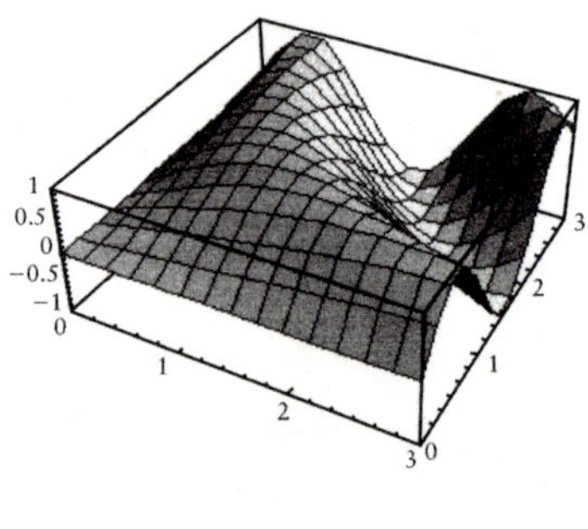

Figure 1.3 – Représentation graphique de la fonction $z = \sin xy$.

Après la révolution des années 1850, les mathématiciens réalisèrent petit à petit que le meilleur moyen (et peut-être même le seul) de comprendre des propriétés parmi les plus fondamentales des nombres entiers était de les considérer dans un cadre topographique (c'est-à-dire géométrique) approprié. Ce cadre forma ce que l'on appelle le « plan complexe ».

On peut considérer que l'essentiel des premières découvertes mathématiques provient de l'élaboration de systèmes numériques applicables à des problèmes mathématiques de plus en plus sophistiqués. Les nombres entiers positifs, les plus élémentaires, ont vu le jour entre 8000 et 5000 avant J.-C. au Moyen-Orient. Ils furent introduits par le peuple sumérien pour le commerce. Les nombres entiers positifs (appelés « entiers naturels » par les mathématiciens d'aujourd'hui) sont utiles pour dénombrer des objets, mais c'est à peu près tout.

À l'époque où les Grecs de l'Antiquité commençaient à développer les mathématiques, c'est-à-dire entre 700 et 500 avant J.-C., les nombres entiers se sont enrichis des rapports de tels nombres puis, plus tard, des fractions, que les mathématiciens modernes appellent « nombres rationnels » (positifs). Grâce aux fractions, on peut compter et mesurer des portions d'un tout. Au début, les Grecs pensaient que les rapports de nombres entiers suffisaient à mesurer toutes les longueurs, mais ils découvrirent avec surprise et consternation que ce n'était pas le cas : certaines des longueurs qu'ils parvenaient à créer de manière géométrique ne pouvaient être mesurées précisément à l'aide des nombres rationnels.

Construisons par exemple un triangle rectangle (un triangle possédant un angle droit) dont la base et la hauteur ont pour longueur 1 unité. La longueur de l'hypoténuse n'est pas un nombre rationnel : d'après le théorème de Pythagore, elle vaut $\sqrt{2}$ unité. Un jeune mathématicien grec prouva que ce nombre ne pouvait en aucun cas s'exprimer comme le rapport de deux entiers. Si l'on en croit la légende, ses compagnons l'emmenèrent jusqu'à la mer pour l'y noyer afin de tenir sous silence cette révélation intolérable. Que cette histoire soit vraie ou pas, le secret finit par percer et cette découverte constitua un véritable séisme pour une bonne part des mathématiques des Grecs anciens, qui ne s'en remirent jamais complètement.

Afin d'être à même de mesurer toutes les longueurs géométriques, les mathématiciens durent élaborer un ensemble de nombres beaucoup plus riche incluant, outre les entiers naturels et les nombres rationnels, de nouveaux nombres : les nombres réels.

À l'instar des entiers naturels et des nombres rationnels, les nombres réels admettent une représentation géométrique intuitive. On peut figurer les entiers naturels comme des points sur un axe : d'abord 0, puis 1, puis 2, puis 3, puis 4 et ainsi de suite. On peut voir les nombres rationnels comme des points intermédiaires sur ce même axe, 1/2, par exemple, étant situé à mi-chemin entre 0 et 1, 2 + 3/4 aux trois quarts du chemin entre 2 et 3, etc. Si en outre on décide que cet axe est une ligne continue (c'est-à-dire ininterrompue, sans trou ni fin), alors les nombres réels représentent tous les points de cet axe.

Cette vision des nombres réels comme les points sur une ligne continue est assez naturelle et intuitive, et pourtant elle s'est révélée délicate à comprendre au sens mathématique. Bien que les derniers mathématiciens de la Grèce antique aient utilisé les proportions entre grandeurs continues, les nombres réels ne furent utilisés par tous les mathématiciens que plus tard, et l'on ne parvint à une compréhension complète des nombres réels que vers la fin du XIXe siècle.

Et ce n'est également qu'au XIXe siècle que les mathématiciens finirent par accepter les nombres négatifs comme des nombres à part entière. Avant cela, une équation algébrique aussi simple que

$$x + 5 = 0$$

était considérée comme sans solution, alors qu'aujourd'hui on peut affirmer sans hésiter que la solution est $x = -5$.

Au XVIe siècle, à peu près en même temps qu'ils s'attelaient pour la première fois à la question des nombres négatifs, les mathématiciens s'arrachaient les cheveux sur des équations du type

$$x^2 + 1 = 0.$$

Puisque le carré d'un nombre réel (qu'il soit positif ou négatif) est nécessairement positif, une équation comme celle-là ne peut avoir de solution. Ou du moins pas de solution qui soit un nombre réel. Et pourtant, ce type d'équation apparaissait dans la description mathématique de situations physiques pour lesquelles il devait nécessairement exister une solution. En 1572, l'Italien Raffaele Bombelli présenta une méthode pour résoudre les équations du troisième degré. Cette méthode ressemble à celle qui donne la solution

$$x = \frac{-b \pm \sqrt{b^2 - 4ac}}{2a}$$

des équations du second degré

$$ax^2 + bx + c = 0.$$

Mais, contrairement à cette formule, qui donne immédiatement la réponse, la méthode de Bombelli pour la résolution d'équations du troisième degré nécessite plusieurs étapes, avec des formules qui engendrent des résultats intermédiaires. Pour certaines de ces équations, les résultats intermédiaires font intervenir la racine carrée de nombres négatifs, même si les solutions finales sont réelles. Dans son traité d'algèbre *Ars Magna*, l'Italien Girolamo Cardano, souvent appelé Cardan, écrivit que, bien qu'il soit « manifestement impossible » de trouver la racine carrée d'un nombre négatif, on pouvait néanmoins s'autoriser à poursuivre le calcul si le résultat final était réel. C'est ce qui se produit si la racine carrée du nombre négatif se trouve par la suite élevée au carré : si, par exemple, $\sqrt{-3}$ apparaît à une étape intermédiaire du calcul, son carré donne -3, qui est réel. Cardan qualifia ces résultats intermédiaires de « sophistiques », puisqu'ils n'avaient aucun sens physique (c'est du moins ce qu'il supposait). En 1637, dans sa *Géométrie*, Descartes fut le premier à qualifier d'« imaginaire » la racine carrée d'une grandeur négative. Dans son *Algèbre*, en 1770, Euler écrivait : « Toutes les expressions comme $\sqrt{-1}$, $\sqrt{-2}$, etc. sont par conséquent des nombres impossibles ou imaginaires. »

Mais quelle est la nature de ces intermédiaires imaginaires ? Pour donner un sens à un calcul parfaitement correct par ailleurs, après Bombelli et Cardan, les mathématiciens inventèrent (« introduisirent » serait peut-être plus neutre) des nombres connus aujourd'hui sous l'appellation de « nombres complexes ». Pour les définir, on commence par postuler l'existence d'un nouveau nombre noté i et doté de la propriété suivante :

$$\mathrm{i}^2 = -1.$$

Le nombre i (autrement dit $\sqrt{-1}$ ou « la racine carrée de moins un ») n'est pas un nombre réel ; en d'autres termes, il ne correspond à aucun point de l'axe des réels. Mais on peut néanmoins multiplier i par n'importe quel nombre réel k pour obtenir un nouveau nombre ki. On appelle « nombres imaginaires purs » les nombres obtenus de cette manière — ce nom est à l'origine du choix de la lettre i. Par exemple, 5i est un nombre imaginaire pur. Aucun des nombres imaginaires purs ne se trouve sur l'axe des réels (à l'exception de 0i, puisque c'est simplement 0). D'un point de vue géométrique, les nombres imaginaires purs forment un second axe, perpendiculaire à celui des réels, comme l'illustre la figure 1.4.

À tout nombre imaginaire pur on peut ajouter un réel ; on obtient ainsi un nouveau type de nombres. Par exemple, on peut ajouter au nombre réel $(1 + 2/3)$ l'imaginaire pur 5i pour former le nouveau nombre $(1 + 2/3) + 5\mathrm{i}$. Ces combinaisons de nombres réels et de nombres imaginaires purs s'appellent des « nombres complexes ». Du point de vue géométrique, les nombres complexes sont les points d'un plan à deux dimensions dont l'axe des x est l'axe des réels et l'axe des y celui des nombres imaginaires purs. Par exemple, le nombre complexe $(1 + 2/3) + 5\mathrm{i}$ est le point d'abscisse (coordonnée sur l'axe des x) $(1 + 2/3)$ et d'ordonnée (coordonnée sur l'axe des y) 5i. Pour placer ce

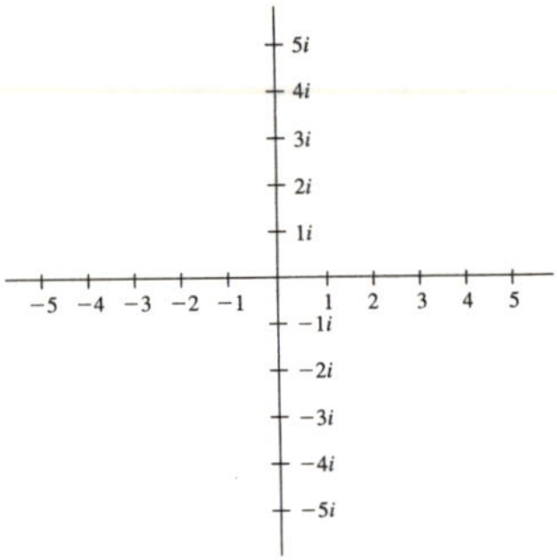

Figure 1.4 – Le plan complexe.

nombre complexe sur le plan, en partant de l'origine des coordonnées, on suit l'axe des x jusqu'au point $(1+2/3)$, puis on remonte verticalement de 5 unités, comme l'indique la figure 1.5.

De même que tout entier naturel est automatiquement un nombre rationnel (un entier peut toujours s'écrire comme une fraction dont le dénominateur vaut 1) et que tout nombre rationnel est automatiquement un nombre réel, tout nombre réel est également un nombre complexe : il suffit de lui ajouter la partie imaginaire 0i.

On peut additionner, soustraire, multiplier et diviser les nombres complexes comme on le fait pour les nombres réels. Lorsqu'on fait la somme, la différence, la multiplication ou la division de deux réels, le résultat est un nombre réel. De même, ces opérations effectuées sur des complexes ont pour résultat un nombre complexe. Autrement dit, en ce qui concerne l'arithmétique, les nombres complexes se

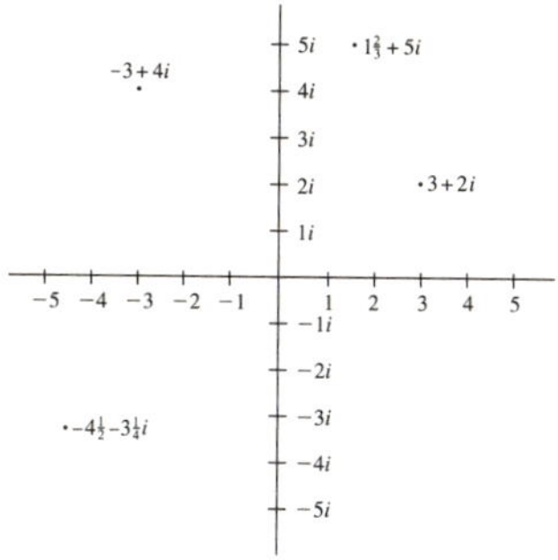

Figure 1.5 – Les nombres complexes comme points du plan complexe.

comportent comme les nombres réels, à ceci près que les règles de calcul pour les complexes sont un peu plus compliquées.

Les nombres complexes semblaient nécessaires à la résolution d'un nombre croissant de problèmes, et pourtant il fallut que Gauss encourage leur utilisation (l'appellation « nombres complexes » vient de lui) pour que la majorité des mathématiciens finisse par les accepter comme des entités mathématiques légitimes. Ces dernières années, les nombres complexes se sont révélés irremplaçables dans la majeure partie des recherches en mathématiques, en physique et en ingénierie. Par exemple, la théorie du courant électrique fait usage des nombres complexes et, comme nous le verrons au deuxième chapitre, i apparaît dans l'équation la plus fondamentale de la théorie quantique. Travailler avec les nombres complexes plutôt qu'avec les réels présente l'avantage remarquable (du point de vue arithmétique) que toutes les équations polynomiales ont alors une solution.

Du point de vue géométrique, les nombres complexes sont largement supérieurs aux nombres réels. Les réels n'ont en effet pas vraiment de géométrie puisqu'ils sont répartis sur un axe ; on ne peut donc que mesurer des distances sur cet axe. Les nombres complexes, quant à eux, forment un plan à deux dimensions sur lequel on peut faire de la belle et bonne géométrie. Il se trouve que cette dernière, dont l'essentiel a été élaboré au XIXe siècle, est l'une des parties les plus riches et les plus belles des mathématiques. Ses applications vont bien au-delà des rêves les plus fous des premiers mathématiciens qui, au XVIe siècle, avaient introduit les nombres complexes.

Parmi les nombreux résultats obtenus sur le plan complexe, les plus fondamentaux furent découverts en associant les techniques puissantes du calcul différentiel aux méthodes géométriques. Mais que ces mots ne vous effraient pas : s'il faut un entraînement important pour mener à bien ce type de calculs, on peut néanmoins comprendre facilement de quoi il retourne.

Une symphonie de mouvements

Comme je l'ai déjà mentionné, les mathématiques sont une science des structures. Ces structures qu'étudient les mathématiciens peuvent provenir du monde qui nous entoure, d'une autre discipline ou des mathématiques elles-mêmes. L'étude mathématique d'une structure donnée se fait en dehors de tout contexte et de la manière la plus abstraite possible. Diverses structures engendrent différentes branches des mathématiques. Le calcul différentiel est l'étude mathématique du mouvement continu et de ses variations.

Archimède et Léonard de Vinci sont deux exemples de penseurs parmi tant d'autres qui ont tenté de donner une description mathématique du mouvement continu. Mais leurs tentatives, pourtant parties dans la bonne direction, n'ont pas abouti. Le dénouement arriva au milieu du XVIIe siècle, lorsque, de manière indépendante, Isaac Newton en Angleterre et Gottfried Leibniz en Allemagne adoptèrent chacun la bonne démarche. On peut comprendre leur idée en pensant à la manière de projeter un film. Comme chacun sait, lorsqu'on regarde un film, le mouvement continu que l'on observe à l'écran est en fait une illusion d'optique : ce que l'on voit réellement n'est qu'un enchaînement rapide d'images fixes. Chacune de ces images n'apparaît à l'écran qu'environ un vingt-quatrième de seconde, et la différence entre deux images successives est très ténue. Si ténue qu'en fait, lorsqu'on projette ces images fixes au rythme de vingt-quatre clichés (ou plus) par seconde, on ne peut pas voir le passage d'une image à l'autre, on ne perçoit qu'une variation continue.

Le calcul différentiel en est l'équivalent mathématique : il permet d'analyser un mouvement continu en le découpant en une succession d'états statiques. Chacun de ces états peut ainsi être étudié à l'aide des techniques classiques de l'arithmétique et de la géométrie. On analyse le mouvement à partir des variations entre deux états, en comparant chaque état avec le suivant. Toutefois, en mathématiques, pour que cela fonctionne, il faut imaginer que les instantanés s'enchaînent beaucoup plus vite que les vingt-quatre images par seconde qui suffisent à faire illusion pour l'œil humain : chacun ne doit durer qu'une fraction de seconde infinitésimale et ils doivent se succéder à une vitesse infinie.

Bien évidemment, aucun projecteur de film ne peut atteindre une telle vitesse. Mais, du point de vue mathématique, c'est possible. Et c'est précisément ce qu'ont fait Newton et Leibniz : ils ont réussi à élaborer des techniques mathématiques permettant d'analyser avec précision les différences infinitésimales entre un instantané et le suivant. Les mathématiciens d'aujourd'hui appellent « différentielle » cette différence minuscule et la théorie complète est connue sous le nom de « calcul différentiel » (voir le chapitre 4).

Mais pour mettre en œuvre cette approche, encore fallait-il pouvoir décrire le mouvement étudié grâce à une loi ou à une équation mathématique. Un polynôme fait l'affaire, ainsi que d'autres expressions mathématiques, parmi lesquelles les fonctions trigonométriques $\sin x$ et $\cos x$ (sinus et cosinus de x) ou la fonction $\ln x$ (logarithme népérien de x) rencontrée plus haut.

Un exemple de variation continue est celui de l'altitude d'un terrain dénué de reliefs trop marqués comme des falaises ou des crevasses. Connaissant l'équation ou la loi qui détermine l'altitude de chaque point (comme à la figure 1.3 par exemple), on utilise le calcul différentiel pour obtenir la pente en chaque point, pour connaître la position des sommets ou des points les plus bas des vallées, ou encore pour vérifier si une pente s'accentue ou s'atténue en un point donné (en résumé, on peut connaître le comportement du terrain en tout point).

Dans le cas du plan complexe, imaginons que l'on dispose d'une loi f qui associe un nombre réel $f(z)$ à chaque nombre complexe $z = x + \mathrm{i}y$. Les mathématiciens l'appelleraient « fonction complexe à valeur réelle ». On peut envisager le nombre $f(z)$ comme la « hauteur » du terrain au point de coordonnées (x, y). À condition que cette loi f corresponde à une description mathématique appropriée (comme une équation polynomiale, un sinus, un cosinus ou un logarithme népérien), le terrain n'aura ni falaise ni crevasse et on pourra l'étudier grâce au calcul différentiel (on peut voir la figure 1.3 de la sorte, en supposant que le plan xy n'est autre que le plan complexe). Si la loi f provient d'une autre branche des mathématiques, alors on pourra donner une représentation graphique du problème correspondant et utiliser les méthodes du calcul différentiel pour l'étudier et peut-être même pour le résoudre.

Mais nous n'en sommes qu'au tout début. Toute la puissance du calcul différentiel associé aux nombres complexes apparaît lorsqu'on réalise que, les nombres complexes étant effectivement des nombres, on pourrait aussi bien utiliser des fonctions qui associent aux nombres complexes non plus des nombres réels, mais des nombres complexes ; ce qui s'écrit $w = f(z)$, w et z étant des complexes. Une loi de ce type s'appelle « fonction complexe à valeur complexe » ou, plus simplement, « fonction complexe ». Elle associe à chaque point du plan complexe une sorte de « hauteur », qui est elle-même un nombre complexe. Le « terrain » ainsi obtenu ne peut être visualisé, mais les mathématiques (l'algèbre, la géométrie et le calcul différentiel) y fonctionnent. Et même à merveille, puisqu'elles permettent, dans bien des cas, d'obtenir un résultat de façon beaucoup plus rapide et beaucoup plus simple qu'avec des nombres réels. À croire que le dieu des mathématiques aurait annoncé : « Ayez confiance ! Si vous avez le courage de travailler avec des grandeurs que vous ne pouvez visualiser, je vous récompenserai en simplifiant les mathématiques. »

Et c'est précisément ce qui se passe avec la répartition des nombres premiers.

La fonction zêta de Riemann

Puisque les entiers naturels sont des points du plan complexe, tous situés sur la moitié positive de l'axe des x, l'étude des propriétés de ce plan peut, à l'occasion, fournir des informations sur les entiers. L'étude de ces derniers par le calcul différentiel (allié à d'autres techniques) et l'analyse de certaines fonctions complexes forment une branche importante des mathématiques que l'on appelle « théorie analytique des nombres », à laquelle appartient le problème de Riemann.

L'utilisation de la théorie analytique des nombres pour étudier la répartition des nombres premiers nécessite de trouver une fonction qui recèle des informations sur les nombres premiers. Il en existe quelques-unes. La première fut découverte par le fameux mathématicien suisse Leonhard Euler qui, en 1740, introduisit une fonction qu'il nota à l'aide de la lettre grecque zêta (ζ). La « fonction zêta » d'Euler associe à un nombre réel s supérieur à 1 un nombre réel $\zeta(s)$ qui s'écrit sous la forme d'une somme infinie :

$$\zeta(s) = \frac{1}{1^s} + \frac{1}{2^s} + \frac{1}{3^s} + \frac{1}{4^s} + \cdots$$

Cette formule est à interpréter avec soin, puisqu'elle utilise ce que j'appelle les « points de suspension des mathématiciens ». Ces trois petits points à droite de la formule ont l'air inoffensifs... mais ils ne le sont pas. Ils indiquent qu'il faut continuer la somme indéfiniment, en suivant le modèle établi par les quatre premiers termes. Le cinquième terme est donc $1/5^s$, le sixième $1/6^s$, et ainsi de suite.

Bien évidemment, on ne peut calculer cette somme en additionnant un par un une infinité de termes. Il existe néanmoins des méthodes pour y parvenir. Pour s inférieur ou égal à 1, le résultat de la somme se révèle infini. Mais, et cela peut surprendre, pour s supérieur à 1, ce résultat est bel et bien fini — et c'est pour cette raison qu'Euler a restreint le domaine d'application de sa fonction zêta aux nombres s supérieurs à 1. On peut en avoir l'intuition en remarquant que, si s est supérieur à 1, chaque terme $1/1^s$, $1/2^s$, $1/3^s$, etc. de la somme est beaucoup plus petit que le précédent si bien que, même si l'on doit en ajouter une infinité, le résultat reste fini. Le cas de $s = 2$ est particulièrement intéressant. Euler lui-même a calculé que $\zeta(2) = \pi^2/6$. (Si vous désirez en apprendre davantage sur la manière dont les mathématiciens parviennent à calculer des sommes infinies et sur ce qui a conduit Euler à introduire cette fonction zêta, vous pouvez consulter les Appendices 2 et 3 à la fin de ce chapitre.)

Quel rapport peut-il y avoir entre la fonction zêta et les nombres premiers ? Euler a montré que, pour tout nombre s réel supérieur à 1, $\zeta(s)$ est égal au produit infini

$$\frac{1}{1-(1/2)^s} \times \frac{1}{1-(1/3)^s} \times \frac{1}{1-(1/5)^s} \times \frac{1}{1-(1/7)^s} \times \cdots$$

c'est-à-dire au produit de tous les termes de la forme

$$\frac{1}{1-(1/p)^s}$$

pour tous les nombres premiers p.

Malgré son air compliqué de somme infinie, la fonction zêta arbore quelques propriétés mathématiques intéressantes. En particulier, sa représentation graphique est continue (sans variations soudaines), ce qui permet de l'étudier à l'aide du calcul différentiel.

En tant que fonction fabriquant un nombre réel à partir d'un nombre réel, la fonction zêta est un objet à une dimension. Par conséquent, et bien qu'elle soit reliée aux nombres premiers par le produit infini d'Euler, sa structure géométrique n'est pas suffisante pour nous aider à découvrir la structure de l'ensemble des nombres premiers. Pour y parvenir, il faudrait passer à deux dimensions. Et c'est justement l'étape clé qu'a franchie Riemann : il a remplacé le nombre réel s par un nombre complexe z, et les valeurs $\zeta(z)$ sont alors elles aussi des nombres complexes.

Il se trouve qu'il existe certains nombres complexes pour lesquels la somme infinie d'Euler ne donne pas de valeur. Ce qui nous sauve, dans ce cas, c'est un procédé mathématique assez élaboré, connu sous le nom de « prolongement analytique ». Il serait trop ambitieux d'en donner ici une description précise, mais en voici néanmoins les grandes lignes.

Souvenons-nous que le dieu des mathématiques se révèle très généreux avec ceux qui ont le courage d'affronter les fonctions complexes de variables complexes. Voici en particulier l'une des choses qu'il promet : dans certains cas, comme par exemple celui de la fonction zêta, il existe une autre façon de faire le calcul, *qui fonctionne pour presque tous les nombres complexes*, même ceux (ou la plupart de ceux) pour lesquels la formule initiale ne donne pas de résultat. Pour la fonction zêta, cette méthode alternative permet de calculer $\zeta(z)$ pour tous les complexes z à l'exception du seul nombre $z = 1$. Le procédé qui permet de passer de la définition initiale d'une fonction à cette définition alternative est ce que l'on appelle un « prolongement analytique ». Comme Riemann fut le premier à franchir le pas, la fonction zêta *complexe* est souvent appelée « fonction zêta de Riemann ». Dans son remarquable article de 1859, Riemann utilise sa fonction zêta pour étudier la structure de l'ensemble des nombres premiers.

Son but initial était de prouver la conjecture de Gauss, selon laquelle, pour les grands nombres n, la densité D_n de nombres premiers inférieurs à n est approchée par $1/\ln n$, résultat que l'on connaît maintenant sous le nom de « théorème des nombres premiers ». Riemann ne parvint pas à ses fins, mais ses recherches le conduisirent néanmoins à établir des relations importantes entre l'agencement des nombres premiers et la géométrie du plan complexe. En outre, ses méthodes amorcèrent la démonstration du théorème des nombres premiers que Hadamard et La Vallée-Poussin parvinrent finalement à mener à bien en 1896.

Cette importante relation que Riemann établit entre la fonction zêta et les nombres premiers associe à la fonction densité D_n les solutions de l'équation $\zeta(z) = 0$.

Tout nombre complexe solution de cette équation s'appelle un « zéro » de la fonction zêta. Dans son article (d'à peine huit pages), Riemann fit une conjecture assez osée concernant les zéros de sa fonction zêta. Il observa tout d'abord que les nombres -2, -4, $-6\ldots$ en font partie. Autrement dit, $\zeta(z) = 0$ dès lors que z est un entier négatif pair. Il montra ensuite que la fonction zêta, outre ces solutions réelles, possède nécessairement une infinité d'autres zéros, complexes. Sa conjecture était que tous les autres zéros s'écrivaient sous la forme $z = 1/2 + b\,\mathrm{i}$, b étant un réel donné. Comme tous commencent par $1/2$, du point de vue géométrique, les zéros non réels de la fonction zêta seraient tous situés sur un axe du plan complexe qui se trouve à la verticale du point $1/2$ de l'axe des x et que l'on peut appeler « ligne critique » (voir la figure 1.6).

Hadamard et La Vallée-Poussin n'eurent pas besoin de cette conjecture sur les zéros (connue aujourd'hui sous le nom d'« hypothèse de Riemann ») pour démontrer le théorème des nombres premiers. La relation entre ces derniers et la géométrie de la fonction zêta de Rieman dans le plan complexe fut suffisante. Mais si l'hypothèse de Riemann se révélait exacte, cela aurait des conséquences essentielles sur notre connaissance des nombres premiers. Riemann a prouvé que si tous les zéros complexes (non

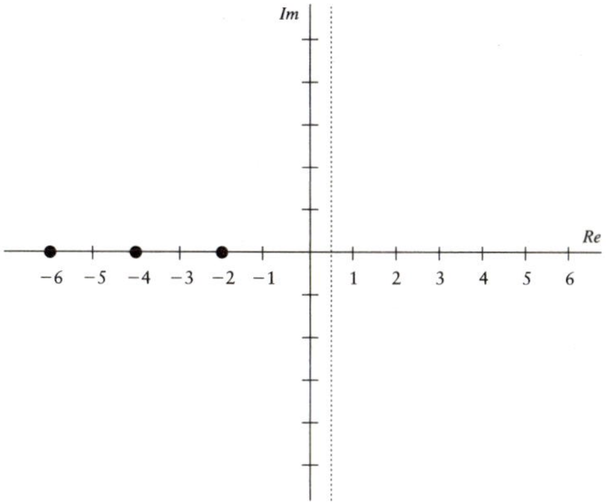

Figure 1.6 – Les zéros de la fonction zêta de Riemann. On sait que $\zeta(n) = 0$ pour tous les entiers pairs négatifs n. L'hypothèse de Riemann stipule que les autres complexes z pour lesquels $\zeta(z) = 0$, qui sont en nombre infini, se répartissent sur la ligne critique $\mathrm{Re}(z) = 1/2$.

nuls) de sa fonction zêta ont une partie réelle, notée $\mathrm{Re}(z)$, égale à $1/2$, alors l'écart entre la fonction densité D_n et la courbe $1/\ln n$ varie de manière aléatoire, un peu comme varie autour de $1/2$ la proportion de « pile » ou « face » obtenue en lançant encore et encore une pièce équilibrée. Cela signifie que, même si l'on ne peut prédire avec précision quand le prochain nombre premier va apparaître, l'organisation générale de ces nombres est très régulière.

Les renseignements sur les nombres premiers que fournirait une démonstration de l'hypothèse de Riemann auraient une importance qui ne se limiterait pas aux seules mathématiques : ils pourraient aussi avoir des conséquences majeures sur ce qui est devenu une importante composante de notre vie quotidienne, la sécurité sur Internet.

De l'hypothèse de Riemann à l'Internet

Lorsqu'on retire de l'argent à un distributeur de billets ou que l'on fait des achats sur Internet, c'est grâce à la théorie des nombres premiers que la transaction est sécurisée. Voici comment.

Depuis que les hommes s'envoient des messages, la question se pose de savoir comment éviter que des personnes non autorisées qui parviendraient à mettre la main dessus puissent les décrypter. La solution consiste à encoder le message (on parle de « cryptage ») de telle sorte que seul le destinataire puisse le décoder. Jules César utilisait un système très simple pour crypter les messages qu'il adressait dans toute l'Europe aux généraux qui commandaient les légions romaines : il remplaçait simplement chaque lettre de chaque mot par une autre, obtenue selon une règle précise du type « remplacer chaque lettre par celle qui se trouve deux rangs plus loin dans l'alphabet » (a remplaçant y et b remplaçant z). À première vue, un message codé de cette manière est parfaitement illisible, mais pour les cryptanalystes d'aujourd'hui, le système de César est facile à décoder.

De nos jours, la puissance des ordinateurs étant à la portée du premier briseur de code venu, il devient extrêmement difficile d'élaborer un système de cryptage sûr. Une grosse part de l'énergie déployée lors de la Seconde Guerre mondiale pour développer les technologies informatiques provenait du désir de chaque partie de pirater les codages de l'ennemi. Si le cryptage possède le moindre agencement logique « reconnaissable », une analyse statistique sophistiquée menée à l'aide d'un ordinateur assez puissant pourra aisément le décoder. Il convient donc de se doter de systèmes de cryptage suffisamment robustes pour résister aux attaques informatiques.

À notre époque, tous les systèmes consistent en une procédure de cryptage et une « clé ». La première se présente sous la forme d'un programme informatique ou, comme c'est le cas dans les systèmes les plus utilisés dans le monde, d'une puce conçue à cet effet ; la clé est généralement un nombre secrètement choisi. Pour pouvoir encoder le message, le système a besoin non seulement du message, mais aussi de la clé. Le programme de cryptage encode le texte de telle manière qu'il ne peut être décrypté qu'avec la clé. Puisque la sécurité dépend de la clé, un même programme de cryptage peut être partagé par un grand nombre d'utilisateurs et pour une longue durée ; cela implique que sa conception mérite qu'on lui accorde beaucoup de temps et d'énergie. C'est exactement comme si des fabricants de cadenas et de coffres-forts produisaient tous le même modèle, vendu à des millions d'utilisateurs, chaque exemplaire étant protégé par le fait que sa clé est unique (qu'il s'agisse d'une véritable clé ou d'une combinaison secrète). Tout comme un intrus ne pourra pas ouvrir votre coffre-fort sans la clé, même s'il connaît la manière dont il a été fabriqué, un pirate aura beau connaître le système de cryptage que vous utilisez, sans la clé, il ne pourra pas lire vos messages codés.

Dans les premiers systèmes, expéditeur et destinataire convenaient tout d'abord d'une clé qu'ils utilisaient pour s'envoyer des messages. Tant que cette clé restait secrète, leurs échanges pouvaient se faire en toute confiance (du moins l'espéraient-ils). Mais la faille saute aux yeux : l'expéditeur et le destinataire devaient se mettre d'accord à l'avance sur la clé à utiliser sans que celle-ci puisse être interceptée par un tiers ; aussi ne pouvaient-ils pas se la communiquer sans se rencontrer (ou sans engager un messager digne de confiance). Dans de nombreuses situations, ce système ne peut fonctionner, en particulier en ce qui concerne les transactions bancaires ou commerciales par exemple, puisqu'il s'agit souvent d'envoyer des messages dans le monde entier à des personnes que l'expéditeur n'a jamais rencontrées.

En 1975, Whitfield Diffie et Martin Hellman, tous deux mathématiciens, ont élaboré un système de cryptage tout à fait nouveau : la « cryptographie à clé publique », qui requiert non pas une mais deux clés : une pour le codage, une autre pour le décodage. En voici le principe : Marie, nouvelle utilisatrice, installe dans son ordinateur le programme (ou la puce électronique particulière) qu'utilisent tous les membres du réseau de communication qu'elle vient de rejoindre. Elle choisit alors deux clés. Elle garde secrète l'une des deux, la clé de déchiffrement, tandis qu'elle met l'autre en libre accès dans un répertoire destiné à tous les utilisateurs du réseau ; ces derniers l'utiliseront pour encoder les messages qu'ils lui adresseront. Pour envoyer un message à un autre membre, il suffit de consulter le répertoire pour trouver la clé de cryptage (publique) de l'utilisateur concerné, d'encoder le message à l'aide de cette clé, et de l'envoyer. Pour décoder le message, la clé de cryptage (accessible à tous) ne sert à rien : il faut la clé de déchiffrement, que seul le destinataire connaît.

Il existe plusieurs méthodes pour mettre en pratique le schéma général de Diffie et Hellman. Celle qui a été la plus utilisée et qui reste aujourd'hui encore un standard, fut conçue par Ronald Rivest, Adi Shamir et Leonard Adelman, du MIT (Massachusetts Institute of Technology). On la désigne par les initiales de ses inventeurs, et ce « système RSA » est distribué par une entreprise commerciale de sécurisation de données, la RSA Data Security Inc., basée en Californie, à Redwood City. La clé de déchiffrement (la clé secrète) utilisée dans la méthode RSA se compose (principalement) de deux nombres premiers choisis par l'utilisateur (chacun étant, par exemple, un nombre à cent chiffres). Ce choix se fait à l'aide d'un ordinateur (de nos jours, les ordinateurs sont capables de trouver aisément de grands nombres premiers) sans avoir recours à une liste préétablie, puisqu'un pirate pourrait alors y avoir accès. La clé publique est le produit des deux nombres. La sécurité du système repose sur le fait qu'on ne connaît aucune méthode rapide de factorisation des grands nombres. Cela signifie qu'il est pratiquement impossible de retrouver la clé de décryptage (les deux nombres premiers) à partir de la clé publique de cryptage (leur produit). Le cryptage correspond donc à la multiplication de deux nombres premiers très grands (facile à faire), tandis que le décryptage correspond à l'opération inverse, la factorisation (très difficile à réaliser). C'est là une description simplifiée, car le véritable fonctionnement de ce système fait intervenir des mathématiques un peu plus compliquées.

À ce jour, les plus grands nombres qu'un ordinateur puissant soit capable de décomposer en produits de facteurs premiers en moins de quelques jours sont des nombres à quatre-vingt-dix ou cent chiffres. Aussi, la clé obtenue par la multiplication de deux nombres premiers à cent chiffres étant un nombre à deux cents chiffres, le système RSA devrait être extrêmement sûr. Il existe tout de même un danger. Les méthodes qu'utilisent les mathématiciens pour décomposer un nombre en produit de facteurs premiers ne se réduisent pas à des tentatives réalisées au hasard, comme on pourrait le faire pour trouver les facteurs premiers de 221 par exemple. On peut procéder par tâtonnements pour des nombres raisonnablement petits, mais il faudrait plus d'un an à un gros ordinateur pour trouver de cette manière les facteurs premiers d'un nombre de soixante chiffres. En réalité, les mathématiciens utilisent des techniques très sophistiquées, ingénieuses et très efficaces, qui s'améliorent continuellement. Elles font appel à une grande part des connaissances sur les nombres premiers, et chaque progrès dans ce domaine laisse entrevoir la possibilité de découvrir une nouvelle méthode de factorisation des grands nombres.

L'hypothèse de Riemann est tellement riche d'informations sur les nombres premiers que sa démonstration, si l'on parvient un jour à la mener à bien, représentera peut-être un immense progrès pour les techniques de factorisation — et pas simplement parce qu'on aura alors la preuve que l'hypothèse est exacte. Les mathématiciens sont intimement convaincus que l'hypothèse de Riemann est correcte, à tel point qu'ils en étudient les conséquences depuis des années, certaines méthodes de factorisation partant de ce principe. En fait, ce qui inquiète les chercheurs, c'est que les méthodes utilisées pour démontrer l'hypothèse de Riemann donneront certainement de nouvelles pistes sur la structure de l'ensemble des nombres premiers, qui pourraient conduire à la découverte de méthodes de factorisation plus efficaces.

C'est donc toute la sécurité de l'Internet et des branches entières des mathématiques contemporaines qui sont concernées : les enjeux du problème de Riemann dépassent largement le million de dollars promis à celui qui en fera la démonstration.

L'hypothèse de Riemann est-elle vraie ?

Bien que Riemann n'ait jamais pu prouver sa conjecture, on peut se demander ce qui lui a mis la puce à l'oreille. On ne le saura probablement jamais. Felix Klein, éminent mathématicien du XIXe siècle, disait à propos de son article que Riemann avait dû « faire appel à son intuition à maintes reprises ».

Lorsque les spécialistes se sont penchés sur les travaux de Riemann après sa mort, ils découvrirent une note terriblement frustrante : « Ces propriétés de $\zeta(s)$ se déduisent d'une expression que je n'ai pas réussi à simplifier assez pour la publier[7]. » Personne ne sait à quelle expression Riemann faisait allusion. Peut-être est-elle en rapport avec un résultat qu'il a bel et bien établi dans son article : le fait qu'il existe une autre fonction $\gamma(s)$ telle que, pour tous les nombres complexes $s \neq 1$,

$$\pi^{-s/2}\,\gamma(s)\,\zeta(s) = \pi^{-(1-s)/2}\,\gamma(1-s)\,\zeta(1-s).$$

Cette équation indique que les valeurs de la fonction zêta en s sont reliées à ses valeurs en $1-s$. On peut présenter cela autrement en disant que la fonction zêta possède une certaine symétrie par rapport à la ligne critique (c'est-à-dire la ligne verticale passant par le point $1/2$ de l'axe réel). Peut-être Riemann avait-il eu l'intuition que cette symétrie impose à tous les zéros de la fonction de se trouver sur l'axe de symétrie ? Nous l'ignorons.

On a longtemps espéré que Riemann aurait laissé un autre indice enfoui quelque part dans ses notes. En 1932, le mathématicien Carl Ludwig Siegel étudia en détail la totalité des papiers de Riemann et, selon lui : « Aucun des écrits de Riemann sur la fonction zêta ne semble prêt à être publié ; on trouve parfois plusieurs formules sans rapport apparent sur une même feuille ; souvent, une partie seulement des équations a été mise sur le papier ; les estimations des

[7] Cité dans l'ouvrage de Jacques Hadamard, *Essai sur la psychologie de l'invention dans le domaine mathématique*, suivi de Henri Poincaré, *L'Invention mathématique*, Jacques Gabay éd., Les Grands Classiques Gauthier-Villars, coll. « Discours de la méthode », Sceaux, 1993, p. 110-111. À la lecture de cette citation, ceux qui connaissent un peu les origines du dernier théorème de Fermat auront certainement à nouveau une sensation de « déjà-vu », selon les mots de Yogi Berra.

restes et les études de convergence sont invariablement absentes, même concernant des points fondamentaux[8]. » La croyance générale, qui perdura pendant un certain temps, propagée entre autres par Klein et Edmund Landau, était que Riemann trouvait ses résultats par le biais de « grandes idées générales », sans avoir recours à l'outil formel de l'analyse. Mais Siegel rejette cette idée.

Rendons-nous à l'évidence : nous ne saurons peut-être jamais comment Riemann en est arrivé à son hypothèse. Mais saurons-nous seulement un jour si elle est vraie ou non ?

À l'aide des ordinateurs, les mathématiciens ont réussi à montrer que l'hypothèse de Riemann est vraie pour les 1,5 premiers milliards de zéros de la fonction zêta (« premiers » dans le sens où il s'agit des plus proches de l'axe des x). Dans bien des domaines, une preuve comme celle-ci suffirait à convaincre n'importe qui, mais pas en mathématiques. Tout ce que ce travail numérique permet de conclure, c'est que, s'il existe un zéro en dehors de la ligne verticale passant par $x = 1/2$, il devrait être très, très grand. Mais puisqu'il existe une infinité de nombres, cela laisse bien des possibilités pour trouver un zéro qui ne satisfasse pas au critère de Riemann. Peut-être un tel zéro existe-t-il, mais il serait beaucoup trop grand pour qu'aucun ordinateur puisse jamais le mettre en évidence.

Et pourtant… la plupart des mathématiciens pensent que la conjecture de Riemann est vraie.

[8]Carl Ludwig Siegel, « Über Riemanns Nachlass zur analytischen Zahlentheorie », *Quellen und Studien zur Geschichte der Mathematik, Astronomie und Physik*, n°2, 1932, p. 46.

Peut-être le résultat le plus étonnant concernant cette hypothèse est-il son rapport avec la physique quantique. En 1972, le mathématicien américain Hugh Montgomery trouva une formule décrivant l'espacement entre les zéros de la fonction zêta sur la ligne critique. Pour les physiciens, ce résultat évoquait irrésistiblement des phénomènes de physique des particules. Ce qui fut renforcé, dans les années 1980, lorsqu'on s'aperçut que la formule de Montgomery exprimait l'espacement entre les niveaux d'énergie de ce que les physiciens théoriciens appellent « système de chaos quantique ». Cette constatation débouchait sur deux possibilités : la démonstration de l'hypothèse de Riemann pourrait avoir des conséquences en physique quantique ou, à l'inverse, la physique quantique pourrait permettre de démontrer l'hypothèse de Riemann. Le mathématicien français Alain Connes, engagé dans la seconde voie, a obtenu un système d'équations qui s'applique à un système de chaos quantique hypothétique faisant intervenir tous les nombres premiers. Il a pu montrer que les niveaux d'énergie de ce système correspondent à tous les zéros de la fonction zêta qui sont situés sur la ligne critique. Si (et c'est un très grand *si*) Connes parvient à prouver qu'il n'y a pas d'autres zéros que ceux correspondant à ces niveaux d'énergie, il aura démontré l'hypothèse de Riemann.

Si cette approche s'avère fructueuse, ce sera une belle illustration du lien qui unit les mathématiques et la physique quantique ; ce sera également l'une des premières fois qu'une méthode issue de la physique quantique permettrait de résoudre un problème de mathématiques pures.

Appendice 1

Comment Euclide a démontré l'existence d'une infinité de nombres premiers

Bien évidemment, ce n'est pas en faisant leur liste qu'Euclide a pu prouver qu'il existe une infinité de nombres premiers. Il a dû procéder indirectement, en montrant qu'il ne peut exister un nombre premier plus grand que tous les autres. Voici une version modernisée de sa démonstration.

Supposons qu'il existe un nombre premier plus grand que tous les autres. Appelons-le P et considérons le produit de tous les nombres entiers compris entre 2 et P, inclusivement. Nous n'allons bien évidemment pas faire ce calcul ; comment le pourrait-on puisque P n'est pas connu ? Contentons-nous donc d'appeler N le résultat de ce calcul hypothétique :

$$N = 2 \times 3 \times 5 \times 7 \times 11 \times \cdots \times P.$$

Considérons maintenant le nombre $N+1$. Il est évidemment supérieur à P, et Euclide affirme qu'il est premier. Si cela est vrai, alors la preuve est faite qu'il n'existe pas de nombre premier supérieur à tous les autres. En effet, si nous revenons sur ce que nous venons de faire, nous constatons que, s'il existe un nombre premier P plus grand que tous les autres, il en existe un autre encore plus grand : $N+1$. Encore plus grand que le plus grand, ce qui est impossible... Voilà ce que l'on appelle une « démonstration par l'absurde » : nous montrons que notre hypothèse de départ est source d'incohérence — en effet, aucune de nos autres interventions ne peut donner lieu à des incohérences. La conclusion est donc qu'il n'existe pas de nombre premier supérieur à tous les autres.

Comment Euclide a-t-il montré que le nombre $N+1$ est un nombre premier ? C'est l'étape que nous avons laissée de côté. Euclide raisonne encore par l'absurde en observant ce qui se passerait si $N+1$ n'était pas un nombre premier. Dans ce cas, selon le théorème fondamental de l'arithmétique, $N+1$ pourrait s'écrire comme un produit de nombres premiers. $N+1$ serait donc divisible par un nombre premier plus petit que lui, que nous notons M. Mais M est aussi un diviseur de N, puisque N est le produit de tous les nombres premiers. Ainsi, lorsqu'on divise $N+1$ par M, on se retrouve forcément avec un reste égal à 1, ce qui contredit le fait que M soit un diviseur de $N+1$. Cela prouve que notre hypothèse de départ — $N+1$ n'est pas premier — est fausse. Voilà comment, en se basant sur l'hypothèse que P est le plus grand des nombres premiers, on démontre que $N+1$ est effectivement un nombre premier[1].

[1] Attention, cela n'implique pas que tous les nombres du type $N+1$ soient des nombres premiers. La preuve s'appuie sur l'hypothèse (erronée) qu'il existe un nombre premier supérieur à tous les autres.

Appendice 2

Comment les mathématiciens travaillent-ils avec des sommes infinies ?

Comment les mathématiciens font-ils pour calculer des sommes infinies comme celle de la fonction zêta ? On peut même poser une question plus élémentaire : comment la somme d'une infinité de termes peut-elle produire une valeur finie ?

Prenons par exemple la somme (infinie) obtenue en additionnant les carrés de tous les entiers positifs. Les premiers termes sont :

$$1 + 4 + 9 + 16 + 25 + \cdots$$

Lorsqu'on commence à calculer cette somme terme après terme, on obtient d'abord $1 + 4 = 5$, puis $5 + 9 = 14$, puis $14 + 16 = 30$, puis $30 + 25 = 55$, et ainsi de suite. Ces sommes partielles augmentent très rapidement et, pour cette raison, la somme totale aura un résultat infini. Regardons maintenant la somme des inverses des carrés de tous les entiers positifs :

$$\frac{1}{1} + \frac{1}{4} + \frac{1}{9} + \frac{1}{16} + \frac{1}{25} + \cdots$$

c'est-à-dire :

$$1 + 0{,}25 + 0{,}111\,11 + 0{,}062\,5 + 0{,}04 + \cdots$$

Pour cette somme infinie, les sommes partielles intermédiaires sont 1 puis 1,25 puis 1,361 11 puis 1,423 61 puis 1,443 61, etc. Ces sommes partielles augmentent, mais par de si petites valeurs qu'on pourrait envisager que le résultat de la somme infinie soit fini et prenne une valeur intermédiaire entre 1 et 2. Et c'est effectivement le cas : il se trouve que cette somme vaut environ 1,644 93 (la réponse exacte, obtenue par des moyens plus compliqués, est $\pi^2/6$).

Mais comment les mathématiciens font-ils pour calculer une somme infinie

$$a_1 + a_2 + a_3 + \cdots ?$$

L'approche la plus élémentaire consiste à étudier les sommes partielles

$$a_1 + a_2 + \cdots + a_N$$

pour des valeurs croissantes de N ($N = 1, 2, 3, 4, 5, \ldots$), comme nous venons de le faire un peu plus haut. Il ne s'agit pas de se contenter de les calculer, mais de chercher une logique dans leur expression. Par exemple, dans le cas de la somme des inverses des carrés des entiers positifs, on peut vérifier que, si l'on continue d'ajouter des termes, la somme augmente au-delà de la valeur 1,443 61 obtenue ci-dessus, mais que, dès lors que la somme partielle dépasse 1,6, l'addition de termes supplémentaires ne modifie plus la valeur de la première décimale. La seconde décimale continue d'augmenter jusqu'à ce que la somme partielle atteigne la valeur 1,64 ; ensuite, l'addition des autres termes n'affecte que les décimales au-delà de la troisième. Puis la troisième décimale se stabilise à sa valeur, 4, la quatrième à 9, etc. Le point essentiel ici est que les termes successifs diminuent tellement vite que, même si l'on en ajoute une infinité, les décimales des sommes partielles se stabilisent les unes après les autres.

Parfois, quand des séries infinies suivent un schéma particulièrement simple, la somme peut être représentée par une formule. Considérons par exemple, la somme infinie

$$1+\frac{1}{2}+\frac{1}{4}+\frac{1}{8}+\frac{1}{16}+\cdots+\frac{1}{2^n}+\cdots$$

qui correspond à la somme

$$1+x+x^2+x^3+\cdots+x^n+\cdots$$

avec $x = 1/2$. Une telle somme s'appelle une « série géométrique ». Pour $0 < x < 1$, le total de cette série géométrique, noté s, est fini. On a donc :

$$s=1+x+x^2+x^3+x^4+\cdots$$

Si l'on multiplie chaque terme de la série par x, on obtient

$$xs=x+x^2+x^3+x^4+x^5+\cdots$$

qui n'est autre que la série de départ, à l'exception de son premier terme. Donc, si l'on soustrait la première série de la seconde, tous les termes s'annulent, sauf le 1 de la première série, ce qui donne :

$$s-xs=1.$$

On résout facilement cette équation algébrique :

$$s=\frac{1}{1-x}.$$

Pour le cas particulier $x = 1/2$, on trouve donc[1] : $s = 2$.

Ainsi, en général, une somme infinie a un résultat fini à condition que les termes successifs diminuent à un rythme suffisamment rapide. Mais à partir de quand cette rapidité est-elle « suffisante » ? Par exemple, pour $0 < x < 1$ les termes de la somme

$$s = 1 + x + x^2 + x^3 + x^4 + \cdots$$

diminuent assez vite pour que la somme totale soit finie et égale au résultat que nous venons de calculer. Mais qu'en est-il de la somme

$$1 + \frac{1}{2} + \frac{1}{3} + \frac{1}{4} + \frac{1}{5} + \cdots ?$$

Ses termes décroissent-ils assez rapidement pour que le résultat soit fini ? Cette série est en rapport avec les harmoniques musicales et, pour cette raison, les mathématiciens l'appellent « série harmonique ». Il se trouve que, bien que les termes pris un par un diminuent, leur décroissance n'est pas assez rapide : le résultat de la somme est infini. Toutefois, quel que soit l'exposant s strictement supérieur à 1 — la différence entre s et 1 pouvant être aussi petite que l'on veut — la somme

$$1 + \frac{1}{2^s} + \frac{1}{3^s} + \frac{1}{4^s} + \frac{1}{5^s} + \cdots$$

est finie : c'est le résultat qu'Euler a pris pour $\zeta(s)$, valeur en s de la fonction zêta.

[1]Notons que ce raisonnement suppose implicitement de savoir au départ que la somme s est bel et bien finie (ce qui se démontre par ailleurs à l'aide de l'analyse mathématique).

Appendice 3

Comment Euler a découvert la fonction zêta

Maintenant que nous en savons un peu plus sur les sommes infinies, nous pouvons nous interroger sur la façon dont Euler a découvert que la somme infinie appelée « fonction zêta » était riche d'informations sur les nombres premiers. Non seulement cette question est intéressante en soi, mais il se trouve en outre que sa réponse pourra nous aider au chapitre 6, lorsque nous parlerons de la conjecture de Birch et Swinnerton-Dyer.

Sachant que la série harmonique a une somme infinie, Euler s'est demandé s'il en allait de même pour la « série harmonique des nombres premiers »

$$PH = 1 + \frac{1}{2} + \frac{1}{3} + \frac{1}{5} + \frac{1}{7} + \frac{1}{11} + \cdots$$

obtenue en additionnant l'inverse de tous les nombres premiers. Cette somme est-elle finie ou infinie ?

Euler commença par envisager PH comme une sous-série de la série harmonique

$$1 + \frac{1}{2} + \frac{1}{3} + \frac{1}{4} + \frac{1}{5} + \frac{1}{6} + \cdots$$

Cette série ayant une somme infinie, elle ne permettait pas à Euler de progresser. Aussi étudia-t-il la somme

$$\zeta(s) = 1 + \frac{1}{2^s} + \frac{1}{3^s} + \frac{1}{4^s} + \frac{1}{5^s} + \cdots$$

obtenue en élevant chaque terme de la série harmonique à la puissance s. Comme nous l'avons vu dans l'Appendice 2, si s est supérieur à 1, cette somme est finie. On peut donc la scinder en deux parties, la première ne contenant que les puissances des inverses des nombres premiers, et la seconde tous les autres termes :

$$\zeta(s) = \left[1 + \frac{1}{2^s} + \frac{1}{3^s} + \frac{1}{5^s} + \cdots\right] + \left[\frac{1}{4^s} + \frac{1}{6^s} + \frac{1}{8^s} + \frac{1}{9^s} + \cdots\right].$$

L'idée est de montrer que, si l'on fait tendre s vers 1, la première somme

$$1 + \frac{1}{2^s} + \frac{1}{3^s} + \frac{1}{5^s} + \cdots$$

augmente alors sans limite et donc qu'avec $s = 1$

$$1 + \frac{1}{2} + \frac{1}{3} + \frac{1}{5} + \cdots$$

est infinie.

L'étape clé dans son raisonnement fut l'obtention d'une célèbre formule :

$$\zeta(s) = \frac{1}{1-(1/2^s)} \times \frac{1}{1-(1/3^s)} \times \frac{1}{1-(1/5^s)} \times \frac{1}{1-(1/7^s)} \times \cdots$$

où le membre de droite est constitué du produit de tous les termes s'écrivant sous la forme

$$\frac{1}{1-(1/p^s)}$$

où p est premier. L'idée d'Euler fut de partir de la formule de la série géométrique que l'on a rencontrée dans l'Appendice 2 :

$$\frac{1}{1-x} = 1 + x + x^2 + x^3 + \cdots \quad (0 < x < 1).$$

Pour tout nombre premier p et quel que soit $s > 1$, on peut poser $x = 1/p^s$ dans cette équation, ce qui donne :

$$\frac{1}{1-(1/p^s)} = 1 + \frac{1}{p^s} + \frac{1}{p^{2s}} + \frac{1}{p^{3s}} + \cdots$$

L'expression de gauche est le terme générique du produit infini d'Euler, et l'équation ci-dessus permet de substituer chaque terme de ce produit infini par une somme (comportant elle-même une infinité de termes). Euler a ensuite multiplié toutes ces sommes infinies pour obtenir une nouvelle expression de son produit infini. À l'aide des règles ordinaires de la multiplication des sommes (finies de termes finis), appliquées ici à un nombre infini de sommes infinies, on voit en réécrivant le membre de droite du produit comme une seule somme infinie que tous ses termes sont des expressions du type

$$\frac{1}{{p_1}^{k_1 s} \ldots {p_n}^{k_n s}}$$

où $p_1, \ldots, p_n$ sont des nombres premiers et $k_1, \ldots, k_n$ des entiers positifs, chaque combinaison n'apparaissant qu'une seule fois. Or, grâce au théorème fondamental de l'arithmétique, chaque entier positif peut s'écrire sous la forme ${p_1}^{k_1} \cdots {p_n}^{k_n}$. Ainsi, le terme de droite du produit est simplement un réarrangement de la somme

$$1 + \frac{1}{2^s} + \frac{1}{3^s} + \frac{1}{4^s} + \frac{1}{5^s} + \dots$$

qui n'est autre que $\zeta(s)$. (Il faut mener les calculs avec soin pour ne pas avoir de difficulté avec les infinis. Les détails n'en sont pas très compliqués, mais donner ici la démonstration complète nous emmènerait trop loin.)

De notre point de vue (ainsi qu'au vu des développements ultérieurs des mathématiques), ce n'était pas tant le fait que la série harmonique des nombres premiers ait une valeur infinie qui était important (bien que cela ait fourni une nouvelle preuve du résultat d'Euclide sur l'existence d'une infinité de nombres premiers) : en écrivant $\zeta(s)$ sous la forme d'un produit infini, la formule d'Euler marqua le début de la théorie analytique des nombres.

En 1837, le mathématicien allemand Peter Gustav Lejeune-Dirichlet généralisa la méthode d'Euler pour prouver que, dans toute progression arithmétique

$$a,\ a + k,\ a + 2k,\ a + 3k,\ \dots$$

où a et k n'ont pas de facteur commun, il existe une infinité de nombres premiers — le théorème d'Euclide peut être considéré comme une application de ce résultat au cas particulier de la progression arithmétique $1, 3, 5, 7, \dots$ de tous les nombres impairs. La principale modification apportée par Dirichlet à la méthode d'Euler fut celle de la fonction zêta en sorte que les nombres premiers soient séparés en catégories distinctes, dépendant du reste obtenu en les divisant par k. Sa fonction zêta modifiée s'écrit :

$$L(s,\chi) = \frac{\chi(1)}{1^s} + \frac{\chi(2)}{2^s} + \frac{\chi(3)}{3^s} + \frac{\chi(4)}{4^s} + \cdots$$

où $\chi(n)$ est une fonction très particulière (que Dirichlet appela « caractère ») qui permet de répartir les nombres premiers comme il convient. En particulier, elle doit vérifier la relation $\chi(m,n) = \chi(m)\chi(n)$ quels que soient m et n. (Les autres conditions sont que $\chi(n)$ ne dépend que du reste obtenu en divisant n par k et que $\chi(n) = 0$ si n et k ont un facteur commun.)

Les fonctions de la forme $L(s,\chi)$, où s est un nombre réel supérieur à 1 et χ un caractère, sont connues sous le nom de « fonctions L de Dirichlet ». La fonction zêta de Riemann en est un cas particulier, obtenu lorsqu'on choisit $\chi(n) = 1$ pour tout n.

Après Dirichlet, les mathématiciens utilisèrent les fonctions L (en les généralisant aux cas où la variable s et les caractères $\chi(n)$ peuvent être des nombres complexes) pour démontrer un ensemble de résultats concernant les nombres premiers, montrant ainsi que les fonctions de Dirichlet constituent un puissant outil pour étudier les nombres premiers.

Un résultat clé concernant les fonctions L est que l'on peut les exprimer, comme c'était le cas pour la fonction zêta, comme un produit infini pris sur tous les nombres premiers (produit que l'on appelle parfois produit d'Euler) :

$$L(s,\chi) = \frac{1}{1-(\chi(2)/2^s)} \times \frac{1}{1-(\chi(3)/3^s)} \times \\ \times \frac{1}{1-(\chi(5)/5^s)} \times \frac{1}{1-(\chi(7)/7^s)} \times \cdots$$

(à condition que la partie réelle de s ne soit pas négative), où le membre de droite est le produit de tous les facteurs de la forme

$$\frac{1}{1-(\chi(p)/p^s)},$$

p étant un nombre premier.

2
Les champs qui nous composent

La théorie de Yang-Mills et la hiérarchie de masse

Durant le XXe siècle, les physiciens ont fait d'énormes progrès dans leurs tentatives de répondre à l'une des questions les plus anciennes et les plus fondamentales : de quoi sommes-nous faits, de quoi tout ce qui compose l'univers est-il fait ? Toutefois, au fur et à mesure qu'ils avançaient dans leurs recherches, ils durent émettre des hypothèses sur les solutions de certains problèmes mathématiques. Ces hypothèses, comme leurs conséquences, furent validés par des résultats expérimentaux et des observations, ce qui conforta les chercheurs quant à la validité globale de leur théorie. Cependant, pour les mathématiciens, les progrès rapides de la physique représentent un énorme défi : celui d'établir les fondements mathématiques qui leur correspondent. La solution à ce deuxième problème du millénaire constituerait un pas important dans ce sens et permettrait d'étoffer notre compréhension de la nature de la matière. Cela place ce problème en première ligne dans la longue quête de l'humanité pour comprendre le monde qui nous entoure — cette quête s'appuyant de manière cruciale sur les mathématiques depuis deux mille ans.

Dieu géomètre

Les Anciens pensaient que le monde était constitué à partir de quatre éléments fondamentaux : la terre, l'eau, l'air et le feu. Précurseur de la théorie atomique encore en vigueur au XXe siècle, dans le *Timée*[1], le philosophe grec Platon proposait, en 350 avant J.-C., de considérer ces quatre éléments comme un agglomérat de solides minuscules. Il avançait que ces quatre éléments, telles des briques élémentaires de la matière, devaient avoir des formes géométriques parfaites, plus précisément celles des cinq solides réguliers qui ont tant fasciné les mathématiciens grecs — ces formes parfaitement symétriques sont le tétraèdre, le cube, l'octaèdre, le dodécaèdre et l'icosaèdre (voir la figure 2.1).

Le feu étant le plus léger et le plus « aigu » des éléments, disait Platon, il devait être constitué de tétraèdres. Étant le plus stable, l'élément terre devait être composé de cubes. L'eau, parce qu'elle est la plus mobile et la plus fluide, devait être faite d'icosaèdres, celui des cinq solides qui roule le plus facilement. Quant à l'air, il disait assez mystérieusement que « l'air est à l'eau ce que l'eau est à la terre » et en déduisait, tout aussi mystérieusement, que l'air devait donc être constitué d'octaèdres. Finalement, pour prendre en compte le dernier solide régulier, il proposa que le dodécaèdre représente la forme de l'univers dans son entier.

Bien que les détails de la théorie de Platon aient été rejetés comme trop fantaisistes, ses postulats philosophiques

[1] Platon, *Timée – Critias*, Flammarion, coll. « GF Flammarion », Paris, 1999.

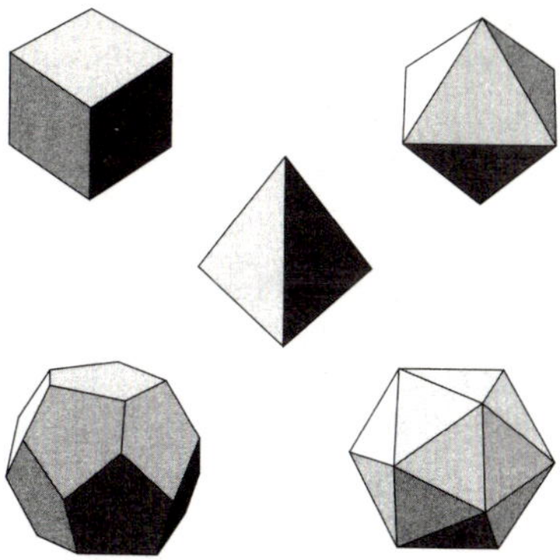

Figure 2.1 – Les cinq solides réguliers de la géométrie grecque classique : le tétraèdre (quatre faces triangulaires), le cube (six faces carrées), l'octaèdre (huit faces triangulaires), le dodécaèdre (douze faces pentagonales) et l'icosaèdre (vingt faces triangulaires). Chacune des faces est un polygone régulier dont les côtés sont de même longueur et les angles égaux.

sont les mêmes que ceux qui motivent la science d'aujourd'hui. L'univers est construit d'une manière très ordonnée, que l'on peut comprendre grâce aux mathématiques. Aux yeux de Platon et de beaucoup d'autres, Dieu devait certainement être géomètre. Ou, comme l'écrivit au XVIIe siècle le grand physicien italien Galilée : « Pour comprendre l'univers, vous devez connaître le langage dans lequel il est écrit. Et ce langage, c'est celui des mathématiques. »

Persuadé que le monde était construit selon des principes mathématiques, Platon choisit simplement comme particules fondamentales les éléments mathématiques les plus parfaits que l'on connaissait à l'époque. C'était la preuve (que l'on trouve dans les *Éléments* d'Euclide) qu'il existe précisément cinq solides réguliers — objets solides dont les faces sont des polygones identiques avec des angles égaux et qui s'assemblent en formant des angles égaux.

Pas plus tard qu'au XVIIe siècle, l'astronome Johannes Kepler, qui découvrit la formule mathématique décrivant le mouvement des planètes autour du Soleil, fut de même séduit par l'élégance mathématique des solides réguliers. À cette époque, on connaissait six planètes : Mercure, Vénus, la Terre, Mars, Jupiter et Saturne. Quelques années auparavant, Copernic avait supposé que toutes ces planètes tournaient sur des orbites circulaires centrées sur le Soleil (Kepler démontrera plus tard que ces orbites ne sont pas des cercles, mais des ellipses). Partant de la suggestion de Copernic, Kepler élabora une théorie censée expliquer pourquoi il existait exactement six planètes et pourquoi leurs distances par rapport au Soleil avaient les valeurs que lui et d'autres astronomes avaient mesurées peu auparavant : parce que, disait-il, entre chaque paire d'orbites adjacentes (imaginez les orbites comme des cercles autour d'une balle sphérique flottant dans l'espace), il doit être possible d'ajuster de manière très précise un solide régulier imaginaire, chaque solide n'apparaissant qu'une seule fois.

Après quelques tentatives, il parvint à trouver un arrangement de solides réguliers et de sphères qui convenait : la sphère extérieure (sur laquelle se déplace Saturne) contenait un cube ; dans ce cube s'inscrivait à son tour la sphère de l'orbite de Jupiter qui contenait un tétraèdre au sein duquel se trouvait la sphère sur laquelle se déplaçait la planète Mars ; le dodécaèdre inscrit dans la sphère de l'orbite de

Mars contenait la sphère de l'orbite terrestre, au sein de laquelle se trouvait l'icosaèdre contenant la sphère de l'orbite de Vénus ; finalement, l'octaèdre inscrit dans la sphère de l'orbite de Vénus contenait lui-même une dernière sphère, celle de l'orbite de Mercure. La figure 2.2 présente l'illustration minutieuse de cette théorie réalisée par Kepler lui-même.

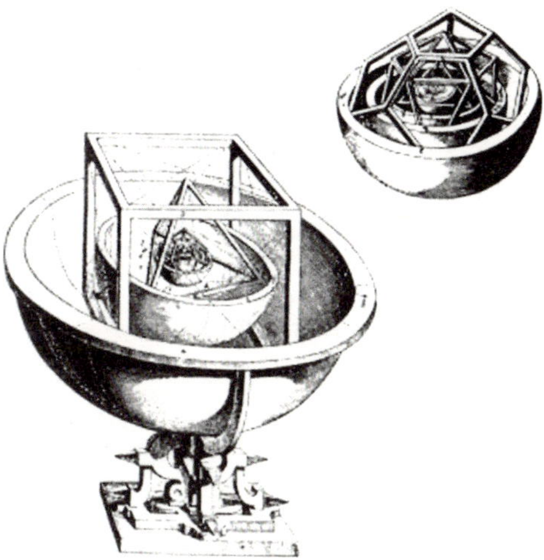

Figure 2.2 – Dessin, réalisé par Kepler, d'un modèle décrivant sa théorie selon laquelle les six planètes connues sont disposées suivant un agencement précis des cinq solides réguliers.

Bien évidemment, Kepler se trompait complètement. Les sphères ne correspondaient pas parfaitement aux orbites planétaires. Kepler ayant lui-même produit une grande partie des données concernant ces orbites, il devait certainement avoir conscience de ces incohérences, et il tenta d'ajuster au mieux son modèle en prenant des sphères de différentes épaisseurs, sans expliquer pour autant ces différences. Quoi qu'il en soit, on sait aujourd'hui qu'il n'existe pas six planètes, mais huit (et même neuf en comptant Pluton).

Malgré tout, Kepler, comme Platon, avait utilisé le principe philosophique qui demeure, encore aujourd'hui, à l'origine de toutes les théories scientifiques et selon lequel ce sont les lois mathématiques qui sous-tendent l'univers.

Au début du XXe siècle, la théorie de la matière alors admise était la théorie atomique, selon laquelle tout est constitué d'atomes, sortes de « systèmes solaires » miniatures dans lesquels un certain nombre d'électrons (les « planètes ») orbitent autour d'un noyau central (le « soleil »). Durant une brève période, Dieu a pu en effet paraître géomètre.

Si ce système des « atomes planétaires » reste aujourd'hui encore un modèle dans l'esprit du plus grand nombre, sa vie comme théorie scientifique fut extrêmement brève. En une vingtaine d'années, les chercheurs observèrent certains phénomènes qui les conduisirent à l'abandonner ou à grandement la modifier. Pour la remplacer, ils trouvèrent une explication mathématiquement beaucoup plus compliquée, connue sous le nom de « théorie quantique ». Elle fut développée dans les années 1920, autour d'un principe qui stipule qu'il existe pour la matière une incertitude fondamentale : si l'on choisit de s'intéresser à une seule particule, un électron par exemple, on s'aperçoit qu'on ne peut en aucun cas connaître simultanément sa position *et* son impulsion — plus on a de précision sur l'une des deux, plus l'autre devient incertaine. On ne peut décrire mathématiquement le comportement de l'électron qu'à l'aide de la théorie probabiliste, théorie développée au XVIIe siècle par un groupe de mathématiciens européens dans le but d'aider leurs riches patrons à gagner au jeu ! Bien que la théorie quantique soit aujourd'hui très largement acceptée, lorsqu'elle vit le jour, sa nature probabiliste conduisit Albert Einstein à la rejeter en objectant que « Dieu ne joue pas aux dés avec l'univers ».

Aujourd'hui, la loupe quantique permet d'étudier la matière à une échelle bien plus fine encore que celle des électrons, et propose qu'absolument tout dans notre monde procède de replis et de vagues minuscules de l'espace-temps (ce qui nécessite encore davantage de nouvelles mathématiques). Ces avancées théoriques conduisirent l'écrivain Margaret Wertheim à affirmer : « De nos jours, Dieu n'est plus géomètre : il fait des origamis. »

Le point commun entre Platon, Kepler, Einstein et les défenseurs de la théorie quantique ou de la théorie des cordes est la conviction que l'on ne peut comprendre les fondements de l'univers qu'à l'aide des mathématiques. Parfois, les progrès des mathématiciens prennent le pas sur ceux des physiciens. De nos jours, ce sont les mathématiciens qui tentent de rattraper leur retard.

La situation n'a rien de nouveau. Il est déjà arrivé que les scientifiques proposent des théories nécessitant de nouvelles mathématiques. Au XVIIe siècle, les recherches d'Isaac Newton dans les domaines de la mécanique (le mouvement des planètes et celui des objets sur la Terre) et de l'optique l'avaient conduit à développer le calcul différentiel. Plus récemment, les travaux d'Einstein ont conduit à une approche de la gravitation s'appuyant sur une nouvelle forme de géométrie développée soixante ans plus tôt par le mathématicien Bernhard Riemann comme une simple curiosité sans utilité particulière. Cela provoqua un développement massif de cette géométrie et son adoption rapide par les principaux courants de la recherche mathématique. La théorie quantique a, elle aussi, nécessité l'établissement de nouvelles branches des mathématiques connues sous les noms d'« analyse fonctionnelle » et de « théorie de la représentation linéaire des groupes ».

Le deuxième des sept problèmes du millénaire est une énigme précise, que les mathématiciens devront résoudre afin de relever le défi lancé par les physiciens. Cette énigme requiert l'élaboration d'une nouvelle branche des mathématiques qui, si l'on en croit les chercheurs, nous aidera à progresser dans notre compréhension de la matière. Le nom que le Clay Institute a donné à ce problème est « théorie de Yang-Mills et hiérarchie de masse ». C'est très clairement un problème de mathématiques, mais pour comprendre sa signification et ses origines, nous devons faire un détour par la physique.

Le Saint-Graal de la physique moderne

Au XVIIe siècle, Isaac Newton avait bien compris la physique des phénomènes connus du quotidien — en particulier les forces et le mouvement. La physique newtonienne permet de prédire le temps que mettra un objet à tomber au sol, par exemple. C'est également cette physique qui a permis au cosmonaute d'*Apollo*, Neil Armstrong, de marcher sur la Lune et d'en revenir. Mais on sait depuis longtemps déjà qu'elle ne permet pas de décrire les phénomènes dans lesquels les distances mises en jeu dépassent la taille des galaxies, et qu'elle est également fausse dans le monde subatomique, où les distances sont de plus en plus courtes.

À l'aube du XXe siècle, les physiciens proposèrent de nouvelles théories pour appréhender ces deux mondes « extrêmes », de l'extrêmement grand et de l'extrêmement petit. La théorie de la relativité d'Einstein décrit l'univers aux échelles astronomiques supérieures à la taille des galaxies et la théorie quantique décrit le monde microscopique à une échelle subatomique.

Ces deux théories ont connu un énorme succès et chacune s'appuie sur un nombre considérable de preuves issues de l'expérience et de l'observation. En outre, bien que l'une et l'autre soient différentes de la théorie newtonienne, on peut considérer cette dernière comme une approximation de chacune d'elles (permettant de décrire le monde à l'échelle intermédiaire, celle à laquelle on le perçoit). La relativité comme la théorie quantique peuvent, quant à elles, prétendre offrir une description plus précise des rouages de l'univers. Et pourtant, elles se contredisent l'une l'autre : chacune est complètement fausse dans le domaine où l'autre fonctionne.

Or la plupart des physiciens étudient l'univers *soit* à très grande échelle, celle des étoiles, des galaxies et au-delà (les astrophysiciens utilisent la théorie de la relativité), *soit* à très petite échelle, celle des atomes et en deçà (les physiciens des particules utilisent la théorie quantique). Ainsi, les contradictions qui opposent ces deux théories constituent rarement un frein. Mais cela peut arriver.

Là où le conflit éclate à coup sûr, c'est à l'intérieur des trous noirs, où l'effondrement gravitationnel de la matière engendre une région qui, en termes de comportement physique, concerne à la fois les échelles les plus petites et les plus grandes. Il n'est donc pas surprenant que nous ne disposions d'aucune théorie qui permette de décrire correctement ce qui s'y passe. Les tentatives pour combiner théorie quantique et théorie relativiste conduisent à des équations dont les solutions sont infinies, et donc dénuées de sens. Pour des raisons analogues, les physiciens ne sont pas encore parvenus à expliquer précisément ce qui a eu lieu pendant le big bang, au moment de la création de notre univers, lorsque toute la matière qui le compose était condensée dans une région minuscule.

Le conflit entre relativité générale et théorie quantique apparaît également lorsque les physiciens étudient la nature de la matière aux plus petites échelles possibles. Si l'on en croit les théories actuelles, les particules fondamentales, qui sont les ingrédients de la théorie quantique (comme les électrons, les quarks et les bosons fondamentaux), ne sont en fait que des « fluctuations d'énergie dans l'espace-temps ». L'étude de ces constituants fondamentaux et de leurs propriétés fait usage de la célèbre formule d'Einstein $E = mc^2$, qui établit (*dans le cadre de la théorie relativiste*) l'équivalence entre matière et énergie.

Clairement, le conflit fondamental entre relativité générale et théorie quantique est une indication sérieuse que ni l'une ni l'autre ne peut prétendre au titre de théorie ultime de la matière. Après tout, les étoiles, les planètes et les galaxies (les objets pour lesquels la théorie de la relativité fonctionne si bien) sont elles aussi composées des particules subatomiques que la théorie quantique décrit avec tant d'élégance. Donc, si l'on doit un jour comprendre réellement l'univers, il nous faudra trouver une *superthéorie* unique, dont la théorie quantique et la relativité générale seront chacune une approximation. Mais quelle est cette théorie ? Les physiciens la cherchent depuis l'époque d'Einstein, mais, jusqu'à présent, leurs efforts sont restés vains. Et l'obsession de certains de ceux lancés à la recherche de cette théorie unifiée de la matière a été telle que l'on a qualifié cette quête de « Saint-Graal » de la physique moderne.

Comme nous le verrons sous peu, il s'agit de trouver un cadre unique permettant d'expliquer ce que l'on considère maintenant comme étant les quatre (et seulement quatre) forces fondamentales : les forces électromagnétique, gravitationnelle, nucléaire forte et nucléaire faible (nous en dirons un peu plus sur chacune d'elles par la suite). À ce jour, la théorie de la relativité générale d'Einstein permet de décrire la gravitation, tandis que la théorie quantique fournit les principes permettant de comprendre les deux forces nucléaires et la force électromagnétique. La théorie ultime tant recherchée propose une unique *superforce* dont ces quatre forces fondamentales seraient chacune un cas particulier. La « GUT » (pour l'anglais *Grand Unified Theory*), ou unification de l'électromagnétisme avec les forces nucléaires, est une première étape vers cette théorie ultime.

Depuis 1925 environ, l'essentiel de la recherche d'une théorie unificatrice porte sur le développement d'une extension de la théorie quantique que les physiciens appellent « théorie quantique des champs » (ou « QFT » pour l'anglais *Quantum Field Theory*). La description de la matière qui en découle et qui constitue notre meilleure connaissance de la nature des matériaux composant l'univers, est généralement appelée « modèle standard de la physique des particules ».

Le physicien Edward Witten, de l'Institute for Advanced Study de Princeton, est l'un des chercheurs les plus actifs dans ce domaine. Son influence est si grande et ses travaux sont tellement en avance sur ceux de qui que ce soit, qu'on le compare souvent à Isaac Newton qui dominait largement la physique et les mathématiques du XVIIe siècle et dont les apports scientifiques sont encore aujourd'hui considérés comme remarquables. Pour décrire ces tentatives d'unification globale, Witten, citant le physicien italien Daniele Amati, a parlé de « théorie scientifique du XXe siècle qui utilise des mathématiques du XXIe siècle ». Amati entendait par là que la plupart des mathématiques sous-jacentes à ce domaine restaient à élaborer. Certains physiciens pourraient se montrer un peu durs vis-à-vis du retard des mathématiciens, mais en fait ils sont optimistes ! Une bonne part de la science de Newton dépendait des méthodes du calcul différentiel, qu'il a inventé pour l'occasion, mais qui n'a pu prétendre au statut de véritable théorie mathématique que deux cents ans plus tard !

La théorie de Yang-Mills, qui date des années 1950, constitue un premier pas vers une théorie unifiée. Le problème de la hiérarchie de masse est un problème mathématique précis issu du cadre de la théorie de Yang-Mills. Associés, ils forment le deuxième problème du millénaire. Pour comprendre ce problème et ses origines, nous remonterons jusqu'au début du XIXe siècle, à l'époque où les scientifiques tentaient de comprendre les propriétés d'un phénomène tout nouveau pour eux, qui deviendra essentiel dans la vie de l'homme moderne : l'électricité.

L'effet secondaire qui changea la face du monde

Un beau jour de 1820, lors d'une expérience faite devant des étudiants, le physicien danois Hans Christian Œrsted remarqua qu'une aiguille aimantée était déviée au passage du courant électrique dans un câble avoisinant. Ne s'agissait-il que d'un effet secondaire gênant, certes, mais qui se produisait systématiquement et qu'il convenait simplement d'ignorer ? Œrsted décida de ne pas le considérer comme tel… et cette décision eut des conséquences fondamentales. Peu de temps après, il présenta ses observations à l'Académie royale des sciences du Danemark en tant que découverte scientifique. Il semblerait qu'il y ait, avança-t-il, un rapport entre magnétisme et électricité.

L'année suivante, le Français André Marie Ampère fit une découverte semblable. Il observa que deux câbles parallèles traversés par un courant électrique se comportent comme des aimants. Lorsque les courants qu'Ampère envoie dans les deux câbles vont dans la même direction, les câbles s'attirent ; lorsqu'ils sont dirigés dans des directions opposées, les câbles se repoussent. Dix ans plus tard, en 1831, le relieur anglais Michael Faraday et l'Américain Joseph Henry découvrirent, de manière indépendante, l'effet inverse : lorsqu'ils plongent une bobine de câble dans un champ magnétique alternatif, un courant électrique est induit dans la bobine.

La conclusion s'impose : malgré toutes les différences qui les opposent, électricité et magnétisme semblent intimement liés et, d'une certaine manière, interchangeables.

Ayant eu vent de ces observations, le grand physicien anglais William Thomson (Lord Kelvin) se demanda si la force électrique et la force magnétique ne seraient pas deux manifestations différentes d'un même phénomène. Ayant récemment établi une théorie mathématique du mouvement des fluides, Thomson suggéra que l'on puisse décrire le magnétisme et l'électricité d'une manière analogue, comme deux aspects d'une même force. Mais une force agissant sur quoi ? Dans le cas des fluides, les forces qui engendrent le flux agissent sur le fluide lui-même. Mais qu'est-ce qui pourrait « porter » la force qui engendre électricité et magnétisme ?

Une idée ancienne proposait que l'espace était imprégné d'une substance continue appelée « éther ». On supposait ce dernier uniformément réparti et au repos dans l'espace, formant une sorte de toile de fond constante sur laquelle se déplacent étoiles et planètes, et traversée par la chaleur et la lumière. Thomson proposa l'idée qu'électricité et magnétisme proviennent d'une sorte de « champ de force » qui se trouverait dans l'éther. Le concept de champ de force n'a rien de compliqué : on est en présence d'un champ de force, ou même plus simplement d'un champ, chaque fois qu'une force agit en tout point d'une région de l'espace.

Pour le comprendre, il suffit d'imaginer un jacuzzi. En y déplaçant notre main ou notre corps, nous sentons les différentes intensités de la force de l'eau, provenant de directions diverses. En tout point s'exerce une force (un flux d'eau) que l'on peut sentir, et dont l'intensité et la direction changent d'un point à un autre et aussi éventuellement dans le temps. Les forces variant d'un endroit à un autre, parler simplement de « force de l'eau » n'aurait aucun sens. Un physicien ou un mathématicien parleraient plutôt d'un *champ* de force, celui-ci synthétisant l'ensemble de toutes les forces en chaque point.

Prenons un autre exemple, en rapport direct avec le sujet qui nous occupe : dans les cours de physique du lycée, les élèves ont l'occasion d'observer les « lignes de champ » de la force magnétique en saupoudrant de limaille de fer une feuille cartonnée posée sur un aimant. Lorsqu'on tapote doucement le carton, les particules métalliques dessinent des courbes suivant les lignes, invisibles, de la force magnétique (voir la figure 2.3). La limaille de fer illustre ce qu'est un champ de force — plus précisément, elle permet de visualiser une coupe en deux dimensions du champ tridimensionnel.

En général, on a un champ de force dès lors qu'une force spécifique s'exerce différemment en chaque point d'une région donnée, l'intensité et la direction de la force variant avec la position (le plus souvent de manière continue, sans interruption). Si l'on devait se déplacer dans ce champ, la

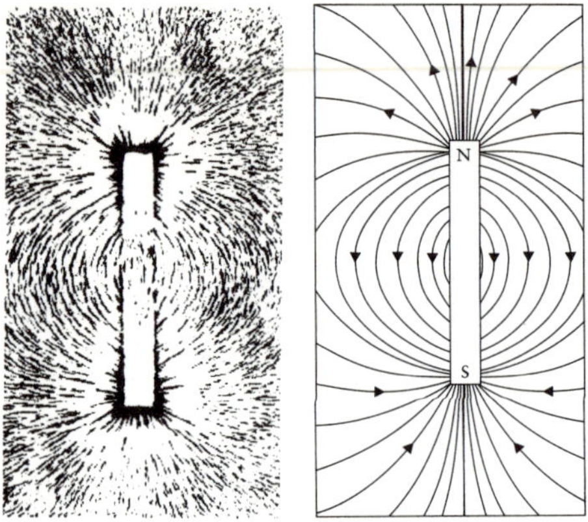

Figure 2.3 – Plaçons une feuille cartonnée saupoudrée de limaille de fer sur un aimant. En la tapotant doucement, on observe que les particules métalliques forment le dessin des lignes, invisibles autrement, de la force magnétique, dévoilant une carte du champ de force magnétique engendré par l'aimant.

force que l'on subirait varierait d'un point à un autre, en intensité comme en direction. En outre, dans de nombreux cas, la force en chaque point varie également dans le temps. Les mathématiciens étudient les champs de force en formulant des équations qui précisent l'intensité et la direction de la force en chaque point (et éventuellement aussi à chaque instant). La structure mathématique ainsi obtenue s'appelle un « champ de vecteurs ». Un vecteur est une grandeur dotée à la fois d'une intensité et d'une direction, comme une vitesse ou une force.

Maxwell… et la lumière fut

Dans les années 1850, le mathématicien écossais James Clerk Maxwell décida d'approfondir la suggestion de Thomson selon laquelle les forces électrique et magnétique seraient deux facettes d'un même phénomène. Quelque quinze années plus tard, il trouva la force unificatrice qu'il nomma « électromagnétisme ». Il publia ses résultats en 1865 dans un livre intitulé *Théorie dynamique du champ électromagnétique*.

Les formules que Maxwell a établies pour décrire le champ électromagnétique sont connues aujourd'hui sous le nom d'« équations de Maxwell ». Comme les équations de Navier-Stokes que l'on rencontrera au chapitre 4, il s'agit d'équations aux dérivées partielles. Elles décrivent le lien qui unit un champ électrique **E** et un champ magnétique **B**, où **E** est une fonction vectorielle qui, en chaque point et à chaque instant, donne la valeur du champ électrique (un vecteur) au point considéré et **B** est un champ de vecteur qui, en chaque point et à chaque instant, donne la valeur du champ magnétique (un vecteur également) au point considéré (on écrit souvent les vecteurs en caractères gras pour indiquer qu'ils ont à la fois une intensité et une direction).

En trouvant un cadre commun unifiant ce que l'on croyait auparavant être deux forces distinctes (électricité et magnétisme), Maxwell inaugura la quête d'une description unifiée des forces qui a guidé les pas de la physique fondamentale jusqu'à ce jour.

Les équations de Maxwell impliquent que, si l'on soumet un conducteur à un courant électrique alternatif, le champ électromagnétique, qui varie dans le temps avec le courant, se libérera du conducteur et se répandra dans l'espace sous la forme d'une onde électromagnétique dont la fréquence sera la même que celle du courant qui lui a donné naissance. Maxwell appela « onde » le flux électromagnétique pour la simple raison que les équations qui décrivent ce flux sont semblables à celles qui décrivent les ondes dans un fluide. Mais, comme nous le verrons, la question de savoir si le rayonnement électromagnétique est vraiment une « onde » se révélera à la fois plus subtile et beaucoup plus fondamentale.

Onde ou pas, Maxwell réussit à calculer la vitesse du flux électromagnétique ainsi créé, et trouva qu'elle valait environ 300 000 km/s (kilomètres par seconde). Cette valeur avait un petit air familier : elle était très proche de celle de la vitesse de la lumière. Si proche que Maxwell se demanda si ces deux vitesses n'étaient pas tout simplement les mêmes, ce qui le conduisit à proposer de considérer la lumière comme un rayonnement électromagnétique à des fréquences particulières. Si, à l'époque, tous les scientifiques n'acceptèrent pas immédiatement cette hypothèse, on sait aujourd'hui que Maxwell avait raison : la lumière est effectivement une forme de rayonnement électromagnétique.

On décrit généralement le rayonnement électromagnétique à l'aide de la fréquence de l'onde. Les ondes de plus basse fréquence sont les ondes radio, que l'on utilise pour transmettre les signaux radiophoniques et télévisuels. Aux fréquences plus élevées, on trouve les micro-ondes et le rayonnement infrarouge, invisibles par l'œil humain, mais que les objets quotidiens absorbent, si bien que l'énergie qu'ils leur transmettent les réchauffe. Puis vient la lumière, partie visible du spectre électromagnétique, avec le rouge aux plus basses fréquences, le violet aux fréquences les plus élevées et toutes les couleurs de l'arc-en-ciel (orange, jaune, vert, bleu, indigo) aux fréquences intermédiaires. À la fréquence suivant celle du violet, on trouve le rayonnement dit « ultraviolet », invisible par l'œil humain, mais néanmoins capable de noircir une pellicule photographique et observable à l'aide d'équipements spécialisés. Au-delà de l'ultraviolet se trouvent les rayons X, capables non seulement de noircir une plaque photographique, mais également de traverser la chair humaine — c'est la combinaison de ces propriétés qui a contribué à leur application médicale aujourd'hui si répandue. Enfin, à l'extrémité du spectre, se trouvent les rayons gamma, émis par les substances radioactives, également utilisés depuis quelque temps à des fins médicales.

Les équations de Maxwell ne donnèrent aucune réponse à la question de la nature précise du médiateur permettant aux ondes électromagnétiques de se propager. Bon nombre de scientifiques tentèrent de le détecter ou, plus précisément, d'étudier le mouvement de la Terre à travers ce milieu. Toutes ces tentatives, dont l'expérience bien connue d'Albert Michelson et Edward Morley en 1887, échouèrent. L'attention de tous les chercheurs se réorienta radicalement avec l'arrivée sur la scène scientifique d'un jeune homme travaillant dans un bureau des brevets suisse.

Einstein et la théorie de la relativité restreinte

En l'an 2000, le magazine *Time* décida d'élire le personnage le plus important du XXe siècle. Le lauréat, un homme d'origine allemande, avait commencé sa carrière en Suisse comme simple gratte-papier dans un bureau des brevets avant de devenir l'un des scientifiques les plus connus de la planète : il s'agissait d'Albert Einstein.

Né à Ulm en 1879, Einstein passa l'essentiel de son enfance à Munich, où il suivit sa scolarité. En 1896, il renonça à la nationalité allemande, marquant ainsi sa désapprobation à l'égard du militarisme allemand. Il demeura apatride jusqu'à ce qu'il obtienne la nationalité suisse, en 1901. Entre-temps, il s'était installé à Zurich et avait passé sa thèse (en 1905) à l'Institut polytechnique suisse. En janvier 1902, n'ayant pu décrocher aucun poste à l'université, il accepta un travail d'expert technique de troisième classe au bureau des brevets de Bern.

Trois ans plus tard, en 1905, il élabora sa fameuse théorie de la relativité restreinte, une avancée scientifique telle qu'il devint mondialement connu en quelques années. En 1909, il démissionna de son poste au bureau des brevets pour occuper un poste de professeur extraordinaire de physique à l'université de Zurich. Dix ans plus tard, sa théorie de la relativité générale se vit confirmée par l'expérience et, jusqu'à sa mort en 1955, il bénéficia d'une notoriété sans pareille au sein de la communauté scientifique.

Pour une première approche de la relativité restreinte, imaginons que nous soyons dans un avion qui vole de nuit, et dont les hublots ont été occultés de telle sorte que l'on ne puisse pas regarder à l'extérieur. En supposant qu'il n'y ait pas de turbulences, rien ne nous permet de nous rendre compte que l'avion est en mouvement. Nous pouvons nous lever et déambuler dans l'appareil, demander aux hôtesses et stewards de nous servir un café, tout a l'air aussi normal que si nous étions au sol. Et pourtant, on file dans les airs à plus de neuf cents kilomètres à l'heure. Comment se fait-il qu'en nous levant de notre siège, nous ne soyons pas projeté vers l'arrière de l'appareil ou que le café que l'on nous sert ne se répande pas sur notre chemise ?

La réponse à ces questions est que notre propre mouvement, comme celui de notre café, est relatif à celui de l'avion. L'intérieur de l'avion représente un cadre « stationnaire » (que les physiciens appellent « cadre de référence ») par rapport auquel nous et notre café nous déplaçons. De notre point de vue ou de celui des autres passagers, tout se passe comme si l'avion était au repos. Ce n'est qu'en ouvrant le store des hublots pour regarder à l'extérieur que l'on voit, tout en bas, les lumières se déplacer continûment vers l'arrière, et que l'on peut en déduire que l'appareil se déplace. On tire cette conclusion parce que l'on peut comparer deux systèmes de référence : le sol et l'avion.

Cet exemple montre que le mouvement est une notion relative : un objet bouge par rapport à un autre. Ce que l'on croit être un mouvement absolu est en fait un mouvement relatif dans le système de référence où l'on se trouve (et dont on a conscience). Cela étant, existe-t-il un référentiel *privilégié* — un référentiel « naturel » (comme celui de l'éther) ? Pour Aristote, la Terre était au repos et donc tout mouvement par rapport à notre planète était un mouvement « absolu ». Galilée, quant à lui, considérait tous les mouvements comme relatifs. Newton croyait en un « espace » fixe dans lequel tout était soit absolument immobile, soit en mouvement absolu. Einstein fit un pas supplémentaire. Tout d'abord, il abandonna l'idée d'un cadre fixe dans l'espace (et avec elle celle d'un éther stationnaire) et déclara simplement, comme Galilée, que tout mouvement devait être relatif. Selon Einstein, il n'y aurait aucun référentiel privilégié. Il partait donc du principe de relativité de Galilée.

À ce principe, Einstein ajouta une propriété très particulière du rayonnement électromagnétique : quel que soit le système de référence choisi, lorsqu'on mesure la vitesse de la lumière ou de toute autre forme de rayonnement électromagnétique, on trouve toujours la même valeur. Pour Einstein, seule la vitesse des ondes électromagnétiques était absolue, et en aucun cas une quelconque substance matérielle — comme l'éther — dans laquelle les ondes électromagnétiques se propageraient. En ajoutant l'invariance de la vitesse de la lumière à la relativité de Galilée, Einstein aboutit à la relativité restreinte.

Le choix de la constance de la vitesse de la lumière indépendamment du référentiel permit à Einstein de répondre à une autre question : quel sens donner à l'affirmation selon laquelle deux événements ont lieu au même instant ? Cette question pose problème lorsqu'elle concerne des événements séparés par de très grandes distances. Einstein résolut le problème de la simultanéité en déclarant que le temps n'est pas absolu, mais dépend du système de référence dans lequel on le mesure. Manifestement, l'analyse mathématique de l'univers commençait à entraîner les scientifiques sur un terrain de moins en moins intuitif...

Gravitation :
la théorie de la relativité générale

Malgré toute sa puissance, la théorie de la relativité restreinte d'Einstein ne s'applique qu'aux cas où des systèmes de référence (deux ou plus) se déplacent les uns par rapport aux autres à vitesse constante. En outre, bien que la théorie décrive la nature de l'espace et du temps, elle ne donne aucune indication sur les autres constituants fondamentaux de l'univers que sont la masse et la gravitation. En 1915, Einstein trouva un moyen de généraliser sa théorie de la relativité restreinte qui les prenne en considération. Il baptisa sa nouvelle théorie « théorie de la relativité générale ».

Ses fondements étaient posés par le « principe de relativité générale » : tous les phénomènes physiques se manifestent de la même manière dans tous les systèmes de référence, qu'ils soient en mouvement accéléré ou pas. Selon la relativité générale, un phénomène naturel engendré par la gravitation peut se produire dans un référentiel en l'absence de gravitation, pourvu que tout le système soit en mouvement accéléré. Gravitation et accélération sont donc interchangeables.

Pour illustrer le principe de relativité générale, reprenons le scénario du vol de nuit dans un avion dont les stores des hublots sont baissés. Si l'appareil accélère brusquement, nous sentons une force qui nous pousse vers l'arrière de la cabine. De même, si l'appareil décélère rapidement (lorsqu'il atterrit par exemple), nous sommes soumis à une force dirigée vers l'avant de l'avion. Dans les deux cas, nous percevons l'accélération ou la décélération comme une force. Puisque nous ne pouvons pas voir à l'extérieur, nous n'avons aucun point de repère pour observer l'accélération ou la décélération de l'appareil. Si nous n'en savions pas autant, nous pourrions être tentés de déduire de nos mouvements soudains vers l'avant ou vers l'arrière qu'ils sont dus à une force mystérieuse. Nous pourrions même décider d'appeler « gravitation » cette force étrange...

La confirmation de la théorie d'Einstein fut spectaculaire. L'une de ses conséquences, assez surprenante *a priori*, est que la lumière doive se comporter comme si elle était pourvue d'une masse. En particulier, les ondes lumineuses doivent être assujetties à la gravitation. Ainsi, lorsqu'un rayon lumineux passe à proximité d'un objet de masse élevée, comme une étoile par exemple, le champ gravitationnel de celui-ci est censé dévier ce rayon lumineux. En 1919, l'astronome britannique Sir Arthur Eddington observa la position d'étoiles de l'amas des Hyades durant une éclipse solaire et trouva qu'elle était « fausse ». L'explication était que le Soleil courbait les rayons lumineux provenant de ces étoiles, provoquant un décalage entre position réelle et position apparente. Le décalage mesuré correspondait exactement à celui prévu par la théorie d'Einstein. La conclusion était donc incontournable : bien que la théorie de la gravitation et du mouvement des planètes de Newton ait permis de décrire avec une bonne précision les phénomènes du quotidien (comme l'établissement de calendriers lunaires ou de tables des marées), lorsqu'on en arrive à des calculs astronomiques plus précis, la théorie d'Einstein est beaucoup plus exacte.

La théorie de la relativité générale offre plus qu'une simple prédiction des effets gravitationnels à l'échelle astronomique. Elle permet également d'expliquer la nature même de la gravitation. Or, aussi étrange que cela puisse paraître, cette explication est géométrique. Si l'on en croit Einstein, n'importe quel solide ou n'importe quoi qui ait une masse ou de l'énergie courbe l'espace-temps. Cet effet, que les mathématiciens appellent « courbure », est d'autant plus important que l'on se trouve dans le voisinage immédiat de l'objet et diminue lorsqu'on s'en éloigne. Cette courbure est responsable de la force attractive qu'exercent deux objets l'un sur l'autre. Autrement dit, dans le langage d'Einstein, ce que l'on appelle « gravité » n'est rien d'autre qu'une simple (manifestation de la) courbure de l'espace-temps occasionnée par la présence d'un objet. Plus l'objet est gros et massif, plus la distorsion qu'il crée dans l'espace-temps environnant, et donc la force gravitationnelle qu'il exerce, sera importante. Plus on s'éloigne de l'objet, plus la distorsion s'atténue : la force gravitationnelle décroît à mesure que l'on s'éloigne de sa source.

Aussi importante soit-elle, la théorie de la relativité d'Einstein ne lui valut pas le prix Nobel. Il l'obtint toutefois, en 1921, mais en récompense de sa contribution aux premiers développements de la théorie même qui entra en conflit avec la relativité générale : la théorie quantique.

Théorie quantique : matière, qui es-tu ?

La relativité générale décrit la structure géométrique de l'univers et montre comment la matière en subit l'influence et influe elle-même sur cette structure, mais elle ne répond pas à la question de savoir ce qu'*est* la matière. Pour résoudre ce problème, les physiciens durent élaborer une nouvelle théorie : la théorie quantique.

Comme nous l'avons déjà mentionné, au début du XXe siècle, le point de vue le plus largement partagé concernant la structure de la matière était celui d'atomes semblables à des systèmes solaires miniatures, constitués d'électrons, particules légères, en orbite autour d'un noyau, beaucoup plus lourd et lui-même composé de deux types de particules fondamentales : les protons et les neutrons. Chaque proton porte une unité de charge électrique positive, chaque électron une unité de charge négative ; c'est l'attraction électromagnétique entre ces charges positives et négatives qui maintient les électrons sur leur orbite autour du noyau. Cette représentation est toujours utile ; les chimistes, par exemple, en font usage régulièrement depuis plus de soixante-dix ans, mais on sait aujourd'hui qu'elle est trop simpliste.

La question qui se pose tout naturellement est de savoir ce que sont exactement ces particules fondamentales — électrons, protons et neutrons — qui composent les atomes. Telle était, dans les années 1920, la motivation des physiciens Niels Bohr, Werner Heisenberg et Erwin Schrödinger. Dans leurs tentatives pour y répondre, ils devaient prendre en compte des résultats expérimentaux plutôt étranges, l'un d'eux étant que la lumière semblait se comporter, selon les circonstances, soit comme une onde continue, soit comme un flux de particules discrètes. Ils parvinrent à trouver une solution — la théorie quantique —

qui, en résolvant certaines des énigmes, introduisait un aspect qui semblait en contradiction directe avec l'idée scientifique fondamentale d'un univers gouverné par le principe de cause à effet : elle introduisait un aspect aléatoire dans les fondements mêmes de la physique.

La première étape majeure sur le chemin de la théorie quantique provint d'une tentative réalisée vers la fin du XIXe siècle pour résoudre une énigme posée par la théorie de l'électromagnétisme de Maxwell. Selon cette théorie, l'énergie totale engendrée dans un « corps noir » (une boîte scellée ne laissant pas s'échapper la lumière et dont les parois sont chauffées au rouge) devrait être infinie. En effet, les parois chauffées émettent du rayonnement électromagnétique à toutes les fréquences possibles (soit une infinité), et la théorie classique prévoit que la contribution de chaque fréquence à l'énergie totale augmente avec la fréquence. En 1900, le physicien allemand Max Planck proposa une solution à ce problème : il fit l'hypothèse que l'énergie n'était émise ou absorbée que par petits « paquets » indivisibles qu'il appela « quanta ». Il postula que l'énergie de chaque quantum véhiculé par une onde électromagnétique donnée est proportionnelle à la fréquence de l'onde : à fréquence plus élevée, énergie plus élevée. Cela suffit à résoudre le problème de l'énergie totale infinie, car Planck démontra que, dans ce cas, la contribution de chaque fréquence à l'énergie totale diminue aux hautes fréquences : le total est fini.

Planck calcula le facteur de proportionnalité entre l'énergie et la fréquence de l'onde — ce facteur est connu sous le nom de « constante de Planck ». Parce que ce nombre est minuscule (il vaut $6{,}626 \times 10^{-34}$ joule-seconde, où le joule est une unité de mesure du travail fourni), la nature discrète de l'énergie n'apparaît pas dans les phénomènes du quotidien. Mais le calcul par Planck de l'énergie totale du four noir (ou « corps noir ») coïncida avec les résultats expérimentaux, ce qui assura un grand crédit à sa théorie. Ses travaux furent récompensés en 1918 par le prix Nobel de physique. Malgré tout, Planck ne parvint pas à répondre à la question de savoir *pourquoi* l'énergie est discrète.

C'est Einstein qui résolut cette énigme en 1905, en trouvant l'explication d'un autre phénomène étrange, connu sous le nom d'« effet photoélectrique » (c'est ce résultat qui lui valut son prix Nobel). En 1887, le physicien allemand Heinrich Hertz avait remarqué que, lorsqu'on irradie du métal avec des radiations électromagnétiques (de la lumière), celui-ci émet des électrons, et de façon surprenante : lorsqu'on augmente l'intensité de la lumière, le nombre des électrons émis augmente également, mais leur énergie reste la même alors qu'au contraire, si la fréquence de la lumière augmente (c'est-à-dire si sa couleur va du rouge vers le violet), l'énergie des électrons émis augmente.

Pour expliquer ce phénomène, Einstein proposa que l'onde lumineuse soit en fait constituée de paquets d'énergie discrète — par la suite baptisés « photons » —, l'énergie de chaque photon étant proportionnelle à la fréquence de l'onde (leur rapport étant donné par la constante de Planck). Lorsqu'un photon doté d'une énergie suffisante frappe le métal, il peut en extraire un électron. Le nombre d'électrons ainsi délogés dépend du nombre de photons énergétiques, et donc de l'intensité de la lumière.

L'énergie des électrons libérés dépend de l'énergie des photons qui les ont heurtés, et donc de la fréquence (c'est-à-dire de la couleur) de la lumière.

Cette nouvelle représentation de la lumière proposée par Einstein fournit une explication à la suggestion de Planck selon laquelle l'énergie d'une onde électromagnétique serait véhiculée par des quanta. Ces petits paquets d'énergie, les quanta de Planck, sont les photons qui, si l'on en croit Einstein, composent l'onde.

L'idée que la lumière puisse être constituée d'un flux de particules n'était pas nouvelle : Newton avait déjà proposé cette explication au XVIIe siècle. Ce qui était nouveau dans la proposition d'Einstein, c'était que les photons ne composent pas un courant, mais une onde.

Mais que signifie « les particules composent une onde » (j'avais promis que cette question réapparaîtrait) ? Nous dirons prudemment que c'est là une affirmation que personne n'a jamais vraiment réussi à éclaircir. Richard Feynman, l'un des pionniers de la théorie quantique moderne, fit un jour la remarque suivante[2] :

> « Il y eut un temps où tous les journaux prétendaient qu'il n'y avait que douze hommes pour comprendre la théorie de la relativité. Je ne crois pas que ce fut jamais le cas. Il y eut un temps, peut-être, où un seul homme l'avait comprise, car avant d'écrire son papier, il était le seul à l'avoir saisie. Mais après avoir lu son article, beaucoup de gens comprirent la théorie

[2]Richard Feynman, *La Nature de la physique*, Le Seuil, coll. « Points Science », Paris, 1980, p. 154.

de la relativité, d'une façon ou d'une autre, sûrement plus de douze. Par contre, je crois pouvoir dire à coup sûr que personne ne comprend la mécanique quantique. »

Avec la mécanique quantique, les physiciens doivent faire le deuil de leurs intuitions et se fier aux mathématiques pour savoir ce qui se passe. Jusqu'alors, les mathématiques n'étaient qu'une façon parmi tant d'autres d'appréhender le monde ; mais, avec l'avènement de la théorie quantique, les mathématiques devinrent notre *seul moyen de le comprendre.*

Par exemple, la lumière est-elle une onde (une vague continue sur l'éther) ou un flux de particules discrètes fusant dans l'espace ? Lorsqu'on étudie la lumière en laboratoire, elle se comporte tour à tour comme l'un ou l'autre. Face à ce comportement, la seule manière pour les scientifiques de progresser dans leurs recherches sur le rayonnement électromagnétique fut de s'appuyer sur les mathématiques. Et ces dernières les entraînèrent dans un royaume très étrange, qui ne ressemblait en rien à ce que l'on peut observer dans la vie de tous les jours. Si l'on en croit les mathématiques, le comportement ondulatoire de la lumière est la conséquence d'une incertitude inhérente à la matière elle-même (photons inclus).

La théorie quantique nous impose d'abandonner l'image familière de la particule (électron ou photon) à laquelle nous pouvons associer, à chaque instant, une position et une vitesse données. L'information la plus précise que nous puissions obtenir sur la position et la vitesse d'une particule est une distribution de probabilité, qui nous indique la *tendance* qu'aura la particule à se trouver dans un état donné : la probabilité qu'elle se trouve à tel endroit avec telle direction et que la vitesse de son mouvement ait telle valeur. Au lieu d'une particule occupant un « point » donné dans l'espace avec une vitesse particulière, nous devons maintenant imaginer une sorte de brouillard sur une certaine région de l'espace (sans frontière précise) au sein duquel peut se trouver la particule. Et cela ne dépend pas de la précision de nos mesures : l'incertitude est un aspect fondamental de la réalité physique[3].

À ce stade, faisons une petite pause pour revenir sur le modèle, apparemment simple, décrivant l'atome comme un système solaire miniature, modèle détrôné par la théorie quantique.

Les forces de la nature

On sait que c'est la force électromagnétique qui maintient les électrons sur leur orbite autour du noyau : c'est elle qui fait que les particules de charges opposées s'attirent mutuellement. Mais qu'est-ce qui assure la cohésion des protons au sein du noyau ? Les charges identiques se repoussant, qu'est-ce qui empêche le noyau d'exploser ? Il doit régner une certaine force (une force importante)

[3]Du point de vue mathématique, la particule est décrite par une fonction d'onde Ψ qui, à chaque point x de l'espace-temps, associe un vecteur $\Psi(x)$ dont l'intensité représente l'amplitude des oscillations et dont la direction donne la phase. Le carré de l'intensité de $\Psi(x)$ donne la probabilité que la particule soit au voisinage de ce point x de l'espace-temps.

pour permettre la cohésion du noyau. Les physiciens la nomment « force nucléaire forte », ou « interaction forte ». Et effectivement, elle doit être forte pour maintenir les protons au sein d'un même noyau. D'un autre côté, elle ne peut opérer que sur de très courtes distances, de l'ordre de la taille du noyau, puisqu'elle n'agit pas sur les protons contenus dans les noyaux des autres atomes. Si c'était le cas, toute la matière de l'univers imploserait (et nous avec) !

La force nucléaire forte est censée être une force fondamentale de la nature, au même titre que la gravitation et la force électromagnétique. De même que le photon est le plus petit constituant du champ électromagnétique (le messager de la force électromagnétique), des particules fondamentales, appelées « gluons », sont les messagers de la force nucléaire forte.

En fait, les physiciens pensent qu'il existe une quatrième force fondamentale. En effet, pour expliquer la désintégration nucléaire des éléments radioactifs comme l'uranium, il doit exister un deuxième type de force nucléaire permettant aux protons de se séparer : il s'agit de la « force nucléaire faible ». Les particules messagères de cette force s'appellent les « bosons faibles » (ou « bosons de jauge »).

Les deux forces nucléaires sont des forces de courte portée, leurs effets étant limités aux noyaux des atomes. La force forte est attractive ; la force faible est répulsive ou attractive selon les circonstances. Autant la force forte est extrêmement intense, autant la force faible, comme son nom l'indique, l'est beaucoup moins. Ce n'est que lorsque le noyau contient suffisamment de nucléons que la combinaison de leurs forces faibles devient suffisante pour conduire à sa désintégration.

À ce point, les plus sceptiques pourraient penser qu'il reste d'autres forces naturelles à découvrir. Bien que l'on ne puisse pas éliminer cette éventualité avec certitude, les physiciens pensent que ce n'est pas le cas. Tout les porte à croire que la gravitation, la force électromagnétique et les forces nucléaires faible et forte sont les seules qui existent. Une théorie complète de la matière se doit de prendre en compte ces quatre forces.

Seule une description quantique des champs — ce que l'on appelle « théorie quantique des champs » ou « QFT » pour l'anglais *Quantum Field Theory* — fera l'affaire, pourvu qu'elle inclue les champs des quatre forces fondamentales de la nature (y compris la gravité, pour laquelle il n'existe pas de QFT). Les approches traditionnelles de la théorie quantique, comme l'esquisse que j'en ai donné plus tôt, se limitent généralement à la théorie telle qu'elle fut conçue dans les années 1920, que l'on appelle souvent « mécanique quantique ». Cette théorie s'appuie sur le concept de particule. En *mécanique* quantique, le comportement d'une particule est décrit par une équation unique, bien comprise, l'équation de Schrödinger

$$i\hbar\frac{\partial\Psi}{\partial t} = H\Psi,$$

où Ψ est la fonction d'onde, H le hamiltonien, $\hbar$ la constante de Planck et $i = \sqrt{-1}$. N'ayez aucune inquiétude si tout cela n'a aucun sens pour vous : je ne mentionne cette équation que pour indiquer qu'une équation aux dérivées partielles suffit à résumer tout ce que les physiciens ont besoin de savoir (vous pourrez la comparer à la forme vectorielle de l'équation de Navier-Stokes donnée au chapitre 4). Le point essentiel à retenir, c'est que les mathématiciens ont quelques difficultés à manipuler ce type d'équations. Les premières avancées en mécanique quantique ont certes conduit à des résultats difficiles à appréhender pour l'esprit humain, mais les mathématiques correspondantes avaient l'avantage d'être plutôt simples.

En théorie quantique des champs, la matière est elle aussi considérée comme une sorte de champ. L'image classique de particules matérielles occupant un espace bien délimité n'est plus adaptée, même si on la modifie pour prendre en compte l'incertitude inhérente à une position et un état donnés. En fait, la théorie postule l'existence d'un champ quantique sous-jacent, un médiateur continu imprégnant tout l'espace. Les « particules » de la terminologie classique deviennent alors des « densités locales » — des concentrations d'énergie — du champ quantique. En QFT, les mathématiques deviennent beaucoup plus difficiles et une bonne part d'entre elles n'a pas encore été éclaircie ! La découverte en 1973 d'une propriété appelée « liberté asymptotique » (d'une théorie de jauge quantique non abélienne), dont je dirai quelques mots en temps voulu, a permis aux physiciens de comprendre quels types de résultats les mathématiques *devraient* fournir (et parmi eux la hiérarchie de masse). Mais jusqu'à présent, personne n'a la moindre idée quant à la manière de prouver ces conjectures.

Notons à ce propos que la théorie de l'électromagnétisme de Maxwell est un exemple de *théorie de champ classique* (c'est-à-dire non quantique) puisqu'elle considère l'électromagnétisme non pas comme un flux de particules (les photons), mais comme un champ. Ainsi, il n'y a rien d'intrinsèquement compliqué dans le fait d'utiliser les mathématiques pour décrire des champs. C'est la tentative d'associer les idées de la théorie quantique à celles de la théorie des champs qui engendre ces difficultés.

Cette vision de la matière comme une sorte de propriété d'un champ d'espace-temps a des conséquences étonnantes. L'une d'elles est la prédiction de l'antimatière : à chaque particule est associée une antiparticule dotée de la même masse mais d'une charge électrique opposée. Puisque matière et antimatière ne peuvent coexister (si une particule et une antiparticule entrent en contact, elles s'annihilent aussitôt mutuellement), le fait que les physiciens n'aient alors pas encore découvert l'antimatière en laboratoire n'avait rien de surprenant. Aussi, lorsque le physicien Paul Dirac, pionnier de la mécanique quantique, prédit en 1931 l'existence de l'antimatière, sa proposition fut accueillie avec un certain scepticisme. Mais on put bien vite observer pour la première fois l'antiparticule de l'électron (nommée « positron ») au sein des rayons cosmiques. La suggestion de Dirac fut la première d'une série de prédictions qui se révélèrent exactes dans le domaine de la théorie quantique.

Fait intéressant, bien que la théorie quantique des champs représente un véritable défi pour l'intuition humaine, l'idée mathématique centrale qui a guidé les chercheurs sur sa voie — et dont ils sont convaincus qu'elle finira tôt ou tard par les conduire à la GUT tant recherchée —

réside au cœur de notre sens de l'esthétique : il s'agit du concept de symétrie.

Les symétries de la nature

Dans le langage de tous les jours, on dit d'un objet qu'il est « symétrique » s'il affiche une certaine forme d'équilibre. Par exemple, on qualifie de symétrique un visage humain parce que son côté gauche ressemble au droit, simplement inversé. On dit d'une fleur ou d'un flocon de neige qu'ils sont symétriques parce que, vus du dessus, chaque partie ressemble à celle qui lui fait face (voir la figure 2.4). Mathématiquement parlant, on dit d'un objet qu'il est « symétrique *par rapport à une transformation donnée* » si l'objet, après cette transformation, ressemble exactement à ce qu'il était au départ. Ainsi, le visage humain est symétrique par rapport à l'inversion droite/gauche parce qu'il est (presque) le même lorsqu'on intervertit les parties droite et gauche. C'est pour cette raison qu'une photo de nous ressemble de très près à notre image dans un miroir. Une fleur ou un flocon de neige présentent une symétrie centrale parce qu'ils sont identiques à l'objet obtenu lorsqu'on intervertit chacun de leurs points avec celui qui est diamétralement opposé. Un carré est symétrique par rapport aux rotations de 90° autour de son centre, car il garde le même aspect si on le tourne d'un angle droit autour de ce point.

Les mathématiciens du XIXe siècle découvrirent que l'ensemble de toutes les symétries d'un objet donné (autrement dit la collection de toutes les transformations qui

Figure 2.4 – Un flocon de neige est symétrique par rapport à son centre.

laissent l'objet inchangé) possède des propriétés structurelles intéressantes, indépendantes de l'objet considéré. En particulier, cet ensemble est doté d'une certaine « arithmétique » (on peut « additionner » deux symétries d'un même objet pour obtenir une troisième symétrie, et cette « addition » possède certaines des propriétés bien connues de l'addition des nombres ordinaires).

Les mathématiciens baptisèrent « groupes » les ensembles dotés de ce nouveau type d'arithmétique et, au fil des années, construisirent une nouvelle branche des mathématiques dévolue à leur étude : la « théorie des groupes » (je vous invite à consulter l'appendice à la fin de ce chapitre, où vous trouverez une brève introduction à cette théorie ; nous la rencontrerons à nouveau dans d'autres chapitres du présent ouvrage). Elle représente aujourd'hui une part importante du cursus universitaire de tout mathématicien. Comme nous le verrons sous peu, c'est également un outil important en physique.

On appelle « groupe de symétries » d'un objet donné l'ensemble de ses symétries. La connaissance des propriétés arithmétiques de ce groupe est riche d'informations sur l'objet lui-même (sur sa forme ou certaines de ses propriétés par exemple). Les objets auxquels on peut appliquer la théorie des groupes ne sont pas nécessairement des objets physiques (comme les visages, les fleurs ou les flocons de neige), mais ils peuvent être des objets mathématiques abstraits (comme des équations ou des champs de force).

À l'aube du XXe siècle, les physiciens commencèrent à comprendre que bon nombre de leurs lois de conservation provenaient de certaines symétries au sein de la structure de l'univers. Par exemple, de nombreuses propriétés physiques sont invariantes par translation et par rotation. Ainsi, le résultat d'une expérience ne dépend pas de l'endroit où est situé le laboratoire, ni de l'orientation de ses appareils. Ces invariances impliquent les lois classiques de conservation de l'impulsion et du moment angulaire.

La mathématicienne allemande Emmy Noether a prouvé que ce résultat est général : toute loi de conservation peut être considérée comme le résultat d'une symétrie ; de ce fait, elle est associée à un groupe (le groupe de symétries correspondant) qui décrit les symétries vérifiées en chaque point de l'espace-temps. C'est le cas, par exemple, de la loi classique de conservation de la charge électrique. Il en va de même pour les lois de conservation en physique quantique, telles que la conservation des propriétés de « spin » ou d'« étrangeté ».

Un tour de force

En 1918, le mathématicien Hermann Weyl entreprit d'utiliser la notion de symétrie pour unifier la relativité générale et l'électromagnétisme. Son idée était de miser sur le fait que le champ électromagnétique possède certaines symétries mathématiques laissant les équations inchangées. Par exemple, les équations de Maxwell sont invariantes par rapport aux changements d'échelle, ce qui est une forme de symétrie. Pour exploiter cette caractéristique, Weyl considéra le champ électromagnétique comme une distorsion de la longueur relativiste qui se produit lorsqu'on se déplace sur une courbe fermée. Pour l'écrire sous une forme mathématique, il dut attribuer un groupe de symétries à chaque point de l'espace-temps quadridimensionnel.

L'idée initiale de Weyl était bonne, mais sa mise en application ne fonctionnait pas parfaitement. Avec l'avènement de la théorie quantique et la description en termes de fonctions d'onde, le problème devint plus clair. Ce n'était pas tant l'échelle qui était importante dans les équations de Maxwell que la phase. Weyl n'avait donc pas étudié la bonne symétrie, ni le bon groupe de symétries ! La symétrie clé du champ électromagnétique se révéla être ce que l'on connaît maintenant sous le nom de « symétrie de jauge », ce qui signifie que la forme des équations du champ reste la même si les potentiels électromagnétiques sont multipliés par certains facteurs de phase quantique, encore appelés « jauge ». Dans la vie de tous les jours, une jauge, c'est bien connu, sert à mesurer. De même qu'on peut percevoir le champ de force dans un jacuzzi en déplaçant sa main dans l'eau, on peut également — au moins en principe — se faire une idée du champ de la force électromagnétique en y déplaçant une sorte de « jauge de mesure ». Il convient de préciser que la symétrie en question étant une invariance de jauge, cela implique que les changements de jauge sont inobservables.

Ainsi naquit le domaine de recherches, devenu extrêmement important, des « théories de jauge », parmi lesquelles le groupe de symétrie associé à chaque point de l'espace-temps fut baptisé du nom de « groupe de jauge ».

Lorsqu'il s'intéressa aux changements d'échelle, Weyl travaillait avec le groupe de symétries correspondant à la multiplication des réels positifs. Lorsqu'il passa des changements d'échelle aux changements de phase, le groupe fondamental des équations de Maxwell devint le « groupe unitaire à une dimension », noté U(1), que l'on peut considérer comme l'ensemble des rotations du plan.

Dans la veine des travaux de Weyl, les physiciens parvinrent ensuite à réexprimer la théorie de Maxwell comme une théorie de jauge. Leur stratégie pour transformer la théorie de Maxwell en théorie de champ quantique incluant une ou plusieurs forces nucléaires (et peut-être même la gravitation) consista à remplacer le groupe de jauge U(1) par un groupe de symétries plus compliqué en sorte que la théorie du champ résultante puisse tout d'abord être celle d'un champ quantique et qu'elle puisse également prendre en compte les champs des forces fondamentales. Il parvinrent à mener à bout cette généralisation (sauf pour la gravitation) en plusieurs étapes, chacune ayant été couronnée d'un prix Nobel.

La première date des années 1930, lorsque Paul Dirac et quelques autres élaborèrent une nouvelle théorie, remarquablement précise, baptisée « électrodynamique quantique » (ou « QED » pour l'anglais *Quantum Electrodynamics*). La QED offrait une description quantique de l'électromagnétisme, ce qui en faisait essentiellement une version quantique de la théorie de Maxwell. Dans les années 1940, Richard Feynman, Julian Schwinger, Sin-Itiro Tomonaga, Freeman Dyson et d'autres physiciens développèrent des méthodes puissantes pour effectuer des calculs de grande précision dans le cadre de cette théorie. Cette dernière devint la théorie scientifique la plus précise jamais développée, avec des calculs théoriques en accord avec les mesures relevées en laboratoire jusqu'à la onzième décimale (une précision jusqu'ici inégalée, dans quelque domaine scientifique que ce soit). Pour ces travaux, Feynman, Schwinger et Tomonaga reçurent le prix Nobel en 1965.

La deuxième étape importante fut la formulation, en 1954, d'un analogue quantique des équations de Maxwell par les physiciens Chen-Ning Yang et Robert Mills. Dans un éclair de génie, Yang et Mills remplacèrent le groupe U(1) par ce que l'on appelle aujourd'hui un « groupe de Lie compact » (ensemble de transformations rigides d'un espace complexe multidimensionnel). Les équations de Maxwell sont entièrement classiques, c'est-à-dire non quantiques, tandis que les équations de Yang-Mills possèdent les deux facettes : classique ou quantique. Ainsi, la théorie de Yang-Mills permit d'élaborer une description de la matière en termes de champs quantiques qui généralise la QED.

Les équations de Yang-Mills font appel à des mathématiques plus compliquées que la théorie de Maxwell. En particulier, le groupe U(1) associé aux équations de Maxwell est « abélien » (c'est-à-dire commutatif : on peut effectuer deux rotations successives, dans l'ordre que l'on veut, sans changer le résultat). Mais ce n'est pas le cas du groupe qu'utilisèrent Yang et Mills : leur théorie de jauge est « non abélienne ». Or la non-commutativité rend les mathématiques autrement plus compliquées[4].

S'inspirant de la théorie de Yang-Mills, les physiciens en quête de la théorie unifiée tant espérée tentèrent d'utiliser des théories de jauge non abéliennes. L'idée générale, souvenons-nous, était de trouver le bon groupe de jauge, celui qui permette de décrire les deux forces nucléaires et la force électromagnétique.

Le premier problème qui se présente lorsqu'on tente d'utiliser une version quantique de la théorie de Yang-Mills pour unifier l'électromagnétisme avec les forces faible ou forte est que les équations classiques (non quantiques) de Yang-Mills décrivent des ondes de masse nulle se propageant à la vitesse de la lumière (de ce point de vue, les équations de Yang-Mills sont semblables aux équations de Maxwell). Toutefois, en mécanique quantique, chaque particule peut être considérée comme un certain type d'onde et ces masses nulles représentent donc un écueil important, les forces nucléaires étant connues pour être véhiculées par des particules pourvues d'une *masse non nulle*.

---

[4]Yang et Mills remplacèrent chaque composante des potentiels vecteurs électrique et magnétique des équations de Maxwell par une matrice.

En ce qui concerne la force faible, cette difficulté fut surmontée en 1967 par Sheldon Glashow, Abdus Salam et Steven Weinberg qui proposèrent une théorie de jauge dont le groupe de symétries porte le nom plutôt technique de SU(2)×U(1). Ils élaborèrent la théorie que l'on appelle « théorie électrofaible » et résolurent le problème de l'absence de masse en introduisant un champ supplémentaire, le champ de Higgs. Ce champ permet de réécrire la théorie de Yang-Mills comme une théorie de jauge avec des bosons de jauge possédant une masse non nulle. Les preuves s'accumulent en faveur de cette théorie électrofaible. Les expériences actuelles qui cherchent à détecter le boson de Higgs, porteur du champ de Higgs, apporteraient la dernière pièce du puzzle.

Non seulement la théorie électrofaible décrit à la fois la force électromagnétique et la force nucléaire faible, mais elle démontre également qu'à des énergies suffisamment élevées, comme celles qui régnaient aux premiers instants après le big bang, les deux forces ne faisaient qu'une, baptisée par les trois chercheurs « force électrofaible » (le processus par lequel cette force électrofaible se scinde en deux forces apparemment différentes s'appelant « brisure de symétrie »). Glashow, Salam et Weinberg reçurent le prix Nobel en 1979.

L'étape suivante fut la découverte, en 1973, d'une propriété remarquable de la théorie quantique de Yang-Mills appelée « liberté asymptotique », par David Gross et Franz Wilczek d'une part et, indépendamment, par David Politzer. Grossièrement, cette propriété stipule que l'interaction entre quarks et gluons s'atténue à courte distance (les quarks sont donc quasiment libres quand ils sont proches les uns des autres), les effets quantiques ne se manifestant qu'à plus grande échelle. Non seulement la liberté asymptotique permit d'expliquer certains résultats expérimentaux qui, sans elle, demeuraient mystérieux, mais elle conduisit à une théorie de champ quantique unique, incluant la force nucléaire forte, que Gross et Wilczek baptisèrent « chromodynamique quantique » (ou « QCD », pour l'anglais *Quantum Chromodynamics*).

La QCD est une théorie de jauge construite sur un autre groupe de symétrie, appelé SU(3). Les quarks sont des particules fondamentales de spin 1/2, semblables à l'électron par certains aspects, qui se combinent pour former les protons, les neutrons et plusieurs autres particules déjà bien connues. On avait par ailleurs déduit leur existence depuis longtemps, à partir de considérations théoriques et d'indices expérimentaux. Selon la QCD, les quarks peuvent prendre trois valeurs d'une charge appelée « couleur ». Ils interagissent entre eux en échangeant des gluons qui portent chacun l'une des huit paires de couleurs autorisées. Les gluons, dont la QCD avait prédit l'existence et les propriétés, furent plus tard mis en évidence expérimentalement, ce qui apporta une confirmation supplémentaire en faveur de cette théorie.

La deuxième énigme du millénaire

Le deuxième des sept problèmes mathématiques du millénaire provient des travaux qui ont donné naissance à la QCD. Comme pour l'électrodynamique quantique avant elle, nombre des prédictions de la QCD ont reçu une confirmation expérimentale avec une précision sans égale, si bien que les chercheurs sont convaincus d'être sur la bonne voie. Malgré cela, notre compréhension mathématique de cette théorie est loin d'être complète. Par exemple, personne n'a encore réussi à résoudre les équations de Yang-Mills (c'est-à-dire à obtenir une formule qui offre une solution générale à ces équations), et encore moins leurs généralisations. En fait, les chercheurs utilisent des équations pour formuler des règles de calcul des grandeurs clés de manière « approximative » (j'ai mis ce mot entre guillemets car, tout approximatives qu'elles soient, ces règles conduisent néanmoins à des prédictions d'une précision sans égale pour l'électrodynamique quantique, et voisine de 10 % pour la QCD).

Si l'on y réfléchit un moment, cela paraît insensé : la théorie scientifique la plus précise que l'on ait jamais élaborée s'appuie sur des équations que personne ne sait résoudre ! Le problème du millénaire concernant les équations de Yang-Mills pose un double défi à la communauté mathématique : il s'agit, d'une part, de trouver une solution à ces équations et, d'autre part, de confirmer une propriété technique de cette solution que l'on appelle « hiérarchie de masse ». Ce deuxième aspect du problème permettra de garantir que les mathématiques restent en accord avec les simulations numériques et le résultat des observations réalisées en laboratoire.

Wilczek, chercheur au MIT, est l'un des découvreurs de la liberté asymptotique et de la QCD dont on a parlé plus haut. Voici son opinion sur la question : « À mon avis, le cœur de ce problème est très simple et très concret : il s'agit de prouver, au sens mathématique du terme, que la superbe théorie que l'on appelle QCD, et dont on pense que les équations décrivent la nature des protons et des autres particules soumises à l'interaction forte, y compris leur masse, fait bel et bien l'affaire. Plus précisément, la théorie doit être capable du tour de passe-passe qui consiste à produire des particules possédant une masse à partir de constituants qui n'en n'ont pas. »

Le principal mécanisme responsable de la production de masse procède de la fameuse relation d'Einstein $E = mc^2$ qui donne, lorsqu'on l'inverse, $m = E/c^2$, ce qui implique que l'on peut obtenir une masse à partir d'énergie pure. Les expériences, les simulations numériques et quelques calculs théoriques ont conduit les physiciens à penser qu'il devrait exister une « hiérarchie de masse », c'est-à-dire que le plus bas niveau d'énergie des excitations du vide doit être non nul (autrement dit, qu'il n'existe pas de particule ou d'onde de masse nulle). Cette propriété de la hiérarchie de masse expliquerait alors pourquoi l'interaction forte est de si courte portée.

À ce jour, personne n'a réussi à donner une preuve mathématiquement rigoureuse de cette propriété. Le deuxième problème du millénaire contient une version mathématique soigneusement formulée de la conjecture de la hiérarchie de masse. Plus précisément, il consiste à prouver que :

> Pour tout groupe de jauge simple, compact, les équations quantiques de Yang-Mills dans un espace euclidien à quatre dimensions possèdent une solution qui prédit une hiérarchie de masse.

(Un groupe est dit « simple » si on ne peut pas le fabriquer, de quelque manière algébrique que ce soit, à partir d'autres groupes plus petits.) La solution à cette partie du problème représenterait en soi une avancée majeure non seulement pour la physique théorique, mais aussi pour la quête plus vaste du développement de la théorie quantique des champs en tant que théorie *mathématique* (et non uniquement physique).

Malgré ses origines physiques, le problème tel qu'il est formulé est essentiellement un problème mathématique. En effet, pour de nombreux physiciens, le problème est quasiment résolu. Wilczek précise : « Plus exactement, on a des indications directes de l'existence de certains des éléments fondamentaux de la théorie [QCD] (les quarks et les gluons), et des interactions élémentaires que postule la théorie. La plupart de ces indications proviennent d'études des jets de particules dans des processus à très haute énergie et de la comparaison entre l'observation de leurs propriétés et des calculs très précis issus de la QCD s'appuyant sur la propriété de liberté asymptotique. Un autre type de preuves est fourni par l'intégration directe des équations complètes grâce aux ordinateurs les plus puissants. Ces travaux répondent directement à la question du problème du Clay Institute et, à mon sens, en donnent même la solution. Non seulement nous savons qu'il existe une hiérarchie de masse, mais nous l'avons surtout calculée et comparée avec succès à la réalité. Bien sûr, je comprends que des résultats numériques, aussi convaincants et bien maîtrisés soient-ils, n'accèdent pas au statut traditionnel de preuves mathématiques. »

Si l'on en croit Arthur Jaffe, de l'université de Harvard, expert en mathématiques de la théorie quantique des champs et, jusqu'à récemment, directeur du Clay Institute, si l'on a choisi d'ériger le problème de la théorie de Yang-Mills au rang de problème du millénaire, c'est parce que la découverte de ses solutions devrait donner naissance à un nouveau domaine important des *mathématiques*, riche en connexions fondamentales avec notre compréhension actuelle de l'univers.

Edward Witten, convaincu que la série des problèmes du millénaire devrait comprendre au moins une énigme issue de la physique moderne, justifie ce choix du Clay Institute par ces mots[5] :

> « Quel serait le problème mathématique qui incarnerait le mieux le défi que représente la compréhension de la théorie quantique des champs ? On cherche un problème qui soit : a) essentiel à la physique, b) important pour les mathématiques, c) représentatif des difficultés inhérentes à la théorie quantique des champs. À mon sens, le problème à résoudre qui réunit ces conditions est le suivant : prouver l'existence et la hiérarchie de masse d'une théorie de Yang-Mills quantique sur Re^4, avec comme groupe de jauge un groupe de Lie G compact, simple et non abélien. »

[5]Edward Witten, *Physical Law and the Quest for Mathematical Understanding*, article présenté à l'université de Californie, à Los Angeles, en août 2000.

Witten considère ce problème du millénaire comme un défi majeur pour l'humanité. Lors d'une conférence donnée pendant l'été 2000, il a déclaré[6] : « L'histoire montre que la compréhension des sciences de la nature a toujours été une source d'inspiration importante pour les mathématiques. Aussi est-il frustrant qu'à l'aube du XXIe siècle, le cadre le plus important pour la description physique des lois naturelles ne soit pas accessible aux mathématiques. »

Selon Witten, les deux aspects du problème n'ont pas la même signification, et la recherche d'une solution générale aux équations de Yang-Mills « reviendrait essentiellement à donner un sens au modèle standard de la physique des particules ». Cela représenterait une avancée énorme pour les mathématiques, « un tournant dans nos efforts pour comprendre les mathématiques de la physique théorique du XXe siècle[7] ». Witten pense néanmoins que cette solution ne changerait pas grand-chose pour les physiciens qui, en ce qui les concerne, savent déjà que les équations fonctionnent et pourquoi.

La preuve de la conjecture de la hiérarchie de masse, quant à elle, réaliserait un pas de géant, aussi bien en mathématiques qu'en physique, car elle « fournirait un éclairage nouveau sur un aspect fondamental de la nature que les physiciens ne comprennent pas encore tout à fait[8] ».

Les enjeux ne sont donc pas des moindres. Quelles seraient vos chances à vous, lecteur, de résoudre ce deuxième

---

[6] *Ibid.*
[7] *Ibid.*
[8] *Ibid.*

problème du millénaire ? Elles semblent faibles... Si l'on en croit Witten, ce problème constitue « un bon défi pour le XXIe siècle, mais il est encore trop difficile pour le moment[9] ».

[9] *Ibid.*

Appendice

La théorie des groupes : les mathématiques de la symétrie

Les objets mathématiques connus sous le nom de « groupes » apparurent lorsque les mathématiciens s'attelèrent à l'étude des symétries. Dans le langage ordinaire, on dit d'un objet (un vase ou un visage, par exemple) qu'il est « symétrique » s'il a le même aspect lorsqu'on le regarde sous un angle différent, ou selon des côtés différents, ou encore lorsqu'on regarde son image dans un miroir. Comment préciser cela ? Qu'entend-on exactement quand on dit qu'un objet « a le même aspect sous des angles différents » ? Imaginons que nous examinions un objet posé devant nous et que nous le tournions d'un certain angle autour d'un axe ou d'un point donnés. Cet objet gardera-t-il le même aspect après cette opération ? Dans l'affirmative, nous dirons de l'objet qu'il est « symétrique » par rapport à cette manipulation particulière.

Prenons par exemple un cercle que nous faisons tourner autour de son centre d'un angle quelconque : la figure d'arrivée est exactement la même que celle du départ (voir la figure 2.5). On dit que le cercle est « symétrique par rapport à toutes les rotations autour de son centre ». Évidemment, à moins que l'angle de rotation ne soit égal à 360° (ou à un multiple de 360°), tout point sur le cercle changera de position : le cercle tourne, les points du cercle tournent, mais la figure reste néanmoins la même.

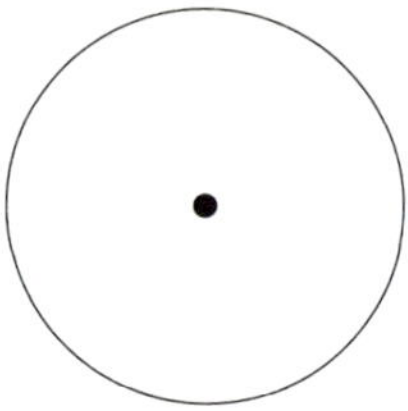

Figure 2.5 – Le cercle garde le même aspect après une rotation d'un angle quelconque autour de son centre.

Le cercle n'est pas seulement symétrique par rapport aux rotations autour de son centre, il l'est aussi selon les réflexions par rapport à l'un quelconque de ses diamètres. Cette réflexion correspond à l'interversion de chaque point du cercle avec le point correspondant situé du côté opposé par rapport au diamètre choisi. Sur une montre, par exemple, la réflexion par rapport au diamètre vertical échange le point des neuf heures avec le point des trois heures, le point des dix heures avec le point des deux heures, et ainsi de suite (voir la figure 2.6).

Le cercle est un cas particulier en ce sens qu'il possède un nombre infini de symétries. Le carré, quant à lui, en a moins. Si l'on tourne un carré de 90° ou de 180° dans l'une ou l'autre direction, il semble ne pas avoir bougé. Mais si on le tourne de 45°, on ne voit plus la même chose (les Anglo-Saxons parlent de *diamond* pour qualifier un carré ainsi tourné, qui correspond au « carreau » de nos cartes à

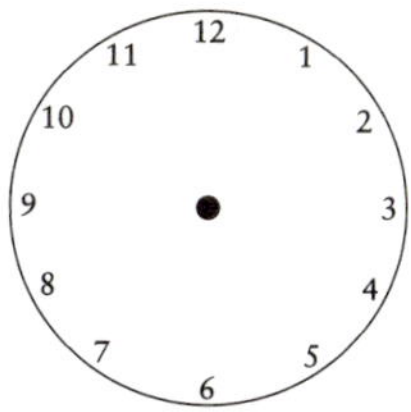

Figure 2.6 – Les symétries d'une montre.

jouer). Les réflexions par rapport aux axes passant par le centre et parallèles aux côtés laissent la figure carré invariante. On peut encore faire une réflexion par rapport aux deux diagonales. On voit sur la figure 2.7 que ces manipulations déplacent certains points du carré, mais comme dans le cas du cercle, la figure obtenue à la fin de l'opération garde exactement le même aspect qu'au départ (en position, forme et orientation).

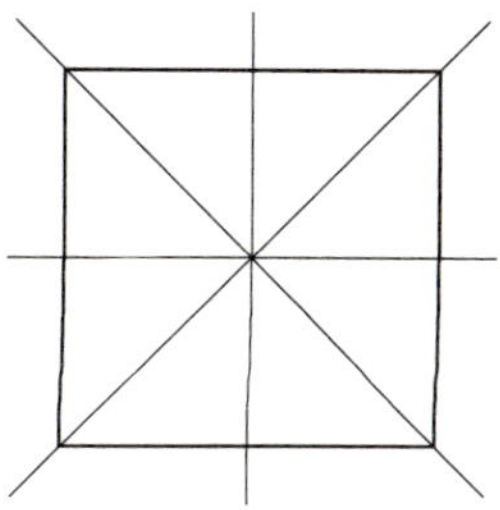

Figure 2.7 – Les symétries du carré.

Nous passons ainsi de l'idée courante que l'on se fait de la symétrie au concept plus précis de la symétrie par rapport à une manipulation particulière de l'objet. Plus le nombre de manipulations laissant l'objet inchangé (en position, forme et orientation) est élevé, plus celui-ci est « symétrique » au sens commun du terme.

Puisque l'on cherche à appliquer notre concept de la symétrie à autre chose qu'à des formes géométriques ou des objets physiques, il convient d'utiliser le terme « transformation » plutôt que « manipulation ». Une transformation s'applique à un objet donné (qui peut être un objet abstrait) et le transforme en quelque chose d'autre. La transformation peut être une simple translation (qui consiste à déplacer l'objet d'une position à une autre sans le tourner) ou une rotation (autour d'un point pour des formes à deux dimensions, d'un axe pour des objets à trois dimensions) ou encore une réflexion (par rapport à un axe pour une forme bidimensionnelle, à un plan pour une forme à trois dimensions). Cela peut également être une opération qui n'est généralement pas réalisable avec des objets concrets, comme la réduction ou l'étirement.

Le point clé de l'étude mathématique des symétries est de s'intéresser aux transformations des objets plutôt qu'aux objets eux-mêmes.

Pour un mathématicien, une symétrie est une transformation qui, lorsqu'on l'applique à une figure donnée, la laisse *invariante*, c'est-à-dire inchangée (en termes de position, de forme et d'orientation), même si certains points (voire tous) ont été déplacés.

Les motifs répétitifs d'un papier peint possèdent des symétries. Grâce aux mathématiques des symétries, on sait qu'il existe exactement dix-sept façons de produire un papier peint symétrique. Les transformations possibles — les symétries des motifs du papier peint — doivent s'appliquer sur l'ensemble du mur, pas seulement sur une partie de celui-ci. Voilà ce qui limite le nombre de symétries à dix-sept.

La démonstration de ce théorème implique un examen attentif de la manière dont on peut composer les transformations pour en produire de nouvelles, comme par exemple faire suivre une réflexion d'une rotation de 90° dans le sens inverse des aiguilles d'une montre.

Il se trouve qu'il existe des règles arithmétiques régissant la composition des symétries, tout comme il existe une arithmétique (celle que l'on connaît bien) pour les nombres. Dans le cas de l'arithmétique ordinaire, on peut additionner deux nombres pour en obtenir un troisième, ou multiplier ces deux nombres pour en obtenir un quatrième. Dans le cas de l'arithmétique des symétries, on peut composer deux symétries pour en obtenir une nouvelle, en effectuant les deux transformations l'une après l'autre. C'est l'ensemble de toutes les symétries d'un objet, associé à l'arithmétique qui permet de les composer, que les mathématiciens appellent « groupe de symétries » de l'objet.

Par exemple, le groupe de symétries d'un cercle est l'ensemble de toutes les rotations autour de son centre (d'un angle quelconque et dans l'une ou l'autre direction), de toutes les réflexions par rapport à n'importe quel diamètre, et de toutes les compositions de ces transformations. On appelle « symétrie de rotation » la propriété d'invariance du cercle par rotations autour de son centre et « symétrie de réflexion » l'invariance par réflexions par rapport à l'un de ses diamètres.

Par bien des aspects, les règles de l'arithmétique des groupes de symétries ressemblent à celles de l'arithmétique des nombres. Mais il existe néanmoins des différences intéressantes. La découverte, à la fin du XVIIIe siècle, de cette arithmétique aux règles étranges ouvrit la porte sur une myriade de résultats mathématiques passionnants avec des applications dans des domaines aussi variés que les mathématiques elles-mêmes, la physique, la chimie, la cristallographie, la médecine, l'ingénierie, les communications et la technologie informatique.

Puisque l'exemple est simple, j'utiliserai le groupe de symétries du cercle pour montrer comment on fait de l'arithmétique avec un groupe.

Soit S et T deux transformations du groupe de symétries du cercle. Le résultat de l'application de S d'abord, puis de T fait également partie du groupe de symétries : S et T laissant toutes deux le cercle invariant, il en va de même de l'application successive de ces deux transformations. Les mathématiciens notent $T \circ S$ cette double transformation. L'arithmétique de cette opération est semblable à celle de l'addition des nombres par trois aspects.

Premièrement, l'opération est associative : S, T, W étant trois transformations du groupe de symétries, on a :

$$(S \circ T) \circ W = S \circ (T \circ W).$$

Deuxièmement, il existe une transformation identité : elle ne modifie en rien toute transformation à laquelle elle est combinée. C'est la rotation à angle nul, notée I. Si on la combine à une quelconque transformation T, on a :

$$T \circ I = I \circ T = T.$$

L'identité I joue ici le même rôle que le nombre 0 pour les additions ordinaires ($x + 0 = 0 + x = x$ pour tout nombre x).

Troisièmement, toute transformation possède une transformation inverse : si T est une transformation du groupe, il existe une autre transformation S telle que l'application successive des deux revient à appliquer l'identité :

$$T \circ S = S \circ T = I.$$

L'inverse d'une rotation est une rotation du même angle, mais dans la direction opposée. L'inverse d'une réflexion est la réflexion elle-même. Pour obtenir l'inverse d'une combinaison finie quelconque de rotations et de réflexions, on prend, dans l'ordre inverse, la combinaison des rotations et réflexions qui produisent l'effet inverse : on commence par prendre l'inverse de la dernière de ces transformations, puis l'inverse de l'avant-dernière, puis celle de la précédente, et ainsi de suite.

L'existence des inverses est une autre des propriétés de l'addition des nombres entiers que l'on connaît bien : pour tout nombre entier m, il existe un entier n tel que $m + n = n + m = 0$. L'inverse de m n'est autre que son opposé, autrement dit, $n = -m$.

Tout ce que nous venons de voir pour les symétries du cercle vaut pour le groupe des symétries de n'importe quelle forme ou n'importe quel objet (et cela se vérifie aisément).

En général, dès lors qu'ils disposent d'un ensemble G d'entités quelconques (qui peut être l'ensemble de toutes les symétries d'une figure donnée, ou toute autre chose) et d'une opération $*$ permettant de combiner deux éléments x et y de l'ensemble G pour fabriquer un nouvel élément $x * y$ de G, les mathématiciens appellent cet ensemble « groupe » à condition que les trois conditions suivantes soient remplies :

G1. Pour tous x, y, z de G, $(x * y) * z = x * (y * z)$.

G2. Il existe un élément e de G tel que $x * e = e * x = x$ pour tout x de G.

G3. Pour tout élément x de G, il existe un élément y de G tel que $x * y = y * x = e$, où e est défini par la condition G2.

Ces trois conditions (qu'on appelle généralement les « axiomes de groupe ») ne sont autres que les propriétés d'associativité, d'identité et d'existence d'un inverse que l'on a mentionnées pour les combinaisons des symétries. Ainsi, l'ensemble de toutes les symétries d'une forme donnée constitue un groupe G pour l'opération $*$ correspondant à la composition de deux transformations.

Il est également clair que si G est l'ensemble des nombres entiers et l'opération $*$ l'addition, alors la structure résultante est également un groupe. De la même manière, si G est l'ensemble de tous les nombres rationnels (c'est-à-dire les nombres entiers et les fractions) à l'exception du zéro, et

$*$ la multiplication, alors on obtient encore un groupe. Pour le démontrer, il suffit de prouver que les conditions G1, G2 et G3 mentionnées ci-dessus sont vérifiées. Dans ce second exemple, l'élément identité de l'axiome G2 est le nombre 1.

L'arithmétique modulaire finie, qui sera présentée au chapitre 6, fournit (pour tout module choisi) un autre exemple de groupe.

Dans la branche des mathématiques connue sous le nom de « théorie des groupes », on étudie quelles autres propriétés des groupes découlent automatiquement de ces trois axiomes. Toute conséquence logique de G1, G2 et G3 vérifiée dans un groupe sera obligatoirement vraie dans tout groupe.

Par exemple, la condition G2 assure l'existence d'un élément identité. Dans le cas de l'addition des nombres entiers, un seul nombre, 0, répond à cette condition. Est-ce vrai pour tous les groupes ou est-ce un cas particulier de l'arithmétique des nombres entiers ?

En fait, on démontre que tous les groupes possèdent exactement *un* élément identité : si e et i étaient deux identités d'un même groupe, deux applications successives de la propriété G2 donneraient

$$e = e * i = i,$$

si bien que e et i sont nécessairement le même élément identité, qui est donc unique.

Cette dernière remarque implique qu'un seul élément e peut figurer dans la condition G3. Cela étant posé, on peut aller plus loin et montrer que, pour tout élément x de G, il existe un seul et unique élément y de G qui satisfasse à la condition G3.

Supposons que y et z soient tous deux reliés à x selon la relation G3, autrement dit, que

$$x * y = y * x = e, \qquad (1)$$

$$x * z = z * x = e. \qquad (2)$$

Alors on a :

$$\begin{aligned} y &= y * e && \text{(d'après la propriété de } e\text{)} \\ &= y * (x * z) && \text{(d'après l'équation (2))} \\ &= (y * x) * z && \text{(d'après G1)} \\ &= e * z && \text{(d'après l'équation (1))} \\ &= z && \text{(d'après la propriété de } e\text{).} \end{aligned}$$

Ainsi, y et z sont un seul et même élément.

Puisqu'il n'existe qu'un unique élément y de G relié à un élément x donné par la relation G3, on peut attribuer un nom à cet élément y : on l'appelle l'« inverse » de x et on le note souvent x^{-1}.

Une dernière remarque concernant les axiomes de groupe s'impose : quiconque connaissant quelque peu les lois de l'arithmétique des nombres pourrait se demander pourquoi nous n'avons pas inclus en tant que quatrième axiome la propriété dite de « commutativité » :

G4. Pour tous x, y de G, $x * y = y * x$.

Cette loi n'étant pas imposée, on doit faire figurer, dans les énoncés de G2 et G3, les opérations dans les deux sens, par exemple $x * e$ et $e * x$ dans l'énoncé de G2.

La raison pour laquelle les mathématiciens n'ajoutent pas cet axiome G4 est qu'il aurait pour conséquence d'exclure de nombreux groupes que les mathématiciens tiennent à prendre en compte. En écrivant G2 et G3 comme ci-dessus et en laissant de côté la loi de commutativité, le concept de groupe possède un champ d'application beaucoup plus vaste. Les groupes qui satisfont à la loi de commutativité sont appelés « groupes commutatifs » ou, parfois, « groupes abéliens », du nom du mathématicien norvégien Niels Henrik Abel.

3

Quand l'ordinateur échoue

Le problème P = NP

De tous les problèmes du millénaire, l'énigme « P = NP » est peut-être la seule susceptible d'être résolue par un « parfait amateur », éventuellement très jeune, sans guère d'entraînement mathématique et inconnu de la communauté des mathématiciens. Chacun des autres problèmes du millénaire est enfoui sous une épaisse couche de mathématiques que l'on doit maîtriser avant de pouvoir espérer s'y attaquer. Ce n'est pas le cas du problème P = NP, qui s'interroge sur l'efficacité des ordinateurs dans l'accomplissement de certaines tâches. Non seulement le problème est relativement facile à comprendre, mais il est possible qu'il suffise d'une bonne idée pour le résoudre[1]. On n'a pas forcément besoin d'une grande quantité de connaissances pour avoir une bonne idée, il suffit d'avoir de l'imagination.

---

[1]Notons tout de même que « possible » ne veut pas dire « probable ». Malgré la simplicité de la formulation du problème P = NP, je pense que, comme pour les autres problèmes du millénaire, une fois qu'il sera résolu, la solution sera explicitée par un mathématicien avec des techniques généralement inconnues d'un amateur, aussi motivé soit-il.

Mathématiques et ordinateurs

Aujourd'hui, pour la plupart des gens, un ordinateur est un outil de communication utile pour envoyer et recevoir des messages ou pour trouver des informations sur Internet. Mais ce n'était pas le cas des premiers ordinateurs. Comme leur nom anglais l'indique (*computer*), à l'origine, ils étaient conçus pour manipuler des nombres, pour faire des calculs (*compute*). En fait, ils proviennent de recherches théoriques — menées une quinzaine d'années avant leur développement technologique — sur le concept mathématique de « calculabilité ».

Dans les années 1930, plusieurs mathématiciens travaillant de manière complètement indépendante se penchèrent sur ce concept : qu'est-ce qu'un calcul *exactement*, et quelles fonctions de nombres naturels à valeurs entières positives peut-on effectivement calculer ? Non seulement ces recherches furent réalisées bien avant l'avènement de la technologie des ordinateurs modernes, mais en outre, le but de la démarche mathématique initiale n'était absolument pas de mener à bien des calculs, que ce soit à la main ou à l'aide d'une machine. En fait, la motivation des chercheurs pour cette question était purement mathématique.

L'intérêt suscité par la calculabilité fut accru par la découverte majeure que fit le mathématicien autrichien Kurt Gödel en 1931, en réponse au défi lancé trente ans plus tôt par le mathématicien allemand David Hilbert, dont la liste des principaux problèmes à résoudre a inspiré, nous l'avons vu, celle des problèmes du millénaire.

Hilbert était impressionné par le succès de la méthode mathématique dite « axiomatique », qui était devenue prédominante durant le XIXe siècle. Cette approche stipule que l'on peut poser les bases de n'importe quel domaine des mathématiques en formulant un ensemble de faits initiaux (les « axiomes »), duquel toutes les propriétés de ce domaine découlent ensuite par des déductions logiques. Ainsi l'idée de « vérité » peut-elle être ramenée à des énoncés « que l'on peut démontrer à l'aide des axiomes ». Cette vision des mathématiques fut proposée par les mathématiciens de la Grèce antique. En particulier, dans ses *Éléments*, écrits aux alentours de 300 avant J.-C., Euclide développa sa géométrie en commençant par écrire une liste de cinq axiomes, dont il déduisit un grand nombre de théorèmes.

Bien évidemment, le succès de cette méthode dépend du soin avec lequel on formule les axiomes. Pour mériter le statut d'axiome, une proposition mathématique devrait, idéalement, être relativement simple et suffisamment élémentaire pour être « de toute évidence vraie ». Ce n'est pas toujours facile. Les travaux d'Euclide en géométrie ont donné lieu à des siècles de débats autour de la validité de l'un de ses axiomes, connu sous le nom de « postulat des parallèles[2] ». On a objecté que cet énoncé était trop compliqué pour être considéré comme un axiome et, pendant des siècles, on a tenté à maintes reprises de le déduire d'autres hypothèses plus élémentaires. L'histoire de cette saga, qui a conduit à l'élaboration de plu-

[2]Le postulat des parallèles stipule que, si l'on se donne une ligne droite et un point en dehors de cette ligne, on peut tracer une ligne droite et une seule passant par ce point et parallèle à la droite initiale.

sieurs « géométries non euclidiennes » (proposant d'autres axiomes en remplacement du postulat des parallèles) a déjà été contée de nombreuses fois. Aussi n'irai-je pas plus loin dans cette voie, bien qu'il soit intéressant de savoir que la géométrie non euclidienne est exactement ce dont Einstein avait besoin pour ses théories décrites dans le précédent chapitre. Pour nous en tenir au sujet qui nous occupe ici, signalons plutôt que, lorsqu'on cherche à écrire une série d'axiomes, il peut se révéler très difficile d'identifier les énoncés élémentaires, « évidents en soi ». Euclide est passé à côté d'un certain nombre d'énoncés indispensables pour faire de la géométrie, et qu'il a utilisés tout au long de ses *Éléments*. Ce n'est qu'après l'examen minutieux mené par Hilbert à la fin du XIXe siècle qu'un ensemble complet d'axiomes pour la géométrie euclidienne fut mis en place.

Fort du succès de son entreprise, Hilbert affirma que l'on pourrait (et devrait) faire de même pour les autres branches des mathématiques. La recherche d'axiomes qui en découla fut baptisée « programme de Hilbert ».

Derrière ce programme se cache la supposition tacite que la méthode fonctionne. C'est-à-dire, rappelons-le, que dans quelque domaine des mathématiques que ce soit, il serait mathématiquement possible d'écrire un ensemble d'énoncés élémentaires (les axiomes) à partir desquels on pourrait déduire (en principe) tous les faits relatifs à ce domaine. En 1931, Kurt Gödel bouleversa l'univers des mathématiques en montrant que cette idée était fausse : il prouva que, dans toute branche des mathématiques incluant une arithmétique élémentaire (soit pratiquement tous les domaines des mathématiques), quel que soit le nombre d'axiomes que l'on se donne, il existe *toujours* des affirmations correctes que l'on ne peut pas déduire de ces axiomes. Ce résultat, qui a complètement anéanti le programme de Hilbert, est connu sous le nom de « théorème d'incomplétude de Gödel ». Exprimé dans le langage de tous les jours, il affirme que, même en déployant des trésors d'ingéniosité, un ensemble d'axiomes sera toujours incomplet (c'est-à-dire insuffisant pour démontrer tous les faits exacts). En mathématiques comme dans la vie quotidienne, certaines vérités restent fuyantes à tout jamais.

Gödel démontra ce résultat en trouvant comment remplacer des questions sur la démontrabilité par des questions équivalentes sur la calculabilité de certaines fonctions de nombres naturels à valeurs entières (voilà pourquoi ce théorème ne fonctionne que pour les domaines des mathématiques incluant une arithmétique). Il montra que, dans tout système basé sur des axiomes, il existe toujours certaines fonctions que l'on ne peut pas calculer dans le cadre de ce système. Pour ce faire, il dut développer une théorie formelle du concept de « fonction calculable ».

S'appuyant sur les travaux de Gödel, d'autres mathématiciens commencèrent à étudier le concept de calculabilité, pour tenter de voir quelles fonctions sont calculables et lesquelles ne le sont pas. Je me permets de préciser une nouvelle fois qu'aucun de ces mathématiciens, à l'époque, ne se souciait de mener quelque calcul que ce soit. Tout cela se faisait sans la moindre valeur numérique. Ce n'était qu'une étude purement théorique pour savoir quels calculs peuvent *en principe* être menés à bien.

Avec le recul, il est fascinant de voir des mathématiciens comme Stephen Kleene, Alan Turing et d'autres encore démontrer des théorèmes établissant la possibilité théorique de concevoir des machines *programmables* afin d'effectuer des calculs divers, et ce bien avant les premiers ordinateurs. Les idées théoriques développées dans les années 1930 et le début des années 1940 ont joué un rôle primordial pour les premiers développements des ordinateurs dans les années 1940 et 1950, et certains des mathématiciens ayant travaillé sur cette théorie (notamment Alan Turing et John von Neumann) ont participé activement au développement de ces nouvelles technologies.

Il se produisit alors un phénomène étrange : après avoir développé la théorie mathématique qui permit aux ordinateurs de voir le jour, après avoir contribué à l'élaboration des programmes des toutes premières machines, les mathématiciens se désintéressèrent complètement de leur création. Cela peut se comprendre aisément. Bien que le développement des technologies de l'informatique (les machines comme les programmes) nécessite l'utilisation de notations et de connaissances mathématiques, l'essentiel du travail à accomplir n'était pas fait de mathématiques en tant que telles. Aussi, la plupart des mathématiciens n'étaient-ils tout bonnement pas intéressés. Et quand on en vint à *utiliser* les ordinateurs, comme la grande majorité des mathématiciens travaillaient (comme c'est le cas aujourd'hui encore) sur des problèmes qui ne nécessitaient pas de calculs numériques lourds, les ordinateurs n'ont pas eu, pour eux, le retentissement que l'on a observé chez les physiciens ou les chimistes par exemple (la situation a changé quelque peu vers la fin des années 1980 avec l'avènement de systèmes informatiques sophistiqués capables de faire de l'algèbre, du calcul différentiel et d'autres calculs symboliques).

Quoi qu'il en soit, dès le début de cette histoire, certains mathématiciens s'intéressèrent aux possibilités d'utilisation des ordinateurs pour aider à la résolution de problèmes mathématiques, et un grand nombre de nouvelles branches des mathématiques virent le jour ou se développèrent grâce à l'avènement de l'informatique (par exemple, pour n'en citer que quelques-unes, l'analyse numérique, la théorie des approximations ou la théorie des systèmes dynamiques). Des mathématiciens s'intéressèrent également au concept de calculabilité dans le but d'optimiser l'utilisation des ordinateurs. Certains de ces travaux conduisirent à l'émergence d'une nouvelle discipline, l'informatique, avec des sous-disciplines comme les langages formels, l'algorithmique, les structures de données, l'intelligence artificielle ou l'analyse de la complexité. C'est à ce dernier domaine qu'appartient le troisième problème du millénaire. C'est surtout grâce à un jeune Américain, Stephen Cook, que cette question s'est vue accéder au statut de problème suprême en informatique théorique.

Le conte de Cook

Stephen Cook vit le jour en 1939 à Buffalo, dans l'État de New York. L'année de ses dix ans, sa famille déménagea à la campagne et s'installa dans une ferme près de la petite ville de Clarence, toujours dans l'État de New York, ville de Wilson Greatbatch, l'inventeur du stimulateur cardiaque. C'est la proximité de cette célébrité locale qui donna à Stephen l'envie de devenir ingénieur électricien. Après s'être mis en appétit en travaillant pendant l'été dans un atelier de Greatbatch (une ancienne grange reconvertie), où il soudait les transistors (tout nouvellement inventés) sur des circuits intégrés, Stephen partit étudier l'ingénierie électrique en 1957 à l'université du Michigan.

En première année, il choisit de suivre un cours de programmation informatique et fut séduit. Avec un ami, il écrivit un programme destiné à tester la conjecture de Goldbach, stipulant que tout nombre pair supérieur à 3 est une somme de deux nombres premiers (voir le chapitre 1). L'ingénierie électrique n'était déjà plus qu'un souvenir. Stephen choisit de se spécialiser en mathématiques : à l'époque, dans les années 1950, l'informatique n'existait pas en tant que discipline distincte, bien qu'un petit nombre de départements de mathématiques proposât des cours en rapport avec ce domaine. Cook suivit tous ceux qu'offrait l'université du Michigan. Il s'intéressa tout particulièrement à la solution de Turing au « problème de l'arrêt », qui affirme que l'on ne peut concevoir aucun programme capable d'analyser un autre programme dans le but de dire si ce dernier pourra s'arrêter au bout d'un temps fini.

Lorsqu'il fut diplômé de l'université du Michigan, en 1961, Cook alla à Harvard pour préparer une thèse en mathématiques. Il avait décidé d'étudier l'algèbre, mais il subit rapidement l'influence du logicien Hao Wang, qui enseignait à l'époque dans la division des sciences appliquées. Wang travaillait dans le domaine tout récent des démonstrations automatiques de théorèmes, un sous-domaine que John McCarthy a ambitieusement baptisé « intelligence artificielle ».

Toujours à Harvard, Cook découvrit les travaux révolutionnaires de Michael Rabin en « théorie de la complexité ». Cette dernière étudie les processus de calcul pour évaluer leur efficacité. Nous en saurons davantage un peu plus loin dans ce chapitre.

Après avoir soutenu sa thèse, en 1966, Cook accepta un poste à l'université de Californie, à Berkeley, où il passa quatre ans avant de partir, en 1970, pour l'université de Toronto (la ville qu'il habite encore aujourd'hui). Un an plus tard, il publia son article « The Complexity of Theorem Proving Procedures » (ou « De la complexité des procédures de démonstrations de théorèmes »), dans lequel il introduisait un nouveau concept théorique de son cru, appelé « NP-complétude ». Après cette découverte, Cook fut élu membre de la Société royale du Canada et membre de l'Académie des sciences américaine.

Le concept de NP-complétude offre aux chercheurs en analyse de la complexité un outil puissant pour étudier les étapes d'un calcul. Dans son article de 1971, Cook démontrait qu'un problème particulier de logique propositionnelle, obscur et artificiel, était NP-complet (et n'avait donc quasiment aucune chance de se voir résolu grâce aux ordinateurs). En quelques mois, Richard Karp, de l'université de Californie à Berkeley, découvrit vingt et un autres problèmes également NP-complets ; parmi eux, certains avaient des conséquences industrielles considérables. Depuis, la liste des problèmes NP-complets s'est allongée et en compte aujourd'hui plusieurs centaines, peut-être même plusieurs milliers, dont quasiment tous les calculs qui intéressent particulièrement l'industrie. Cela surprit Cook lui-même qui, plusieurs années plus tard, déclara : « Je pensais que la NP-complétude n'était qu'une idée intéressante, je n'avais pas réalisé qu'elle pouvait avoir un tel retentissement[3]. »

En quoi consiste donc cette idée de NP-complétude, sortie de l'esprit de Cook en 1971 ? La meilleure manière de l'expliquer est de partir d'un exemple simple.

Le voyageur de commerce ambitieux

Glissons-nous dans la peau d'un voyageur de commerce basé à Springfield. Nous couvrons trois villes en voiture : Vieilleville, Miville et Neuville, en partant de Springfield et en y revenant en fin de tournée. Pour économiser essence et temps, il convient d'établir un plan de route tel que la distance totale parcourue soit la plus courte possible. Nous consultons donc notre carte de la région pour relever les distances les plus courtes entre chaque paire de villes. Ce que nous obtenons est résumé dans le tableau ci-après.

	Springfield	Vieilleville	Miville	Neuville
Springfield	0	54	17	79
Vieilleville	54	0	49	104
Miville	17	49	0	91
Neuville	79	109	91	0

[3]Dennis E. Shasha et Cathy Lazere, *Out of their Minds : The Lives and Discoveries of 15 Great Computer Scientists*, Copernicus, New York, 1998, p. 148.

Précisons que la distance de Neuville à Vieilleville est plus longue de 5 km que celle de Vieilleville à Neuville du fait d'une série de rues à sens unique à la sortie de Neuville. Pour tous les autres trajets, la distance est la même dans les deux sens.

Tout ce qu'il nous reste à faire est d'ordonner les trois villes afin de minimiser la distance à parcourir. Comment procéder ? Pour chaque itinéraire possible, il nous faut calculer la distance totale. Et il suffit pour cela de relever les trois distances correspondantes dans le tableau et d'en faire la somme. Si l'on fait cela pour tous les trajets, selon l'ordre du passage dans les trois villes, le résultat de ces calculs nous permettra de choisir celui dont le kilométrage total est le plus faible. Voici ce que l'on obtient :

Trajet	Kilométrage total
S-V-M-N-S	$54 + 49 + 91 + 79 = 273$
S-V-N-M-S	$54 + 104 + 91 + 17 = 266$
S-M-N-V-S	$17 + 91 + 109 + 54 = 271$
S-M-V-N-S	$17 + 49 + 104 + 79 = 249$
S-N-V-M-S	$79 + 109 + 49 + 17 = 254$
S-N-M-V-S	$79 + 91 + 49 + 54 = 273$

Manifestement, l'itinéraire optimal est S-M-V-N-S, avec 249 km au total.

Comme la plupart des exemples simples, celui-ci n'est pas très réaliste. Avec seulement trois villes à parcourir, l'écart entre les différents chemins possibles n'est pas bien grand et le calcul n'est pas d'un grand intérêt. Mais pour un voyageur de commerce ambitieux décidé à parcourir un nombre de villes plus important, une accumulation de faibles différences peut se solder par un écart conséquent.

Imaginons que nous ayons en fait dix villes à notre programme. Dans ce cas, il est raisonnable de décider de faire les calculs par ordinateur, c'est-à-dire d'entrer la table des distances entre les villes et d'écrire une petite macro pour énumérer les différents chemins possibles et calculer le kilométrage total. Nous avons effectivement tout intérêt à faire appel à l'ordinateur ; sinon, il faudra nous résoudre à passer un long, long moment assis à notre bureau : avec dix villes à visiter, le nombre des chemins possibles s'élève à 3 628 800 !

Pour comprendre d'où vient ce nombre, revenons au premier exemple, celui des trois villes. Il y a trois villes possibles pour la première étape ; il ne reste ensuite plus que deux villes possibles à visiter pour la deuxième étape et, après celle-ci, plus qu'une ville avant de rentrer à Springfield. Le nombre de chemins différents s'élève donc à :

$$3 \times 2 \times 1 = 6.$$

Ce qui correspond au nombre des différents chemins énumérés plus haut.

Dans le cas des dix villes, on a le choix entre dix villes pour la première étape, puis entre neuf pour la deuxième, huit pour la troisième, et ainsi de suite, si bien que le nombre de chemins différents s'élève à :

$$10 \times 9 \times 8 \times 7 \times 6 \times 5 \times 4 \times 3 \times 2 \times 1 = 3\,628\,800.$$

L'expression de gauche se retrouve souvent lorsqu'on cherche à calculer le nombre de façons de faire quelque chose, aussi les mathématiciens disposent-ils d'une notation particulière pour exprimer ce type de produit. Ils l'écrivent

$$10!$$

Le point d'exclamation ne signifie pas qu'il faille le lire haut et fort ; on ne le lit pas non plus « dix, point d'exclamation », mais « factorielle dix ».

L'expression « 10! » est donc une abréviation pour désigner le produit

$$10 \times 9 \times 8 \times 7 \times 6 \times 5 \times 4 \times 3 \times 2 \times 1.$$

Autrement dit,

$$10! = 3\,628\,800,$$

ce qui peut encore s'écrire « factorielle dix égale trois millions six cent vingt-huit mille huit cents ».

Cela fait beaucoup d'itinéraires différents pour une petite tournée passant par dix villes. Supposons que l'on ait pu calculer le kilométrage de chacun d'eux, et que chaque calcul nous ait pris une minute. En y travaillant huit heures par jour, sans interruption, cinq jours par semaine et cinquante-deux semaines par an, il nous faudrait tout bonnement plus de vingt ans pour en venir à bout ! Et cette fois-ci, le point d'exclamation en est véritablement un : il me permet d'exprimer ma stupeur... Vingt ans de calculs, pour dix villes seulement !

Ajoutez une ville et le nombre de chemins possibles s'approche des quarante millions :

$$11! = 11 \times 10 \times 9 \times 8 \times 7 \times 6 \times 5 \times 4 \times 3 \times 2 \times 1 = 39\,916\,800.$$

Il est donc clair que le calcul ne se fera pas à la main, mais à l'aide d'un ordinateur. Cependant, les factorielles augmentent tellement vite que même l'ordinateur le plus puissant sera très vite débordé. Ainsi, 25 ! n'est pas très loin d'un nombre s'écrivant avec un 16 suivit de vingt-cinq zéros :

$$25! = 15\,511\,210\,043\,330\,985\,984\,000\,000.$$

Puisqu'un programme de vingt-cinq villes n'a rien d'irréaliste pour un voyageur de commerce, le « problème du voyageur de commerce » (c'est le nom qui lui a été donné) représente un véritable défi. S'il semblait si simple à première vue, c'est qu'il l'est effectivement : il n'y a là rien de compliqué puisqu'il suffit d'additionner des séries de nombres et d'en comparer les totaux. Ce qui rend la tâche difficile — voire impossible au-delà de quelques villes —, c'est l'augmentation très rapide de la quantité de chemins possibles. Passons de dix à onze villes et le nombre de chemins est multiplié par 11 ; ajoutons une ville de plus et il augmente encore d'un facteur 12. Une ville de plus ? Pour une tournée de treize villes, le nombre des différents itinéraires fait un nouveau bond, en étant cette fois multiplié par 13. Cela avait pourtant un air innocent : juste une petite ville de plus. Mais pour chaque ville supplémentaire, le nombre de possibilités se voit multiplié par un facteur qui augmente lui-même.

Lorsque le nombre d'étapes nécessaires à la résolution d'un problème croît proportionnellement à la taille des données, les mathématiciens parlent de « croissance exponentielle ». C'est le cas des factorielles et c'est ce qui rend le problème du voyageur de commerce aussi terrifiant.

Une réponse approchée conviendrait-elle ?

Évidemment, chercher le chemin le plus court en énumérant toutes les possibilités afin de les comparer est une méthode très naïve pour résoudre ce problème. Peut-être existe-t-il une meilleure manière de faire ? Ce problème du voyageur de commerce étant important pour l'industrie et le monde des affaires, les mathématiciens ont dépensé une énergie considérable à chercher d'autres méthodes. Pour résumer, disons que deux types d'approches se distinguent, qui procèdent tous deux d'une lourde artillerie mathématique.

L'une de ces stratégies consiste à se contenter d'une réponse approchée : plutôt que de chercher l'itinéraire le plus court, on en cherche un qui ne dépasse pas la valeur optimale de plus de 5 % par exemple. Cette approche a fourni plusieurs méthodes qui fonctionnent dans la plupart des situations quotidiennes.

La seconde stratégie consiste à chercher une réponse exacte, mais en prenant en compte la géographie globale des villes de la région dans l'espoir de mettre à profit des propriétés particulières du terrain permettant de réduire le nombre de possibilités valant la peine d'être examinées. Par exemple, de manière générale, on évitera les itinéraires qui nous emmèneraient directement de la ville située le plus à l'est à celle qui se trouve le plus à l'ouest. Cette approche est utile lorsque l'ensemble des villes à visiter mérite qu'on fasse l'effort de chercher une solution exacte. L'inconvénient évident est que la réponse obtenue ne s'appliquera qu'à cet ensemble particulier de destinations. Ajoutez ou ôtez une ville, et tout est à refaire. En outre, il faut souvent déployer des trésors d'ingéniosité pour mener cette approche à bien.

L'un des meilleurs résultats obtenus à ce jour le fut en 1998 par une équipe de mathématiciens qui a trouvé l'itinéraire le plus court passant par les 13 509 villes américaines de plus de cinq cents habitants. Il leur a fallu trois mois et demi de calculs ininterrompus sur un réseau de trois multiprocesseurs ultra-performants, menés par trente-deux PC Pentium. (En tant que tel, ce problème semble dénué d'intérêt. Les chercheurs s'y intéressent uniquement pour étudier ce qui peut être fait lorsqu'on tient compte de la géographie, en éliminant par exemple dès le début les itinéraires manifestement inintéressants.)

Cependant, si l'on met de côté les solutions approchées et les réponses correspondant à des ensembles de villes particuliers, le fait est que personne ne connaît de solution pratique au problème du voyageur de commerce. Aucune des méthodes connues n'est vraiment meilleure que celle qui consiste à faire la liste de tous les itinéraires et à comparer les kilométrages. Or, on l'a vu, celle-ci est désespérément inutilisable, à moins de se cantonner à un nombre de villes dérisoire.

Les théoriciens entrent en scène

Le problème du voyageur de commerce fut introduit dans les années 1930 par le mathématicien viennois Karl Menger. Il ne fallut pas bien longtemps aux mathématiciens pour en découvrir d'autres, tout aussi importants pour l'industrie ou l'administration, et dont la solution était aussi difficile à obtenir.

Le « problème de la planification des tâches » en est un exemple. On se donne un certain nombre de tâches à accomplir, disons dans le cadre de la fabrication d'un produit industriel. Certaines d'entre elles ne peuvent être accomplies que si d'autres l'ont été au préalable, tandis que certaines sont indépendantes. Peut-on les organiser en groupes de manière à minimiser le temps total nécessaire à la réalisation de l'ensemble ? Dans chaque groupe, les tâches ne peuvent être effectuées que les unes après les autres, mais les tâches de groupes indépendants peuvent être menées simultanément. Une usine automobile moderne est un très bon exemple : le moteur peut être assemblé en même temps que la carrosserie, mais une bonne part des tâches élémentaires nécessaires à la construction du moteur doivent être réalisées dans un ordre bien précis.

Comme pour le problème du voyageur de commerce, une fois les tâches réparties en groupes, le calcul mathématique du temps total nécessaire est élémentaire. Les tâches de chaque groupe pouvant être réalisées simultanément, il suffit d'additionner les temps d'exécution de chaque tâche d'un groupe donné (ce qui donne le temps nécessaire à la réalisation du processus de ce groupe), puis de repérer celui des groupes dont le processus est le plus long à effectuer en totalité. Le temps nécessaire pour ce groupe est le temps nécessaire à la réalisation de toutes les tâches. Mais pour trouver la planification la plus rapide, il faut faire cela pour tous les groupements possibles des tâches, et, comme dans le cas du problème du voyageur de commerce, le nombre de ces groupements augmente exponentiellement avec le nombre de tâches à accomplir.

Les mathématiciens industriels s'étant évertués en vain à résoudre ces problèmes, il ne fallut pas longtemps aux mathématiciens théoriciens (qui font des mathématiques pures) pour s'y intéresser. Comme c'est souvent le cas, ils l'abordèrent de manière radicalement différente. Supposons, dirent-ils, qu'il n'existe tout bonnement aucune solution effective (qui ne soit pas approchée) au problème du voyageur de commerce. La question est alors : « Peut-on *prouver* cette inexistence ? » Dans l'affirmative, on saurait au moins qu'il est inutile de consacrer du temps, de la matière grise et des ressources informatiques considérables pour le résoudre.

Il ne suffit pas de dire que nombre de talentueux chercheurs ont essayé pendant des années sans succès. Peut-être sont-ils tout simplement passés à côté de *la* bonne idée. Pour prouver de manière définitive que tenter de résoudre le problème est une perte de temps et d'énergie, encore faut-il avoir une preuve irréfutable qu'il n'y a aucune façon de le résoudre de manière significativement plus efficace que la méthode qui consiste à examiner toutes les possibilités les unes après les autres.

Voilà qui représentait un véritable changement de cap : partis d'un problème donné à résoudre à l'aide de l'ordinateur, on en vient à s'interroger sur ce que signifie « résoudre à l'aide de l'ordinateur ». Alors que le problème du voyageur de commerce était une tâche calculatoire sur des itinéraires, le problème que commencèrent à regarder les théoriciens était celui de l'*efficacité* avec laquelle un ordinateur peut effectuer une tâche particulière.

Combien d'étapes faut-il pour résoudre un problème ?

Le premier problème que les théoriciens examinèrent fut celui de trouver une méthode pour mesurer le temps nécessaire pour accomplir une tâche spécifique par ordinateur. Par exemple, combien de temps faudrait-il à un ordinateur pour trouver l'itinéraire le plus court passant par un nombre de villes donné ? Manifestement, la réponse dépend de deux choses (au moins) : l'ordinateur utilisé, en particulier sa vitesse et la capacité de sa mémoire, et le nombre de villes considéré. Malgré l'intérêt porté par les médias à la vitesse et à la mémoire des derniers ordinateurs, vous serez peut-être surpris d'apprendre que, du point de vue théorique, ces facteurs ne sont pas significatifs. Ce qui compte, c'est le nombre de villes.

Bien sûr, plus le nombre de données est important, plus le problème considéré sera long à résoudre. Plus long, mais dans quelle mesure ? Si l'on augmente le nombre de données d'une certaine quantité, de combien le temps de calcul sera-t-il augmenté ? Par exemple, si l'on double le nombre de données, le temps de calcul sera-t-il lui aussi multiplié par deux ? Par trois ? Augmentera-t-il d'un facteur dix ? Ou l'augmentation sera-t-elle plus spectaculaire encore ?

Puisqu'on s'intéresse à l'augmentation proportionnelle du temps de calcul (est-il doublé, triplé, etc.), il importe moins de connaître sa valeur exacte que de savoir combien d'étapes élémentaires sont nécessaires pour mener à bien le calcul. Cela transforme le problème, qui ne consiste plus à mesurer une durée, mais à compter un nombre d'étapes élémentaires. Voilà pourquoi cette analyse ne dépend pas de l'ordinateur utilisé.

Qu'est-ce qu'une étape élémentaire ? Si l'on s'intéressait à la manière dont nous apprenons à faire des calculs numériques, une étape élémentaire serait l'addition ou la multiplication de deux nombres à un seul chiffre — ce sont là les deux opérations élémentaires que l'on apprend à l'école. Une fois ces opérations acquises, on peut additionner, multiplier, soustraire ou diviser deux nombres quelconques en suivant une procédure bien définie. En utilisant des retenues, pour additionner deux nombres à N chiffres (où N peut valoir $2, 3, 4, \ldots$), cette procédure nécessite au plus $3N$ étapes élémentaires. Par exemple, additionner deux nombres à quatre chiffres requiert $3 \times 4 = 12$ étapes élémentaires.

La méthode standard pour multiplier deux nombres à N chiffres implique N^2 multiplications élémentaires (utilisant la table de multiplication que l'on apprend à l'école), plus N additions au moins pour prendre en compte les retenues. Au total, cela fait un minimum de $N^2 + N$ opérations élémentaires. Puisque l'objectif est de donner un sens au nombre d'étapes nécessaires pour un calcul déterminé, les mathématiciens simplifient l'expression en remarquant que N^2+N est toujours inférieur à N^2+N^2, qui vaut $2N^2$. Ainsi, la multiplication de deux nombres à N chiffres implique moins de $2N^2$ opérations élémentaires. Par exemple, multiplier deux nombres à quatre chiffres nécessite moins de $2 \times 4^2 = 32$ étapes.

On peut analyser à peu près pareillement l'arithmétique des ordinateurs. Au niveau des opérations élémentaires, tous les ordinateurs fonctionnent essentiellement de la même manière, si bien qu'une approche possible serait de considérer qu'une seule étape binaire du processeur (l'unité centrale de calcul, ou CPU pour l'anglais *Central Process Unit*, la partie de l'ordinateur qui fait véritablement le calcul) constitue une étape élémentaire. Mais il n'est pas indispensable de descendre à un tel niveau : l'analyse fonctionne tout aussi bien si l'on prend comme opération élémentaire l'addition ou la multiplication de deux nombres décimaux, dans la limite des capacités normales de la machine.

Que l'on s'intéresse au calcul mental en termes d'opérations effectuées sur chaque chiffre ou au calcul informatique en termes d'opérations arithmétiques élémentaires, l'addition est un exemple de ce que l'on appelle « processus à temps linéaire ». Pour des données de taille N (par exemple, pour un calcul mental, lorsque les deux nombres à additionner ont chacun N chiffres), un tel processus nécessite $C \times N$ étapes élémentaires, où C est un nombre donné ($C = 3$ dans le cas d'une addition effectuée par calcul mental).

Puisqu'on convient de mener l'analyse en termes d'étapes élémentaires plutôt qu'en termes de temps de calcul, peut-être devrions-nous parler de processus linéaire par rapport aux étapes élémentaires plutôt que par rapport au temps. Mais le but initial des analyses de ce type étant d'estimer le temps qu'il faudrait à un ordinateur pour accomplir une tâche donnée, l'expression « processus à temps linéaire » fut utilisée au départ, et elle est restée. On emploie la même convention pour d'autres tâches calculatoires. Le temps d'exécution d'une opération élémentaire étant toujours le même (on peut tout du moins le supposer), le nombre d'étapes élémentaires correspondra directement au temps de calcul. Aussi la terminologie consacrée n'est-elle pas en contradiction avec les mathématiques.

Le mot « linéaire » dans l'expression « temps linéaire » indique que, si l'on trace le graphe du nombre d'étapes en fonction de la taille des données, on obtiendra une ligne droite (dont l'équation sera $E = CN$, où E est le nombre d'étapes).

La multiplication, quant à elle, est un processus « temporel quadratique », expression utilisée lorsque, pour des données de taille N, il faut au plus $C \times N^2$ étapes pour venir à bout de ce processus, C étant un nombre fixé ($C = 2$ dans le cas d'une multiplication effectuée mentalement).

Le concept de processus « à temps polynomial » est plus général que ceux des processus linéaire ou quadratique. Pour des données de taille N, il nécessite au plus $C \times N^k$ opérations élémentaires, C et k étant fixés.

Les quatre opérations arithmétiques — addition, soustraction, multiplication, division — sont des processus à temps polynomial.

Face à un processus calculatoire, les théoriciens cherchent une expression algébrique (du type CN, CN^2 ou CN^k) donnant une estimation du nombre maximum d'étapes élémentaires requises par ce processus pour des données de taille N. Cette expression est appelée « fonction de complexité » du processus. Les processus à temps polynomial sont ceux dont une fonction de complexité est une expression polynomiale, c'est-à-dire une expression algébrique du type CN, CN^2 ou CN^k.

Plus que l'âge de l'univers : le temps polynomial face au temps exponentiel

Pour simplifier, on peut dire que les processus à temps polynomial sont ceux qu'un ordinateur peut effectivement mener à bien. Je précise « pour simplifier », car si les nombres C et k sont très élevés, si par exemple k vaut plusieurs milliers, le processus contiendra tellement d'étapes que le calcul par ordinateur pourra prendre un temps aussi long que l'âge estimé de l'univers. Toutefois, en pratique, les processus à temps polynomial qui se présentent dans la vie de tous les jours correspondent à des valeurs raisonnables de C et k (k s'écrit souvent à l'aide d'un seul chiffre), si bien que l'on peut effectivement les mener à bien par ordinateur.

L'intérêt de la catégorie « à temps polynomial » est mis en évidence lorsqu'on la compare avec les calculs « à temps exponentiel ». Ces derniers sont des processus qui, pour des données de taille N, nécessitent au moins 2^N étapes (la définition précise qu'en donnent les experts est plus générale, mais c'est là un détail technique que l'on peut se permettre de laisser de côté ici). Par exemple, la recherche systématique simple pour résoudre le problème du voyageur de commerce nécessite au moins $N!$ étapes élémentaires, ce qui est nettement supérieur à 2^N.

Ce qui rend les processus exponentiels absolument impossibles à résoudre même par les ordinateurs les plus puissants, c'est le rythme auquel le nombre 2^N augmente lorsque N croît. Pour donner une idée de cette augmentation, imaginons un échiquier ordinaire. Supposons que l'on en numérote les cases : on commence par attribuer le numéro 1 à la case en haut à gauche, puis on continue en numérotant les cases colonne après colonne, jusqu'au numéro 64, en bas à droite. Imaginons maintenant que l'on dispose des pièces de monnaie sur ces cases. Sur la première, on pose deux pièces (2^1), sur la case numéro 2, on en met quatre (2^2), puis huit (2^3) sur la numéro 3 et ainsi de suite, en mettant sur chaque case deux fois plus de pièces que sur la précédente. La dernière case contiendra donc 2^{64} pièces. À votre avis, quelle sera la hauteur de cette pile ? Vingt centimètres ? Cent cinquante mètres ? Plus encore ? En fait, elle atteindra environ trente-sept millions de millions de kilomètres de haut ! Elle ira se perdre loin au-delà de la Lune (distante d'à peine quatre cent mille kilomètres) et du Soleil (à cent cinquante millions de kilomètres) pour atteindre l'étoile la plus proche de notre système solaire : Proxima du Centaure.

Pour les premières cases de notre échiquier, le nombre de pièces constituant chaque pile n'est pas énorme. Ce n'est que lorsque N augmente que les piles commencent à s'élever de manière impressionnante. De même, pour des données de taille suffisamment petite, on peut faire le calcul d'un processus exponentiel par ordinateur et espérer obtenir un résultat. Par exemple, on a résolu le problème du voyageur de commerce à la main pour une tournée passant par trois villes. Mais dès que le nombre de données augmente trop, on n'a tout simplement pas assez de temps pour faire tous les calculs. Pour la plupart des processus exponentiels qui se présentent dans le monde des affaires et de l'industrie, même pour des données de taille modeste (et tout à fait réalistes), il faudrait à l'ordinateur le plus rapide du monde un temps de calcul supérieur à l'âge de l'univers. Le tableau ci-dessous compare les temps de calcul pour un ordinateur modérément rapide (capable d'accomplir un million d'étapes arithmétiques élémentaires par seconde) selon les fonctions de complexité des processus envisagés.

Fonction de complexité	Taille des données : N 10	20	30	40	50
N	0,00001 s	0,00002 s	0,00003 s	0,00004 s	0,00005 s
N^2	0,0001 s	0,0004 s	0,0009 s	0,0016 s	0,0036 s
N^3	0,001 s	0,008 s	0,027 s	0,064 s	0,125 s
2^N	0,001 s	1 s	17,19 min	12,7 j	35,7 ans
3^N	0,059 s	58 min	6,5 ans	3 855 siècles	200 000 000 siècles

Dans les trois premières lignes, le processus est polynomial. Le temps de calcul augmente avec la taille des données, mais la croissance est modérée et, même pour des données de taille $N = 50$, le processus ne prend qu'une fraction de seconde.

Les deux dernières lignes concernent des processus exponentiels. Pour ceux-ci, le temps de calcul augmente de manière colossale. Pour les processus dont le temps augmente en 2^N, dès que la taille des données atteint 40, le calcul prend plusieurs jours, et il suffit que N atteigne 50 pour qu'il faille attendre plus de trente-cinq ans pour recueillir la réponse. Pour les processus en 3^N, avec des données de taille 40, il faut près de quatre cent mille ans pour venir à bout du calcul et, pour la taille 50, il faudrait patienter vingt milliards d'années.

Le tableau montre l'énorme fossé qui sépare les processus polynomiaux des processus exponentiels. Manifestement, si la seule manière connue de résoudre un problème donné utilise un processus exponentiel, alors on ne pourra y parvenir que pour de petites quantités de données. En particulier, pour toutes les valeurs de N qui dépassent quelques unités, $N!$ est largement supérieur à 3^N, si bien que l'approche du problème du voyageur de commerce, qui consiste à analyser toutes les possibilités les unes après les autres, est vouée à l'échec.

Resserrons les mailles du filet

Le fossé qui sépare processus polynomiaux et exponentiels montre à l'évidence que cette classification est trop grossière. Ayant compris cela, les mathématiciens cherchèrent des mesures intermédiaires de la complexité des processus. Ils notèrent tout d'abord que, pour des processus comme la méthode simple de recherche systématique de solutions au problème du voyageur de commerce ou à celui de la planification des tâches, la difficulté ne provient pas de la complexité du calcul qui est, en fait, extrêmement simple. Ce qui rend le problème impossible à résoudre, c'est le nombre considérable de possibilités à prendre en compte, et pour lesquelles le même calcul extrêmement simple doit être répété encore et encore. Le chercheur, ou son ordinateur, devant faire tous ces calculs les uns après les autres, le processus global prend un temps prohibitif.

Pour tenter de distinguer ces processus de ceux qui nécessitent des calculs véritablement compliqués, les mathématiciens proposèrent une troisième catégorie :

celle des « processus polynomiaux non déterministes », ou « processus NP ». L'ordinateur est une machine déterministe, puisqu'il travaille de manière parfaitement prévisible, en suivant des règles établies à l'avance. L'utilisation du qualificatif « non déterministe » nous indique donc que ce nouveau concept est purement théorique et qu'il n'a pas grand-chose à voir avec le calcul informatique proprement dit. En voici l'idée générale.

Supposons que nous ayons un ordinateur qui, à certaines étapes d'un calcul, peut choisir de manière complètement aléatoire entre plusieurs alternatives. Par exemple, face à un cas particulier du problème du voyageur de commerce, l'ordinateur peut choisir au hasard l'un des itinéraires parmi tous les chemins possibles. Il calcule alors la distance totale correspondante. En pratique, la probabilité pour que le chemin choisi soit le plus court est ridiculement faible. Imaginons toutefois que cet ordinateur soit doté d'une très, très bonne étoile, et qu'il fasse toujours le bon choix. Dans ce cas, il pourrait résoudre le problème en un temps polynomial : sa capacité à faire le bon choix lui permettrait de s'affranchir de la difficulté que représente le nombre énorme des possibilités.

De façon plus générale, on dit d'un problème ou d'une tâche qu'il est NP s'il peut être résolu ou exécuté en temps polynomial avec un ordinateur non déterministe capable de faire un choix aléatoire entre une série d'alternatives et, surtout, capable de faire systématiquement le bon choix. Notons toutefois que l'ordinateur doit vérifier que son choix est bien le bon. La nature même des processus NP est que *seul* le nombre élevé de possibilités pose problème. Pour un processus NP, la vérification que la solution choisie est bien la bonne doit pouvoir être faite en un temps polynomial.

D'un point de vue intuitif, les problèmes NP sont intermédiaires entre les problèmes à temps polynomial (qu'on appelle « problèmes P ») et les problèmes à temps exponentiel. Parce qu'elle s'appuie sur le concept complètement irréaliste d'un ordinateur capable de toujours faire le bon choix, la notion de « classe NP » est purement théorique. Elle est pourtant d'une importance capitale, en particulier parce que la plupart des problèmes à temps exponentiel qui apparaissent dans l'industrie et la gestion sont du type NP (je donnerai une autre raison de cette importance un peu plus loin). Ce qui rend ces problèmes difficiles à résoudre n'est pas la complexité des calculs, mais le fait qu'un calcul relativement simple doive être répété dans un nombre incroyablement grand de cas pratiquement identiques.

Lorsque la classification NP fut introduite dans les années 1960, les chercheurs en informatique partirent du principe que les classes P et NP étaient différentes (bien que tous les problèmes P soient automatiquement des problèmes NP, il existe certains problèmes NP qui n'appartiennent en aucun cas à la classe P). En effet, il semble n'exister aucune méthode permettant à un ordinateur ordinaire fonctionnant selon un algorithme polynomial de résoudre ces problèmes aussi bien que l'ordinateur non déterministe virtuel, capable de faire toujours le bon choix. Par exemple, les spécialistes pensaient que le problème du voyageur de commerce n'avait quasiment aucune chance d'être résolu en temps polynomial sans cette capacité du choix optimal de l'hypothétique ordinateur non déterministe.

Ce n'était qu'une question de temps, pensait-on, avant que quelqu'un démontre que P et NP sont deux classes distinctes, en montrant par exemple qu'un problème NP donné (celui du voyageur de commerce ou un autre) n'est pas de type P. Mais cela ne s'est pas produit, ni l'inverse, à savoir démontrer que P et NP sont identiques. Le problème P = NP était né.

Jusqu'alors (la fin des années 1960), les enjeux étaient considérables. Comme nous l'avons vu, de nombreux problèmes de l'industrie et de la gestion étaient classés dans la catégorie NP. Si l'on avait pu prouver que P et NP étaient identiques, cela aurait certainement déclenché des recherches effrénées dans le but de trouver des procédures efficaces pour résoudre ces problèmes. Je dois signaler que, en revanche, la preuve que NP et P sont les mêmes ne conduirait pas à des procédures permettant de résoudre des problèmes NP. Tout ce que cela prouverait, c'est qu'un problème NP pourrait, en principe, être résolu grâce à une procédure à temps polynomial, mais sans fournir pour autant des indications sur ce que pourrait être cette procédure.

C'est là que Stephen Cook entra en scène. Avec son fameux article de 1971, il modifia considérablement la donne sur le problème P = NP et fournit par la même occasion une seconde raison qui justifie l'importance de la classification NP.

Cook démontra qu'il existe un problème NP particulier doté d'une étrange propriété : si ce problème précis peut être résolu par une procédure à temps polynomial, alors cela est le cas pour tous les autres problèmes NP ! La nature précise du problème qu'étudia Cook n'importe pas dans le contexte de cet ouvrage. Disons en résumé que ce problème concerne les différents types de tâches que l'on peut accomplir avec un ordinateur non déterministe. Cook est parvenu à son résultat en montrant comment un problème NP quelconque peut être transposé en ce problème particulier. Donc, si l'on peut résoudre son problème en temps polynomial, alors, grâce à cette transposition, il en ira de même pour tout problème NP. Le nom que Cook a donné à cette étrange propriété est celui de « NP-complétude ». Selon lui, un problème NP est dit « NP-complet » si la découverte d'une procédure à temps polynomial permettant de le résoudre implique que n'importe quel problème de la classe NP peut être résolu par une procédure à temps polynomial. Bien que le problème de Cook soit hautement théorique (il est issu de la logique formelle), il fallut peu de temps à Richard Karp et à d'autres chercheurs pour montrer que beaucoup d'autres problèmes NP, plus familiers (et, parmi eux, les problèmes du voyageur de commerce et de la planification des tâches), étaient eux aussi NP-complets.

L'introduction de la notion de NP-complétude et la découverte du fait que la plupart des problèmes NP les plus importants sont NP-complets donnèrent un nouveau souffle à l'industrie : la découverte de procédures permettant de résoudre des problèmes comme celui du voyageur de commerce engendrerait des milliards de dollars de bénéfices. Le fait qu'un problème soit NP-complet ne signifie pas qu'il ne puisse *en aucun cas* être résolu de manière efficace. Après tout, le problème P = NP n'étant toujours pas résolu, il est encore possible que P et NP s'avèrent identiques, auquel cas n'importe quel problème NP pourrait, en principe, être résolu en temps polynomial. En fait, la preuve qu'un problème particulier est NP-complet donne une mesure de sa difficulté et une idée du peu de chances que l'on a de trouver une procédure à temps polynomial pour le résoudre. Voici pourquoi.

Les problèmes comme ceux du voyageur de commerce ou de la planification des tâches sont si importants que, pendant des années, un grand nombre de chercheurs talentueux ont passé un nombre d'heures incalculable à tenter, en vain, de trouver des moyens efficaces de les résoudre. Supposons que l'on découvre que notre problème NP favori soit NP-complet. Cela nous indiquera que ce problème est tout bonnement aussi difficile que tous ces problèmes que les chercheurs n'ont pas réussi à résoudre. Par conséquent, la plupart de ces derniers partent du principe que la démonstration de la NP-complétude d'un problème donné est une bonne raison pour ne pas consacrer de temps ni d'efforts à tenter d'en trouver une solution. Ils consacrent plutôt leur énergie à chercher des solutions générales approchées ou des solutions précises à des cas particuliers. Ainsi, malgré sa nature hautement artificielle, la classification NP aide effectivement les chefs d'entreprise à choisir dans quelle voie orienter leurs efforts de recherche.

Et pourtant, derrière tout cela, rôde le problème P = NP, toujours irrésolu. La preuve que P et NP sont les mêmes transformerait, en principe, toutes les recherches sur la NP-complétude en une perte de temps inutile. Je dis bien « en principe » parce que, après avoir prouvé que P et NP sont identiques, il nous resterait encore à trouver les procédures à temps polynomial permettant de résoudre les divers problèmes NP.

Une telle preuve aurait également des conséquences majeures pour la sécurité sur Internet. Comme nous l'avons vu au chapitre 1, au milieu des années 1970, les chercheurs en mathématiques et en informatique élaborèrent une méthode puissante pour crypter les messages électroniques circulant sur le réseau. La sécurité de cette méthode (appelée « système RSA », d'après les initiales des trois mathématiciens qui l'ont conçue) dépend du fait que le décryptage pirate du code ne soit pas un problème P. Alors, et bien que le code puisse en principe être décrypté sans la clé, il faudrait des années aux ordinateurs les plus puissants pour y parvenir. En fait, ce problème du décryptage est un problème NP (comme pour le problème du voyageur de commerce, la difficulté réside dans le vaste éventail des possibilités). Si l'on faisait un jour la preuve que ce problème est un problème P, la sécurité du système serait immédiatement compromise.

Le problème du décryptage pirate de l'encodage RSA n'est pas connu pour être NP-complet (et il ne l'est probablement pas) : en conséquence de quoi une solution à temps polynomial pourrait peut-être être obtenue sans que l'on ait la preuve de l'identité entre P et NP. Mais, en raisonnant dans le sens inverse, la preuve de l'identité entre P et NP impliquerait immédiatement que le décryptage pirate des codes RSA puisse être réalisé en temps polynomial. C'est alors toute la sécurité sur Internet qui serait menacée : pour l'assurer, on ne connaît à ce jour aucun moyen qui ne repose sur l'impossibilité effective de résoudre les problèmes NP. La dépendance de l'économie occidentale vis-à-vis de la sécurité des communications électroniques sur Internet donne la mesure des enjeux que représente l'égalité P = NP.

Vrai ou faux ?

P est-il, oui ou non, identique à NP ? La découverte du fait qu'un grand nombre de problèmes sont NP-complets implique que les mathématiciens disposent de bien des manières de démontrer que P = NP : qu'ils trouvent une procédure polynomiale pour résoudre un problème NP-complet quelconque, et P = NP en découlera automatiquement. Ainsi, par exemple, une procédure à temps polynomial qui résoudrait le problème du voyageur de commerce constituerait une preuve que P = NP.

Néanmoins, il y a probablement fort à parier sur le fait que P et NP sont différents. Mais pour le prouver, encore faudrait-il trouver un problème NP pour lequel on pourrait démontrer qu'il n'existe aucune procédure à temps polynomial permettant de le résoudre. Cela pourrait tout à fait être un problème que l'on connaît déjà. Par exemple, si l'on parvenait à démontrer qu'il n'existe absolument aucune procédure à temps polynomial pour résoudre le problème du voyageur de commerce, on aurait démontré que P et NP sont différents.

Mais ce n'est pas aussi facile que ça en a l'air. En effet, il ne suffit pas de choisir une procédure qui résolve le problème du voyageur de commerce et de montrer qu'elle n'est pas une procédure à temps polynomial. Il ne suffit pas non plus de prouver qu'aucune des procédures élaborées jusqu'à présent n'opère en un temps polynomial. En fait, il s'agit de montrer qu'il ne peut exister aucune procédure capable de résoudre le problème en un temps polynomial. Cela implique que la démonstration doive prendre en compte *toutes* les procédures permettant de résoudre le problème : pas uniquement celles que l'on connaît déjà, mais aussi toutes celles que l'on pourrait (ou pas) découvrir à l'avenir.

Cela peut paraître étrange aux non-initiés, mais les mathématiciens ont déjà réussi, à plusieurs reprises, à démontrer des résultats pour des ensembles d'objets ou de procédures inconnus. La démonstration de la NP-complétude faite par Cook en est un exemple : si son problème NP particulier peut être résolu en temps polynomial, alors il en ira de même pour tout autre problème NP, y compris tous ceux que l'on n'a pas encore découverts. Toutefois, en ce qui concerne la démonstration de $P \neq NP$, personne n'est parvenu ne serait-ce qu'à s'approcher d'une preuve de l'existence de certains problèmes NP qu'aucune procédure à temps polynomial ne pourrait résoudre. Voilà pourquoi le problème $P = NP$ est un problème du millénaire.

Cela étant, comme je l'ai déjà dit au début de ce chapitre, de tous les problèmes du millénaire, l'énigme $P = NP$ est celle qui présente le plus de chances d'être résolue par un amateur. Non seulement elle n'est pas trop compliquée à comprendre, mais, surtout, il est possible qu'il suffira pour la résoudre d'une bonne idée inédite. Il y a des années, j'ai passé une bonne semaine à réfléchir à ce problème, à la recherche de cette bonne idée, mais je n'ai pas été bien loin. En fait, je n'ai pas fait le moindre progrès. L'approche que j'avais choisie (j'essayais de montrer que P et NP étaient différents) consistait à tenter de formuler un problème manifestement du type NP et pour lequel j'aurais pu montrer qu'aucune procédure à temps polynomial ne pouvait le résoudre. L'idée (dont j'étais convaincu que bien d'autres mathématiciens avant moi l'avait essayée) était de concevoir mon problème NP de telle sorte qu'il soit, *par nature*, impossible à résoudre en un temps polynomial. Ce problème NP n'aurait pas pu faire partie des problèmes classiques apparaissant dans l'industrie. Je m'attendais à ce qu'il soit étrange et artificiel (et peut-être pas tellement différent du problème original NP-complet de Cook), puisque l'idée était d'y inclure suffisamment d'informations pour me permettre de démontrer qu'il ne pouvait être résolu en un temps polynomial.

Comme je l'ai déjà dit, cette approche n'a rien donné. Et je dis bien *rien*. Je n'ai trouvé aucun moyen d'inclure une propriété que j'aurais pu utiliser pour montrer que le problème ne pouvait pas être résolu en un temps polynomial. Malgré tout, je reste persuadé que c'est de cette manière que le problème P = NP trouvera sa solution. Si vous voulez vous y essayer (et je ne ferais cette suggestion pour aucun des six autres problèmes du millénaire), le mieux que je puisse faire est de vous souhaiter bonne chance !

4
Faire des vagues

Les équations de Navier-Stokes

Lorsqu'on se trouve au pied de la tour Eiffel, on est généralement trop occupé à la regarder, le nez en l'air, pour remarquer que, sur chacun des quatre pieds, se trouve une plaque portant une liste de noms. Pour ceux qui les remarquent, un examen attentif révèle que, contrairement à ce que l'on pourrait croire, il ne s'agit pas des noms de ceux qui ont participé à la construction de l'édifice : en fait, lorsque Gustave Eiffel a construit sa fameuse tour en 1889, il a choisi de faire honneur à soixante-douze scientifiques français du XIXe siècle en inscrivant leurs noms sur le monument.

Parmi les dix-huit noms qui apparaissent sur le pilier situé face au Trocadéro, on trouve ceux de plusieurs mathématiciens connus, dont Lagrange, Laplace et Legendre, ainsi que celui de Claude Louis Marie Henri Navier. Mais, contrairement aux précédents, le nom de Navier n'apparaît pas en raison de ses contributions aux mathématiques ou à la physique, pour lesquelles on le connaît aujourd'hui. De son vivant, il était surtout considéré comme l'un des plus grands ingénieurs français (concepteur et constructeur de ponts) et comme un personnage public important. Navier était un ami intime du philosophe Auguste Comte, l'un des fondateurs de la sociologie, et, de 1830 jusqu'à sa mort en 1836, il fut employé par le gouvernement français comme consultant, prodiguant ses conseils pour permettre au pays de progresser grâce aux sciences et aux technologies.

Quel lien y a-t-il entre le nom de cet homme, constructeur de ponts et conseiller scientifique du gouvernement, et l'un des sept problèmes du millénaire ?

Bien qu'on le connaisse comme ingénieur, Navier était également mathématicien ; il a même étudié pendant quelque temps sous la tutelle du grand mathématicien Joseph Fourier, à l'École polytechnique. C'est vers 1820, alors qu'il enseignait l'ingénierie et les mathématiques appliquées à l'École des ponts et chaussées, que Navier commença à s'intéresser aux mathématiques des fluides. Il découvrit les fameuses équations de Navier-Stokes en 1821 et 1822.

Ces équations sont fondamentales dans la description mathématique des fluides. Pour comprendre d'où elles viennent, il nous faut remonter deux cents ans en arrière.

Durant la première partie du XIXe siècle, le mathématicien suisse Daniel Bernoulli montra comment appliquer les méthodes du calcul différentiel pour analyser la manière dont les fluides se déplacent lorsqu'ils sont soumis à diverses forces. S'appuyant sur le travail de Bernoulli, son compatriote Leonhard Euler formula un ensemble d'équations dont les solutions décrivent de manière précise le mouvement d'un fluide idéal dénué de viscosité.

En 1822, Navier modifia les équations d'Euler pour décrire le cas plus réaliste d'un fluide possédant une certaine viscosité. Le raisonnement mathématique de Navier était erroné, mais, par chance (ou grâce à son intuition exceptionnelle), les équations qu'il obtint finalement étaient les bonnes. La manière correcte d'y aboutir fut trouvée quelques années plus tard par le mathématicien irlandais George Gabriel Stokes.

Né en 1819 dans le comté de Sligo, en Irlande, Stokes, particulièrement précoce en mathématiques, intégra le Pembroke College de Cambridge en 1837. Il obtint son diplôme en 1841 avec d'excellentes notes en mathématiques et se vit attribuer une bourse pour poursuivre ses études et entreprendre des recherches.

Dès ses débuts, Stokes s'intéressa à l'utilisation des méthodes du calcul différentiel pour l'étude du mouvement des fluides. Il redécouvrit (avec le bon raisonnement cette fois) les équations que Navier avait formulées trente ans plus tôt. En fait, Stokes mena la théorie bien plus loin que ne l'avait fait Navier. Il poursuivit son illustre carrière et fut nommé, en 1849, *Lucasian Professor of Mathematics* (le poste prestigieux qu'avait occupé avant lui Isaac Newton et qu'occupe aujourd'hui l'astrophysicien Stephen Hawking) ; en 1852, il fut élu à la Royal Society. Bien que Stokes n'ait pas eu l'honneur de voir son nom gravé sur un monument historique comme ce fut le cas pour Navier, il a bel et bien obtenu une forme de reconnaissance que d'aucuns pourraient considérer comme plus prestigieuse encore : des cratères de la Lune et de Mars portent son nom !

Les travaux de Navier et Stokes pouvaient faire croire, avant même la fin du XIXe siècle, que les mathématiciens étaient très près d'élaborer une théorie complète du mouvement des fluides. On pouvait s'attendre aussi à ce qu'une telle théorie mène à de nombreuses applications. Par exemple, la compréhension de la manière dont les fluides coulent sur une surface permettrait de perfectionner la conception des bateaux et des avions ; peut-être même pourrait-elle aider à mieux comprendre les mécanismes du cœur humain et de l'écoulement du sang dans les veines et les artères (ce qui contribuerait au développement d'équipements médicaux capables de sauver des vies).

Il n'y a qu'un problème : personne n'a encore réussi à trouver une formule permettant de résoudre les équations de Navier-Stokes. En fait, personne n'a jamais pu démontrer qu'il existe bien une solution ! (Plus précisément, on ne sait pas s'il existe une solution *mathématique*, c'est-à-dire une *formule* qui satisfasse les équations. La nature, quant à elle, « résout » ces équations chaque fois qu'un fluide s'écoule...) La leçon la plus importante que l'on ait pu en retirer à ce jour, c'est que les mathématiques du mouvement des fluides sont extrêmement difficiles.

Et pourtant, durant deux cents ans, la voie qui a conduit à la formulation mathématique des équations semblait toute tracée, et rien ne laissait entrevoir que les recherches atteindraient rapidement un point de stagnation. Engageons-nous sur les traces de cette théorie de façon plus détaillée.

Les hommes qui surent apprivoiser le mouvement

Lorsque les mathématiciens du XVIe et du début du XVIIe siècle firent les premières tentatives pour écrire des formules décrivant le mouvement des planètes, ils rencontrèrent un problème de taille : les outils mathématiques à leur disposition étaient essentiellement statiques. Les nombres, les points, les lignes... sont parfaits pour compter ou pour mesurer, mais ils ne suffisent pas pour décrire le mouvement. Pour pouvoir étudier le mouvement continu d'un objet, il fallait trouver une manière d'appliquer ces outils statiques qui permette d'analyser les changements. Au milieu du XVIIe siècle, deux mathématiciens firent indépendamment une découverte majeure : Isaac Newton, en Angleterre, et Gottfried Leibniz, en Allemagne, élaborèrent ce que l'on connaît aujourd'hui sous le nom de « calcul différentiel ».

Comme je l'ai expliqué au chapitre 1, le principe du calcul différentiel est analogue à celui du tournage d'un film. Si l'on prend une séquence suffisamment rapide de clichés d'une scène de mouvement et qu'on la projette sur un écran au rythme d'au moins vingt-quatre images par seconde, le cerveau humain interprétera la succession des images comme la reproduction d'un mouvement continu. De façon similaire, l'idée de Newton et de Leibniz était de considérer le mouvement continu comme une succession de configurations statiques, chacune d'entre elles pouvant être analysée grâce aux outils mathématiques existants (essentiellement la géométrie et l'algèbre). Toute la difficulté réside dans l'assemblage de ces configurations statiques.

Vingt-quatre images par seconde suffisent pour donner au cerveau humain l'illusion qu'il observe un mouvement continu. Mais pour décrire le mouvement continu d'une manière mathématiquement correcte, Newton et Leibniz durent « projeter » leurs « images » à un rythme infiniment rapide, la durée de chaque configuration statique devant être infiniment courte. Le calcul différentiel rassemble les techniques que Newton et Leibniz (et d'autres par la suite) ont élaborées pour donner corps à ce séquençage infinitésimal (voir la figure 4.1).

Figure 4.1 – Dans un film, le mouvement apparemment continu du service d'un joueur de tennis procède de l'enchaînement rapide de plusieurs images fixes.

Isaac Newton naquit le jour de Noël 1642 à Woolsthorpe, un village du Lincolnshire. En 1661, après une scolarité tout à fait normale, il intégra le Trinity College de Cambridge où, essentiellement grâce à son travail personnel, il atteignit une très bonne maîtrise de l'astronomie et des mathématiques. En 1664, une bourse lui fut attribuée, qui lui accordait quatre ans de financements pour mener à bien son mémoire.

En 1665, la peste bubonique s'étant abattue sur Londres, les dirigeants de Cambridge décidèrent de fermer l'université et de renvoyer chez eux étudiants et professeurs, au cas où l'épidémie mortelle se serait répandue à plus de quatre-vingts kilomètres au nord de la capitale. Newton retourna donc à Woolsthorpe, et c'est là qu'il entreprit de changer la face du monde. À l'âge de vingt-trois ans seulement, il s'engagea pendant deux ans dans des recherches parmi les plus fructueuses qui aient jamais été menées. L'invention de la méthode des « fluxions » (nom qu'il donnait au calcul différentiel) n'est que l'une des découvertes majeures qu'il fit, en mathématiques et en physique, pendant ces années.

Après son retour à Cambridge, en 1667, Newton obtint son diplôme et fut nommé, un an plus tard, chargé de cours à vie au Trinity College. En 1669, lorsque Isaac Barrow quitta la *Lucasian Chair* pour devenir aumônier du roi, Newton se vit offrir le poste.

Par peur de la critique, Newton ne publia que très peu de ses travaux, pas même ceux portant sur le calcul différentiel. Mais, en 1684, l'astronome Edmund Halley parvint à le convaincre de mettre en forme certaines de ses recherches sur les lois du mouvement et la gravitation en vue de les publier. Finalement, la publication en 1687 des *Principes mathématiques de philosophie naturelle* bouleversa le monde scientifique de manière irréversible et Newton acquit la réputation d'être l'un des plus brillants scientifiques que le monde ait jamais connu.

En 1696, Newton démissionna de sa chaire à Cambridge pour devenir gouverneur de l'hôtel de la Monnaie. C'est pendant ce mandat, en 1704, qu'il publia son *Optique*, un travail de titan réunissant toutes les théories optiques qu'il avait étudiées pendant les années passées à Cambridge. En appendice, il y donnait un bref résumé de la méthode des fluxions qu'il avait conçue quarante ans plus tôt. C'était la première publication de ces recherches. Un exposé plus complet, *De analysi*, circulait de manière privée entre les membres de la communauté des mathématiciens britanniques depuis le début des années 1670, mais il ne fut publié qu'en 1711. La publication complète des travaux de Newton sur le calcul différentiel rédigée par lui-même ne vit le jour qu'en 1736, neuf ans après sa mort.

Juste avant la publication de l'*Optique*, Newton fut élu président de la Royal Society, reconnaissance ultime pour les scientifiques en Grande-Bretagne. En 1705, la reine Anne lui accorda le titre de chevalier, l'hommage le plus important accordé par la famille royale. Décédé en 1727 à l'âge de quatre-vingt-quatre ans, Newton fut enterré à l'abbaye de Westminster. Sur sa tombe, on peut lire : « Mortels, réjouissez-vous qu'un si grand homme ait vécu pour l'honneur de l'espèce humaine. »

L'autre inventeur du calcul différentiel, Gottfried Leibniz, fils d'un philosophe, vit le jour à Leipzig en 1646.

C'était un enfant prodige, qui profita amplement de la bibliothèque considérable de son père. À quinze ans, le jeune Leibniz entra à l'université de Leipzig. Cinq ans plus tard, il avait son doctorat en poche et se destinait à une carrière académique. C'est alors que, soudainement, il décida de quitter la vie universitaire pour travailler au service du gouvernement.

En 1672, Leibniz était un important diplomate en poste à Paris, d'où il fit plusieurs voyages vers les Pays-Bas et la Grande-Bretagne. Il rencontra à ces occasions plusieurs des grands scientifiques de l'époque, et parmi eux le Hollandais Christiaan Huygens, grâce auquel le jeune diplomate allemand repris ses recherches en mathématiques. Cette rencontre se révéla décisive : en quatre ans, Leibniz progressa de manière fulgurante : alors qu'il était encore novice en 1672, il redécouvrit, dès 1676, les principes fondamentaux du calcul différentiel.

Mais s'agissait-il vraiment du fruit de ses propres travaux ? En 1684, lorsque Leibniz publia son article dans la revue *Acta eruditorum*, dont il était l'éditeur, beaucoup de mathématiciens britanniques crièrent au scandale, l'accusant de voler ses idées à Newton. Une chose est sûre, c'est qu'en 1673, lors d'une visite à la Royal Society de Londres, Leibniz avait eu connaissance de certains des travaux non publiés de Newton et qu'en 1676, en réponse à une demande d'informations concernant certaines de ses découvertes, Newton écrivit deux lettres à son collègue allemand, lui fournissant un certain nombre de détails.

Bien que Leibniz et Newton soient tous deux restés à l'écart de ce débat, celui-ci fit rage entre les mathématiciens allemands et britanniques : qui des deux avait inventé le calcul différentiel ? Certes, les travaux de Newton étaient antérieurs à ceux de Leibniz, mais le Britannique n'en avait rien publié. Pour sa part, Leibniz avait rapidement publié les siens ; en outre, son approche, plus géométrique, conduisait à une présentation plus naturelle qui fut rapidement adoptée en Europe. Aujourd'hui encore, cette approche géométrique est celle que l'on utilise, partout dans le monde, pour présenter la différentiation dans les cours de calcul différentiel. C'est également la notation de Leibniz pour la différentiation ($\mathrm{d}y/\mathrm{d}x$, comme nous le verrons bientôt) qui est la plus usitée, tandis que l'approche de Newton en termes de mouvement physique ainsi que ses notations sont rarement utilisées en dehors de la sphère des physiciens. À ce jour, l'opinion générale est que Leibniz s'est presque certainement inspiré de certaines des idées de Newton, mais que sa contribution reste suffisamment importante pour que soit accordé aux deux hommes le mérite d'avoir inventé le calcul différentiel.

Leibniz, tout comme Newton, ne se contenta pas de consacrer sa vie à la recherche mathématique : il étudia aussi la philosophie, développa une théorie de logique formelle (ancêtre de la logique symbolique d'aujourd'hui), et devint un expert en sanscrit et culture chinoise. En 1700, il était l'un des chefs de file de l'Académie de Berlin, dont il fut président jusqu'à sa mort en 1716. Contrairement à Newton, qui fut enterré en grande pompe à l'abbaye de Westminster, le créateur allemand du calcul différentiel fut inhumé dans le plus parfait anonymat.

Qu'est-ce que le calcul différentiel ?

Voilà pour les hommes qui ont créé le calcul différentiel. Mais en quoi celui-ci consiste-t-il exactement ?

Le calcul différentiel offre le moyen de décrire et d'analyser mouvements et changements. Mais pas n'importe lesquels : leur déroulement doit pouvoir être décrit. Plus concrètement, le calcul différentiel rassemble un ensemble de techniques permettant d'étudier ces types de mouvements (le mot « calcul » provient du latin *calculus*, « caillou » : les premiers systèmes de comptage et de calcul impliquaient en effet la manipulation de petites pierres).

L'opération élémentaire du calcul différentiel est celle que l'on connaît sous le nom de « dérivation ». Son but est d'obtenir le taux du changement d'une grandeur variable. Pour que cela soit possible, la valeur, la position ou la trajectoire de cette grandeur doit être exprimée par une formule appropriée. La dérivation agit alors sur cette formule pour en donner une seconde, qui indiquera les variations de la première.

Prenons l'exemple d'une voiture en mouvement le long d'une route et dont la distance parcourue, notée x, varie avec le temps t selon l'expression

$$x = 5\,t^2 + 3t.$$

Grâce au calcul différentiel, on peut calculer la vitesse v du véhicule (c'est-à-dire le taux de variation de sa position) à tout instant t grâce à l'expression

$$v = 10\,t + 3.$$

La formule $10t + 3$ est le résultat de la dérivation de $5t^2 + 3t$ (on verra bientôt comment la dérivation opère dans ce cas).

Notons que dans cet exemple, la vitesse de la voiture n'est pas une grandeur constante : elle varie avec le temps, tout comme la distance parcourue. L'opération de dérivation peut s'appliquer une seconde fois pour obtenir l'accélération (le taux de variation de la vitesse). La dérivation de la formule $10t + 3$ donne l'accélération

$$a = 10$$

qui, dans ce cas, est donc constante.

Les objets mathématiques fondamentaux auxquels s'applique le processus de dérivation sont appelés « fonctions ». Sans le concept de fonction, il ne peut y avoir de calcul différentiel. Tout comme l'addition arithmétique est une opération sur les nombres, la différentiation est une opération sur les fonctions.

Qu'est-ce qu'une fonction ? La réponse mathématique la plus simple que l'on puisse donner à cette question est la suivante : on appelle « fonction » une règle qui, à partir de la donnée d'un nombre, permet d'en calculer un second — cette définition est en fait un cas particulier, mais elle suffit à comprendre les rouages du calcul différentiel.

Par exemple, une expression polynomiale comme

$$y = 5x^3 - 10x^2 + 6x + 1$$

définit une fonction. En effet, pour une valeur donnée de x, elle nous indique comment calculer la valeur correspondante de y. Par exemple, avec $x = 2$, on peut calculer

$$y = (5 \times 2^3) - (10 \times 2^2) + (6 \times 2) + 1 = 40 - 40 + 12 + 1 = 13.$$

Les fonctions trigonométriques $y = \sin x$, $y = \cos x$, $y = \tan x$ en sont d'autres exemples. Pour ces fonctions, il n'existe aucun moyen simple de calculer la valeur de y comme nous le ferions dans le cas d'un polynôme. Leurs définitions habituelles sont données en termes de rapports des divers côtés de triangles rectangles, ces définitions ne valant que lorsque x est un angle inférieur à l'angle droit. Les mathématiciens définissent la fonction tangente à partir des fonctions sinus et cosinus par le rapport

$$\tan x = \frac{\sin x}{\cos x}$$

et les fonctions sinus et cosinus par les sommes infinies ci-dessous :

$$\sin x = x - \frac{x^3}{3!} + \frac{x^5}{5!} - \frac{x^7}{7!} + \cdots$$

$$\cos x = 1 - \frac{x^2}{2!} + \frac{x^4}{4!} - \frac{x^6}{6!} + \cdots$$

Pour comprendre ces formules, vous devez savoir, comme nous l'avons vu au chapitre 3, que pour tout entier naturel n, $n!$ (« factorielle n ») est égal au produit de tous les nombres de 1 à n inclus. Par exemple, $3! = 1 \times 2 \times 3 = 6$. Il faut également comprendre que les trois petits points en fin de ligne signifient que la série se poursuit de la même manière jusqu'à l'infini. Les sommes infinies qui définissent $\sin x$ et $\cos x$ donnent toujours une valeur finie, et on peut les manipuler plus ou moins comme des polynômes.

Un autre exemple de fonction est celui de la fonction exponentielle :

$$e^x = 1 + \frac{x^1}{1!} + \frac{x^2}{2!} + \frac{x^3}{3!} + \frac{x^4}{4!} + \cdots$$

Ici encore, cette somme infinie donne toujours une valeur finie et peut être manipulée comme un polynôme fini. En prenant $x = 1$, on obtient

$$e = \mathrm{e}^1 = 1 + \frac{1}{1!} + \frac{1}{2!} + \frac{1}{3!} + \frac{1}{4!} + \cdots$$

La constante mathématique e est égale à la valeur de cette somme infinie, qui est un nombre irrationnel. Son développement décimal commence par 2,718 28.

La fonction exponentielle e^x possède une fonction réciproque, c'est-à-dire une fonction qui « inverse », qui « annule » l'effet de la fonction exponentielle. Il s'agit de la fonction « logarithme népérien », très importante en mathématiques, notée $\ln x$ (nous l'avons déjà rencontrée au chapitre 2). Si l'on part d'un nombre a, qu'on lui applique la fonction e^x pour obtenir le nombre $b = \mathrm{e}^a$, puis que l'on applique à ce nombre b la fonction $\ln x$, alors on obtient au bout du compte a lui-même : $a = \ln b$.

Le calcul des pentes par la dérivée

Les expressions algébriques comme les polynômes ou les sommes infinies des fonctions trigonométriques ou exponentielles offrent une manière très précise de décrire certains types d'organisations abstraites. Dans les cas cités, l'organisation est celle de l'association entre deux nombres : la variable indépendante, encore appelée « argument », notée x, qui est celle dont on part ; et la variable dépendante, y, qui est la valeur du résultat. Dans de nombreux cas, on peut illustrer ces relations graphiquement.

Le graphe d'une fonction permet de voir en un clin d'œil comment la variable y est reliée à la variable x.

Par exemple, dans le cas de la fonction sinus dont le graphe est donné par la figure 4.2, tandis que x augmente au-delà de 0, y augmente également, jusqu'à ce que x atteigne une valeur voisine de $1{,}5$ (exactement lorsque $x = \pi/2$) ; y commence alors à décroître et devient même négatif lorsque $x \approx 3{,}1$ (précisément lorsque $x = \pi$), puis continue de décroître jusqu'à ce que x soit proche de $4{,}7$ ($x = 3\pi/2$) pour recommencer alors à croître.

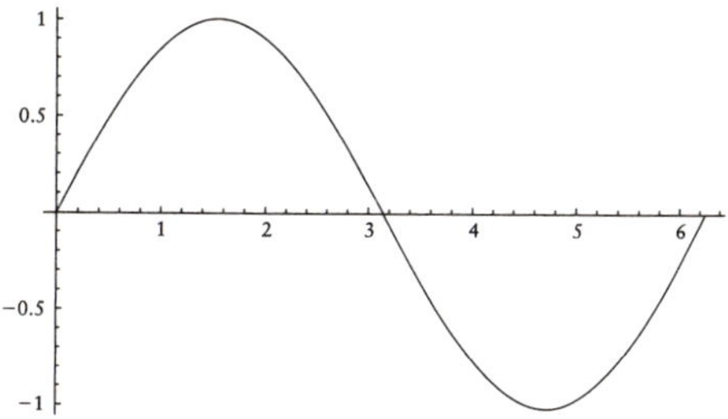

Figure 4.2 – Graphe de la fonction $y = \sin x$.

La question à laquelle Newton et Leibniz ont répondu est celle de savoir comment quantifier les variations d'une fonction comme $\sin x$, c'est-à-dire les variations de y par rapport à x. Graphiquement, cela revient à trouver la pente de la courbe. La difficulté réside dans le fait que cette pente n'est pas constante : en certains points, la courbe monte très vite (la pente est élevée et positive), en d'autres points, la courbe est quasiment horizontale (la pente est proche de 0) et, à d'autres endroits encore, elle descend rapidement (la pente est alors élevée et négative).

Pour résumer, disons que, comme la valeur de y dépend de la valeur de x, la pente dépend elle aussi de x. En d'autres termes, la pente d'une fonction est elle-même une fonction. La question qui se pose maintenant est de savoir si, pour une fonction dont on connaît une expression (qui donne la relation entre x et y), on peut trouver une autre expression qui décrive la relation entre x et la pente.

Voici, dans les grandes lignes, la méthode proposée par Newton et Leibniz, l'approche adoptée ici étant celle de Leibniz, Newton ayant décrit les choses un peu différemment, avec d'autres notations. Pour simplifier, considérons la fonction $y = x^2$ dont le graphe est donné par la figure 4.3. Lorsque x augmente, y augmente également, ainsi que la pente. C'est-à-dire que, lorsque x augmente, non seulement la courbe « monte », mais elle s'incline de plus en plus. Pour une valeur donnée de x, la hauteur de la courbe au point P correspondant est donnée par le calcul de x^2, mais comment obtenir la *pente* pour cette valeur de x ?

L'idée est la suivante. Prenons un deuxième point situé à droite de x et très proche de lui, à une distance h. Sur le graphe de la figure 4.3, on lit la hauteur du point P, qui vaut x^2, et celle du point Q, valant $(x + h)^2$. La courbe s'incline vers le haut lorsqu'on va de P vers Q, mais si l'on choisit h suffisamment petit (comme sur la figure), la différence entre la courbe et une ligne droite reliant P à Q sera également petite, si bien que la pente de la courbe en P sera proche de la valeur de la pente de cette ligne droite.

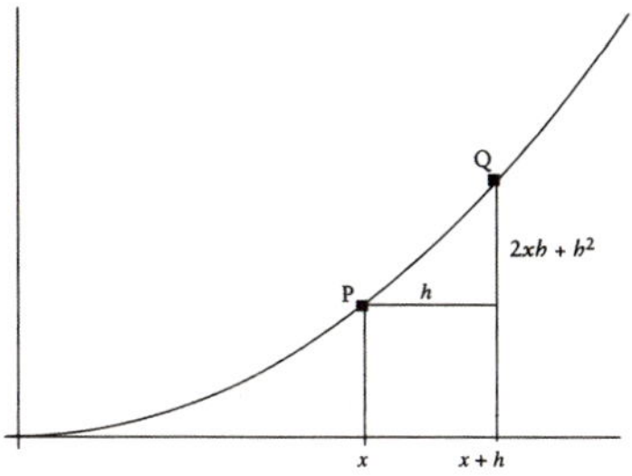

Figure 4.3 – Graphe de la fonction $y = x^2$ et calcul de sa dérivée.

L'astuce, c'est que l'on peut calculer facilement la pente d'une ligne droite : il suffit de diviser l'accroissement vertical par l'accroissement horizontal. Dans notre cas, l'accroissement vertical s'écrit

$$(x+h)^2 - x^2$$

tandis que l'accroissement horizontal est simplement h. La pente de la ligne droite entre P et Q vaut donc

$$\frac{(x+h)^2 - x^2}{h}.$$

Par des méthodes algébriques élémentaires, on peut simplifier l'écriture du numérateur comme suit :

$$(x+h)^2 - x^2 = x^2 + 2xh + h^2 - x^2 = 2xh + h^2.$$

La pente de la ligne droite PQ vaut donc

$$\frac{2xh + h^2}{h}.$$

Et la division par h donne finalement

$$2x + h.$$

Voilà donc une formule donnant la pente de la ligne droite reliant P à Q. Qu'en est-il de la pente de la courbe $y = x^2$ au point P, qui est la grandeur que l'on cherchait à calculer au départ ? C'est là que Newton et Leibniz firent preuve de génie. Voici leur raisonnement : remplaçons la situation statique par une situation dynamique et voyons ce qui se passe lorsqu'on rend la distance h séparant les deux points P et Q le long de la direction x de plus en plus petite.

Lorsque h diminue, Q se rapproche de plus en plus de P et, pour toutes les valeurs de h, la formule $2x + h$ donne la valeur correspondante de la pente de la droite PQ. Par exemple, si l'on prend $x = 5$ et que l'on prend successivement pour h les valeurs 0,1 ; 0,01 ; 0,001 ; 0,000 1 et ainsi de suite, alors les pentes correspondantes de la droite PQ vaudront 10,1 ; 10,01 ; 10,001 ; 10,000 1... Apparaît donc immédiatement le fait suivant : les valeurs de la pente de PQ semblent s'approcher de la valeur 10,0 (dans le jargon des mathématiciens, 10,0 semble être la « valeur limite » de la série des pentes de PQ pour des valeurs de h de plus en plus petites).

Mais si l'on regarde le graphe et que l'on donne une illustration géométrique de ce processus, on voit apparaître un second fait, géométrique celui-là : lorsque h diminue et que Q se rapproche de P, la différence entre la pente de la droite PQ et la pente de la courbe en P s'amenuise de plus en plus : la valeur limite de la pente de la droite PQ sera précisément la pente de la courbe en P.

Par exemple, pour le point $x = 5$, la pente de la courbe en P vaudra 10,0. De manière plus générale, pour une valeur quelconque de x, la pente de la courbe en P vaudra $2x$. Autrement dit, la pente de la courbe en x est donnée par la formule $2x$ (qui est la limite de l'expression $2x + h$ lorsque h tend vers 0).

Dans la description de sa méthode, Leibniz utilisait les notations $\mathrm{d}x$ à la place de notre h et $\mathrm{d}y$ pour exprimer la différence verticale entre P et Q. Il notait $\mathrm{d}y/\mathrm{d}x$ la fonction donnant la pente, notation qui évoque très clairement le fait que l'on calcule le rapport de deux écarts infinitésimaux (la notation $\mathrm{d}x$ se lit habituellement « dé-ixe », $\mathrm{d}y$ se lit « dé-igrec » et $\mathrm{d}y/\mathrm{d}x$ se lit « dé-igrec sur dé-ixe »).

Indépendamment de la notation, le point important est d'avoir une relation fonctionnelle entre les deux quantités x et y :

$$y = \text{une certaine formule dépendant de } x.$$

Avec la terminologie contemporaine, on dit que « y est une fonction de x » et on exprime cela par la notation $y = f(x)$ ou $y = g(x)$.

Les notations mises à part, l'étape fondamentale franchie par Newton et Leibniz fut de passer de la situation statique de la pente en un point particulier P au processus dynamique des approximations successives par le calcul des pentes des droites passant par P. C'est en observant les comportements numériques et géométriques qui découlaient de ce processus d'approximations que Newton et Leibniz purent obtenir le bon résultat.

En outre, leur approche s'applique à un grand nombre de fonctions, et pas seulement à l'exemple simple présenté ici. Autre exemple : si l'on considère la fonction x^3, on obtient pour la pente la fonction $3x^2$. De manière plus générale, si l'on part d'une fonction du type x^n, où n est un entier quelconque, la pente de la fonction sera nx^{n-1} : cela constitue une règle de dérivation aisément applicable.

Il faut souligner ici que Newton et Leibniz ne se contentèrent pas de poser la valeur de h égale à 0. Certes, dans l'exemple très simple donné ci-dessus pour la fonction x^2, si l'on pose simplement $h = 0$ dans la formule $2x + h$ donnant la pente, alors on obtient bien le résultat $2x$. Mais cela ne fonctionne dans ce cas que parce que l'exemple est particulièrement simple. Sur le graphe, si $h = 0$, alors les points P et Q ne sont qu'un seul et même point et il n'y a plus de droite PQ. Souvenons-nous en outre que l'on a simplifié l'expression qui donnait la pente de PQ, qui s'écrivait initialement comme le rapport des deux expressions $2xh + h^2$ et h. Or, si l'on pose $h = 0$, ce rapport devient la division de 0 par 0, qui est dénuée de sens.

En fait, même si Newton et Leibniz obtinrent la bonne réponse, il fallut deux siècles pour expliquer complètement pourquoi leur méthode fonctionne. Et pour y parvenir, les chercheurs durent élaborer une théorie mathématique rigoureuse des processus d'approximation que ni Leibniz ni Newton n'était en mesure de mettre en place. C'est seulement en 1821 qu'Augustin Louis Cauchy développa l'idée clé de « limite » (d'une grandeur variable) ; et, quelques années plus tard, Karl Weierstrass fournit une définition formelle de cette notion de limite. Ce n'est qu'à partir de là que le calcul différentiel put se développer sur de bonnes bases.

Le procédé qui consiste à passer de l'équation d'une courbe à celle donnant les pentes de cette courbe est connu sous le nom de « dérivation » ou, dans des cas plus généraux, de « différentiation » (ce nom fait référence au fait que l'on prend de petites différences dans les directions x et y pour calculer les pentes des lignes droites correspondantes). La fonction donnant la pente s'appelle la « dérivée » de la fonction initiale (dont elle « dérive »).

Dans notre exemple, la fonction $2x$ est la dérivée de la fonction x^2. De la même manière, la dérivée de la fonction x^3 est la fonction $3x^2$ et, plus généralement, la dérivée de la fonction x^n, où n est un entier quelconque, s'écrit nx^{n-1}. Affichant le type de symétrie que l'on trouve souvent en mathématiques, la dérivée de la fonction $\sin x$ s'avère être $\cos x$, si bien que $\cos x$ donne la pente de $\sin x$ en tout point. Et la dérivée de $\cos x$, presque aussi sympathique, est $-\sin x$: seul le signe moins brise cette symétrie quasi parfaite. Encore plus joli : la dérivée de e^x est e^x elle-même, ce qui signifie que e^x se donne sa propre pente en tout point. C'est la seule fonction dotée de cette propriété. Enfin, la dérivée de $\ln x$ vaut $1/x$.

Toute la puissance de l'invention de Newton et Leibniz tient au fait que le nombre de fonctions que l'on pouvait dériver a fait un bond soudain grâce à l'avènement d'une « méthode de calcul différentiel » donnant un ensemble de règles permettant de dériver des fonctions compliquées. Le développement de ce calcul différentiel s'explique également par l'énorme succès de la méthode dans des domaines d'application variés, et ce malgré le fait qu'elle dépende d'un mode de raisonnement que l'on ne comprenait pas encore complètement à l'époque. On savait ce que l'on avait à faire, même si l'on ne savait pas trop pourquoi cela fonctionnait (c'est d'ailleurs un sentiment que bien des étudiants connaissent encore aujourd'hui dans les cours de calcul différentiel).

Calcul différentiel en plusieurs dimensions

Le calcul différentiel tel que je l'ai décrit jusqu'ici s'applique à des fonctions d'une seule variable, c'est-à-dire à des fonctions qui, à partir d'une unique variable x, produisent une valeur y. Ces fonctions admettent une représentation géométrique sur un graphe à deux dimensions — généralement une ligne courbe. Mais on peut appliquer ces mêmes idées à des situations plus larges. En particulier, le calcul différentiel peut être généralisé à des fonctions de deux variables, $z = f(x, y)$, dont l'interprétation géométrique est alors une surface, z donnant la hauteur de la surface au-dessus du plan xy au point (x, y) (voir la figure 1.3), ou à des fonctions de trois variables, ou plus encore.

Il n'existe pas de représentation géométrique simple pour les fonctions de trois variables, qui s'écrivent sous la forme $v = f(x, y, z)$, mais quantité de phénomènes physiques familiers peuvent s'exprimer ainsi. Par exemple, (x, y, z) peut être les coordonnées d'un hélicoptère en vol et $v = g(x, y, z)$ sa vitesse lorsqu'il se trouve au point de latitude x, de longitude y et d'altitude z. Autre exemple : $w = T(x, y, z)$ peut être la température de l'atmosphère terrestre au point de la latitude x, de longitude y et d'altitude z.

Dans le cas d'une fonction de deux variables, on ne peut définir un taux de variation unique en un point donné : tout dépend de la direction choisie. Supposons par exemple que l'on soit en train d'escalader une montagne et que l'on s'arrête à mi-chemin. Si l'on continue en direction du sommet, la pente de la trajectoire sera un nombre positif, peut-être assez élevé. Mais si l'on décide de s'arrêter de grimper et de faire le tour de la montagne à altitude constante, alors la pente de la trajectoire sera nulle. En d'autres termes, la pente au point où l'on se trouve dépend du sens dans lequel on projette de continuer à partir de cette position. De la même manière, pour des fonctions de trois variables ou plus, la pente en tout point dépend de la direction du mouvement. Par exemple, l'hélicoptère pourra afficher une vitesse verticale nulle, une vitesse importante vers l'avant et une faible vitesse latérale dirigée vers la droite de l'appareil.

Il se trouve que, pour analyser le mouvement en deux dimensions ou plus, il n'est pas nécessaire de calculer des taux de variation (c'est-à-dire des pentes) dans toutes les directions possibles : on peut se contenter de connaître les taux de variation dans la direction des axes, c'est-à-dire dans les directions x et y pour une fonction de deux variables $z = f(x, y)$ et dans les directions x, y et z pour une fonction de trois variables $v = g(x, y, z)$.

Supposons que l'on cherche à décrire les aventures d'un grain de poussière emporté dans le mouvement d'un fluide (nous utiliserons bientôt cet exemple). Le mouvement de ce grain de poussière pourra être passablement compliqué : il est projeté dans une direction, puis dans une autre, se trouve emporté le long d'une ligne droite ou suivant une spirale, selon les variations du courant qui l'entraîne. À tout instant t, on peut connaître la position exacte de ce grain de poussière grâce à ses trois coordonnées x, y, z (dans un système de coordonnées fixé). De même, on peut préciser son mouvement à l'instant t en décrivant comment varient ses coordonnées dans les trois directions, par le calcul des taux de variation de sa position dans la direction x, dans la direction y et dans la direction z. Lorsqu'on fait cela à l'aide du calcul différentiel, on dit que l'on calcule les « dérivées directionnelles » dans les directions x, y et z.

Cette idée de décrire le mouvement dans un espace tridimensionnel en le calculant dans les trois directions du système de coordonnées forme la base des applications du calcul différentiel d'Euler à l'étude du mouvement des fluides élaborée par Navier, puis par Stokes. En voici les grandes lignes.

Pour simplifier, commençons par le cas d'une fonction de deux variables $z = f(x, y)$. Les taux de variation directionnels dans les directions des deux axes s'obtiennent en appliquant à la partie appropriée de la figure géométrique concernée (une surface dans le cas d'une fonction $z = f(x, y)$) les méthodes du calcul différentiel utilisées dans le cas d'une seule variable.

Pour indiquer que la différentiation concerne telle ou telle direction particulière, les mathématiciens emploient une notation légèrement différente de celle que nous avons déjà vue : pour une fonction $y = f(x)$ avec une seule variable indépendante, on note $\mathrm{d}y/\mathrm{d}x$ le taux de variation de y au point x. Pour une fonction $z = f(x, y)$ de deux variables indépendantes x et y, on note $\partial z/\partial x$ le taux de variation dans la direction x et $\partial z/\partial y$ le taux de variation dans la direction y. La grandeur (ou formule) $\partial z/\partial x$ s'appelle la « dérivée partielle » de z par rapport à x, et $\partial z/\partial y$ la « dérivée partielle » de z par rapport à y. Ainsi, $\partial z/\partial x$ est la pente que l'on rencontre lorsqu'on parcourt la surface parallèlement à l'axe des x et $\partial z/\partial y$ est la pente rencontrée lorsqu'on se déplace sur la surface parallèlement à l'axe des y.

Par exemple, pour la fonction

$$z = x^2 - 3xy - y^5,$$

on obtient

$$\frac{\partial z}{\partial x} = 2x - 3y \quad \text{et} \quad \frac{\partial z}{\partial y} = -3x - 5y^4.$$

De même, pour une fonction $v = f(x, y, z)$ de trois variables indépendantes, le mouvement — ou la variation — de v en un point (x, y, z), sera déterminé par les trois dérivées partielles

$$\frac{\partial v}{\partial x}, \quad \frac{\partial v}{\partial y}, \quad \frac{\partial v}{\partial z},$$

qui donnent les taux de variation dans chacune des trois directions (x, y, z) de la valeur de la fonction. Dans ce dernier cas, bien sûr, il n'existe aucune illustration géométrique de la fonction à laquelle se raccrocher.

Tout cela fut analysé par bon nombre de mathématiciens dans les années qui suivirent l'invention du calcul différentiel par Newton et Leibniz. C'est alors que Daniel Bernoulli entra en scène.

Des balles et des planètes à l'écoulement des fluides

Daniel Bernoulli était issu d'une grande famille suisse de mathématiciens talentueux du XVIIIe siècle. Son père, Johann, était professeur de mathématiques à l'université de Bâle. Père et fils furent tous deux largement influencés par la méthode du calcul infinitésimal qu'ils contribuèrent à développer. À l'époque, le calcul différentiel était utilisé pour l'étude du mouvement continu d'objets solides comme les planètes (dans la veine des travaux de Newton) ou des variations continues de pentes de courbes géométriques continues (comme l'avait fait Leibniz). Daniel Bernoulli cherchait à appliquer la méthode au mouvement continu des fluides (c'est-à-dire, pour un scientifique, des gaz ou des liquides). Et c'était un tout autre problème.

Newton et Leibniz étudièrent le mouvement continu d'un objet discret unique (une planète ou une particule pour Newton, le point qui trace une courbe ou une surface pour Leibniz). Mais dans le cas de l'écoulement des fluides, non seulement le mouvement est continu, mais le matériau est lui-même un milieu continu. L'idée permettant d'aborder le problème s'imposa d'elle-même : tout comme le calcul différentiel procédait d'écarts infinitésimaux mais discrets et infiniment rapprochés dans le temps, Bernoulli envisagea les fluides comme constitués de régions distinctes infinitésimales (des « gouttes » microscopiques), infiniment proches les unes des autres, et dont chacune pourrait (en principe) être analysée grâce aux méthodes de Newton et Leibniz.

Une autre façon d'exprimer cette idée est de dire que l'on cherche comment décrire par des équations le cheminement d'un grain de poussière (un « point infinitésimal ») situé en un point quelconque du fluide considéré. Et cela implique de manipuler deux ensembles de grandeurs infinitésimales.

Tout d'abord, le mouvement de chaque grain de poussière est vu comme une succession de « clichés fixes ». On utilise là le calcul différentiel ordinaire pour décrire le mouvement continu d'un objet, ce mouvement étant considéré comme une succession de situations statiques.

Ensuite, on étudie la variation géométrique infinitésimale entre les chemins suivis par deux grains de poussière infinitésimalement proches.

Le défi était de parvenir à traiter simultanément ces deux types de grandeurs infinitésimales : les infinitésimaux temporels du mouvement de chaque grain de poussière et les infinitésimaux géométriques du fluide. Cela prit à Bernoulli la majeure partie de sa vie d'adulte, mais il y parvint. Il publia ses résultats en 1738 dans l'ouvrage intitulé *Hydrodynamique*. L'idée centrale était de prendre pour solution ce que l'on appelle un « champ de vecteurs ». Je vous épargne les détails les plus terrifiants de la définition formelle que donnent les mathématiciens d'un tel champ. De manière intuitive, on peut le voir comme une fonction de trois variables x, y, z qui donnent la vitesse et la direction de l'écoulement du fluide en tout point (x, y, z) du fluide considéré.

Parmi les résultats que Bernoulli présenta dans son livre, on trouve une équation montrant que, lorsqu'un fluide s'écoule sur une surface, la pression qu'il exerce sur cette surface décroît lorsque la vitesse de l'écoulement augmente. Pourquoi cela vaut-il la peine d'être mentionné ? Parce que l'« équation de Bernoulli » (c'est le nom qu'on lui donne aujourd'hui) est à l'origine de l'aéronautique moderne. Dit simplement, c'est elle qui exprime ce qui maintient les avions dans les airs[1].

Euler s'appuya sur les travaux de Bernoulli pour formuler des équations décrivant le mouvement d'un fluide dénué de viscosité et soumis à des forces données, mais il ne parvint jamais à résoudre ces équations. Par la suite, Navier et Stokes modifièrent les équations d'Euler pour inclure la viscosité (c'est-à-dire autoriser le frottement). Les équations résultantes sont connues sous le nom d'« équations de Navier-Stokes ».

[1]On trouve dans beaucoup d'ouvrages et d'articles une description incorrecte de la forme des ailes des avions, avançant que c'est elle qui permet à l'air de s'écouler plus loin, et donc plus vite, sur leur surface supérieure, ce qui créerait la portance. Or cette théorie est fausse, puisque les avions peuvent descendre. En fait, la portance est créée par le déplacement de l'air sur toute la surface de l'avion, ailes et fuselage, et ce n'est pas (principalement) la forme de l'aile qui permet la portance, mais l'angle par rapport à l'horizontale selon lequel fuselage et ailes pénètrent l'air, que l'on appelle « angle d'attaque ».

Bien que l'on sache les résoudre dans le cas bidimensionnel abstrait d'un film fluide plan d'épaisseur infinitésimale, on ne sait pas s'il existe une solution dans le cas tridimensionnel (plus réaliste). Notez que la question n'est pas : « Connaît-on la solution ? », mais qu'elle est plus fondamentale : on ne sait même pas s'il *existe* une solution !

Commençons avec les équations d'Euler concernant le mouvement d'un fluide, c'est-à-dire les équations qui décrivent l'écoulement d'un fluide (idéal) dénué de viscosité et qui s'étendrait à l'infini dans toutes les directions.

On suppose que chaque point $P = (x, y, z)$ du fluide est soumis à une force qui varie dans le temps. On peut spécifier la force en P au temps t en donnant ses valeurs dans chacune des trois directions : $f_x(x, y, z, t)$, $f_y(x, y, z, t)$, $f_z(x, y, z, t)$. Pour remporter le prix du Clay Institute, il suffit de résoudre le problème dans le cas où la force appliquée est nulle, c'est-à-dire lorsque les valeurs de f_x, f_y, f_z sont nulles en tout point et à tout instant. Mais je présente ici le problème tel qu'il a été formulé historiquement.

Soit $p(x, y, z, t)$ la pression dans le fluide au point P, à l'instant t.

Le mouvement du fluide au point P et à l'instant t est spécifié par la donnée de sa vitesse dans les directions des trois axes. Soit $u_x(x, y, z, t)$ la vitesse du fluide en P dans la direction de l'axe des x ; $u_y(x, y, z, t)$ sa vitesse en P dans la direction de l'axe des y ; et $u_z(x, y, z, t)$ sa vitesse dans la direction de l'axe des z.

On suppose le fluide incompressible, c'est-à-dire que, lorsqu'on lui applique une force, il peut s'écouler dans une certaine direction, mais ne peut être comprimé, ni ne peut se dilater. Cela s'exprime par l'équation suivante :

$$\frac{\partial u_x}{\partial x} + \frac{\partial u_y}{\partial y} + \frac{\partial u_z}{\partial z} = 0. \qquad (1)$$

La formulation du problème implique que l'on connaisse le mouvement initial du fluide, c'est-à-dire au temps $t = 0$. Autrement dit, on connaît $u_x(x, y, z, 0)$, $u_y(x, y, z, 0)$ et $u_z(x, y, z, 0)$ (en tant que fonctions de x, y et z). En outre, ces fonctions initiales sont supposées avoir un bon comportement. (Ce que cela signifie précisément est assez technique, mais nous n'avons pas besoin d'une définition précise pour nous faire une idée globale du problème. Néanmoins, la formulation précise de cette restriction est importante pour comprendre l'énoncé du problème du millénaire sur les équations de Navier-Stokes que les éventuels candidats à sa résolution devront donc connaître précisément.)

En appliquant la loi de Newton

Force = Masse × Accélération

en tout point P du fluide, Euler obtint les équations ci-dessous qui, combinées à l'équation (1) exprimant l'incompressibilité du fluide, décrivent le mouvement du fluide :

$$\frac{\partial u_x}{\partial t} + u_x\frac{\partial u_x}{\partial x} + u_y\frac{\partial u_x}{\partial y} + u_z\frac{\partial u_x}{\partial z} = f_x(x, y, z, t) - \frac{\partial p}{\partial x} \qquad (2)$$

$$\frac{\partial u_y}{\partial t} + u_x\frac{\partial u_y}{\partial x} + u_y\frac{\partial u_y}{\partial y} + u_z\frac{\partial u_y}{\partial z} = f_y(x, y, z, t) - \frac{\partial p}{\partial y} \qquad (3)$$

$$\frac{\partial u_z}{\partial t} + u_x\frac{\partial u_z}{\partial x} + u_y\frac{\partial u_z}{\partial y} + u_z\frac{\partial u_z}{\partial z} = f_z(x, y, z, t) - \frac{\partial p}{\partial z} \qquad (4)$$

Les équations (1) à (4) sont les équations d'Euler pour le mouvement des fluides. Pour inclure la possibilité de frottements, Navier et Stokes introduisirent une constante positive, ν, appelée « viscosité », qui mesure les forces de frottement au sein du fluide, et ajoutèrent ainsi une nouvelle force (la force de viscosité) dans la partie droite des équations (2), (3) et (4). Le terme à inclure à droite de l'équation (2) s'écrit

$$\nu \left[\frac{\partial^2 u_x}{\partial x^2} + \frac{\partial^2 u_x}{\partial y^2} + \frac{\partial^2 u_x}{\partial z^2} \right],$$

les termes à ajouter aux deux autres équations étant analogues (on remplace u_x par u_y pour l'équation (3) et par u_z pour l'équation (4)).

La notation

$$\frac{\partial^2 u_x}{\partial x^2}$$

représente la « dérivée partielle seconde » obtenue en différentiant u_x une première fois par rapport à x, puis en prenant la différentielle du résultat une seconde fois, toujours par rapport à x. Autrement dit :

$$\frac{\partial^2 u_x}{\partial x^2} = \frac{\partial}{\partial x} \left(\frac{\partial u_x}{\partial x} \right),$$

avec des définitions analogues pour y et z.

Sauf pour les as du calcul différentiel, les formules ci-dessus sont assez décourageantes. Et pour tout dire, les mathématiciens eux-mêmes ont parfois du mal à s'en dépêtrer ! En tentant de décrire le mouvement du fluide en tout point à partir de son mouvement dans les trois directions x, y, z, on complique inutilement les choses. On s'en rend compte en constatant la faible différence entre les équations (2), (3) et (4), et en observant que les trois termes ajoutés pour exprimer la viscosité sont trois variations sur un même thème, une pour chacun des trois axes.

Les mathématiciens du XIXe siècle mirent au point une notation et une méthode permettant d'étudier le mouvement directionnel de manière simple. L'idée était d'introduire un nouveau type de grandeur appelé « vecteur ». Un nombre n'exprime qu'une intensité, tandis qu'un vecteur renseigne à la fois sur l'intensité et sur la direction. Le « calcul différentiel multidimensionnel » est le résultat de l'application du calcul différentiel aux vecteurs et aux fonctions de vecteurs plutôt qu'aux variables numériques ou aux fonctions de variables numériques. Grâce aux vecteurs, on peut réécrire les équations de Navier-Stokes de manière plus compacte :

$$\frac{\partial \mathbf{u}}{\partial t} + (\mathbf{u} \cdot \nabla)\mathbf{u} = \mathbf{f} - \mathbf{grad}\, p + \nu \Delta \mathbf{u}, \qquad \operatorname{div} \mathbf{u} = 0.$$

Les grandeurs **f** et **u** sont des fonctions vectorielles et les symboles et termes ∇, Δ, **grad** et div expriment des opérations du calcul différentiel multidimensionnel.

Les tentatives de résolution des équations de Navier-Stokes n'ont guère connu de progrès et c'est pourquoi le Clay Institute a promis une récompense de un million de dollars à celui ou ceux qui trouveraient une solution à l'une ou l'autre des variantes du problème. La version la plus simple à présenter, mais qui n'est pas pour autant la plus simple à résoudre, est celle pour laquelle on annule toutes les composantes f_x, f_y et f_z des forces extérieures. Peut-on alors trouver les fonctions $p(x, y, z, t)$, $u_x(x, y, z, t)$,

$u_y(x, y, z, t)$ et $u_z(x, y, z, t)$ qui satisfont aux versions modifiées des équations (1) à (4) (c'est-à-dire aux versions qui incluent le terme de viscosité, avec $\nu > 0$) et dont le comportement est tel qu'elles puissent correspondre à la réalité physique ?

J'ajoute que ce même problème, lorsque la viscosité est nulle (il s'agit alors des équations d'Euler), n'a pas non plus été résolu, mais cette version ne fait pas partie des problèmes du millénaire.

La réduction du problème de Navier-Stokes à deux dimensions (que l'on obtient en posant tous les termes en z égaux à 0) peut être résolue. Le résultat, aussi ancien soit-il, ne donne aucun indice sur ce qui peut se passer en trois dimensions.

Le problème tridimensionnel peut également être résolu dans un cas très particulier. Avec des conditions initiales données, on peut toujours trouver un nombre positif T tel que les équations aient une solution pour tous les instants $0 \leq t \leq T$. Mais le nombre T est généralement si faible que cette résolution n'est d'aucune utilité en pratique. On appelle « temps de *blowup* » le nombre T pour ce système particulier.

Le problème de Navier-Stokes sera-t-il résolu ?

Quelqu'un parviendra-t-il à gagner le million de dollars récompensant la résolution des équations de Navier-Stokes ? En érigeant ce défi au rang de problème du millénaire, le Clay Institute braque les projecteurs sur une partie de la scène mathématique vieille de plus de deux cents ans : la mécanique des fluides. Étant donné le temps que des générations de mathématiciens ont déjà passé à tenter de résoudre ces équations, il est difficile d'écarter l'idée qu'elles puissent être tout bonnement impossibles à résoudre. Quoi qu'il en soit, il y a de grandes chances pour que leur solution, si elle existe, s'appuie sur des techniques complètement inédites. Ces équations ressemblent à celles des problèmes ordinaires que l'on trouve dans les manuels des étudiants... mais elles sont en réalité beaucoup, beaucoup plus difficiles.

5

Les mathématiques des déformations continues

La conjecture de Poincaré

Henri Poincaré, qui formula ce qui est devenu le sixième problème du millénaire, est né en 1854 à Nancy. La famille Poincaré était, c'est le moins que l'on puisse dire, une famille de gens doués. Léon, le père d'Henri, était professeur de médecine et Raymond, qui fut Premier ministre à plusieurs reprises puis président de la République durant la Première Guerre mondiale, était l'un de ses cousins. Pour sa part, Henri devint l'un des plus grands physiciens et mathématiciens que le monde ait jamais connu. Il fut très près de devancer Einstein dans la découverte de la relativité restreinte, mais pas suffisamment pour qu'elle lui soit également attribuée. Il a néanmoins sa place dans les livres d'histoire pour avoir (entre autres choses) créé à lui seul, ou presque, une branche des mathématiques d'une importance capitale, que l'on connaît aujourd'hui sous le nom de « topologie algébrique » (on en saura plus d'ici peu). Grâce à l'étendue de ses connaissances et de ses découvertes, qui couvraient non seulement plusieurs branches des mathématiques, mais aussi la mécanique céleste, la physique moderne et même la psychologie, Poincaré fut qualifié de « dernier savant universel ».

Comme Riemann, dont il adopta l'approche mathématique fondée sur les concepts, Poincaré était un enfant à la santé fragile. Il était myope, avait une mauvaise coordination musculaire et, dans son jeune âge, fut atteint d'une diphtérie sévère. Cependant, contrairement à Riemann qui fut toujours un élève à problèmes et qui ne maîtrisa jamais bien sa langue maternelle, Poincaré était un excellent élève dans toutes les disciplines, sauf dans les domaines artistiques et en éducation physique. Dès l'école primaire, il fit montre d'une grande aisance à l'écrit, si bien qu'il devint à l'âge adulte l'un des plus grands vulgarisateurs scientifiques, avec des ouvrages destinés au grand public comme *La Science et l'Hypothèse* (1901), *La Valeur de la science* (1905) ou *Science et Méthode* (1908).

De 1862 à 1873, Poincaré suivit sa scolarité au lycée de Nancy, aujourd'hui rebaptisé « lycée Henri-Poincaré » en son honneur, où il reçut plusieurs prix nationaux. Il fit ensuite ses études à l'École polytechnique. Ses professeurs disaient de lui qu'il avait une mémoire extraordinaire, non seulement pour apprendre par cœur, mais aussi et surtout pour comprendre ce qu'il apprenait de manière fondamentale. Il se distinguait par sa capacité à relier entre elles des idées nouvelles, souvent de façon très visuelle.

Cette tendance de Poincaré à visualiser les choses fut caractéristique de ses travaux en mathématiques, tout au long de sa carrière (certains historiens avancent qu'à cause de sa mauvaise vue, il ne parvenait pas toujours à voir ce que les professeurs écrivaient au tableau, si bien qu'il devait créer sa propre vision mentale des choses, ce qui aurait renforcé son don pour la visualisation). Durant toute sa vie professionnelle, Poincaré, un peu comme Riemann, préféra innover à partir de principes fondamentaux plutôt que s'appuyer sur les résultats des autres ou même sur ses travaux antérieurs.

À sa sortie de l'École polytechnique, en 1875, Poincaré entra à l'École des mines, puis il accepta un poste d'ingénieur des mines à Vesoul. Malgré l'intérêt qu'il portera sa vie durant à tous les aspects de ce domaine, il nourrissait déjà une véritable passion pour les mathématiques. En même temps qu'il travaillait à Vesoul, il écrivit une thèse sur les équations différentielles sous la direction de Charles Hermite, à l'université de Paris. Après l'avoir soutenue, en 1879, il occupa un poste d'enseignement à l'université de Caen ; à peine deux ans plus tard, un poste de maître de conférences lui fut proposé à Paris (ses talents exceptionnels de chercheur en mathématiques compensaient très largement son style d'enseignement qui fut qualifié de « confus »). En 1886, il se vit confier la chaire de physique mathématique et probabilités de la Sorbonne, qu'il occupa parallèlement à un poste à l'École polytechnique jusqu'à sa mort précoce, en 1912, à l'âge de cinquante-huit ans.

Outre ses exploits en tant que mathématicien (beaucoup de mathématiciens le considèrent aujourd'hui comme l'un des plus grands génies de tous les temps), Poincaré était un remarquable vulgarisateur. Il s'intéressait tout particulièrement à la nature de la pensée mathématique. Outre la célèbre conférence sur la créativité mathématique intitulée « L'Invention mathématique »[1], qu'il donna en 1908

[1]Jacques Hadamard, *Essai sur la psychologie de l'invention dans le domaine mathématique*, suivi de Henri Poincaré, *L'invention mathématique*, Jacques Gabay éd., Les grands classiques Gauthier-Villars, coll. « Discours de la méthode », Sceaux, 1993.

à la Société de psychologie à Paris, et dans laquelle il se livrait à une véritable introspection sur ses propres modes de pensée, il travailla en collaboration avec Édouard Toulouse, directeur du laboratoire de psychologie à l'École des hautes études, à Paris, dans le cadre des études de ce dernier sur les habitudes de travail des personnes les plus talentueuses. En 1910, Toulouse publia les résultats de ses recherches sur le mathématicien dans un ouvrage intitulé tout simplement *Henri Poincaré*.

Si l'on en croit Toulouse, Poincaré suivait chaque jour un emploi du temps très strict. Il travaillait à ses recherches mathématiques entre dix heures et midi chaque matin, puis à nouveau de cinq à sept l'après-midi. Dans la soirée, il lui arrivait de lire un article de recherche susceptible de l'intéresser, mais à part cela, en général, il évitait autant que possible de travailler. Il pensait qu'un cerveau entraîné aux mathématiques travaillait sur les problèmes de manière inconsciente pendant le sommeil, et c'est pourquoi il faisait tout son possible pour que rien ne puisse troubler ses nuits.

Toulouse raconte également que, lorsque Poincaré travaillait à un problème, rien ne pouvait l'en distraire ; mais s'il atteignait un point où il ne savait plus comment poursuivre, il s'arrêtait et passait à autre chose, convaincu que son inconscient continuerait à retourner le problème dans tous les sens.

Poincaré écrivit : « C'est par la logique que nous prouvons, c'est par l'intuition que nous inventons[2]. » Il rejetait particulièrement la vision de Hilbert selon laquelle la déduction mathématique pouvait être axiomatisée et (en

---

[2] *Définitions mathématiques dans l'éducation* (1904).

principe) « mécanisée » ; un programme dont Poincaré était persuadé qu'il était voué à l'échec (comme nous l'avons vu au chapitre 3, Gödel montra par la suite qu'il avait raison).

Le dernier savant universel

Les recherches de Poincaré couvrent plusieurs domaines des mathématiques, de la physique et de la philosophie des sciences. Il fut le seul scientifique à se voir élire dans chacune des cinq sections de l'Académie des sciences : géométrie, mécanique, physique, géographie et navigation. Il fut également président de l'Académie en 1906. La vaste étendue de ses connaissances et sa capacité à voir les relations entre des domaines apparemment radicalement distincts lui permirent d'appréhender les problèmes selon des points de vue différents, souvent inédits. Parmi ses travaux en physique, on trouve des contributions importantes à des domaines aussi variés que l'optique, l'électricité, la télégraphie, l'élasticité, la thermodynamique, la théorie du potentiel, la mécanique céleste, la cosmologie, la mécanique des fluides, la théorie des quanta et la théorie de la relativité restreinte.

L'une de ses principales contributions en mathématiques, réalisée alors qu'il n'avait qu'une vingtaine d'années, fut l'élaboration du concept et de la théorie de ce que l'on appelle aujourd'hui les « fonctions automorphes », cas particuliers de fonctions de nombres complexes à valeurs complexes (voir la partie du chapitre 1 concernant les fonctions et les nombres complexes). Ces fonctions émergèrent de l'étude d'un type de problèmes que Poincaré effectua dans sa jeunesse. Dans *Science et Méthode*, il raconte comment, après maintes tentatives pour les résoudre, l'idée qui lui permit de définir cette nouvelle classe de fonctions lui apparut un jour qu'il montait dans un omnibus, sans qu'il soit en train de réfléchir consciemment à des questions mathématiques.

Plus tard, Poincaré travailla à d'autres aspects des fonctions de nombres complexes. C'est généralement à lui que l'on attribue l'invention de la théorie analytique des fonctions de plusieurs variables complexes, d'une importance énorme en mathématiques. À différents moments de sa vie, il s'intéressa également à la théorie des nombres et à la géométrie.

Mais ce sont ses travaux dans le domaine des mathématiques appelé « topologie » qui nous intéressent ici, le cinquième problème du millénaire, la conjecture de Poincaré, étant lui-même un problème de topologie. Bien que les origines de la topologie remontent aux travaux de Gauss et d'autres mathématiciens du milieu du XIXe siècle, celle-ci ne prit vraiment de l'ampleur qu'en 1895, lorsque Poincaré publia son *Analysis situs* (« L'analyse de la position »). Dans cet ouvrage, il introduisit pratiquement tous les concepts et les méthodes qui permirent d'avancer dans ce domaine durant les cinquante années qui suivirent.

La topologie est une autre géométrie, issue de la géométrie ordinaire et du calcul différentiel, et permettant aux mathématiciens d'étudier des propriétés très générales des surfaces et d'autres objets mathématiques. L'une des principales contributions de Poincaré consista à inventer plusieurs manières d'utiliser les techniques algébriques pour en faciliter l'étude. La conjecture de Poincaré est le fruit d'un accident : elle est le résultat d'une erreur que Poincaré commit (et décela très rapidement) au tout début de ses recherches sur cette nouvelle géométrie. En topologie, on s'intéresse surtout à des objets mathématiques à trois dimensions ou plus, et l'erreur de Poincaré fut de considérer qu'une caractéristique assez évidente des objets à deux dimensions était également vérifiée pour des objets analogues à trois dimensions ou plus.

Pour comprendre cette erreur et le contenu de la conjecture de Poincaré, le mieux est peut-être de commencer par la topologie à deux dimensions avant de voir ce qui entre en jeu lorsqu'on tente de passer à trois dimensions ou plus.

On appelle souvent la topologie bidimensionnelle « géométrie de la feuille de caoutchouc ».

Géométrie de la feuille de caoutchouc

Tous ceux qui ont déjà visité Londres (et beaucoup de ceux qui n'ont pas encore eu cette chance) reconnaîtront le plan de la figure 5.1 : il s'agit du plan du métro londonien, affiché dans tout le réseau, et qui orne toutes sortes de souvenirs : T-shirts, cartes postales, tasses... Conçu en 1931 par Henry Beck, un dessinateur industriel alors âgé de vingt-neuf ans, embauché comme intérimaire par la société du métro londonien, ce plan est l'un des meilleurs jamais dessinés, et toutes les tentatives pour l'améliorer se sont soldées par des échecs. Il allie la facilité d'utilisation à une certaine esthétique globale, ce qui en fait une icône facilement reconnaissable du Londres d'aujourd'hui et un modèle pour tous les plans de métro du monde.

Figure 5.1 – La topologie en action : le fameux plan du métro londonien.

Et pourtant, combien de personnes parmi toutes celles qui utilisent ce plan ont conscience qu'il illustre la puissance immense de la topologie ? À tous les égards, à l'exception de deux aspects seulement, il est complètement faux. Il n'est pas dessiné à l'échelle, si bien que toutes les distances sont fausses. Pire encore, les belles lignes droites censées représenter le trajet des trains n'ont pas grand-chose à voir avec la réalité du métro londonien, dont les passagers sont brinquebalés dans tous les sens tandis que les rames suivent les tours et détours des voies sous les rues de Londres. En outre, si une ligne s'étend sur le plan du nord au sud, cela ne signifie pas pour autant que le trajet réel suive cette direction (il peut même être plus proche de la direction est-ouest). Le premier des deux aspects du plan qui sont exacts est le suivant : si une station de métro est représentée au nord de la Tamise, on peut être sûr que la station réelle s'y trouve effectivement — il en va de même pour les stations au sud du fleuve. Le second aspect fidèle à la réalité concerne la façon dont est décrit le réseau : l'ordre des stations sur chaque ligne et les stations à l'intersection de deux lignes.

Cette seconde propriété est la seule dont les usagers du métro aient vraiment besoin (où prendre le métro, où descendre, où changer de ligne). Le plan fonctionne, car il décrit parfaitement la seule chose à savoir pour pouvoir utiliser le réseau, et parce que son aspect est clair et agréable, grâce au sacrifice des autres informations.

De façon similaire, le schéma de câblage d'une unité de réfrigération de supermarché comme celui de la figure 5.2 ne nous dit pas grand-chose de la longueur des câbles ni de l'endroit où les poser ; il indique simplement comment les composants doivent être reliés — il donne la configuration du réseau. Ici encore, le diagramme fonctionne, car il donne une représentation visuelle claire et précise de la seule information dont l'ingénieur ait besoin pour construire son appareil, en négligeant les autres détails.

Ces exemples illustrent tous deux l'essence de la topologie bidimensionnelle. Si l'on pouvait imprimer le plan du métro londonien sur une feuille de caoutchouc parfaitement élastique, on pourrait l'étirer et la comprimer jusqu'à reproduire fidèlement la réalité dans ses moindres détails. On obtiendrait alors une carte ordinaire, fidèle à

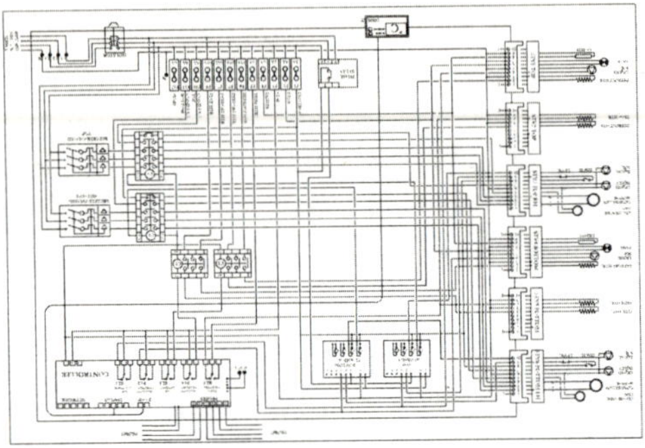

Figure 5.2 – La topologie en action : ce schéma de câblage d'une unité de réfrigération de supermarché montre comment câbler les différents composants, mais ne précise pas la disposition exacte de ceux-ci, ni la longueur de câble nécessaire, ni le chemin emprunté par chacun d'eux (reproduit avec l'autorisation de R. T. Carey).

la géographie de la ville, à l'échelle, avec la bonne orientation pour toutes les lignes du métro. Ces déformations n'auraient aucune incidence sur les intersections des lignes et l'ordre de succession des stations sur chaque ligne. En termes mathématiques, on dit que la configuration d'un réseau (défini comme une collection de points reliés par diverses lignes) est une propriété « topologique » ou, plus simplement, que les réseaux sont des objets topologiques : on peut déformer, étirer et courber à volonté les lignes de connexion du réseau sans que soit modifiée la configuration globale. Pour modifier le réseau, il faudrait défaire une connexion ou en ajouter une nouvelle.

Ce qui vaut pour le plan du métro londonien vaut pour tous les réseaux, que ce soit les circuits électriques et leurs diagrammes, les puces électroniques, les réseaux téléphoniques, Internet… Voilà pourquoi la « géométrie de la feuille de caoutchouc » est aujourd'hui devenue l'une des branches des mathématiques les plus importantes. Dans le cas du plan de métro, tant qu'il est *topologiquement* exact, la fidélité de sa représentation n'a pas d'importance. Et cela reste vrai pour la conception de circuits électriques ou de circuits imprimés : ce qui compte, avant tout, c'est la configuration du réseau. Tant qu'elle reste précise du point de vue *topologique*, la disposition exacte des câbles ou des composants conducteurs peut être modifiée à volonté pour rendre l'objet final plus rapide, plus efficace, plus fiable et (de nos jours) aussi petit que possible.

Plus généralement, la topologie bidimensionnelle (la géométrie de la feuille de caoutchouc) étudie les propriétés des formes qui seraient préservées si on les reproduisait sur une feuille (hypothétique) de caoutchouc parfaitement élastique que l'on pourrait alors déformer à loisir. Comme nous le verrons, les configurations de réseau ne sont que l'une des nombreuses propriétés qui ne sont pas affectées par ce type de manipulations. En fait, malgré l'utilité des plans, et la grande importance que les mathématiques des réseaux ont prise aujourd'hui, ces applications ne sont pas celles qui ont motivé les premières études de la topologie. En effet, ce ne sont pas les besoins des mathématiques appliquées qui ont provoqué le développement de la topologie. En fait, son origine se trouve au sein des mathématiques pures, et plus particulièrement des difficultés que l'on avait à comprendre pourquoi le calcul différentiel fonctionne.

Saisir la magie des mathématiques

Vers la fin du XIXe siècle, les mathématiciens commencèrent à regarder de très près les hypothèses (parfois explicites, mais souvent implicites) qui sous-tendaient leur domaine de recherche. Ils étaient principalement motivés par leur besoin de comprendre comment le calcul différentiel fonctionne. Dès son introduction par Newton et Leibniz, au milieu du XVIIe siècle, les mathématiciens en firent un usage intensif et couronné de succès. Autrement dit, le calcul différentiel marchait bien, mais personne ne savait vraiment pourquoi. C'était un peu magique.

L'explication mathématique du calcul différentiel fut le fruit du travail de plusieurs générations de mathématiciens, pendant plus de trois siècles. Pour parvenir à cette compréhension, il durent mener à bien une analyse détaillée de la nature des nombres réels, des processus infinis (comme les sommes et les produits infinis rencontrés au chapitre 1) et du sens même du raisonnement mathématique.

L'engouement pour une analyse toujours plus détaillée s'accompagnait (et dans une certaine mesure s'alimentait) d'une abstraction toujours plus importante. Comme nous l'avons vu au chapitre 1, au milieu du XIXe siècle, les mathématiques connurent une véritable révolution. Depuis lors, elles sont devenues de plus en plus abstraites[3]. L'histoire des mathématiques montre que, dans la plupart

---

[3]Dans mon livre *The Math Gene*, j'explique que se familiariser avec une abstraction toujours croissante est le plus gros obstacle à franchir pour quiconque voudrait parvenir à faire des mathématiques.

des cas, celles-ci s'attachent à décrire des objets et des schémas issus de la vie de tous les jours. L'arithmétique concerne les nombres qui, bien qu'abstraits en soi, peuplent notre vie quotidienne. Les nombres réels eux-mêmes, aussi compliqués soient-ils, proviennent intuitivement de l'idée plutôt simple d'une ligne droite continue. La géométrie décrit des versions idéalisées des formes que l'on rencontre tous les jours. La théorie des probabilités examine le caractère aléatoire des événements, familiers à toute personne ayant joué à pile ou face, aux dés ou aux cartes. Et bien que les symboles et les équations de l'algèbre paraissent abstraits aux non-mathématiciens, jusqu'à la fin du XVIIIe siècle, ces symboles algébriques représentaient généralement des nombres ; aussi cette abstraction apparente n'était-elle pour une bonne part qu'une illusion langagière.

Cependant, au XIXe siècle, une myriade de nouveaux objets virent le jour, qui ne faisaient clairement pas partie de notre quotidien (ou, pour être plus précis, qui n'étaient pas reconnus comme tels). Néanmoins, la majorité d'entre eux provenant d'une analyse précise des mathématiques déjà existantes, on pouvait considérer qu'ils faisaient partie de notre vie de tous les jours, mais de manière moins visible. Parmi les nouveaux objets qu'étudient les mathématiciens depuis plus de cent cinquante ans, on trouve des géométries dites « géométries non euclidiennes », dans lesquelles les lignes parallèles peuvent se croiser, des géométries en quatre dimensions, voire plus, des géométries à une infinité de dimensions, des expressions dont les symboles représentent les symétries de formes données (la « théorie des groupes »), des expressions dont les symboles représentent des liens logiques (la « logique propositionnelle ») et des expressions dont les symboles représentent le mouvement de corps dans un espace à deux ou trois dimensions (l'« algèbre linéaire »).

L'avènement de la topologie faisait partie de cette prolifération de nouvelles abstractions. L'idée de départ était d'élaborer une « géométrie » permettant d'étudier les propriétés des formes qui résisteraient à des déformations continues et donc ne dépendraient ni de notions comme celles de ligne droite, de cercle, de cube, etc., ni des mesures de longueur, d'aire, de volume ou d'angle. Les objets étudiés en topologie furent baptisés « espaces topologiques » (tout comme on peut dire de la géométrie qu'elle étudie les espaces géométriques, tel l'espace bidimensionnel euclidien de la géométrie du collège).

Le lien entre la topologie et les tentatives pour comprendre le fonctionnement du calcul différentiel est assez subtil. En quelques mots, disons que ces deux domaines dépendent de notre capacité à manier l'infiniment petit. Nous avons vu au chapitre 4 ce qu'il en était pour le calcul différentiel. Mais qu'est-ce que les transformations topologiques ont à voir avec l'infiniment petit ? En fait, tout ! Elles fournissent même la clé permettant d'aborder l'infiniment petit. Voici pourquoi : intuitivement, lorsqu'on applique une transformation topologique à deux points qui sont « infiniment voisins » avant la transformation, ils restent « infiniment voisins » après (j'expliquerai d'ici peu pourquoi j'ai pris soin de mettre ces termes entre guillemets). En particulier, ni l'étirement, ni la compression, ni la torsion d'une feuille parfaitement élastique ne peuvent détruire cette proximité : deux points proches au départ le resteront après ces manipulations.

Mais attention, la notion de proximité telle qu'on l'entend ici est celle d'une proximité relative à tous les autres points de l'espace topologique. On peut par exemple étirer la feuille en sorte que deux points initialement proches semblent ne plus l'être. Mais, dans ce cas, la modification de la « proximité » est en fait une modification *géométrique*, visible de l'extérieur. Alors que, du point de vue de la feuille élastique, les deux points restent toujours aussi proches l'un de l'autre. La seule façon de détruire cette relation de proximité serait de couper ou de déchirer la feuille (opération interdite en topologie).

Pour mettre la topologie en œuvre, les mathématiciens durent trouver un moyen de préciser cette idée fondamentale de proximité relative. Ils s'attelèrent à la tâche en cherchant comment cerner la notion hypothétique de deux points « infiniment proches ». Intuitivement, une transformation topologique, rappelons-le, possède la propriété suivante : si deux points sont infiniment proches au départ, alors ils le resteront une fois la transformation effectuée. Le problème de cette approche venait du fait que cette notion de points « infiniment proches » n'était pas bien définie[4]. Toutefois, en concevant les transformations topologiques de cette manière, les mathématiciens parvinrent à en donner une définition précise (mais l'expliquer ici

[4]Pour être exact, lorsque Poincaré et d'autres mathématiciens y travaillèrent à la fin du XIXe siècle, personne ne savait comment rendre mathématiquement précise cette notion de deux points « infiniment proches ». Dans les années 1950, l'Américain Abraham Robinson trouva le moyen de le faire. Mais cela n'affecte en rien le fil de notre histoire...

représenterait une trop grande digression). Ils furent alors en mesure de remettre les choses en place et d'utiliser le concept de transformation topologique (maintenant bien défini et bien compris) pour étudier en détail la notion intuitive de points « infiniment proches » dont ils étaient partis. Ils purent ainsi développer le calcul différentiel de manière rigoureuse, en évitant le concept problématique de proximité, et en utilisant plutôt la topologie comme base de travail.

Voilà la raison principale pour laquelle Poincaré, avec d'autres chercheurs, développa la topologie.

La première question qui se pose à quiconque se penche sur la topologie pour la première fois est de savoir si, oui ou non, on peut obtenir des résultats intéressants sur les espaces topologiques. Après tout, une fois les concepts de droite ou de plan mis à l'écart, rien ne nous garantit que ce qui reste mérite que l'on s'y intéresse. Non seulement les espaces topologiques ne comportent pas de lignes droites, mais ils ne comprennent aucune notion de forme définie, ni de distance. Tout ce que l'on peut dire, c'est si deux point sont proches l'un de l'autre. Peut-être cela convient-il très bien pour asseoir les bases du calcul différentiel, mais jusqu'où cela peut-il aller en ce qui concerne la topologie en elle-même ?

La richesse cachée

L'exemple du plan du métro londonien montre que la topologie n'est pas un sujet complètement dénué de sens. Mais on peut être surpris d'apprendre qu'il s'agit même d'une des branches les plus importantes, les plus riches et les plus captivantes des mathématiques contemporaines, avec des applications nombreuses, aussi bien en mathématiques qu'en physique ou dans d'autres domaines. Pour ne mentionner que l'une des plus importantes, notons que la topologie constitue le fondement mathématique de la théorie des supercordes, la plus récente des théories physiques sur la nature de l'univers.

Voyons un peu ce que peuvent étudier les topologues. Pour simplifier, je resterai dans un espace à deux dimensions (la géométrie de la feuille de caoutchouc) et regarderai lesquelles des propriétés issues de la géométrie que l'on apprend au lycée restent valables en topologie. Puisque les étirements et les torsions de la feuille courbent les lignes droites et modifient les distances et les angles, aucun de ces concepts géométriques n'a de sens en topologie. Alors, que reste-t-il ?

On a toujours des lignes, à condition de ne pas chercher à savoir si elles sont droites, ou courbes, ou d'aucune forme que ce soit. Et quoi d'autre ? Pourquoi pas des boucles fermées — des lignes qui se referment sur elles-mêmes ? Une telle boucle dessinée sur une feuille parfaitement élastique, même si elle subit toutes sortes de transformations (étirement, compression, torsion, etc.), restera toujours une boucle fermée. Quoi d'autre encore ?

Pour pouvoir répondre à cette question, je donnerai ici la démonstration du premier résultat mathématique que l'on puisse, à juste titre, qualifier de « théorème topologique ». On le doit au grand mathématicien suisse

Leonhard Euler, que nous avons déjà rencontré au chapitre 1 en tant qu'inventeur de la fonction zêta. En 1735, il trouva la solution d'une vieille énigme connue sous le nom de « problème des sept ponts de Königsberg ».

Königsberg était une ville de la Prusse orientale située sur les bords de la Pregel (rebaptisée Kaliningrad, c'est aujourd'hui une ville de Russie). Elle comportait deux îles, reliées par un pont. L'une des îles était connectée à chaque rive par un seul pont tandis que la seconde l'était par deux ponts pour chaque rive (voir la figure 5.3).

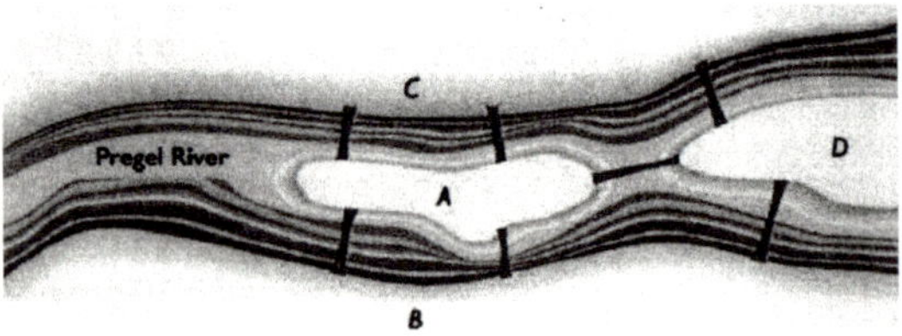

Figure 5.3 – Plan schématique de Königsberg (aujourd'hui la ville de Russie appelée Kaliningrad), montrant les sept ponts du problème qu'Euler résolut en 1735.

Nombreux étaient les habitants de Königsberg qui avaient l'habitude de se promener en famille le dimanche et, tout naturellement, leur chemin les menait souvent à emprunter plusieurs de ces sept ponts. La question soulevée maintes et maintes fois était de savoir s'il existe un itinéraire qui traverse chaque pont une fois et une seule.

Euler put résoudre le problème lorsqu'il réalisa que la disposition précise des îles et des ponts n'a aucune importance. Ce qui compte, ce sont les liens que tissent les ponts, autrement dit le réseau qu'ils forment. En d'autres termes, il s'agissait d'un problème de topologie, et non de géométrie. Il reste donc le même si l'on redessine le réseau îles-ponts de manière plus rudimentaire, comme sur la figure 5.4. Le diagramme simplifié, que l'on appelle « graphe » plutôt que « réseau », ne contient que quatre points (que l'on appelle généralement les « nœuds » ou les « sommets » du graphe) reliés entre eux par sept lignes (les « arêtes » du graphe).

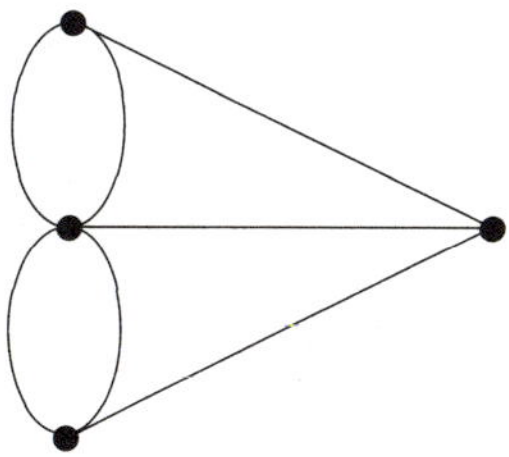

Figure 5.4 – Graphe des ponts de Königsberg. Les nœuds du réseau (les points noirs) représentent les terres ; les arêtes (les lignes) représentent les ponts.

Euler raisonna alors de la façon suivante : prenons un graphe quelconque et supposons qu'il existe un parcours qui traverse chaque arête une fois exactement. Tout nœud qui n'est pas un point de départ ou d'arrivée de ce parcours doit être connecté à un nombre d'arêtes pair, chaque paire étant constituée d'une arête qui conduise sur un nœud et d'une seconde qui en reparte. Mais, dans le cas du graphe des ponts, les quatre nœuds sont atteints par un nombre impair d'arêtes. Aussi, un tel parcours ne peut exister. En conséquence, aucun itinéraire de promenade dans Königsberg ne peut traverser chaque pont qu'une seule fois.

La solution au problème des ponts de Königsberg fut le premier théorème d'Euler en topologie (et même *le premier* théorème de topologie), mais il ne fut ni le dernier ni le plus important. Le résultat topologique le plus remarquable qu'il ait découvert concerne les graphes. En notant S le nombre total de sommets (les nœuds), A le nombre d'arêtes (les lignes de connexion) et F le nombre total de « faces » (c'est-à-dire de régions bornées par trois arêtes au moins), Euler montra que, pour n'importe quel graphe dessiné sur une surface plate, on la formule :

$$S - A + F = 1.$$

Par exemple, pour le graphe d'Euler des ponts de Königsberg, on a $S = 4$, $A = 7$ et $F = 4$, si bien que

$$S - A + F = 4 - 7 + 4 = 1.$$

Prenons un autre exemple, celui du graphe simple de la figure 5.5. Pour ce dernier, $S = 7$, $A = 10$ et $F = 4$, si bien que

$$S - A + F = 7 - 10 + 4 = 1.$$

L'expression $S - A + F$ est donc égale à 1 pour tous les graphes que l'on connaît et tous ceux que l'on pourra jamais dessiner. Euler donna une démonstration assez simple de ce résultat. L'idée générale est de partir d'un graphe quelconque et d'éliminer, un par un, les arêtes et les « sommets culs-de-sac » (c'est-à-dire les sommets qui ne sont

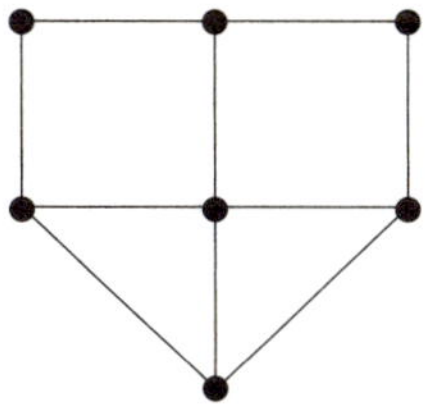

Figure 5.5 – Illustration de la formule d'Euler. Pour le graphe ci-dessus, $S = 7$, $A = 10$, $F = 4$. On a donc bien $S - A + F = 1$.

reliés qu'à une arête). Lorsqu'on enlève une arête qui n'atteint pas un cul-de-sac, on diminue A et F d'une unité sans modifier S, si bien que la valeur de $S - A + F$ reste la même. Lorsqu'on enlève un cul-de-sac, on enlève aussi l'arête qui passe par ce sommet ; on ne change donc pas F, mais on réduit S et A d'une unité, de sorte qu'ici encore $S - A + F$ ne varie pas. Ce processus s'arrête lorsqu'il ne reste plus qu'un seul sommet. Et pour ce graphe simplissime à un seul sommet, $S = 1$, $A = 0$ et $F = 0$, ce qui donne toujours $S - A + F = 1$. Comme la valeur de $S - A + F$ reste la même durant tout le processus de réduction, la valeur initiale de $S - A + F$ pour le graphe de départ doit nécessairement valoir 1.

Bien qu'Euler ait ainsi résolu l'une des premières énigmes topologiques et démontré l'un des premiers théorèmes dans cette discipline, le domaine n'a vraiment pris de l'ampleur que vers la fin du XIXe siècle, lorsque Poincaré entra en scène.

De l'autre côté de la surface

On a donc d'ores et déjà vu que la topologie étudie les propriétés des formes et des objets qui restent inchangées lorsque ces formes et ces objets sont soumis à des déformations continues. Par « continues », on entend que la déformation n'implique ni coupure, ni déchirure, ni recollement. Les mathématiciens excluent également la création ou la destruction de pointes ou de pliures trop saillantes. C'est cette notion plus stricte que j'adopterai pour donner un résumé de la topologie.

Par exemple, en topologie, rien ne distingue un ballon de football d'un ballon de rugby ou d'une balle de tennis, puisque chacune de ces trois balles peut être déformée de façon continue pour adopter la forme de l'une ou de l'autre. Une autre manière de le dire est d'affirmer qu'en topologie il n'y a qu'un seul type de « balle », les distinctions que l'on fait habituellement entre toutes les sortes de balles ou de ballons concernant leur taille et leur forme, qui ne sont pas des propriétés topologiques.

Une plaisanterie classique consiste à se moquer des topologues en disant qu'ils sont incapables de faire la différence entre une tasse à café et un beignet en anneau (voir la figure 5.6). Imaginons un beignet en pâte à modeler. On peut le remodeler (sans le rompre) pour le transformer en tasse à café (dotée d'une anse) : l'anneau du beignet permet en effet de former la poignée de la tasse, la majeure partie de la pâte à modeler étant déplacée d'un côté pour façonner le corps de la tasse. Évidemment, cet exercice est quasiment impossible à faire correctement avec de la vraie

Figure 5.6 – Beignet et tasse à café sont, topologiquement parlant, identiques. On peut transformer l'un en l'autre par une déformation continue (source : K. Devlin, *The Langage of Mathematics*, W. H. Freeman, New York, 1998, figure 6.13, p. 239).

pâte à modeler, mais avec le matériau idéal, parfaitement élastique, que les mathématiciens ont en tête, il fonctionne à merveille !

Cela étant, afin de ne pas céder à la gourmandise en parlant de beignets à longueur de journées, les mathématiciens (que leur mode de vie, plutôt sédentaire, ne met pas à l'abri d'un excédent de poids, et dont la consommation de café est telle que le mathématicien hongrois Paul Erdös en plaisantait en disant qu'« un mathématicien est une machine à transformer le café en théorèmes »), lorsqu'ils parlent d'un beignet en anneau, l'appellent plutôt un « tore ».

Comme on peut s'y attendre dans un domaine où une tasse à café est indiscernable d'un beignet, les premiers travaux en topologie consistèrent essentiellement à trouver des moyens de distinguer, au sens topologique, deux formes l'une de l'autre. Et Poincaré fut l'un des chefs de file de cette quête.

Par exemple, bien que deux balles quelconques soient topologiquement identiques, tout comme deux formes toriques choisies au hasard (qu'elles soient circulaires, ovales ou de quelque autre forme que ce soit), une balle et un tore sont résolument différents du point de vue topologique. Intuitivement, cela paraît clair : il semble impossible de déformer une sphère de manière continue pour en faire un tore. Mais tout le problème se trouve résumé dans ce mot en apparence inoffensif : « semble ». Comment savoir avec certitude qu'il n'y a aucun moyen d'y parvenir ? Ce n'est pas parce qu'on a essayé sans succès pendant des heures que l'on peut être sûr qu'il n'existe pas une suite particulière de transformations qui fasse l'affaire. Prenons par exemple l'énigme des anneaux qu'illustre la figure 5.7 : peut-on trouver une manière de transformer continûment la figure 5.7(a) pour donner la figure 5.7(b) ? La solution qui saute aux yeux est de couper l'un des anneaux, comme le montre la figure 5.7(c), de séparer les deux anneaux, puis de recoller celui que l'on a ouvert. Mais peut-on y arriver sans coupure ? Cela vous surprendra peut-être, mais la réponse est oui. Quelques tentatives pour y parvenir vous convaincront peut-être de l'importance de la recherche sur des méthodes totalement fiables permettant de montrer si deux objets sont oui ou non topologiquement identiques. (Pour éviter de me retrouver submergé de courriers me demandant la solution à cette énigme, je vous la livre à la fin de ce chapitre, dans la figure 5.12.)

Je le répète : si l'on ne parvient pas à trouver une déformation continue pour transformer un objet en un autre, cela ne suffit pas pour conclure que les deux objets considérés sont topologiquement différents. Ce qu'il faut, c'est montrer que l'un des deux possède une propriété topologique (autrement dit, une propriété qui ne soit pas

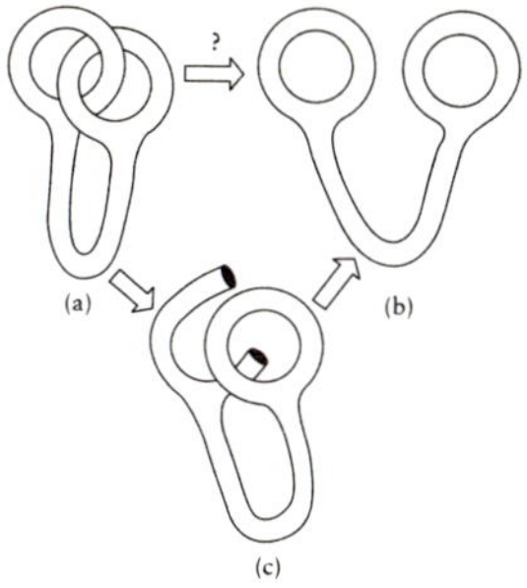

Figure 5.7 – L'énigme des anneaux. Supposons que l'objet (a) soit façonné dans un matériau parfaitement élastique. Peut-on le déformer jusqu'à séparer les deux anneaux, pour donner l'objet (b) ? La première solution qui vienne à l'esprit est de couper l'un des anneaux, de le séparer du second, puis de ressouder les deux bouts coupés. À condition que le recollement permette de retrouver exactement l'anneau initial, c'est là une opération topologique possible pour transformer (a) en (b). Cela étant, il est possible de faire cette transformation sans coupure. Voyez-vous comment ? La solution se trouve à la fin de ce chapitre (source : K. Devlin, *Mathématiques : un nouvel âge d'or*, Masson, Paris, 1992, figure 48, p. 203).

altérée par les déformations continues) que n'aurait pas l'autre.

Nous avons déjà rencontré une propriété semblable à celle-ci. Comme nous l'avons vu plus haut, pour un graphe, la valeur de l'expression $S - A + F$ est une propriété topologique : elle est la même pour tous les graphes plans. En outre, la déformation continue de la surface sur laquelle le graphe est dessiné ne modifie pas ses connexions et n'altère donc pas les valeurs de S, A, et F. Pour les cas particuliers que nous avons étudiés, qui étaient des graphes plans, la valeur de $S - A + F$ était bien égale à 1. Puisque c'est la valeur que l'on obtient sur un plan, on en déduit que c'est la valeur que l'on obtiendrait pour un graphe dessiné sur n'importe quelle feuille, quel que soit le nombre de courbures et de torsions qu'elle comporte. Si l'on s'intéresse à des graphes dessinés sur la surface d'une sphère (c'est-à-dire qui couvrent toute la sphère et pas seulement une partie de celle-ci), alors $S-A+F = 2$. Pour les graphes dessinés sur un tore (le graphe couvrant toute la surface du tore), $S - A + F = 0$. On peut donc conclure en toute confiance qu'un plan à deux dimensions, la surface d'une sphère et la surface d'un tore sont topologiquement différents. Pour les graphes dessinés sur la surface d'un tore à deux trous (cet objet ressemble au chiffre 8), $S - A + F = -2$, ce qui nous permet de conclure qu'un double tore est topologiquement distinct d'un plan, d'une sphère et d'un tore.

Évidemment, on voit au premier coup d'œil qu'aucune de ces quatre surfaces particulières ne peut être transformée de manière continue en l'une quelconque des trois autres. Mais, comme le montre l'énigme des anneaux, dès qu'il s'agit de formes un peu plus compliquées que des sphères et des tores, cela n'est plus si évident.

La valeur de l'expression $S - A + F$ pour un graphe quelconque dessiné sur une surface donnée est un exemple de ce que les mathématiciens appellent un « invariant topologique » de cette surface : sa valeur ne varie pas lorsque la surface subit des transformations topologiques (c'est-à-dire des déformations continues). En l'honneur de celui qui fut le premier à montrer que cette grandeur est la même pour tous les graphes dessinés sur un plan, on appelle $S - A + F$

la « caractéristique d'Euler » de la surface considérée. Cette grandeur n'est que l'un des nombreux invariants topologiques que l'on peut utiliser pour déterminer si, oui ou non, deux surfaces sont topologiquement équivalentes.

Un autre invariant topologique est ce que l'on appelle le « nombre chromatique » d'une surface. Il provient d'un problème classique de répartition des couleurs sur une carte. En 1852, un jeune mathématicien anglais du nom de Francis Guthrie posa une question apparemment anodine : « Quel est le nombre minimum de couleurs nécessaire pour colorier les différentes régions d'une carte donnée, sachant que deux régions ayant une frontière commune doivent se voir attribuer des couleurs différentes (si deux régions se touchent en un seul point, cela n'est pas considéré comme une frontière commune) ? » On peut très facilement dessiner des cartes qui requièrent l'emploi de quatre couleurs, mais existe-il des cartes qui nécessiteraient l'emploi de cinq couleurs ? La réponse est non, mais il fallut plus d'un siècle pour en faire la preuve et celle-ci, qui date de 1976, s'appuyait non seulement sur un raisonnement mathématique très élaboré, mais aussi sur l'utilisation d'un ordinateur. En fait, le « théorème des quatre couleurs », puisque c'est ainsi qu'il fut baptisé, fut le premier résultat mathématique pour lequel l'ordinateur s'est avéré indispensable.

Ce théorème est à l'évidence de nature topologique, puisque aucune déformation continue de la feuille sur laquelle est tracée la carte ne modifie l'organisation des frontières communes. Deux régions qui partagent un bord avant la transformation le partageront toujours après, et vice versa. Ainsi, un coloriage correct avant la transformation le restera après.

Le théorème des quatre couleurs, tout comme la question initiale à laquelle il répond, concerne des cartes dessinées sur un plan. Mais on peut se poser la même question pour des cartes dessinées sur différentes surfaces. Le nombre chromatique d'une surface est le plus petit nombre de couleurs nécessaire pour colorier une carte dessinée sur la surface considérée. Le théorème des quatre couleurs stipule donc que le nombre chromatique d'un plan vaut 4. Celui de la (surface d'une) sphère vaut 4 également (la démonstration du théorème des quatre couleurs vaut pour les cartes dessinées sur un plan ou sur la surface d'une sphère). Le nombre chromatique du tore est 7.

Côté face

Un autre invariant topologique a été défini en réponse à la question concernant le nombre de faces d'une surface. À première vue, il semble évident qu'une surface a deux faces. Et pourtant, cela est faux. Il est même très facile de fabriquer une surface qui n'ait qu'une seule face : prenez une longue bande de papier, large de quelques centimètres et longue d'une vingtaine de centimètres. Tenez-la par les deux bouts, faites faire un demi-tour à l'un de ces deux bouts puis collez les deux extrémités l'une sur l'autre pour former une couronne un peu tordue, comme celle de la figure 5.8. Cette bande qui se retourne est une surface à une seule face. On peut le vérifier en dessinant une ligne qui parcourt la bande sur toute sa longueur. On découvre alors que cette ligne, après avoir tourné deux fois autour de la boucle, revient à son point de départ. Or, une ligne ne peut en aucun cas passer d'une face à l'autre d'une surface sans franchir un des bords de celle-ci. Ce qui prouve que ce ruban qui se retourne ne possède qu'une seule face. On l'appelle « ruban de Möbius », du nom du mathématicien allemand qui le découvrit.

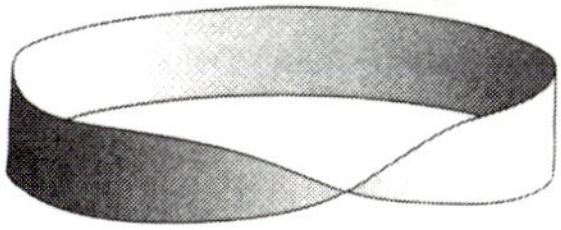

Figure 5.8 – Le ruban de Möbius est une surface présentant une seule face et un seul bord, obtenue à partir d'une bande de papier dont on a collé les deux extrémités après l'avoir tournée d'un demi-tour (source : K. Devlin, *Mathématiques : un nouvel âge d'or*, *op.cit.*, figure 50, p. 205).

Outre le fait qu'il n'a qu'une face, le ruban de Möbius n'a également qu'un seul bord. On le vérifie en coloriant au feutre le bord du ruban. Si l'on colorie le bord d'une bande de papier ordinaire (bouclée pour former un simple cylindre par exemple), on s'aperçoit, après être revenu au point de départ sans lever le crayon, qu'il reste un bord qui n'est pas colorié. Mais, sur le ruban de Möbius, on voit qu'il n'y a pas de bord sans couleur : le seul et unique bord est entièrement colorié.

Comme le suggère l'exemple du ruban de Möbius, faces et bords sont liés. Dans la plupart des cas, les mathématiciens se limitent à des surfaces qui n'ont pas de bord (et qu'ils appellent « surfaces fermées »). Cela est dû au fait qu'un bord ne fait pas vraiment partie de la surface.

En outre, les propriétés topologiques les plus intéressantes sont celles qui concernent la structure même de la surface (comment elle se courbe ou se retourne). En fait, pour toute surface qui possède un ou plusieurs bords, il existe généralement une surface fermée qui présente à peu près les mêmes caractéristiques. La sphère, par exemple, a des caractéristiques semblables à celles d'un plan borné (comme un disque plat) : lorsqu'on démontre un résultat topologique pour la sphère, il a souvent des conséquences immédiates pour le plan fini (et réciproquement). Pour justifier cela de manière intuitive, disons que l'on peut prendre une feuille parfaitement élastique et en rassembler les bords pour former une poche fermée — topologiquement équivalente à une sphère.

La surface fermée qui correspond au ruban de Möbius est ce que l'on appelle une « bouteille de Klein », du nom de son découvreur, l'Allemand Felix Klein. Cette bouteille n'a pas de goulot, et elle n'a ni intérieur ni extérieur (ou, pour le dire autrement, l'intérieur et l'extérieur ne font qu'un). Théoriquement, on peut construire une bouteille de Klein en soudant les bords uniques de deux rubans de Möbius. Je dis « théoriquement », parce qu'il est impossible de réaliser ce collage dans l'espace tridimensionnel ordinaire. La bouteille de Klein n'existe (en tant qu'objet mathématique) que dans un espace à quatre dimensions. Le mieux que l'on puisse faire pour se la représenter dans nos trois dimensions ordinaires est d'autoriser que la surface se traverse elle-même, auquel cas on obtient l'objet qu'illustre sa figure 5.9.

Beaucoup de mathématiciens, dont moi-même, ont dans leur bureau une bouteille de Klein en verre, à titre

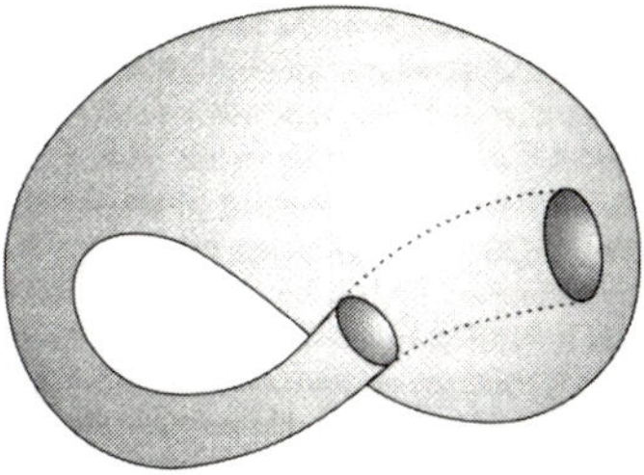

Figure 5.9 – Représentation de la bouteille de Klein, surface fermée qui ne divise pas l'espace environnant en un intérieur et un extérieur. En trois dimensions, on ne peut construire la bouteille de Klein que si l'on permet à la surface de se traverser elle-même. En quatre dimensions, on peut la construire sans intersection avec elle-même (source : K. Devlin, *Mathématiques : un nouvel âge d'or, op. cit.*, figure 44, p. 150).

décoratif. En quatre dimensions, la bouteille n'aurait pas à se traverser elle-même. Bien sûr, pour le commun des mortels, un objet qui n'existe qu'en quatre dimensions n'existe pas vraiment, mais ce type d'objection ne suffit pas à dissuader les mathématiciens. Après tout, chacun « sait » que les nombres négatifs n'ont pas de racine carrée, mais cela ne les a pas empêchés de définir les nombres complexes, ni de les utiliser, qui plus est dans des applications pratiques. L'extraordinaire puissance des mathématiques provient souvent du fait que l'on peut s'en servir pour étudier des objets qui dépassent notre entendement, nous qui vivons dans un espace à trois dimensions.

Par exemple, on peut tout à fait s'intéresser aux propriétés des réseaux dessinés sur une bouteille de Klein. On découvre alors que la caractéristique d'Euler de la bouteille de Klein (c'est-à-dire la valeur $S - A + F$) vaut 0, comme celle du tore. Cela signifierait-il que la bouteille de Klein soit topologiquement équivalente au tore ? Non. Mais si la caractéristique d'Euler ne permet pas de distinguer la bouteille de Klein du tore, le nombre chromatique, lui, fait la différence : il vaut 6 pour la bouteille de Klein et 7 pour le tore.

La propriété topologique de la bouteille de Klein qui correspond au fait que cette surface n'a qu'une face est un concept étrange appelé « non-orientabilité ». Cela signifie que, sur la surface d'une bouteille de Klein, on ne peut pas distinguer une main droite d'une main gauche, ou une rotation dans le sens des aiguilles d'une montre d'une rotation dans le sens inverse. Si l'on pouvait dessiner une petite main gauche à la surface d'une bouteille de Klein et la faire glisser suffisamment loin sur cette surface (suffisamment loin pour que, dans la représentation de la bouteille de Klein dans l'espace tridimensionnel, la petite main puisse franchir la partie où la bouteille se traverse elle-même), lorsqu'on la ramènerait à son point de départ, on s'apercevrait que le dessin représenterait alors une petite main droite ! Cette expérience est plus facile à mener avec un ruban de Möbius. Dessinez une petite main gauche quelque part sur la surface du ruban. Disposez des copies les unes à côté des autres le long du ruban, jusqu'à ce que vous soyez revenu au point de départ. Vous verrez alors que la main gauche s'est miraculeusement transformée en main droite ! On peut également dessiner sur la surface de la bouteille de Klein ou du ruban de Möbius un petit cercle doté d'une flèche indiquant le sens de rotation des aiguilles d'une montre. Si l'on fait glisser (ou que l'on recopie autant de fois que nécessaire) ce petit cercle sur la totalité de la surface jusqu'à revenir au point de départ, on obtiendra finalement une flèche qui indiquera le sens de rotation inverse de celui des aiguilles d'une montre (voir la figure 5.10).

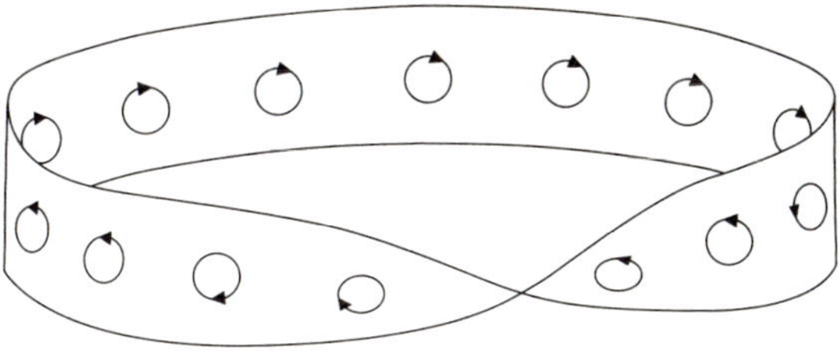

Figure 5.10 – Caractère non orientable du ruban de Möbius : lorsqu'on déplace la flèche le long du ruban, son orientation change (source : K. Devlin, *Mathématiques : un nouvel âge d'or*, *op.cit.*, figure 52, p. 207).

Une surface sur laquelle on ne peut pas transformer une main gauche en main droite ou une rotation dans le sens des aiguilles d'une montre en une rotation dans l'autre sens en la faisant glisser le long de la surface est qualifiée d'« orientable ». Par exemple, une sphère (ou un plan) est orientable, de même qu'un tore ou un double tore. Une surface comme la bouteille de Klein (ou le ruban de Möbius), sur laquelle cette opération est possible, est dite « non orientable ». Le fait qu'une surface soit orientable ou non orientable est un invariant topologique.

Une classification s'impose

L'un des premiers succès de la topologie fut d'avoir pu démontrer que deux invariants topologiques, la caractéristique d'Euler et l'orientabilité, suffisent à faire la distinction entre deux surfaces fermées. Autrement dit, si deux surfaces ont la même caractéristique d'Euler et sont toutes deux orientables ou non orientables, alors elles sont en fait identiques (même si l'on n'a pas la moindre idée de la manière dont on pourrait déformer continûment la première pour obtenir la seconde). Ce résultat s'appelle le « théorème de classification des surfaces », puisqu'il stipule que l'on peut classifier toutes les surfaces (au sens topologique) grâce à ces deux seules propriétés.

Grossièrement, le théorème de classification des surfaces peut être démontré en prenant une sphère en guise de surface de référence et en étudiant dans quelle mesure toute autre surface s'en distingue (en cherchant ce que l'on peut faire subir à la sphère pour la transformer en la surface considérée). Cela s'accorde avec l'intuition qui nous dicte que la sphère est la surface fermée la plus simple et la plus élémentaire — d'aucuns diront même la plus « parfaite ».

Je tiens à signaler que, dans ce cas, les opérations à faire subir à la sphère pour la transformer en une autre surface donnée dépassent les opérations topologiques ordinaires de déformations continues. En effet, si l'on déforme la sphère en se contentant de la courber, de la tordre, de l'étirer ou de la compresser, l'objet résultant sera toujours, topologiquement, une sphère. Pour classifier les surfaces en voyant comment les construire à partir d'une sphère, il faut pouvoir couper et recoudre, en plus de tordre, étirer ou appliquer d'autres déformations consacrées. Les topologues qualifient ces processus de « chirurgicaux ». Le terme est approprié : une opération chirurgicale typique implique que l'on coupe une ou plusieurs parties d'une sphère et que l'on tourne, courbe, étire, réduise chacune des pièces découpées avant de les recoudre sur la surface de la sphère.

Le théorème de classification stipule que toute surface orientable est topologiquement équivalente à une sphère à laquelle on aurait cousu quelques « poignées ». Pour réaliser une anse, pratiquez deux trous dans la sphère et reliez-les par un tube, comme indiqué sur le dessin de gauche de la figure 5.11. Toute surface non orientable, quant à elle, est équivalente à une sphère à laquelle on aurait cousu quelques « *crosscaps* » (un terme parfois traduit en français par « bonnets croisés »). Pour fabriquer un *crosscap*, faites un trou dans une sphère et collez un ruban de Möbius en ajustant son bord à celui du trou pratiqué dans la sphère, comme l'indique le dessin de droite de la figure 5.11. Comme c'est le cas pour la bouteille de Klein, on ne peut y parvenir dans l'espace tridimensionnel ordinaire sans que le ruban de Möbius se traverse lui-même ; il faut quatre dimensions pour le faire correctement.

Dans les premières années du XXe siècle, Poincaré et quelques autres mathématiciens s'attelèrent à la classification des analogues de nos surfaces à des dimensions supérieures (on appelle « variétés » ces objets mathématiques). Ils tentèrent logiquement une approche semblable à celle qui avait fonctionné pour les surfaces à deux dimensions. Ils espéraient pouvoir classifier toutes

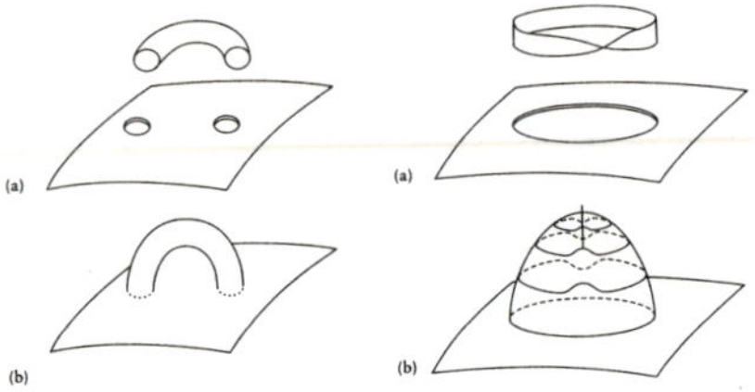

Figure 5.11 – Poignées et *crosscaps*. Pour une anse (dessins de gauche), faire deux petits trous sur la surface et les relier par un tube cylindrique. Pour un *crosscap* (dessins de droite), faire un trou et coller un ruban de Möbius sur la bordure du trou. Puisque le ruban de Möbius n'a qu'un bord, cela est conceptuellement possible. Toutefois, en trois dimensions, cela ne sera possible que si l'on autorise la bande à se traverser elle-même. Un théorème fondamental de topologie — le théorème de classification des surfaces — énonce que toute surface fermée continue est topologiquement équivalente à une sphère munie d'un certain nombre de poignées et de *crosscaps* (source : K. Devlin, *Mathématiques : un nouvel âge d'or, op.cit.*, figures 59 et 60, pp. 222 et 223).

les variétés à trois dimensions (les « 3-variétés ») en partant de l'analogue tridimensionnel de la sphère (appelé « 3-sphère »), en voyant dans quelle mesure une 3-variété diffère de cette 3-sphère.

Il convient ici de définir les choses avec soin. Une surface ordinaire comme une sphère ou un tore est un objet bidimensionnel, même si la forme qu'elle entoure est évidemment tridimensionnelle. Néanmoins, à l'exception du plan, une surface ne peut être construite que dans un espace à trois dimensions au minimum. Ainsi, toute surface fermée nécessite au moins trois dimensions. Par exemple, il faut trois dimensions pour construire une sphère ou un tore, quatre dimensions pour une bouteille de Klein. Et pourtant, la sphère, le tore ou la bouteille de Klein sont tous trois des objets bidimensionnels, c'est-à-dire des surfaces dénuées d'épaisseur, qui peuvent, en principe, être fabriquées à partir d'une feuille plate et parfaitement élastique.

Tout comme la sphère (objet bidimensionnel dans un espace à trois dimensions) peut être considérée comme l'analogue du cercle (objet unidimensionnel — une simple courbe — dans un espace à deux dimensions), on peut imaginer un analogue (tridimensionnel dans un espace à quatre dimensions) de la sphère. En fait, on ne peut pas réellement l'imaginer, mais on peut tout à fait écrire les équations qui le définissent et l'étudier mathématiquement. Et les physiciens étudient effectivement couramment ce type d'objets imaginaires, leurs résultats leur permettant de mieux comprendre l'univers dans lequel nous vivons. Les 3-variétés (les analogues tridimensionnels de nos surfaces dans des espaces à quatre dimensions ou plus) sont parfois appelées « hypersurfaces », l'analogue tridimensionnel de la sphère étant connu sous le nom d'« hypersphère ».

Du point de vue mathématique, il n'y a aucune raison pour s'arrêter en si bon chemin. On peut tout à fait écrire les équations qui définissent des variétés à 3, 4, 5, 6... ou tout autre nombre de dimensions. Ici encore, ces considérations dépassent la spéculation pure. Selon les théories mathématiques de la matière sur lesquelles travaillent aujourd'hui bon nombre de physiciens, on considère que l'univers dans lequel nous vivons possède dix dimensions spatiales. Si l'on en croit ces théories, nous n'avons conscience que de trois de ces dimensions, les autres se manifestant sous la forme de diverses propriétés physiques, comme le rayonnement électromagnétique ou les forces qui assurent la cohésion des atomes.

Poincaré tenta de classifier les variétés de trois dimensions et plus en prenant une « sphère » de la dimension correspondante et en y pratiquant des opérations de chirurgie. La première étape pour y parvenir était de trouver une propriété topologique simple qui indiquerait à elle seule si une surface donnée (bidimensionnelle) est ou n'est pas topologiquement équivalente à une sphère (souvenons-nous qu'il s'agit de topologie : même dans le cas le plus simple de surfaces bidimensionnelles ordinaires, une surface à l'apparence très compliquée pourra parfois se révéler être une sphère après une série de déformations continues).

Pour les surfaces bidimensionnelles, cette propriété existe. Imaginons qu'avec un feutre on trace une simple boucle fermée sur la surface d'une sphère. Imaginons maintenant que l'on réduise la taille de la boucle tout en la faisant glisser sur la surface de la sphère. Y a-t-il pour cette boucle une taille minimale au-delà de laquelle on ne peut plus la rétrécir ? Manifestement pas : on peut tout à fait la rétrécir jusqu'à ne plus pouvoir la distinguer d'un point. Mathématiquement, on peut même la faire si petite qu'elle se réduise effectivement à un point.

Cela n'est pas toujours vrai si l'on considère une boucle dessinée sur un tore. Sur cette surface, on peut dessiner plusieurs sortes de boucles, dont certaines ne pourront pas être réduites à un point : les boucles qui font le tour de l'anneau du tore ne pourront pas être rétrécies indéfiniment, ni celles qui entourent le tore comme une ceinture.

La « rétractabilité » à un point de toute boucle dessinée sur une surface est une propriété topologique de la surface qui n'est vérifiée que sur une sphère. Autrement dit, si, sur la surface à l'étude, toutes les boucles (et le mot « toutes » est de première importance) peuvent être progressivement réduites à un point sans jamais quitter la surface, alors on peut dire que cette surface est topologiquement équivalente à une sphère.

Cela vaut-il également pour l'hypersphère, la « sphère » à trois dimensions ? Voilà la question que posa Poincaré au début des années 1900. Il espérait alors obtenir rapidement une réponse affirmative, ce qui aurait constitué le premier pas vers un théorème de classification des hypersurfaces tridimensionnelles. Il mit au point une méthode systématique, la « théorie de l'homotopie », permettant d'étudier (avec des méthodes algébriques) le sort des boucles que l'on déplace et déforme sur une variété.

Mais les choses ne se sont pas vraiment passées comme prévu. Dans un premier temps, Poincaré a tacitement *supposé* que la propriété de rétractabilité des boucles sur une 3-variété était une caractéristique de la 3-sphère. Mais il réalisa ensuite que son affirmation n'était peut-être pas correcte et, en 1904, il écrivit ses doutes noir sur blanc : « Est-il possible que le groupe fondamental *V* se réduise à la substitution identique, et que pourtant *V* ne soit pas simplement connexe ?[5] » Si l'on fait abstraction des termes techniques, la question que pose Poincaré pourrait s'énoncer ainsi : « Se

[5]Dans cet énoncé, Poincaré considère une variété compacte *V* de dimension trois, sans bord ; « simplement connexe » signifie pour lui « homéomorphe à la sphère tridimensionnelle ».

pourrait-il qu'une 3-variété ait la propriété de rétractabilité des boucles sans pour autant être équivalente à la sphère tridimensionnelle ? » La conjecture de Poincaré venait de voir le jour.

L'histoire a montré que cette question ne trouva pas de réponse rapide. Ni de réponse lente, en fait, malgré les recherches actives des meilleurs topologues. Et finalement, la recherche d'une démonstration (ou au contraire d'une réfutation) de la conjecture de Poincaré est devenue l'une des plus prisées des énigmes mathématiques primées.

Il fallut attendre bien longtemps avant que se fasse le moindre progrès. En 1960, le mathématicien américain Stephen Smale démontra que la conjecture de Poincaré est correcte pour toutes les variétés de cinq dimensions et plus. Ainsi, une variété de cinq dimensions (ou plus) qui présente la propriété que toute boucle fermée puisse être réduite à un point est topologiquement équivalente à une hypersphère de la dimension correspondante.

Malheureusement, les méthodes qu'avait utilisées Smale ne fonctionnent pas pour les variétés de dimensions trois et quatre, si bien que la conjecture de Poincaré dans sa formulation originale restait à résoudre. Puis, en 1981, un autre Américain, Michael Freedman, parvint à démontrer la conjecture pour des variétés à quatre dimensions (ses travaux se sont révélés extrêmement utiles aux physiciens qui étudient la nature de la matière).

Voilà où nous en sommes aujourd'hui : la conjecture de Poincaré a pu être démontrée dans toutes les dimensions, à l'exception de la dimension trois, qui est justement celle pour laquelle Poincaré avait soulevé le problème.

Pour leurs travaux, Smale et Freedman furent tous deux récompensés par la médaille Fields (l'équivalent du prix Nobel pour les mathématiciens). Le même honneur sera certainement réservé à celui ou celle qui pourra le premier faire la démonstration de la conjecture de Poincaré dans le cas particulier qui reste sans solution (à condition toutefois que la personne n'ait pas dépassé la limite d'âge pour obtenir la médaille Fields, fixée à quarante ans, cette médaille ayant été instaurée dans le but d'encourager les jeunes mathématiciens à s'attaquer aux principaux problèmes mathématiques). Toutefois, quel que soit son âge, celui qui y parviendra recevra, outre l'admiration de toute la communauté mathématique, un prix du millénaire de un million de dollars.

Vaut-il mieux chercher une démonstration de la conjecture ou tenter au contraire d'en trouver un contre-exemple (une hypersurface tridimensionnelle qui posséderait la propriété de réductibilité sans être pour autant équivalente à une hypersphère à trois dimensions) ? Puisque la conjecture a été démontrée dans toutes les autres dimensions, les paris vont tous à la validité de la conjecture de Poincaré. Mais il y a de grandes chances pour que sa démonstration s'étende sur des centaines de pages…

Il y a de cela une vingtaine d'années, une preuve présumée fut présentée à la communauté des mathématiciens ; il fallut plusieurs mois d'analyse minutieuse pour parvenir à la conclusion consensuelle que la démonstration contenait une erreur… fatale. Mais en 2003, Grigori Perelman a proposé une preuve de la conjecture de Poincaré qui semble bel et bien tenir la route…

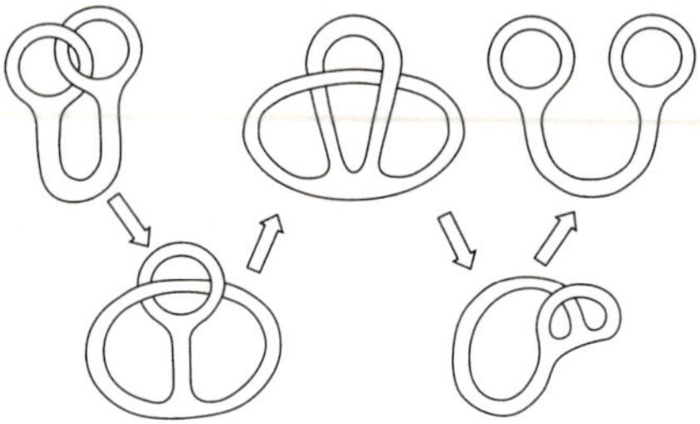

Figure 5.12 – La solution à l'énigme des anneaux de la figure 5.7 (source : K. Devlin, *Mathématiques : un nouvel âge d'or*, *op.cit.*, figure 62, p. 229).

6

Quand les équations ne peuvent être résolues

La conjecture de Birch et Swinnerton-Dyer

Au début des années 1960, les ordinateurs n'en étaient qu'aux premiers stades de leur développement et il n'en existait qu'un petit nombre, pour la plupart dans les grandes universités. En tant que professeurs de l'université de Cambridge, les mathématiciens britanniques Brian Birch et Peter Swinnerton-Dyer avaient accès à une machine qui, à l'époque, était l'une des plus puissantes du monde : l'EDSAC de Cambridge. Ils entreprirent d'exploiter les capacités de l'ordinateur pour obtenir des informations concernant les solutions possibles à certains types d'équations polynomiales. Les données qu'ils obtinrent (ou, plus précisément, les structures qu'ils discernèrent) leur permirent de proposer une conjecture assez osée et très prometteuse qui, si elle s'avérait exacte, aurait des conséquences importantes sur notre compréhension des nombres entiers. Et elle rapportera un million de dollars à celui ou celle qui pourra en faire la preuve.

La conjecture de Birch et Swinnerton-Dyer concerne des objets mathématiques appelés « courbes elliptiques » (comme les deux courbes représentées sur les figures 6.3 et 6.4). Ce ne sont pas des ellipses. Leur nom vient du fait que l'on rencontre de telles courbes (ou, pour être précis, leurs équations) lorsqu'on calcule des longueurs d'arcs sur des ellipses.

Dès le début des années 1950, les mathématiciens réalisèrent que les courbes elliptiques sont des objets mathématiques importants, et même fondamentaux, en relation avec de nombreux domaines des mathématiques, dont la théorie des nombres, la géométrie, la cryptographie ou la transmission des données. Ainsi, par exemple, lorsque Andrew Wiles démontra le dernier théorème de Fermat en 1994, il passa par un résultat intermédiaire concernant les courbes elliptiques — il s'appuya sur des relations entre les courbes elliptiques et la théorie des formes modulaires, une autre branche importante des mathématiques (qu'il m'est impossible d'expliquer en termes simples). La démonstration de la conjecture de Birch et Swinnerton-Dyer aurait des répercussions dans toutes les branches des mathématiques contemporaines.

Bien que cette conjecture provienne de mathématiques très élaborées, on peut néanmoins l'aborder de manière simple, à partir du théorème de Pythagore et de la formule donnant l'aire d'un triangle.

La moitié de la base que multiplie la hauteur

Voici un problème classique, qui remonte à l'époque de la Grèce antique : étant donné un nombre entier positif d, existe-t-il un triangle rectangle dont les longueurs des côtés

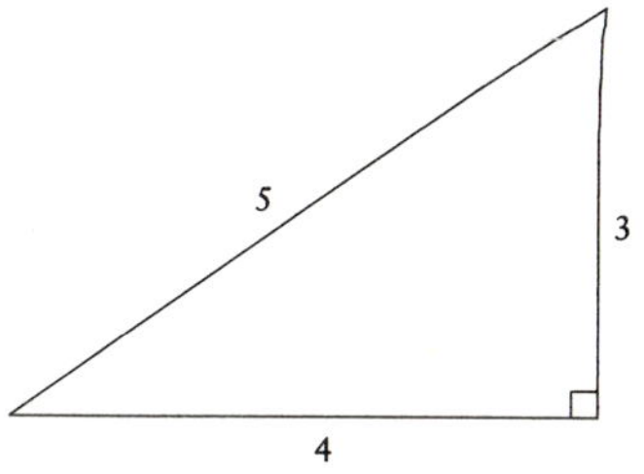

Figure 6.1 – Un exemple de triangle rectangle dont les longueurs des côtés sont des nombres entiers et dont l'aire vaut 6.

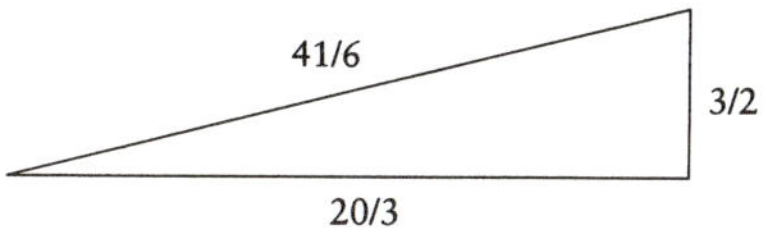

Figure 6.2 – Un exemple de triangle rectangle dont les longueurs des côtés sont des nombres rationnels et dont l'aire vaut 5.

soient des nombres rationnels (c'est-à-dire des nombres entiers ou des fractions) et dont l'aire A vaille exactement d ? Par exemple, pour $d = 6$, la réponse est oui, 6 étant l'aire du fameux triangle rectangle de Pythagore dont les côtés valent 3, 4 et 5 (voir la figure 6.1) :

$$A = \frac{1}{2} \times \text{ base } \times \text{hauteur} = \frac{1}{2} \times 4 \times 3 = 6.$$

Prenons $d = 5$: il n'existe pas de triangle rectangle de surface égale à 5 dont les longueurs des côtés soient données par des nombres entiers, mais l'aire du triangle rectangle de la figure 6.2, de côtés $3/2$, $20/3$ et $41/6$ vaut 5.

On peut montrer, avec un raisonnement algébrique assez simple, qu'il existe un triangle rectangle d'aire d dont les longueurs des côtés soient des nombres rationnels, si et seulement si l'équation

$$y^2 = x^3 - d^2x$$

admet des solutions rationnelles pour x et y, y étant différent de zéro[1].

Les équations de la forme

$$y^2 = x^3 + ax + b,$$

où a et b sont des nombres entiers, déterminent ce que l'on appelle des « courbes elliptiques », c'est-à-dire que les graphes de ces équations sont des courbes elliptiques[2].

Mais pourquoi n'y a-t-il pas de terme en x^2 ? Autrement dit, pourquoi ne considère-t-on pas les équations du type $y^2 = x^3 + ax^2 + bx + c$? La réponse est qu'avec quelques opérations algébriques, on peut transformer une équation de ce type en une équation dans laquelle il n'y a plus de terme en x^2. C'est pourquoi il suffit, pour étudier les

[1]Pour ceux que cela intéresse, voici le fil directeur de ce raisonnement : premièrement, s'il existe un triangle rectangle d'aire d dont les longueurs des côtés sont les nombres rationnels l, m, n, alors $x = 1/2\,[l(l-n)]$ et $y = 1/2\left[l^2(n-l)\right]$ sont une solution de l'équation. Inversement, si x et y sont des nombres rationnels tels que $y^2 = x^3 - d^2x$ avec $y \neq 0$, alors le triangle dont les longueurs des côtés sont données par $\left|\frac{x^2-d^2}{y}\right|$, $\left|\frac{2xd}{y}\right|$, $\left|\frac{x^2+d^2}{y}\right|$ est un triangle rectangle d'aire d.

[2]Plus exactement, pour que le graphe soit bien une courbe elliptique, l'équation doit satisfaire une condition supplémentaire : son discriminant doit être différent de 0. Le discriminant est la valeur $\Delta = -16(4a^3 + 27b^2)$.

courbes elliptiques, d'étudier les équations du type $y^2 = x^3 + ax + b$.

Certaines courbes elliptiques pourront sembler quelque peu étranges à première vue. Si l'on tente de tracer le graphe correspondant à l'équation

$$y^2 = x^3 + ax + b,$$

si $x^3 + ax + b$ est négatif, il n'y aura pas de solution pour y (ou, plus exactement, y sera un nombre imaginaire). C'est pourquoi les courbes elliptiques comme celle de la figure 6.3 contiennent souvent deux parties distinctes. (La figure 6.4, en revanche, représente une courbe elliptique en un seul morceau. Le fait qu'une courbe elliptique soit en une ou deux parties tient au nombre de racines réelles — une ou trois — de l'expression cubique du membre de droite de l'équation.)

Qu'en est-il de l'équation $y^2 = x^3 - d^2x$ donnant l'aire du triangle, d étant un nombre entier ? Comme nous l'avons mentionné plus haut, cette équation a des solutions x et y rationnelles lorsque d est l'aire d'un triangle rectangle dont les côtés sont donnés par des nombres rationnels. Le discriminant de cette équation vaut $\Delta = -16\left[4(-d^2)^3\right] = 64d^6$. Il est non nul, si bien que le graphe de l'équation sera une courbe elliptique (on applique les valeurs $a = -d^2$ et $b = 0$ dans la formule générale du discriminant). Ainsi, le problème des Grecs anciens consistant à trouver des nombres entiers d qui soient les aires de triangles rectangles dont les côtés sont donnés par des nombres rationnels est équivalent au problème qui consiste à trouver les points rationnels (c'est-à-dire les points dont les coordonnées sont

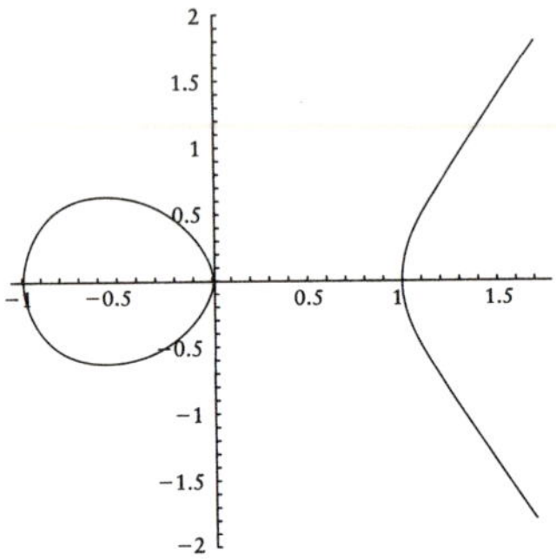

Figure 6.3 – La courbe elliptique d'équation $y^2 = x^3 - x$. Bien que ce graphe contienne deux parties, il s'agit d'une courbe unique, déterminée par cette seule équation.

des nombres rationnels) sur des courbes elliptiques particulières. Voilà le problème auquel se sont attelés Birch et Swinnerton-Dyer.

Les deux mathématiciens abordèrent le problème en cherchant un moyen de « dénombrer » les points rationnels d'une courbe elliptique. Bien évidemment, puisqu'ils considéraient un ensemble qui avait toutes les chances d'être infini, le verbe « dénombrer » est à interpréter de manière particulière.

Pour compter les éléments d'un ensemble qui risque d'être infini, une méthode souvent efficace consiste à effectuer des dénombrements partiels portant sur des parties finies. C'est ce que firent Birch et Swinnerton-Dyer. Pour

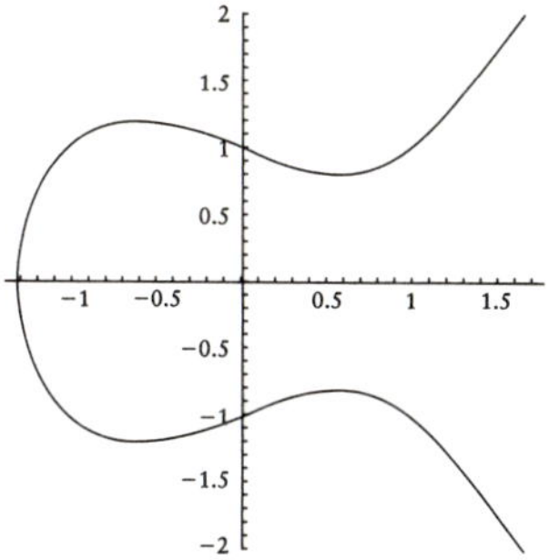

Figure 6.4 – La courbe elliptique d'équation $y^2 = x^3 - x + 1$ fournit un exemple de courbe elliptique non scindée en deux parties distinctes.

décrire leur travail, commençons par une digression sur l'arithmétique des ensembles finis.

Sur le cadran de l'horloge : l'arithmétique des ensembles finis

Nous avons tous fait l'expérience de compter des éléments appartenant à un ensemble sans fin (et donc potentiellement infini) : celui des minutes. Soyons optimistes : il n'y a pas de dernière minute ! Le temps s'écoule sans jamais s'arrêter. Et pourtant, on compte les minutes à l'aide de soixante nombres seulement, de 0 à 59. Bien sûr, chaque fois que l'on a compté jusqu'à 59, on reprend le compte à 0. On peut présenter cela autrement en disant que l'on considère le nombre 60 comme s'il était égal à 0. Dans le langage mathématique, on dit que l'on compte les minutes « modulo 60 » (le nombre 60 étant le « module » pour ce décompte). De la même façon, on compte les heures modulo 12 ou modulo 24.

On peut compter modulo N pour tout nombre entier positif N. Les nombres utilisés seront donc $0, 1, 2, \ldots, N-1$. Après $N-1$, on reprend à 0.

On peut également faire de l'arithmétique modulo N. Pour voir comment, prenons $N = 7$. Avec cette valeur du module, on compte avec les nombres 0, 1, 2, 3, 4, 5, 6. Lorsqu'on additionne deux nombres de cet ensemble, on enlève 7 dès qu'il apparaît. Par exemple, en arithmétique modulo 7, on a

$$2+3=5 \qquad 3+4=0 \qquad 4+5=2 \qquad 6+6=5.$$

Évidemment, écrites sous cette forme, ces égalités sont surprenantes et pourraient même être sources d'erreurs. Aussi les mathématiciens utilisent-ils une notation particulière, et expriment-ils ces mêmes additions de la manière suivante :

$$\begin{aligned} 2+3 &\equiv 5 \pmod 7 \\ 3+4 &\equiv 0 \pmod 7 \\ 4+5 &\equiv 2 \pmod 7 \\ 6+6 &\equiv 5 \pmod 7 \end{aligned}$$

On appelle ces expressions des « congruences ». La première de ces quatre congruences se lit « deux plus trois est congru à cinq modulo sept ». Notez bien que tout cela n'est pas particulier au nombre 7, mais peut se faire pour n'importe quel autre nombre.

La multiplication modulo 7 est définie de manière analogue : on multiplie les deux nombres choisis comme on en a l'habitude et l'on débarrasse le résultat des multiples de 7 :

$$2 \times 3 \equiv 6 \pmod 7$$
$$3 \times 4 \equiv 5 \pmod 7$$
$$4 \times 5 \equiv 6 \pmod 7$$
$$6 \times 6 \equiv 1 \pmod 7$$

Il en va de même pour toute autre valeur du module.

La soustraction étant l'opération inverse de l'addition, l'arithmétique finie permet aussi de soustraire des nombres ; on a, par exemple :

$$5 - 3 \equiv 2 \pmod 7$$
$$3 - 5 \equiv 5 \pmod 7$$
$$4 - 5 \equiv 6 \pmod 7$$
$$1 - 6 \equiv 2 \pmod 7$$

(pour vérifier ces formules, il suffit d'ajouter — modulo 7 — le second chiffre de gauche de part et d'autre du signe de congruence). Tout cela vaut pour un module quelconque.

Qu'en est-il de la division ? Toujours dans le cas particulier où le module vaut 7, on a, par exemple :

$$5 \div 3 \equiv 4 \pmod 7$$
$$3 \div 5 \equiv 2 \pmod 7$$
$$4 \div 5 \equiv 5 \pmod 7$$
$$1 \div 6 \equiv 6 \pmod 7$$

(pour vérifier ces formules, il suffit cette fois-ci de multiplier — modulo 7 — par le second terme de gauche de part et d'autre du signe de congruence). La division fonctionne toujours lorsque le module est un nombre premier. En revanche, lorsque le module est un nombre composé, il n'est pas toujours possible, en arithmétique finie, de diviser un nombre par un autre (c'est la même chose qu'en arithmétique ordinaire : on ne peut pas toujours diviser un nombre entier par un autre si l'on veut que le résultat soit, lui aussi, un nombre entier).

Ainsi, l'« arithmétique modulaire » (c'est le nom que l'on donne parfois à ce type d'arithmétique finie) ressemble beaucoup à l'arithmétique ordinaire. Si le module est un nombre premier, l'arithmétique modulaire obtenue présente en plus la propriété que tout nombre peut être divisé par un autre (et le résultat sera toujours un nombre entier).

L'arithmétique modulaire s'est avérée très utile en bien des occasions. Elle a en particulier permis à Birch et Swinnerton-Dyer de dénombrer les points rationnels sur une courbe elliptique.

Comment dénombrer un ensemble infini ?

Afin de compter les points rationnels sur une courbe elliptique, Birch et Swinnerton-Dyer entreprirent d'effectuer plusieurs dénombrements modulo p pour divers nombres premiers p. Autrement dit, plutôt que de tenter de compter toutes les solutions — peut-être en nombre infini — à l'équation

$$y^2 = x^3 + ax + b,$$

ils choisirent plusieurs nombres premiers p et comptèrent le nombre de paires (x, y) d'entiers modulo p tels que

$$y^2 \equiv x^3 + ax + b \pmod p.$$

Quel que soit le nombre premier p, ce calcul est fini, évidemment, et peut donc être mené à bien. Notons N_p le nombre de solutions modulo p ; N_p est donc le nombre de paires (x, y) d'entiers modulo p tels que

$$y^2 \equiv x^3 + ax + b \pmod p.$$

Prenons par exemple la courbe elliptique donnée par l'équation $y^2 = x^3 - x$ et le nombre premier $p = 5$. Alors, en testant la congruence

$$y^2 \equiv x^3 - x \pmod p$$

pour toutes les paires (x, y) avec les valeurs $x = 0, 1, 2, 3, 4$ et $y = 0, 1, 2, 3, 4$, on trouve les solutions (0,0), (1,0), (4,0), (2,1), (3,2), (3,3) et (2,4). Elles sont au nombre de 7. Ainsi, pour cette équation, $N_5 = 7$.

L'idée sous-jacente à cette recherche des versions finies, modulo p, au problème de comptage est la suivante : si (u, v) est une paire de nombres entiers solution de l'équation

$$y^2 = x^3 + ax + b,$$

alors $(u \pmod p, v \pmod p)$ sera solution de la congruence

$$y^2 \equiv x^3 + ax + b \pmod p,$$

où $u \pmod p$ est le reste de la division de u par p, etc. Plus généralement, parce que la division modulo un nombre premier donne toujours un nombre entier, toute solution rationnelle à l'équation de départ conduira à un nombre entier comme solution à la congruence correspondante. Par conséquent, s'il existe un point rationnel sur la courbe elliptique, alors, pour tout nombre premier p, la congruence correspondante modulo p aura une solution. Et s'il existe un nombre infini de points rationnels sur la courbe elliptique considérée, on peut s'attendre à ce que, pour beaucoup de nombres premiers p, la congruence ait un grand nombre de solutions. Cette dernière observation n'est pas inutile car, comme nous allons le voir, dans le cas d'une courbe elliptique provenant du problème des triangles, s'il existe un point rationnel sur la courbe, alors il en existe une infinité.

Aucune raison évidente ne permet de justifier l'affirmation inverse, c'est-à-dire que l'existence d'un grand nombre de solutions aux congruences modulo p pour un grand nombre de nombres premiers p impliquerait que l'équation originale ait à coup sûr une solution rationnelle, et encore moins qu'elle ait une infinité de telles solutions. Mais cette possibilité est néanmoins probable — et c'est ce que pensèrent Birch et Swinnerton. Plus précisément, ils basèrent leur conjecture sur l'affirmation que l'existence de *nombreuses* solutions à la congruence pour de *nombreux* modules premiers implique que l'équation initiale ait effectivement une infinité de solutions rationnelles.

La question se pose alors de savoir comment s'assurer qu'il existe un grand nombre de solutions à de nombreuses congruences.

Si vous n'avez pas perdu le fil, vous connaissez maintenant l'idée générale de la conjecture de Birch et Swinnerton-Dyer ainsi que son rapport avec le problème de géométrie classique des triangles rectangles. Et vous pouvez être fier d'être arrivé jusque là. Malheureusement, la suite sera un peu plus compliquée. Pas d'inquiétude si vous vous sentez un peu perdu : ce sera le cas pour la plupart des gens. Comme dans bien des domaines des mathématiques modernes, le niveau d'abstraction devient tout bonnement trop important pour que les non-initiés puissent poursuivre. Moi-même, qui suis mathématicien professionnel depuis plus de trente ans, la théorie des nombres n'étant pas mon domaine, il m'a fallut de gros efforts et plusieurs semaines de travail, ponctuées de discussions avec des spécialistes du domaine, pour atteindre une compréhension du problème suffisante pour rédiger ce chapitre. Et je ne chercherai certainement pas à le résoudre !

Si vous désirez poursuivre, reprenons le raisonnement… Et si, à un point ou à un autre, vous sentez que vous ne pouvez pas aller plus loin, n'hésitez pas à vous arrêter et à passer au chapitre suivant — mais, en toute honnêteté, je dois vous prévenir qu'il y a de fortes chances pour que vous capituliez plus vite encore qu'au présent chapitre.

Pour déterminer s'il existe de nombreuses solutions à un grand nombre de congruences modulo p, Birch et Swinnerton-Dyer calculèrent les « fonctions de densité »

$$\prod_{p \leq M,\, p \text{ premier}} \frac{p}{N_p}$$

(où N_p est défini plus haut) pour des valeurs de M de plus en plus élevées (si cette notation $\prod$ ne vous est pas familière, ni la notation $\sum$ que l'on utilisera sous peu, consultez les explications données en appendice de ce chapitre).

L'étape suivante fut d'examiner les données recueillies (principalement des graphes des valeurs de $\prod_{p \leq M} p/N_p$ pour des valeurs croissantes de M) dans l'espoir de trouver une formule permettant de décrire leur répartition. La première formule à étudier était le produit infini

$$\prod_p \frac{p}{N_p}$$

pris sur *tous* les nombres premiers p. Si l'on pouvait être sûr que ce produit infini donne un résultat fini, alors les valeurs de $\prod_{p \leq M} p/N_p$ calculées par Birch et Swinnerton-Dyer pour des valeurs de M de plus en plus élevées auraient fourni une séquence d'approximations à ce produit infini et ils auraient pu utiliser ce dernier pour analyser leurs données numériques. Malheureusement, on ne peut garantir que ce produit infini ait bien un résultat fini. Toutefois, la stratégie consistant à chercher une formule permettant de décrire les données était bonne et, effectivement, une autre formule du même genre fit l'affaire. Ce second produit infini étant encore plus compliqué que le premier, je vous présenterai tout d'abord l'analyse qui aurait été faite si le produit ci-dessus avait donné la réponse. Je présenterai ensuite les modifications que Birch et Swinnerton-Dyer durent prendre en compte pour arriver à un raisonnement qui fonctionne.

Si la courbe elliptique initiale E possède une infinité de points rationnels, alors, pour beaucoup de nombres premiers p, la congruence modulo p devrait avoir un grand nombre de solutions. Aussi, pour une infinité de nombres premiers, le rapport p/N_p devrait être (beaucoup) plus petit que 1, si bien que le produit infini serait en fin de compte égal à 0. La conjecture que firent Birch et Swinnerton-Dyer fut de dire que ce raisonnement vaut aussi dans l'autre sens : si l'on peut calculer $\prod_p p/N_p$ et montrer que ce produit vaut 0, alors peut-être pourra-t-on en déduire que l'équation elliptique possède en fait une infinité de points rationnels. En d'autres termes, peut-être la courbe elliptique aura-t-elle un nombre infini de points rationnels si et seulement si

$$\prod_p \frac{p}{N_p} = 0.$$

Mais comment faire pour calculer ce produit infini ? Souvenons-nous du produit infini que nous avons déjà rencontré au chapitre 1 : c'était un produit de fractions pris sur tous les nombres premiers. On a vu qu'Euler avait démontré que, pour tout nombre $s \geq 1$, le produit infini

$$\prod_{p \text{ premier}} \frac{1}{1 - (1/p^s)}$$

était égal à la somme infinie

$$\zeta(s) = \sum_{n=1}^{\infty} \frac{1}{n^s}.$$

Riemann (entre autres) prit le relais et prouva que la fonction $\zeta(s)$ pouvait être généralisée à tous les nombres complexes et que l'on pouvait étudier la fonction généralisée à l'aide des méthodes du calcul différentiel. Dirichlet démontra que le même type de procédé fonctionne pour une classe plus générale de fonctions zêta appelées « fonctions L » (voir l'appendice 3 du chapitre 1).

Supposons que l'on puisse en faire autant pour le produit infini

$$\prod_p \frac{p}{N_p}.$$

Autrement dit, supposons que l'on puisse trouver une fonction $L(E, s)$ qui, pour une courbe elliptique E et n'importe quel nombre complexe s, donne un résultat que l'on puisse étudier par les méthodes du calcul différentiel, et telle que

$$L(E, 1) = \prod_p \frac{p}{N_p}$$

(le E apparaît dans l'intitulé de la fonction L, car les nombres N_p dépendent de E). Alors, en calculant $L(E, 1)$, on pourrait trouver des informations sur le nombre de points rationnels de la courbe elliptique E. En fait, si l'on en croit Birch et Swinnerton-Dyer, on pourrait même trouver tout ce que l'on cherche. À l'aide des résultats obtenus par ordinateur, ils supposèrent qu'une courbe elliptique a un nombre infini de points rationnels si et seulement si $L(E, 1) = 0$.

Voilà en substance ce qu'est la conjecture de Birch et Swinnerton-Dyer. J'ai bien écrit « en substance ». Si vous essayez de procéder exactement comme exposé ci-dessus, cela ne marchera pas. Pour qu'il y ait un espoir de trouver un argument « à la Dirichlet » pour obtenir une fonction L, il faut choisir un produit un peu plus compliqué que $\prod_p p/N_p$ (pour la simple raison, mentionnée plus haut, que ce produit infini ne donne pas un résultat fini). Se pose alors la question de savoir si l'on peut trouver une fonction L qui fasse l'affaire (qui donne un résultat pour toute valeur de s). Il se trouve que c'est là un cas particulier de la conjecture de Taniyama-Shimura, résolue en 1994 seulement par Andrew Miles et Richard Taylor comme une étape intermédiaire à leur démonstration du dernier théorème de Fermat[3]. Avant 1994, on ne savait même pas si la conjecture de Birch et Swinnerton-Dyer avait vraiment un sens. On ignorait s'il existait une fonction $L(E, s)$; plus exactement, on ne savait pas s'il existait une telle fonction valable pour tout s et en particulier pour la valeur $s = 1$. Maintenant que l'on sait qu'elle existe, la vraie question est de savoir si la conjecture que Birch et Swinnerton-Dyer ont faite à son sujet est effectivement exacte, c'est-à-dire s'il y a bien une infinité de points rationnels sur E si et seulement si $L(E, 1) = 0$.

Dans la suite du présent chapitre, je donnerai quelques détails (et quelques précisions) sur le raisonnement que je viens de présenter.

De l'importance des courbes elliptiques : la structure de groupe

Le principal intérêt des courbes elliptiques et la raison pour laquelle elles éclosent un peu partout dans les

[3]Plus précisément, Wiles et Taylor ne démontrèrent qu'une partie de cette conjecture. Les parties manquantes furent résolues en 1999 par Christophe Breuil, Brian Conrad, Fred Diamond et Richard Taylor.

mathématiques contemporaines sont liés au fait, observé par Henri Poincaré en 1901, qu'à chaque courbe elliptique est associé un groupe particulier. (Nous avons rencontré le concept de groupe au chapitre 2. Vous pourrez juger utile de relire l'appendice du chapitre 2 avant d'aller plus loin.)

Les objets qui composent les groupes sont les points des courbes elliptiques dont les coordonnées sont des nombres rationnels. Pour désigner l'ensemble des nombres rationnels, les mathématiciens emploient généralement le symbole $\mathbb{Q}$, un Q majuscule, un peu stylisé. Ainsi, le groupe est constitué de points (x, y) appartenant à la courbe, où x et y sont rationnels. Les mathématiciens expriment cela de manière plus formelle : étant donné une courbe elliptique E, on appelle $E(\mathbb{Q})$ l'ensemble des points rationnels appartenant à E (c'est-à-dire tous les points de E dont les coordonnées appartiennent à $\mathbb{Q}$). En fait, ce n'est pas complètement exact. Pour des raisons techniques, il faut ajouter à l'ensemble $E(\mathbb{Q})$ un point supplémentaire : le « point à l'infini », ∞, que l'on peut se figurer comme le point d'intersection de toutes les droites verticales (par exemple, pour la courbe $y^2 = x^3 - x$ de la figure 6.3, $E(\mathbb{Q}) = \{(0,0), (1,0), (-1,0), \infty\}$).

Pour faire de $E(\mathbb{Q})$ un groupe, il faut définir l'addition de deux éléments de cet ensemble. Cela est illustré par la figure 6.5.

$E(\mathbb{Q})$ est un groupe pour l'addition telle qu'elle est définie à la figure 6.5. En fait, c'est même un groupe abélien (commutatif). En 1992, le mathématicien britannique Lewis Mordell prouva que le groupe $E(\mathbb{Q})$ est engendré de manière finie. Ce qui signifie que, même si $E(\mathbb{Q})$ possède

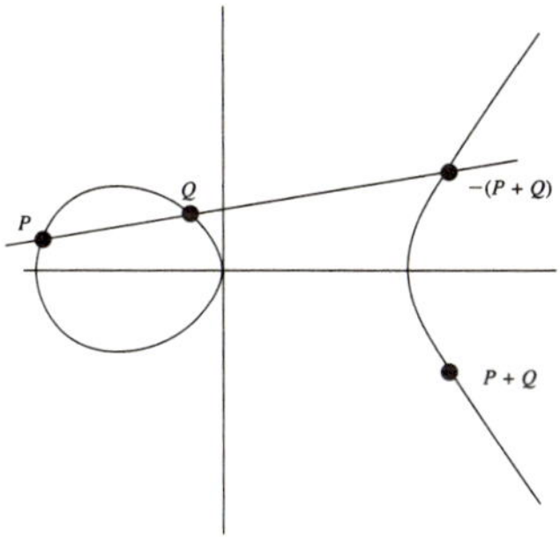

Figure 6.5 – L'addition de groupe pour une courbe elliptique. Étant donné deux points P et Q dans $E(\mathbb{Q})$, on trace une droite passant par ces deux points. Celle-ci coupera la courbe elliptique au plus en un autre point. Si cette droite ne rencontre pas à nouveau la courbe, alors on dira que la corde « rencontre la courbe au point à l'infini ». Avec cette précision, quels que soient deux points P et Q, la corde PQ, lorsqu'on la prolonge, coupe la courbe en un point et un seul (qui peut être le point à l'infini). Ce troisième point est $-(P+Q)$. Plus exactement, la somme de groupe $P+Q$ est définie comme étant le point de la courbe opposé à ce troisième point, obtenu par réflexion par rapport à l'axe des x (pour ∞, la réflexion donne ∞).

un nombre infini d'éléments, il y a un nombre fini de points de $E(\mathbb{Q})$ tels que chaque élément de $E(\mathbb{Q})$ puisse être le résultat d'une succession finie d'additions de ces points. En termes géométriques, il existe une collection finie de points rationnels sur la courbe tels que tous les points rationnels de la courbe puissent être obtenus par un nombre fini d'étapes faisant intervenir cordes ou tangentes (comme l'indique la description de la figure 6.5), en partant de l'ensemble fini initial.

Quel que soit le groupe choisi, si l'on se donne un point unique A à partir duquel on engendre la série de points A, $A + A$, $A + A + A, \dots$, alors il n'y a que deux possibilités : soit cette série de points finira par se boucler sur elle-même, soit elle continuera à l'infini. Dans le premier cas, la série de points formera un sous-groupe du groupe considéré ; dans le second cas, elle formera une copie de l'ensemble des entiers, généralement représenté par le symbole $\mathbb{Z}$, un Z majuscule stylisé (qui vient du mot allemand *Zahlen*, « nombres »). Dans le cas du groupe $E(\mathbb{Q})$, étant donné qu'il est engendré par un nombre fini d'éléments, l'issue de l'itération proposée plus haut exécutée sur chacun des générateurs montre que le groupe se scinde en un nombre fini de sous-groupes et un nombre fini de copies de $\mathbb{Z}$.

Dans le langage plus formel des mathématiques, cela s'écrit

$$E(\mathbb{Q}) \cong \mathbb{Z}^r \times E(\mathbb{Q})_f$$

où $\mathbb{Z}$ est le groupe (infini) des entiers muni de l'addition, r un entier positif ou nul et $E(\mathbb{Q})_f$ un groupe fini (le sous-groupe de $E(\mathbb{Q})$ de tous les membres d'ordre fini). Le nombre r s'appelle le « rang » de la courbe E. Comme nous allons le voir, r offre la possibilité de mesurer la taille de l'ensemble (qui peut être infini) des points rationnels de la courbe ; plus r est élevé, plus on peut s'attendre à trouver de tels points. Le rang d'une courbe elliptique est donc un paramètre important. Cependant, bien que d'énormes progrès aient été faits ces dernières années dans l'étude des courbes elliptiques, le rang demeure un mystère. Les questions, même les plus élémentaires, comme de savoir comment le calculer, ou s'il peut être arbitrairement élevé, restent ouvertes.

Dans les années 1930, Trygve Nagell et Elisabeth Lutz démontrèrent de manière indépendante que, si un point (x, y) de $E(\mathbb{Q})$ est d'ordre fini (c'est-à-dire s'il appartient à $E(\mathbb{Q})_f$), alors x et y doivent tous deux être des nombres entiers, et soit $y = 0$, soit y^2 est un diviseur du discriminant Δ de l'équation de E. Plus récemment, en 1977, Barry Mazur montra que $E(\mathbb{Q})_f$ doit être un des onze groupes $\mathbb{Z}/n\mathbb{Z}$, $n = 1, 2, 3, \ldots, 10, 11, 12$, ou bien l'un des quatre groupes $(\mathbb{Z}/m\mathbb{Z}) \times (\mathbb{Z}/2\mathbb{Z})$, $m = 1, 2, 3, 4$. Dans le cas particulier $E : y^2 = x^3 - d^2x$ (autrement dit lorsque la courbe E provient du problème sur l'aire des triangles rectangles), alors $E(\mathbb{Q})_f = (\mathbb{Z}/2\mathbb{Z}) \times (\mathbb{Z}/2\mathbb{Z})$ (voir la figure 6.6).

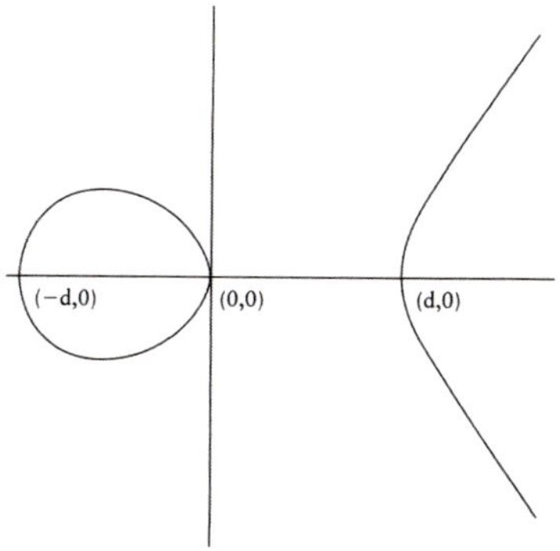

Figure 6.6 – La courbe elliptique $y^2 = x^3 - d^2x$.

Dénombrement des points rationnels d'une courbe elliptique

Nous avons déjà signalé qu'il existe un triangle rectangle d'aire d dont les longueurs des côtés sont données par des nombres rationnels si et seulement si la courbe elliptique $y^2 = x^3 - d^2x$ possède un point rationnel tel que $y \neq 0$. Mais les points rationnels pour lesquels $y \neq 0$ sont précisément les points d'ordre infini. Ainsi, il existe un triangle rectangle d'aire d dont les longueurs des côtés sont données par des nombres rationnels si et seulement si la courbe elliptique $y^2 = x^3 - d^2x$ possède *une infinité* de points rationnels (une conséquence étonnante de ce résultat est que, s'il existe un triangle rectangle avec ces propriétés, alors il en existe une infinité).

Aussi, comme nous l'avons remarqué plus haut, la question initiale concernant les triangles rectangles peut se résoudre en « comptant » le nombre de points rationnels de certaines courbes elliptiques. Or, souvenons-nous-en, l'idée est de compter les solutions modulo p, p étant premier.

Pour tout nombre premier p, notons N_p le nombre de paires (x, y) d'entiers modulo p tels que

$$y^2 \equiv x^3 + ax + b \pmod p,$$

plus 1. (Notez que N_p ainsi défini est supérieur de une unité à celui introduit plus haut. Le 1 est ajouté pour prendre en compte le point à l'infini.) Les mathématiciens remarqueront que ce nouvel N_p est l'ordre du groupe $E(\mathbb{Z}/p\mathbb{Z})$.

Dans l'un des exemples précédents, avec la courbe elliptique $y^2 = x^3 - x$ et pour le nombre premier $p = 5$, on a trouvé sept solutions : (0,0), (1,0), (4,0), (2,1), (3,2), (3,3) et (2,4), si bien que, pour cette équation, $N_5 = 7 + 1 = 8$.

L'idée qui se cache derrière le fait de regarder les versions finies, modulo p, du problème de comptage était, je vous le rappelle, que si une courbe elliptique $y^2 = x^3 + ax + b$ possède une infinité de solutions rationnelles, alors, pour différents nombres premiers p, la congruence

$$y^2 \equiv x^3 + ax + b \pmod p$$

devrait tendre, en moyenne, à avoir un grand nombre de solutions à mesure que p devient grand.

Il s'agit de vérifier cela en calculant une sorte de fonction de densité. Les travaux antérieurs de Helmut Hasse et André Weil ont conduit à la fonction ci-dessous, qui semble être exactement ce dont Birch et Swinnerton-Dyer avaient besoin :

$$L(E, s) = \prod_p \left(1 - \frac{1 + p - N_p}{p^s} + \frac{p}{p^{2s}}\right)^{-1}.$$

Cette fonction est généralement appelée « fonction L de Hasse-Weil ». Expliquer l'origine des différents termes de cette fonction représenterait ici une digression trop importante. Notez toutefois que, si l'on prend $s = 1$, l'expression ci-dessus se simplifie pour donner le produit infini

$$\prod_p \left(\frac{N_p}{p}\right)^{-1} = \prod_p \frac{p}{N_p}.$$

À strictement parler, cela ne signifie pas grand-chose car, si l'on pose $s = 1$, on obtient un produit infini qui ne fournit aucune réponse. Cela donne tout de même une indication sur le rapport entre la fonction L de Hasse-Weil et notre présentation intuitive de la méthode de Birch et Swinnerton-Dyer.

Je vais maintenant tenter de vous donner une idée de la raison pour laquelle la formule de Hasse-Weil correspond aux besoins de Birch et Swinnerton-Dyer. Hasse avait démontré que les nombres N_p sont, pour la plupart, proches de $p+1$, avec une variation maximum de $2\sqrt{p}$ autour de cette valeur. On peut formuler cela autrement : si l'on note a_p l'écart entre N_p et $p+1$, ce qui s'écrit

$$a_p = (p+1) - N_p,$$

alors $|a_p| < 2\sqrt{p}$. À l'aide de ces écarts a_p, la fonction L de Hasse-Weil peut se réécrire sous la forme

$$L(E,s) = \prod_p \left(1 - \frac{a_p}{p^s} + \frac{p}{p^{2s}}\right)^{-1}.$$

L'inégalité de Hasse $|a_p| < 2\sqrt{p}$ implique alors que $L(E,s)$ donne une réponse finie dès lors que la partie réelle de s dépasse la valeur 3/2.

De manière intuitive, on peut voir les termes a_p/p^s du produit ci-dessus comme des termes correctifs permettant de compenser l'écart entre $p+1$ et N_p. Si les a_p positifs et négatifs sont en nombre à peu près égaux, alors le produit infini $L(E,s)$ pourrait tout à fait s'avérer différent de 0. Alors qu'une légère supériorité des termes négatifs (qui signifierait que N_p a tendance à dépasser $p+1$) conduirait à une valeur nulle pour $L(E,s)$.

Hasse a émis l'hypothèse qu'à l'instar de la fonction zêta de Riemann, $L(E, s)$ peut être étendue à une fonction bien définie pour tout nombre complexe s à laquelle pourraient être appliquées les méthodes du calcul différentiel. Cette conjecture osée était une conséquence de la conjecture de Taniyama-Shimura que l'on a fini par démontrer en 1999, après que Wiles et Taylor en eurent fait la preuve dans un cas particulier au cours de leur démonstration du dernier théorème de Fermat.

La conjecture de Birch et Swinnerton-Dyer stipule que $E(\mathbb{Q})$ est infini si et seulement si $L(E, 1) = 0$.

En fait, ce n'est pas exactement sous cette forme que Birch et Swinnerton-Dyer proposèrent leur conjecture. Ce qu'ils affirmaient était plus fort encore. Supposons, direntils, que la conjecture de Hasse se révèle exacte et que $L(E, s)$ puisse effectivement être généralisée à une fonction bien définie pour toute valeur complexe de s à laquelle on pourrait appliquer les méthodes du calcul différentiel. Cela impliquerait en particulier que $L(E, s)$ puisse être exprimée à l'aide de ce que l'on appelle les « développements de Taylor ». Par exemple, les valeurs de $L(E, s)$ autour du point $s = 1$ (le point qui intéressait tout particulièrement les deux mathématiciens) pourraient être données par un polynôme infini de la forme :

$$L(E, s) = c_0 + c_1(s - 1) + c_2(s - 1)^2 + c_3(s - 1)^3 + \cdots$$

La conjecture ci-dessus peut être reformulée à partir de ce polynôme en disant que $E(\mathbb{Q})$ est infini si et seulement si $c_0 = 0$. La proposition, plus forte encore, que firent Birch et Swinnerton-Dyer était d'affirmer que $E(\mathbb{Q})$ est infini si et seulement si $c_r \neq 0$ et tous les coefficients c_n sont nuls pour $n = 0, \ldots, r-1$, r étant le rang de E. En d'autres termes, $E(\mathbb{Q})$ est infini si et seulement si le développement de Taylor de $L(E, s)$ en $s = 1$ prend la forme

$$L(E, s) = c\,(s-1)^r + \text{ termes d'ordre supérieur},$$

où $c \neq 0$ et $r = \text{rang}(E(\mathbb{Q}))$. Intuitivement, le nombre des premiers termes nuls d'un développement de Taylor donne une mesure de la manière dont la fonction tend vers 0 au point considéré. Donc, si l'on en croit la conjecture de Birch et Swinnerton-Dyer, le rang de E donnerait une mesure exacte de la manière dont $L(E, s)$ s'approche de 0 quand s tend vers 1.

Vous savez tout maintenant...

Appendice

Sommes et produits infinis

Les mathématiciens, pour écrire une somme « longue » comme

$$a_1 + \cdots + a_N$$

utilisent la notation simplifiée

$$\sum_{n=1}^{N} a_n.$$

La lettre grecque Σ est utilisée pour remplacer le mot « somme ». La lettre n est un indice (autrement dit, un « compteur ») qui prend toutes les valeurs entre les deux nombres indiqués, ici 1 et N.

Par exemple, la somme des carrés des cent premiers entiers naturels peut s'écrire :

$$\sum_{n=1}^{100} n^2.$$

Cela permet de raccourcir l'écriture plus explicite qui comporte des points de suspension :

$$1^2 + 2^2 + 3^2 + \cdots + 99^2 + 100^2.$$

De même, la somme des cubes des nombres compris entre 100 et 200 inclus s'écrit :

$$\sum_{n=100}^{200} n^3.$$

Il existe une notation semblable pour les produits. L'abréviation du produit

$$a_1 \times a_2 \times \cdots \times a_N$$

s'écrit :

$$\prod_{n=1}^{N} a_n.$$

Par exemple, le produit des carrés de tous les entiers compris entre 50 et 100 inclus peut s'écrire soit

$$50^2 \times 51^2 \times 52^2 \times \cdots \times 99^2 \times 100^2,$$

soit sous la forme compacte

$$\prod_{n=50}^{100} n^2.$$

On peut utiliser ces notations $\sum$ et $\prod$ pour exprimer des sommes et des produits infinis. Par exemple,

$$\sum_{n=1}^{\infty} a_n = a_1 + a_2 + a_3 + \cdots$$

indique que la somme se poursuit à l'infini ; et, pour un produit infini, on écrit :

$$\prod_{n=1}^{\infty} a_n = a_1 \times a_2 \times a_3 \times \cdots$$

Avec cette notation, la fonction zêta d'Euler s'écrit :

$$\zeta(s) = \sum_{n=1}^{\infty} \frac{1}{n^s} \qquad (s > 1)$$

et le théorème d'Euler reliant la fonction zêta aux nombres premiers devient :

$$\zeta(s) = \prod_{p \text{ premier}} \left(1 - \frac{1}{p^s}\right)^{-1}$$

(puisqu'il existe une infinité de nombres premiers, ce produit est infini).

7
La géométrie sans figures

La conjecture de Hodge

Conscient du fait qu'un auteur se doive de retarder au maximum l'introduction des passages susceptibles de faire fuir son lecteur, lorsque j'ai dressé la liste des sept problèmes du millénaire avant d'écrire ce livre, j'ai pris soin de placer la conjecture de Hodge en dernier. En fait, l'ordre dans lequel j'ai présenté ces problèmes n'est pas celui du Clay Institute. La liste officielle fut établie en fonction de la longueur des intitulés en anglais, en partant du plus court (le problème P = NP) pour arriver au plus long (la conjecture de Birch et Swinnerton-Dyer), de sorte que la liste des problèmes se présente en forme de sapin de Noël ce qui, une fois affiché, attire l'œil :

P versus NP
The Hodge Conjecture
The Poincaré Conjecture
The Riemann Hypothesis
Yang-Mills Existence and Mass Gap
Navier-Stokes Existence and Smoothness
The Birch and Swinnerton-Dyer Conjecture

Je n'ai pas suivi cet ordre[1] pour deux raisons. La première, c'est que je tenais à ce que les derniers chapitres puissent bénéficier des concepts introduits plus tôt. Et la seconde, c'est que je voulais présenter les problèmes les plus difficiles à comprendre en fin d'ouvrage. Il est en revanche quasiment impossible de dire quels seront les problèmes les plus difficiles à résoudre. S'ils font partie de cette liste, c'est parce qu'ils sont considérés sans conteste comme les problèmes non résolus les plus difficiles.

Aussi, si vous êtes heureux d'être arrivé jusqu'ici (y compris si vous avez interrompu votre lecture au beau milieu du chapitre 6), et si, d'ici une ou deux pages, vous vous sentez submergé par le sentiment déprimant de ne plus rien comprendre, ne vous laissez pas abattre. En fait, si mes explications deviennent trop difficiles à suivre, alors la meilleure chose à faire, c'est de laisser tomber (et, croyez-moi, je ne donne pas souvent ce genre de conseil !). La conjecture de Hodge, proposée en 1950 par le mathématicien britannique Sir William Vallance Douglas Hodge est, de loin, le moins accessible de tous les problèmes du millénaire. Dans mon projet d'expliquer les sept problèmes du millénaire à des non-mathématiciens, c'est celui qui m'a posé le plus de difficultés. Il s'agit d'une question terriblement technique, enfouie sous une jungle

[1] Les intitulés sont ici présentés en anglais afin de reproduire la forme annoncée, puisque leur traduction en français (le problème P = NP, la conjecture de Hodge, la conjecture de Poincaré, l'hypothèse de Riemann, la théorie de Yang-Mills et la hiérarchie de masse, les équations de Navier-Stokes, la conjecture de Birch et Swinnerton-Dyer), si elles sont énoncées dans le même ordre que sur l'affiche officielle, n'évoqueront en rien un sapin de Noël… [NdT]

de concepts hautement abstraits connus seulement d'un petit nombre d'experts. Les objets concernés sont tellement inaccessibles à l'intuition, même à celle des plus grands mathématiciens, que non seulement le fait de savoir si cette conjecture se révélera vraie ou fausse représente un défi énorme, mais en outre, il n'existe pas de consensus sur ce qu'elle stipule réellement.

Si vous ne me croyez pas vraiment quand je vous dit que ce problème est bien pire que les six précédents, voici, pour vous convaincre, l'énoncé la conjecture de Hodge :

> Toute forme différentielle harmonique (d'un certain type) sur une variété algébrique projective non singulière est une combinaison rationnelle de classes de cohomologie de cycles algébriques.

Si quelqu'un a compris ne serait-ce qu'un seul des termes techniques de cette phrase, qu'il vienne au tableau !

Oui, je sais, je triche un peu : j'aurais pu semer la même confusion en énonçant d'emblée les autres problèmes du millénaire de manière aussi technique. Mais la difficulté avec celui-ci, c'est qu'il est pratiquement impossible d'expliquer simplement la signification de chacun de ces termes.

Avouez que les choses se sont franchement corsées dans le chapitre précédent, avec la conjecture de Birch et Swinnerton-Dyer. Mais dans ce cas, j'avais au moins la possibilité de faire le lien avec une énigme géométrique simple. Grâce à cela, même si vous avez trouvé le chapitre 6 plutôt ardu (je suppose que c'est le cas pour la plupart des lecteurs) et même si vous avez fini par baisser les bras, au moins avez-vous pu commencer à aborder le problème. Vous avez pu, par exemple, vous dire que cette conjecture était une version plus générale du problème de l'aire des triangles, qui provient lui-même d'une reformulation de la question géométrique en termes d'équations algébriques et de l'étude de toutes les équations ayant la même forme générale. Cette vision du problème est à mille lieues de celle des spécialistes de ce domaine, mais l'idée générale que vous en avez retiré est bonne.

Rien de tel avec la conjecture de Hodge : aucun moyen d'entrer par la petite porte. Alors qu'il n'y a qu'un pas entre la version accessible du problème (la vision algébrique du problème des aires) et la conjecture de Birch et Swinnerton (bien que ce simple pas nécessite une lourde artillerie mathématique), ce n'est pas le cas pour la conjecture de Hodge. En partant de concepts mathématiques connus des lycéens, il faut franchir plusieurs étapes pour arriver à la conjecture proprement dite ; et certaines de ces étapes sont considérées comme décourageantes par la plupart des mathématiciens eux-mêmes.

La conjecture de Hodge est celui des sept problèmes du millénaire qui illustre le plus clairement le point soulevé au chapitre d'introduction (« Le défi est lancé »), qui dit que, par nature, les mathématiques modernes sont impossibles à appréhender pour les non-initiés. Depuis maintenant un siècle, les mathématiciens construisent de nouvelles abstractions, les unes après les autres, chaque nouvelle avancée s'éloignant toujours plus de notre vie de tous les jours, qui constitue pourtant la seule expérience sur laquelle nous pouvons étayer notre compréhension des choses. Comme je l'ai déjà signalé, ce n'est pas tant que les mathématiciens fassent des choses nouvelles, mais plutôt que les objets à l'étude soient de plus en plus abstraits — des abstractions d'abstractions et des abstractions d'abstractions d'abstractions... Dans le cas de la conjecture de Hodge, les opérations du calcul différentiel jouent un rôle de première importance (différentiation, intégration, etc.), mais elles ne s'appliquent pas aux nombres réels (comme celles que l'on apprend au lycée) ni même aux nombres complexes : le calcul différentiel se présente ici sous une forme beaucoup plus générale, dans un cadre plus abstrait.

Ce qui rend le problème si difficile d'accès pour le profane est aussi ce qui le rend particulièrement intéressant. Il y a un siècle, tous les problèmes de mathématiques pouvaient être expliqués aux novices, tandis qu'aujourd'hui, certains d'entre eux ne peuvent pas même être expliqués à la plupart des mathématiciens professionnels.

Le cerveau humain doit beaucoup travailler pour intégrer chaque niveau d'abstraction supplémentaire. Et ce n'est qu'après avoir atteint une bonne maîtrise d'un nouveau degré d'abstraction que l'on pourra franchir le pas vers le suivant. C'est l'une des raisons pour lesquelles il faut tant de temps aux jeunes mathématiciens pour aborder certains domaines des mathématiques. Il en existe encore quelques-uns pour lesquels ce n'est pas le cas, mais ils deviennent de plus en plus rares : en effet, les chercheurs puisent continuellement dans les domaines plus abstraits des techniques qui leur permettent de repousser les limites des domaines apparemment plus familiers. Ainsi, par exemple, l'utilisation du calcul différentiel sur des fonctions complexes a permis de démontrer les théorèmes sur les nombres premiers que l'on a rencontrés aux chapitres 1 et 6.

Après ce long préambule, je tenterai malgré tout d'expliquer la teneur de la conjecture de Hodge. Certaines des choses que je vais dire agaceront inévitablement les experts. Mais ils n'ont pas besoin de lire ce livre…

Je tente de simplifier le plus difficile…

Au XVIIe siècle, le philosophe René Descartes montra comment exprimer la géométrie avec de l'algèbre. Plutôt que de parler d'une ligne droite sur un plan, on peut faire appel à l'ensemble des points (x, y) qui satisfont une équation du type

$$y = 3x + 7$$

ou encore

$$y = \frac{3}{4}x - \frac{1}{2},$$

la première équation étant celle de la droite de pente 3 passant par le point (0,7) ; la seconde celle de la droite passant par le point (0,−1/2) de pente 3/4. De la même façon, plutôt que de travailler sur un cercle, on peut étudier l'ensemble des points (x, y) qui satisfont une équation du type

$$x^2 + y^2 = 5$$

ou

$$(x - 3)^2 + (y - 5)^2 = 81,$$

la première équation étant celle du cercle de rayon $\sqrt{5}$ centré sur l'origine des coordonnées ; la seconde celle du cercle de rayon 9 centré sur le point (3,5). Grâce à l'approche de Descartes, les arguments géométriques et logiques chers aux Grecs anciens pour résoudre toutes sortes de problèmes géométriques ont pu être remplacés par de l'algèbre (c'est-à-dire par la résolution d'équations). On parle alors de « géométrie algébrique » ou encore de « géométrie cartésienne » (en l'honneur de Descartes).

Au cours du XIXe siècle, les mathématiciens conduisirent l'approche de Descartes un cran plus loin. Plutôt que d'utiliser l'algèbre uniquement comme un outil facilitant les raisonnements autour d'objets géométriques (par l'écriture des équations qui définissent ces objets), ils partirent d'équations algébriques à l'aide desquelles ils *définirent* des objets « géométriques » comme étant les solutions de ces équations. Ainsi, plutôt que de dire que l'équation

$$x^2 + y^2 = 4$$

donne une description algébrique du cercle de rayon 2 centré sur l'origine, ils étudiaient simplement l'objet — quel qu'il soit — émanant de cette équation. Bien évidemment, si l'on part d'un objet géométrique bien connu, cette démarche n'apporte rien de nouveau, hormis une perspective nouvelle sur ce qui est à considérer en premier lieu. Mais la plupart des équations ne correspondent pas à des objets géométriques familiers et il n'y a donc aucune raison de les qualifier d'objets « géométriques ». Le nom que les mathématiciens choisirent pour les désigner est celui de « variété algébrique ». En outre, il ne serait pas tout à fait exact de dire que l'on définit une variété algébrique à partir d'une seule équation : on peut tout à fait partir d'un ensemble fini d'équations. La variété est alors définie par tous les points qui sont solutions des équations du système. Cela enrichit notablement la classe des variétés algébriques par rapport à ce que l'on obtiendrait si l'on se cantonnait à une seule équation. Ainsi, par exemple, la variété émanant d'un système de deux équations dont chacune définit une forme géométrique connue est simplement l'intersection de ces deux formes géométriques — c'est-à-dire la partie commune aux deux figures.

Une variété algébrique est donc la généralisation d'un objet géométrique. Tout objet géométrique est une variété algébrique, mais de nombreuses variétés algébriques ne peuvent pas être représentées graphiquement. Cependant, le fait de ne pas pouvoir visualiser une variété algébrique donnée n'implique pas que l'on ne puisse pas y faire de la géométrie (algébrique). Et l'on en fait : c'est de la géométrie sans figures.

Nous pouvons maintenant aborder l'un des termes techniques de l'énoncé de la conjecture de Hodge : une « variété algébrique projective non singulière » est, *grosso modo*, une « surface » multidimensionnelle lisse, obtenue comme solution d'une équation algébrique (un peu comme la sphère est une surface bidimensionnelle lisse obtenue comme solution de l'équation $x^2 + y^2 + z^2 = a^2$ pour un nombre a donné).

La conjecture parle de « formes différentielles harmoniques » sur ces « surfaces ». Pour aller plus vite, une forme différentielle harmonique est la solution à un certain type d'équation aux dérivées partielles appelée « équation de Laplace », qui apparaît à la fois en physique et dans l'analyse des fonctions de nombres complexes (je présenterai cette équation plus loin).

À l'université, lorsque les étudiants abordent l'étude du calcul différentiel, ils le font généralement sur le plan à deux dimensions, la surface plane familière de la géométrie d'Euclide et de la trigonométrie élémentaire. Mais avec quelques efforts supplémentaires, on peut faire du calcul différentiel sur d'autres surfaces, par exemple sur la surface d'une sphère. Et, avec beaucoup plus d'efforts, on peut même (disons plutôt que les experts peuvent) faire du calcul différentiel sur des variétés beaucoup plus générales. La conjecture de Hodge concerne les développements du calcul différentiel sur des variétés algébriques projectives non singulières. Elle propose un résultat à propos de certains objets abstraits, appelons-les « objets H », qui émergent lorsqu'on part d'un certain type de variétés et que l'on y fait du calcul différentiel.

Lorsqu'on utilise le calcul différentiel (plutôt que l'algèbre) pour définir un objet, ce dernier n'a aucune raison d'être « géométrique ». La conjecture de Hodge stipule que les objets H constituent une exception à cette dernière remarque (ou presque). Bien qu'ils ne soient pas en eux-mêmes des objets géométriques, ils peuvent être fabriqués à partir d'objets géométriques de manière assez élémentaire (et sans recours au calcul différentiel). Pour reprendre les termes utilisés dans l'énoncé de la conjecture, disons que les objets H sont des « combinaisons rationnelles de classes de cohomologie de cycles algébriques ». Autrement dit, les objets H peuvent être construits à partir d'objets géométriques de façon purement algébrique.

On peut donc reformuler la conjecture de Hodge ainsi : « Regardez, grâce au calcul différentiel sur des variétés, on a créé une classe d'objets (les objets H) qui, non contents d'être impossibles à visualiser, ne peuvent pas même être décrits algébriquement. Toutefois, ces objets peuvent être obtenus de manière algébrique à partir d'autres objets qui, eux, admettent une description algébrique. Il subsiste donc un fil directeur qui nous relie à des choses plus concrètes — une relation que nous (à savoir les experts) pourrons utiliser pour étudier ces objets plus avant. »

La conjecture de Hodge fournit aux chercheurs une structure mathématique puissante pour étudier les objets H. Ce type de démarche est tout à fait caractéristique des mathématiques modernes : les mathématiciens sont constamment à la recherche de nouvelles structures sur des objets ou de nouveaux liens entre domaines mathématiques qui leur permettraient d'adapter les méthodes d'un domaine à un autre (c'est finalement ce qu'a fait Descartes lorsqu'il a montré que l'on pouvait utiliser les méthodes de l'algèbre pour étudier les objets géométriques).

Ces deux derniers paragraphes contiennent typiquement le genre d'affirmations qui horripilent les experts. Mais, pour donner au moins une idée générale de ce qui se trame, je tente d'exposer en termes plus ou moins familiers des choses qui dépassent tellement l'expérience de tout un chacun que, sans cela, de telles tentatives sont forcément vouées à l'échec. Je vais aller encore un peu plus loin, en présentant une autre manière d'appréhender le problème qui a l'avantage de s'appuyer sur des notions pas trop étranges pour toute personne ayant suivi un cours de calcul différentiel ; mais, bien que techniquement correcte, cette alternative présente le gros inconvénient de passer complètement à côté de l'intérêt principal de la conjecture de Hodge.

On peut formuler la conjecture de Hodge en partant d'« intégrales de chemin » généralisées, prises sur des variétés algébriques. On peut déformer les chemins sans modifier la valeur de ces intégrales, si bien que l'on peut envisager ces intégrales comme étant définies sur une classe de chemins.

La conjecture de Hodge propose que, si certaines de ces intégrales sont nulles, alors il existe dans la classe correspondante un chemin que l'on peut décrire par des équations polynomiales.

Comme je l'ai mentionné, cette formulation de la conjecture de Hodge a beau être exacte du point de vue technique, elle ne permet pas d'en saisir toute l'essence. Avant de tenter de transmettre un petit quelque chose de la manière dont les spécialistes voient cette conjecture, je ferai quelques remarques pour la situer dans l'univers des mathématiques.

En premier lieu, elle a des conséquences importantes. La démonstration de la conjecture de Hodge établirait un lien fondamental entre trois disciplines : la géométrie algébrique, l'analyse et la topologie.

En second lieu, on connaît un cas particulier de la conjecture qui fut démontré en 1925 par l'Américain Solomon Lefschetz, bien avant que Hodge ne propose sa conjecture générale. Et, sans exagérer le moins du monde, on peut dire qu'aucun progrès substantiel n'a été fait depuis lors.

Ainsi, à ce jour, la conjecture de Hodge n'est rien d'autre... qu'une conjecture. D'aucuns diront qu'on devrait plutôt la qualifier de « proposition hasardeuse ». Mais, malgré cela, de nombreux mathématiciens ont tenté d'en faire la démonstration ou d'en explorer les conséquences. En 1991, l'American Mathematical Society a publié un livre recensant une partie des recherches menées autour de cette conjecture[2] ; une seconde édition mise à jour fut publiée en 1999, formant un ouvrage de trois cent soixante-huit pages très denses, incluant une nouvelle bibliographie des soixante et onze articles publiés entre 1950 et 1996 sur un cas particulier de la conjecture, portant sur ce que l'on appelle les « variétés abéliennes ». Dans la préface, l'auteur reconnaît que, malgré ces *addenda*, le tour d'horizon n'est toujours pas exhaustif et il indique d'autres références.

Voici, pour l'anecdote, ce que cet ouvrage appelle la « version vulgarisée » de la conjecture de Hodge, donnée dans le premier paragraphe de la préface :

> « Soit X une variété algébrique projective et p un entier positif. Soit également $H^{2p}(X, \mathbb{Q})_{\text{alg}} \subset H^{2p}(X, \mathbb{Q})$ le sous-espace des cocycles algébriques, c'est-à-dire le $\mathbb{Q}$-espace vectoriel engendré par les classes fondamentales des sous-variétés algébriques de codimension p dans X. La conjecture de Hodge stipule que l'on peut "calculer" le sous-espace $H^{2p}(X, \mathbb{Q})_{\text{alg}}$ à l'aide de la théorie de Hodge et,

[2]James D. Lewis, *A Survey of the Hodge Conjecture*, American Mathematical Society, coll. « CRM Monograph Series », vol.10, Providence (Rhode Island), 1991 (N.E. 1999).

plus précisément, $H^{2p}(X, \mathbb{Q})_{\text{alg}} = H^{p,p}(X) \cap H^{2p}(X, \mathbb{Q})$. »

Maintenant, vous savez tout...

Si vous me suivez toujours, vous allez pouvoir vous enfoncer un peu plus vers le cœur de cette conjecture et voir comment elle a vu le jour.

Qui était William Hodge ?

On sait étonnement peu de choses de ce mathématicien qui eut pourtant une influence considérable dans la profession. La vie de William Hodge demeure tout aussi insondable que sa conjecture.

Né en 1903 à Édimbourg, en Écosse, Hodge fit de brillantes études, dans sa ville natale d'abord, puis à Cambridge où, en 1936, alors qu'il était seulement âgé de trente-trois ans, il fut nommé professeur titulaire ; il occupa sa chaire jusqu'à sa retraite, en 1970.

Il fut l'un des mathématiciens les plus actifs dans la recherche de relations entre la géométrie, l'analyse et la topologie. Aujourd'hui, les mathématiciens le connaissent surtout (outre pour sa conjecture) pour son théorème sur les intégrales harmoniques.

Il fut élu à la Royal Society de Londres en 1938, reçut la prestigieuse Médaille royale en 1957 (en « remerciement de ses travaux remarquables en géométrie algébrique ») et fut même fait chevalier par la reine en 1959. Il fut président de la Mathematical Society de Londres entre 1947 et 1949, et remporta le prix Berwick en 1952. En 1974, la Royal Society lui fit à nouveau honneur, cette fois avec la médaille Copley, pour ses « travaux novateurs en géométrie algébrique, notamment pour sa théorie des intégrales harmoniques ». Promouvant activement les mathématiques aussi bien en Grande-Bretagne qu'à l'étranger, Hodge fut l'un des initiateurs du British Mathematical Colloquium qui se tient annuellement dans les diverses universités britanniques et il participa en 1952 à l'organisation de l'Union mathématique internationale. Il mourut en 1975, à l'âge de soixante-douze ans.

Ayant consacré l'essentiel de sa carrière au développement des théories profondes et riches de géométrie algébrique dont découle sa conjecture (l'une d'entre elles est aujourd'hui appelée « théorie de Hodge »), il fit la première annonce de sa conjecture en 1950, lors de son intervention au Congrès international des mathématiciens qui eut lieu à Cambridge (Massachusetts)[3]. Plus précisément, dans sa conférence, Hodge présenta sa conjecture comme une question ouverte ; mais plusieurs de ses publications sur le sujet indiquent qu'il pensait qu'elle avait toutes les chances d'être vraie.

Maintenant que vous en savez sur Hodge autant qu'il est possible d'en savoir, voyons quels sont les travaux mathématiques qui l'ont conduit à formuler ce qui est aujourd'hui un problème primé à la hauteur de un million de dollars.

---

[3]William V. D. Hodge, « The topological invariants of algebraic varieties », *Proceeding of International Congress of Mathematicians* (Cambridge, Mass., 1950), American Mathematical Society, Providence (Rhode Island), 1952, p. 182-192.

Quand les nombres complexes rencontrent les mathématiques des fluides

L'histoire débute en Italie, à l'époque de la Renaissance, alors que les mathématiciens commencent à parler de l'impensable : l'introduction en algèbre d'un nombre dont le carré vaudrait -1. Il s'agit du nombre que les mathématiciens représentent aujourd'hui par la lettre i et à partir duquel on construit l'ensemble des nombres complexes, comme nous l'avons vu au chapitre 1.

Dans ce même chapitre, nous avons également vu que malgré les difficultés rencontrées par l'esprit humain pour accepter l'idée d'un nombre dont le carré est négatif, les nombres complexes sont dotés d'une arithmétique qui fonctionne aussi bien que l'arithmétique ordinaire des nombres réels. On peut additionner, soustraire, multiplier et diviser les nombres complexes, et l'on peut même résoudre les équations polynomiales dans lesquelles ils interviennent. On a vu en outre que le côté non intuitif des nombres complexes peut être contrebalancé par leur représentation comme des points sur un plan bidimensionnel : le nombre $x + \mathrm{i}y$ est (représenté par) le point du plan complexe de coordonnées (x, y).

En outre, on peut apparier les nombres réels de manière naturelle en associant chaque réel r à son opposé $-r$. Si l'on envisage les réels comme les points d'un axe (l'axe des réels), alors cet appariement possède une représentation élégante dans laquelle chaque nombre est associé à celui qui se trouve à égale distance de l'origine, dans la direction opposée (voir la figure 7.1). Cet appariement joue

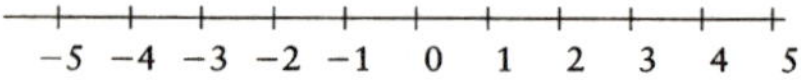

Figure 7.1 – Les nombres réels forment des paires de nombres qui ne se distinguent que par leur signe et qui sont placés symétriquement par rapport à l'origine.

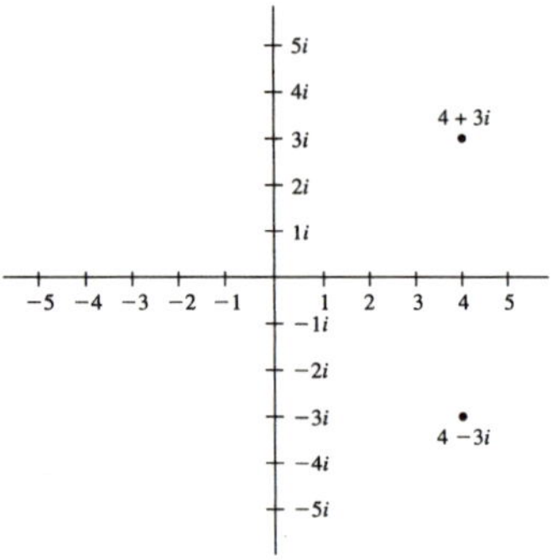

Figure 7.2 – Les nombres complexes forment des paires de nombres, appelés « conjugués complexes », qui sont symétriques par rapport à l'axe réel. Les points indiqués sont ceux de la paire conjuguée $(4 + 3i, 4 - 3i)$.

un rôle majeur dans l'arithmétique des nombres réels (par exemple, les enfants à l'école peuvent apprendre à résoudre une équation en ajoutant à chacun de ses membres l'opposé de l'un des termes de l'équation).

On représente les nombres complexes par les points d'un plan (le plan complexe). Pour ces nombres, l'appariement analogue à celui des réels, qui associe $x + iy$ à $-x - iy$, est une symétrie par rapport à l'origine. Mais il y a une autre façon d'apparier les nombres complexes, qui joue un rôle essentiel dans l'arithmétique des nombres complexes. Elle consiste à associer à chaque nombre complexe $x + \mathrm{i}y$ son « conjugué » $x - \mathrm{i}y$. La figure 7.2 en donne une illustration géométrique. Tout comme l'appariement des réels est une symétrie par rapport à l'origine de l'axe des réels, la « conjugaison complexe » est une symétrie par rapport à l'axe réel (c'est-à-dire l'axe des x) du plan complexe.

Malgré la réserve que connurent les nombres complexes à leurs débuts, au XIXe siècle la théorie était bien au point. On considérait alors qu'ils formaient le système normal de nombres du courant principal des mathématiques classiques. En outre, les mathématiciens commençaient à élaborer une généralisation du calcul différentiel aux fonctions complexes, aussi profonde qu'élégante, qui donna naissance à ce que l'on connaît aujourd'hui sous le nom d'« analyse complexe ».

Les deux principaux chefs de file de l'analyse complexe à ses débuts furent Bernhard Riemann, que l'on a déjà rencontré à plusieurs reprises dans cet ouvrage, et Augustin Louis Cauchy. Ils firent une découverte capitale et fort inattendue reliant les fonctions complexes à la physique. Ils partirent de la remarque suivante : « Si f est une fonction à valeurs complexes d'une variable complexe $z = x + \mathrm{i}y$, alors on peut écrire la valeur $f(z)$ de cette fonction en z sous la forme $f(z) = u(z) + \mathrm{i}v(z)$, où $u(z)$ et $v(z)$ sont des nombres réels. Cela donne donc deux nouvelles fonctions, u et v, qui sont toutes deux des fonctions à *valeurs réelles* de la variable complexe z » (aujourd'hui, les mathématiciens appellent ces fonctions u et v respectivement « parties réelle et imaginaire de la fonction f »).

Les deux mathématiciens découvrirent que, si la fonction *f* possède une dérivée bien définie (dans la terminologie moderne, on dirait que la fonction *f* est « analytique »), alors ses parties réelle et imaginaire u et v satisfont les deux équations aux dérivées partielles suivantes :

$$\frac{\partial u}{\partial x} = \frac{\partial v}{\partial y}, \quad \frac{\partial u}{\partial y} = -\frac{\partial v}{\partial x}.$$

Ces équations sont bien connues des physiciens (et l'étaient déjà à l'époque) : il s'agit des équations de Laplace, qui jouent un rôle de première importance en gravitation, en électromagnétisme et en mécanique des fluides (en outre, des équations du même genre apparaissent dans l'étude de la diffusion de la chaleur, de l'acoustique et de la propagation des ondes, par exemple). Une fonction solution aux équations de Laplace est appelée « fonction harmonique ». La découverte du lien entre calcul différentiel sur les fonctions complexes et équations de Laplace a conduit à des avancées fondamentales en physique mathématique, puisqu'elle a fourni un moyen de résoudre les équations de Laplace dans divers contextes.

L'une des principales avancées dans la théorie des fonctions complexes fut l'invention par Riemann de ce que l'on appelle aujourd'hui les « surfaces de Riemann ». Il existe des fonctions qui se comportent parfaitement bien avec les nombres réels, mais qui ne sont pas bien définies lorsqu'on les étend aux nombres complexes, parce qu'elles peuvent prendre plusieurs valeurs pour un même nombre de départ. Les fonctions racine carré et logarithme en sont deux exemples. Tout nombre réel positif possède deux racines carrées, mais, l'une d'elles étant négative et l'autre positive, la question ne se pose pas, car on choisit toujours la racine positive ; et en effet, on interprète toujours le symbole $\sqrt{a}$ comme la racine carrée positive de a. Mais lorsqu'il s'agit de nombres complexes, rien de naturel ou de systématique ne permet d'opter pour l'une ou l'autre des deux racines. Riemann proposa, pour manipuler ces « fonctions multivaluées » (qui ne sont pas des fonctions, en fait), de les envisager comme des fonctions ordinaires définies sur une surface à plusieurs couches. La topologie des surfaces de Riemann est plus compliquée (mais aussi plus intéressante) que celle du plan complexe. On peut visualiser ces surfaces sous forme d'un escalier en spirale constitué de plans complexes entassés les uns sur les autres. Chaque tour complet autour de l'origine, réalisé sur l'une des feuilles de la surface dans le sens inverse des aiguilles d'une montre, nous conduit sur la feuille suivante (voir la figure 7.3).

La conjecture de Hodge : âmes sensibles, s'abstenir

Au début du XXe siècle, les mathématiciens généralisèrent l'idée de surface de Riemann à celle, plus abstraite encore, d'une variété complexe, analogue multidimensionnel de la surface de Riemann munie d'une topologie compliquée. Ce type de variété est doté d'une structure qui garantit que la notion de fonction analytique complexe y a un sens. En particulier, on peut définir ce que l'on appelle des « formes différentielles », généralisations à plusieurs

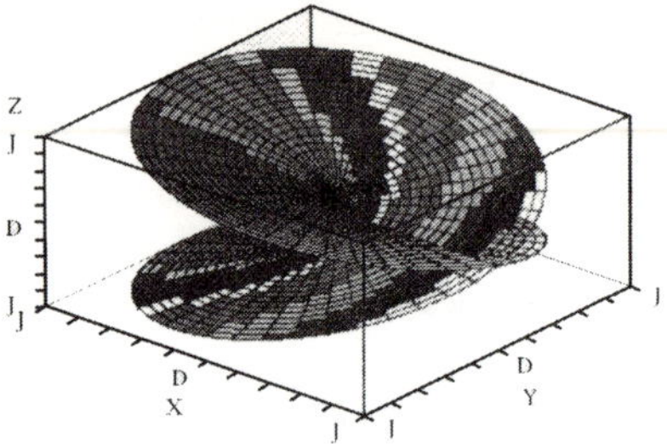

Figure 7.3 – Une surface de Riemann est un objet à deux dimensions qui couvre le plan complexe d'une ou plusieurs « feuilles » (souvent une infinité). On ne montre ici que deux feuilles qui se croisent en entourant l'origine, mais, en général, les feuilles peuvent présenter des structures et des intersections beaucoup plus compliquées. Les surfaces de Riemann offrent une possibilité de représenter les fonctions multivaluées.

dimensions de la différentielle ordinaire d*f* d'une fonction *f* (celle du calcul différentiel pour les nombres réels).

Certaines de ces formes différentielles s'organisent selon des classes différentes lorsqu'elles partagent certaines propriétés, un peu comme des êtres humains parlant la même langue maternelle, ayant la même culture et la même histoire peuvent être classés en groupes de différentes nationalités. Étant donné la manière dont ces classes émergent, on les appelle « classes de cohomologie ». C'est d'elles qu'il est question dans la conjecture de Hodge.

Si l'on voulait préciser le concept de classe de cohomologie, il nous faudrait passer par une série d'étapes mathématiques très techniques ; et ce serait beaucoup trop long pour pouvoir figurer ici. En voici tout de même un rapide survol :

- Nous avons tout d'abord besoin de savoir s'il existe bien une opération particulière sur les formes différentielles, appelée « dérivation extérieure ». La différentielle extérieure est elle-même une sorte de différentielle.
- Une forme différentielle est qualifiée d'« exacte » si elle est la différentielle extérieure d'une autre forme différentielle.
- Une forme différentielle est qualifiée de « fermée » si sa propre différentielle extérieure est nulle.
- Deux formes différentielles fermées sont dites « cohomologues » si leur différence est exacte.

Ainsi, les membres des classes de cohomologie sont des formes différentielles fermées. L'exactitude est la propriété de « ressemblance » que partagent les membres d'une même classe de cohomologie. Notez que la définition des classes de cohomologie dépend fortement de notions issues du calcul différentiel.

Les classes de cohomologie définissent des invariants topologiques très utiles, qui permettent de saisir des aspects importants de la variété complexe sous-jacente.

Munis de la notion de classe de cohomologie (de formes différentielles fermées), nous pouvons maintenant revenir sur nos pas jusqu'à la géométrie algébrique et la notion de variété algébrique.

Une variété algébrique complexe est une « surface » multidimensionnelle définie par les solutions complexes d'un système d'équations algébriques.

Les mathématiciens disent d'une variété algébrique complexe qu'elle est « projective » si les solutions des équations qui la définissent dépendent seulement des rapports des nombres qui interviennent.

Ils disent de la variété qu'elle est « non singulière » si la surface est lisse.

Ainsi, une variété algébrique complexe projective et non singulière est un type particulier de variété complexe.

Hodge réalisa qu'il pouvait appliquer les méthodes issues de l'analyse à ces variétés algébriques. Plus précisément, il comprit que des classes de cohomologie rationnelles de formes différentielles issues de variétés algébriques complexes projectives non singulières pouvaient être considérées comme des solutions des équations de Laplace.

La remarque de Hodge a permis d'écrire ces classes sous la forme d'une somme de composants particuliers, appelés « formes harmoniques (p, q) ». Il s'agit de solutions aux équations de Laplace qui peuvent être explicitées à l'aide de p variables complexes et q variables complexes conjuguées. En outre, toute classe de cohomologie algébrique (de dimension p) engendre une forme (p, p).

Dans son intervention au Congrès international des mathématiciens de 1950, Hodge souleva l'éventualité que, pour des variétés algébriques complexes projectives non singulières, cette dernière propriété puisse suffire à caractériser entièrement les classes de cohomologie algébrique. Autrement dit, toute forme harmonique (p, p) serait une combinaison rationnelle de formes algébriques fermées (en gros, on pourrait la fabriquer de manière purement algébrique, c'est-à-dire sans avoir recours au calcul différentiel).

Ainsi naquit la conjecture de Hodge.

Est-elle vraie ? Personne n'en a la moindre idée ! À ce jour, on n'a aucune piste sérieuse qui permettrait de valider l'intuition de Hodge. Cela étant, même lorsqu'il s'agit de mathématiques abstraites et particulièrement difficiles (ce qui est franchement le cas avec la conjecture de Hodge), l'esprit humain, à force de réflexions soutenues sur un problème précis, finit par acquérir une intuition qui se révèle souvent correcte. Hodge connaissait parfaitement les concepts que je viens de décrire rapidement — c'est en effet lui qui en a développé la majeure partie. Personnellement, je ne serais pas surpris d'apprendre que son intuition était la bonne. Et, à mon sens, cela en dirait plus long sur les mystères de l'esprit humain que sur les formes harmoniques (p, p).

Suggestions de lectures

Quiconque caresse le projet de résoudre l'un ou l'autre des sept problèmes du millénaire doit avoir conscience que les descriptions qui en sont faites dans cet ouvrage sont approximatives, et n'ont pour seul but que d'en donner une idée générale. Le site Internet du Clay Mathematics Institute, qui peut être consulté à l'adresse www.claymath.org, offre une description précise de chacun des problèmes, ainsi que le règlement officiel de la compétition (le site propose également un petit film de vingt minutes produit par le Clay Institute sur les problèmes du millénaire, présentés par Keith Devlin). En outre, le Clay Institute et l'American Mathematical Society projettent de publier ensemble un ouvrage contenant une présentation détaillée de chacun des sept problèmes, rédigée par les experts des différents domaines ; et si les descriptions données dans cet ouvrage sont pour vous trop difficiles à suivre, alors il y a peu d'espoir que vous parveniez à résoudre l'un de ces problèmes.

Mais si vous êtes heureux ne serait-ce que d'en savoir un peu plus sur les sept problèmes irrésolus considérés par les mathématiciens comme les plus difficiles à ce jour, et si vous désirez vous plonger davantage dans l'univers des mathématiques, alors sachez qu'il existe quelques très bons livres écrits pour un large public. Toutefois, la majorité d'entre eux sont plus superficiels que le présent ouvrage, les autres s'intéressant à un aspect précis des mathématiques ou de leur histoire. Peu de livres de vulgarisation offrent un survol global des mathématiques contemporaines[1] ; voici ceux que je connais bien :

Vladimir Arnold, Michael Atiyah, Peter Lax et Barry Mazur (ed.), *Mathematics : Frontiers and Perspectives*, American Mathematical Society, 1999.

John L. Casti, *Five Golden Rules : Great Theories of 20th Century Mathematics and Why They Matter*, John Wiley & Sons, 1996.

Keith Devlin, *Mathématiques : un nouvel âge d'or*, Masson, 1992.

Keith Devlin, *The Langage of Mathematics : Making the Invisible Visible*, W. H. Freeman, 1998.

Benjamin H. Yandell, *The Honors Class : Hilbert's Problems and their Solvers*, A. K. Peters, 2002.

[1] La plupart n'ont pas été traduits en français. Lorsqu'elle existe, nous donnons les références de la traduction française [NdT].

Achevé d'imprimer sur rotative
par l'Imprimerie Darantiere à Dijon-Quetigny
en juillet 2007

N°d'éditeur : 090343-01/1
N° d'impression : 27-1149
Dépôt légal : août 2007

Imprimé en France